高职高专"十三五"规划教材

现代企业经营管理

第三版

韩　伟　陈冬梅　主　编

任　晶　刘晶晶　副主编

化学工业出版社

·北京·

内 容 简 介

　　本书为高职高专企业经营管理专业教材。本书本着理论够用、强化实践应用、培养技能的原则，力求原理清晰、实务突出。全书共计十一章，每章篇首都提出了明确的"学习目标"，配有"案例导读"；篇尾都附有"本章小结""复习思考题""拓展项目"和"实训题"，满足学生企业管理知识的学习需求，提升现代经营管理理念，培养学生的综合能力和实际操作能力。

　　本书既可作为高职高专院校及各大专院校经济类、管理类相关专业的教材，也可作为企事业单位相关人员的培训教材以及参考读本。

图书在版编目（CIP）数据

　　现代企业经营管理/韩伟，陈冬梅主编. —3 版. —北京：
化学工业出版社，2020.9
　　高职高专"十三五"规划教材
　　ISBN 978-7-122-37147-8

　　Ⅰ.①现…　Ⅱ.①韩…②陈…　Ⅲ.①企业经营管理-高等
职业教育-教材　Ⅳ.①F270

　　中国版本图书馆 CIP 数据核字（2020）第 092909 号

责任编辑：王　可　　　　　　　　　　装帧设计：张　辉
责任校对：王素芹

出版发行：化学工业出版社（北京市东城区青年湖南街 13 号　邮政编码 100011）
印　　刷：北京京华铭诚工贸有限公司
装　　订：三河市振勇印装有限公司
787mm×1092mm　1/16　印张 16½　字数 425 千字　2020 年 6 月北京第 3 版第 1 次印刷

购书咨询：010-64518888　　　　　　　　售后服务：010-64518899
网　　址：http://www.cip.com.cn
凡购买本书，如有缺损质量问题，本社销售中心负责调换。

定　　价：42.00 元　　　　　　　　　　　　　　　　版权所有　违者必究

前 言
Foreword

21世纪，社会经济已经进入了全新的时代。美国著名的管理学大师彼得·德鲁克提出，在这个新的时代，知识越来越重要，比任何资本、土地等还要更加珍贵。新世纪，也就是在知识经济为重要特征的时代，市场经济高度发达，企业已经成为市场经济的主体。企业的健康发展离不开科学有效的管理。因此，强化管理，提升企业竞争能力显得尤为重要。强化对高职高专学生的企业管理知识的学习与教育，培养高职院校学生现代企业经营与管理的意识和能力也显得十分迫切。

本教材自2009年出版以来，受到各院校老师和学生们的好评和认可。根据高职高专学生培养目标，应高职院校的学生和老师们的要求，本着理论够用、强化应用、培养技能的原则，我们对《现代企业经营管理》进行了第三次修订。

本次修订中，内容力求原理清晰、实务突出，更加着力于提升学生的现代经营管理理念，培养学生的综合能力和实际操作能力。全书十一章，每章的篇首都提出了明确的"学习目标"，配有适用的"案例导读"；篇尾都附有"本章小结"并增加了"拓展项目"，理实结合。同时丰富了实训题，并对案例进行了科学的分析与调整，使之更适合高职师生使用，不辜负广大高校师生与读者的厚爱。

本书由韩伟、陈冬梅任主编，任晶、刘晶晶任副主编。第一章、第十一章由孙丹执笔，第二章、第四章由韩伟执笔，第三章、第七章由佟晓晨执笔，第五章、第六章、第八章由陈冬梅执笔，第九章、第十章由任晶执笔。全书内容由韩伟组织、统稿和审定，任晶负责核对，刘晶晶负责案例分析与论证的修订等。

本书在编写过程中，参考了国内外同行的文献和有关资料，在此一并向这些作者表示感谢。由于时间仓促和编者水平所限，书中疏漏之处在所难免，恳请广大读者批评指正。

编者
2020年2月

第一版前言
Foreword

21世纪，社会经济已经进入了全新的时代。美国著名的管理学大师彼得·德鲁克提出，在这个新的时代，知识越来越重要，比任何资本、土地等还要更加珍贵。新世纪，也就是以知识经济为重要特征的时代，市场经济高度发达，企业已经成为市场经济的主体。企业的健康发展离不开科学有效的管理。因此，强化管理、提升企业竞争能力显得尤为重要；强化高职高专学生的企业管理知识的学习与教育，培养高职院校学生现代企业经营与管理的意识和能力也显得十分迫切。

根据高职高专学生培养目标的要求，本着理论够用、强化应用、培养技能的原则，我们编写了这本《现代企业经营管理》。本书内容力求原理清晰、实务突出，着力于提升学生的现代经营管理理念，培养学生的综合能力和实际操作能力。全书共十一章，每章的章首都提出了明确的"学习目标"，配有"案例导读"；章尾都附有"本章小结""复习思考题"和"实训题"。

本书由韩伟、陈冬梅任主编，佟晓晨任副主编。第二章、第四章由韩伟执笔；第五章、第六章、第八章由陈冬梅执笔；第三章、第七章由佟晓晨执笔；第九章、第十章由任晶执笔；第一章、第十一章由孙丹执笔。全书内容由韩伟组织、统稿和定稿。

本书在编写过程中，参考了国内外同行的文献和有关资料，在此一并向这些作者表示感谢。

由于编写时间仓促，笔者水平所限，书中疏漏之处在所难免，恳请广大读者批评指正。

编者

2009年4月

目 录
Contents

第三章　现代企业经营战略

第四章　现代企业经营计划

第五章 现代企业经营决策

第六章 现代企业领导与激励

第七章　现代企业产品开发与经营管理

第八章　现代企业资源管理

第九章　现代企业文化管理

第十章　现代企业创新管理

第十一章　企业诊断与发展

参考文献

第一章
现代企业概述

学习目标

通过本章的学习，理解企业的概念、特征和类型；理解企业设立的条件、企业的登记和年检；掌握现代企业制度的概念、特点以及现代企业制度的内容；掌握组织的概念、组织结构设计原则和模式、组织的变革。

案例导读

2019 年世界 500 强企业排名

2019年排名	2018年排名	公司名称	营业收入/百万美元	利润/百万美元	国家
1	1	沃尔玛（WALMART）	514405	6670	美国
2	3	中国石油化工集团公司（SINOPEC GROUP）	414650	5845	中国
3	5	荷兰皇家壳牌石油公司（ROYAL DUTCH SHELL）	396556	23352	荷兰
4	4	中国石油天然气集团公司（CHINA NATIONAL PETROLEUM）	392977	2270.50	中国
5	2	国家电网公司（STATE GRID）	387056	8175	中国
6	—	沙特阿美公司（SAUDI ARAMCO）	355905	110975	沙特阿拉伯
7	8	英国石油公司（BP）	303738.00	9383.00	英国
8	9	埃克森美孚（EXXON MOBIL）	290212.00	20840.00	美国
9	7	大众公司（VOLKSWAGEN）	278341.50	14322.50	德国
10	6	丰田汽车公司（TOYOTA MOTOR）	272612	16982	日本

（摘自财富中文网. 2019. 7）

结合现行企业形态，谈谈对企业的基本认识。

第一节　企业概念、特征与类型

一、企业概念

在我国的经济活动和经济研究中，"企业"一词是出现最多的经济词汇。对于中国而言，企业一词是在清朝末年从日本借鉴而来的。而日本则是在明治维新以后，引进西方的企业制度，从西方文字翻译而成。因此可以看出，企业一词来源于西方词汇，并非我国古文化所固有的。

企业是指从事生产、流通、服务等经济活动，以产品或劳务满足社会需要的，并以获取盈利为目的，依法设立，实行自主经营、自负盈亏、独立核算的经济组织。企业是社会经济活动的基本单位，是市场经济活动的主体。

二、企业特征

企业是一个独立的经济组织，其组织机构、目标、管理方式和运行机制等都有别于政府行政管理机构、其他社会组织和团体。企业具有以下特征。

1. 以盈利为目的

这是企业最基本的特征。企业是从事经济活动的组织，但并不是一切从事经济活动的组织都是企业。作为企业，还必须具有盈利性。有些组织虽然从事经济活动，但不以盈利为目的，就不能称为企业。

当然，在获取利润的同时，企业要为社会提供产品或服务，同时必须承担一定的社会责任，否则企业就不可能存在和发展。即追求利润是企业的主要目的，但并不是企业的唯一目的。

2. 独立从事经济活动

企业作为社会经济活动的基本单位，必然是从事社会商品的生产、流通等经济活动的有机体，因此它不同于一般的事业单位或行政单位。

现代企业在生产经营活动中必须独立核算、自负盈亏、自主经营、自我发展。独立核算是指现代企业必须具有独立的财产，在银行开立独立的户头，进行独立、完整的会计核算，并考核经济效益。现代企业作为商品生产经营者，要按照价值规律的客观要求，按照等价交换的原则来进行生产经营，以收抵支，并独立承担盈亏责任。现代企业在激烈的市场竞争中，要依靠自己的力量，运用各种合法的竞争手段和策略，求得生存与发展，使企业不断地发展壮大。现代企业要真正实行独立核算、自负盈亏和自我发展，就必须具有自主经营权，使企业能够根据市场情况和社会实际来进行生产经营，从而取得最佳的经济效益和社会效益。因此，自主经营是现代企业实现独立核算、自负盈亏、自我发展，成为独立商品生产经营者的基本要求。

3. 具有法人资格

企业是具有法人资格的组织。所谓法人是指在法律上将一定的社会组织人格化，使其同自然人一样，成为法律所规定的权利主体，能独立地享受权利和承担义务，是与自然人相对应的一个法律概念。也就是说，在法律上赋予企业以独立的人格，使其具有权利能力和行为能力，有资格享受权利和承担义务，以便同其他企事业单位和消费者发生各种法律关系。通常，我们把个体经营企业、独资和合伙企业等自然人企业称为传统企业，而把具有法人资格的公司制企业称为现代企业。

三、企业类型

现代经济活动越来越复杂，按照不同的分类标准，企业可以分为多种不同的类型。最常见的分类有以下几种。

1. 根据企业投资人的投资和责任形式的不同，将企业分为个人独资企业、合伙企业和公司

个人独资企业是按照《个人独资企业法》成立，由一个自然人投资，财产为投资人个人所有，投资人以其个人财产对企业债务承担无限责任的经营实体。作为一个自然人企业，投资者对于企业的经营风险负无限连带责任。

合伙企业与独资企业相对，是由两个或两个以上的自然人通过订立合伙协议，共同出资经营、共负盈亏、共担风险的企业组织形式。我国合伙组织形式仅限于私营企业。

公司是在财产所有权与其经营权分离的前提下，由投资者出资、职业经理人员进行经营管理的企业。公司以其全部财产对公司的债务承担责任。

西方发达国家大都采用这种标准划分企业的基本法律形态。我国已制定了《公司法》《合伙企业法》《个人独资企业法》，以企业资本构成和投资者责任形式为标准的新的企业立法体系正在形成。

2. 根据企业的投资者是否涉外或涉港、澳、台地区，将企业分为内资企业、外商投资企业和港、澳、台商投资企业

由中国内地投资者举办的企业为内地企业。外商投资企业俗称"三资企业"，包括中外合资经营企业、中外合作经营企业和外商独资企业三种形式，是指依照中华人民共和国法律的规定，在中国境内由内地投资者和外国投资者共同举办，或者仅由外国投资者举办的企业。港、澳、台地区投资者依照有关外商投资企业法的规定与内地投资者共同或单独举办的企业，为港、澳、台投资的企业。

3. 根据企业的所有制性质，将企业分为国有企业、集体企业和私营企业

国有企业是由国家出资举办的，企业全部资产归国家所有的经济组织，在中华人民共和国成立后的很长一段时期中，国有企业是国民经济的主导力量。集体企业是指企业资产归集体所有的经济组织。私营企业是指由自然人投资设立或由自然人控股，以雇佣劳动为基础的盈利性经济组织。

第二节　企业设立

企业的设立，是指为使企业成立、取得合法的主体资格而依据法定程序进行的一系列法律行为的总称。由于各国家之间关于企业的相关立法存在差异，决定了各国关于企业企业设立的制度有明显的不同；又由于同一国家在不同历史时期的立法存在差异以及同一国家在相同历史时期规范不同企业的立法存在差异，决定了企业设立的内容有着很大的差别。

一、企业设立条件

根据我国的法律规定，各类企业设立应遵循的基本条件主要包括如下几项。

1. 有符合法律规定的名称

企业名称即企业的名字，是表示企业的性质并与其他企业相互区别的标志，企业名称必须严格符合法律要求。根据《企业法人登记管理条例实施细则》《企业名称登记管理规定》及其实施办法等有关规定，对企业名称登记有以下条件和要求：企业名称不得重复或混同；不得使用对国家、社会或者公共利益有损害的名称；企业名称不得使用外国国家（地区）名称，不得使用国际组织的名称；企业不得使用以外国文字或汉语拼音组成的企业名称；企业不得使用以数字组成的名称；除全国性企业外，不得使用"中国""中华"等字样的名称；企业名称应反映所属行业特点和经营特点；工商行政管理机关对企业名称实行分级登记管理等。

2. 有企业章程或者协议

根据我国有关法律规定，法人企业必须有企业章程；独资企业、合伙企业没有企业章程的法定要求，但合伙企业必须有书面的合伙协议；外商投资企业除必须制定企业章程外，中外合资经营企业、中外合作经营企业还必须依法订立合营合同或合作合同。主要的章程或者协议如下。

企业法人章程是企业法人自己制定的，规定企业法人权利和义务以及调整企业内部关系准则的基本法律文件，是企业法人向社会公开申明其宗旨、经营方向、所有制形式、资金状况、组织形式和组织机构、业务规模、内部管理制度及利润分配原则和债权债务处理方式等规范的书面文件。章程从根本上决定了企业的组织原则、活动范围以及企业发展方向。企业章程是企业组织和活动的基本准则，是企业宪章。企业章程是企业内部活动和行为的基本准则，对企业外部人员起着公示的作用。公众可以通过企业章程，估计与企业交易和投资的风险，从而作出初步的判断。它还是政府对企业进行管理的依据之一，企业章程是企业法人设立登记时向登记机关提交的必备文件之一。企业章程的内容必须符合法律的规定。我国《公司法》《企业法人登记管理条例施行细则》以及有关外商投资企业的立法明确规定了法人企业章程必须载明的事项。

合伙协议是指合伙人为设立合伙企业而达成的规定合伙人之间权利义务关系的协议。作为合伙企业成立的基础，合伙协议是确定合伙人之间权利义务的基本依据。根据我国《合伙企业法》的规定，设立合伙企业必须有书面合伙协议，它是成立合伙企业的法定要件之一。我国《合伙企业法》第18条规定了合伙协议应当载明的事项，主要有：合伙企业的名称和主要经营场所的地点；合伙目的和合伙经营范围；合伙人的姓名或者名称、住所；合伙人的出资方式、数额和缴付期限；利润分配、亏损分担方式；合伙事务的执行；入伙与退伙；争议解决办法；合伙企业的解散与清算；违约责任。合伙分担方式协议还可以载明合伙企业的经营期限和合伙人争议的解决方式。合伙协议经全体合伙人签名、盖章后生效。合伙协议如需要修改或补充，必须经全体合伙人协商一致。

外商投资企业的合同和章程是根据我国外商投资企业法的规定，申请设立中外合资经营企业、中外合作经营企业，必须向审批机关报送的合营或合作协议、合同和章程，其中，企业合同、章程是法定必备文件。

3. 有符合法律规定的资本

企业的资本是企业投资人认缴的出资总额。企业投资人的基本义务是向企业出资，这既是其是否拥有企业投资人身份的标志，也是企业得以进行生产经营的物质基础，各投资人的出资是企业财产的原始构成部分。

根据不同法律的规定，不同企业形态的法律地位不同，法律对各类企业资本的要求也不同。

资本在法人企业尤其是公司企业中具有非常重要的地位和作用。采取有限责任形式的企业，出资人以其认购的出资额为限对企业承担责任，企业资本是企业全体出资人承担责任的界限，企业资本是企业承担债务责任的基础。企业以其全部资产对企业债务承担责任，而企业资本是构成企业资产的基础，因而企业资本也是企业承担债务责任的基础。由于资本在法人企业尤其是公司中的地位重要，各国立法对法人企业的资本均有明确要求。我国对法人企业的资本要求主要体现在《公司法》《全民所有制企业法》以及有关外商投资企业的立法中。

根据《个人独资企业法》的规定，企业的财产及责任与投资人的个人财产及个人责任是同一的，因此，法律没有必要对个人独资企业的资本作出限定。

根据《合伙企业法》的规定，由于合伙人对企业债务承担无限责任，法律对合伙企业的资本构成、资本数额也没有严格的限制。但由于合伙企业不同于个人独资企业，它的财产属性属于共同财产，合伙企业财产由合伙企业共同管理和使用，因此法律对合伙人的出资作了一定的要求，设立合伙企业，必须"有各合伙人实际缴付的出资"，合伙人应当按照合伙协议约定的出资方式、数额和缴付出资的期限，履行出资义务。

4. 建立符合法律规定的组织制度

企业组织制度涉及的是企业的内部治理结构问题。公司是法人企业，拥有法律上的独立人格，其独立性可以从很多方面体现出来。但它必须通过一个由自然人组成的组织系统来实施其行为和实现其目标。因此，法人企业的组织是其之所以成为法人并赖以存在和发展的前提条件；各国都将企业组织的设置及其运行规则作为公司法及其他有关法人企业立法的主要组成部分，并形成了不同模式的组织制度。我国《公司法》《全民所有制企业法》及外商投资企业法对各类法人企业制度的建立都有明确规定，申请设立企业，必须建立健全企业的组织制度。

法律对个人独资企业内部组织的设置及运行规则无明确限制，投资者可以根据自己的意愿自主处理企业事务。

由于合伙企业的所有权与经营权没有分开，因而法律没有要求合伙企业建立专门的企业机关如经营机关，企业的行为及目的通过合伙人的共同行为来实现，各合伙人对执行合伙事务享有同等的权利。可以由全体合伙人共同执行合伙企业事务，也可以委托一名或数名合伙人执行合伙企业事务。法律也没有对合伙企业的组织制度有明确要求，只是规定了合伙人之间以及合伙人对外合伙事务执行的规则。

5. 有符合法律规定的经营范围

在我国的相关企业法律制度发展中，向来非常注重企业的经营范围。根据我国法律规定，设立企业必须确定企业的经营范围，并经过工商行政管理机关核准登记。企业应当在核准登记的经营范围内从事经营。生产经营特殊产品的企业，还必须经过有关主管部门的特殊批准和许可。

6. 有自己的生产经营场所

企业进行生产经营活动必然要拥有与其活动相适应的生产经营场所，这是必不可少的物质条件，也是设立企业的必备条件之一。

二、企业的登记

(一) 企业登记的含义与类型

企业登记是指企业依照法定程序，将法定事项申报企业登记主管机关注册登记的一种法律制度。企业登记包括企业设立登记、变更登记和注销登记三种。

1. 设立登记

这是指设立企业时必须向工商行政管理部门申请办理的登记。其作用是确认企业享有企业法人资格或营业资格。

2. 变更登记

这是指经开业登记已取得合法资格的企业要改变原登记事项，如名称、住所、法定代表人、经营范围、注册资金以及增设或撤销分支机构时应办理的变更手续。

3. 注销登记

这是指经开业登记已取得合法资格的企业在歇业、被撤销、被宣告破产或因其他原因终止营业时应当办理的注销手续。企业经注销登记后，登记主管机关应收缴《企业法人执照》或《营业执照》（包括副本），收缴公章，并将注销登记情况告知被注销登记企业的开户银行。应办理注销登记而未办理或办理注销登记后仍从事生产经营活动的，均属于违法活动，应依法受到制裁。企业因违法经营，被工商行政管理部门吊销营业执照时，由工商行政管理部门直接注销其登记。

（二）企业登记的主要内容

1. 企业名称

企业名称是企业法人地位的标志。它由企业自行申请，报工商行政管理部门核定；企业名称在核准登记以后，在一定范围内享有专用权，任何其他人不得侵犯。

2. 住所和经营场所

住所是指企业主要办事机构的地址。如果某公司有一个总部和几个分部，就应把总部的所在地作为住所。经营场所主要是企业生产经营的地址、面积和位置等。

3. 法定代表人

企业的法定代表人一般是指企业的董事长。企业与企业之间、企业与国家之间以及企业与企业之外发生的一切涉及法律的事项，均应由法定代表人出面解决，并承担责任。

4. 经济性质

企业的经济性质是由主管登记机关根据企业的财产所有权归属、资金来源、分配形式以及有关规定审定的。

5. 经营范围和经营方式

经营范围是指企业生产经营活动的行业和项目，经营方式是指企业采取什么样的方式从事生产经营活动，如来料加工、批发、零售、代购代销等。

6. 注册资金

注册资金是指企业在登记机关注册登记的实有资金数额。资金是企业从事生产经营活动的保证，企业能否获准登记开业、能否获得法人地位，与资金数量的大小以及资金来源有着密切的关系。

7. 经营期限

经营期限是企业章程、协议或合同所确定的企业合法经营的时限。主管登记机关核定经营期限后，在核发的营业执照上注明有效期，有效期自核准登记之日起计算。经营期限可以依法延续。

8. 分支机构

分支机构是指企业法人附设的分公司、分店、销售门市部、加工厂等。这些附属单位一般都不独立核算，但可以直接从事生产经营活动。

第三节　现代企业制度

一、产权和企业制度概述

企业是在一定的财产关系基础上形成的，企业的行为倾向与企业产权结构之间有着某种对应关系。企业在市场上所进行的物品或服务的交换，实质上也是产权的交易。因此要了解企业制度，首先必须了解产权这一概念。

1. 产权

所谓产权，指财产所有权以及与财产所有权有关的财产权利。产权的基本内涵包括所有权、占有权、使用权、收益权和处置权等，是涵盖一组权利的一个整体。

2. 产权的经济功能

（1）促进资源的优化配置　产权具有可让渡性和可分性。任何一项交易活动实质上就是不同产权之间的交易，明确界定的产权可以提供一种对经济行为的规范或约束。

（2）保障产权主体的合法权益　产权具有排他性，产权所有者的权益受法律的保护，他人不得侵犯。产权的这种功能是维护社会的所有制与生产关系，稳定社会经济结构的重要法权支柱。

（3）为规范市场交易行为提供制度基础　产权强调的是规则或行为规范，它规定了财产的存在及其使用过程中不同权利主体的行为权利界限和约束关系。产权关系的复杂化和明晰化乃是市场经济的重要特征，也是其顺利运行的法权基础。

（4）有利于解决外部性问题　外部性是指经济当事人之间一方对另一方或其他诸方利益造成的损失或提供的便利，它不能用价格来准确衡量，也难以通过市场价格进行补偿或支付。对一些外部性问题，通过明晰产权，并在此基础上进行谈判，当事人有可能找到各自利益损失最小化的合约安排。

3. 企业制度

企业制度是企业产权制度、企业组织形式和经营管理制度的总和。企业制度的核心是产权制度，企业组织形式和经营管理制度是以产权制度为基础的，三者分别构成企业制度的不同层次。企业制度是一个动态的范畴，它是随着商品经济的发展而不断创新和演进的。

从企业发展的历史来看，具有代表性的企业制度有以下三种。

（1）业主制　即通常所说的独资企业。在业主制企业中，出资人既是财产的所有者，又是经营者。企业主可以按照自己的意志自主经营，企业获得的全部收益归业主所有。这种企业形式一般规模较小，经营灵活。正是这一优点，使得业主制这一古老的企业制度一直延续至今。但业主制也有其缺陷，如资本来源有限，企业发展受限制；企业主要对企业的全部债务承担无限责任，经营风险大；企业的存在与解散完全取决于企业主，企业存续期限短等。因此业主制难以适应社会化商品经济发展和企业规模不断扩大的要求。

（2）合伙制　是由两个或两个以上的人共同投资、共同监督和管理、共享收益、共担风险的一种企业制度。合伙企业的资本由合伙人共同筹集，扩大了资金来源；合伙人共同对企业承担无限责任，可以分散投资风险；合伙人共同管理企业，有助于提高决策能力。但是合伙人在经营决策上也容易产生意见分歧，合伙人之间可能出现偷懒的道德风险。所以合伙制企业一般都局限于较小的合伙范围，以小规模企业居多。

（3）公司制　公司制企业是一种以法人财产制度为核心，以科学规范的法人治理结构为基础，从事大规模生产经营活动，具有法人资格并依法设立的经济组织。现代公司制企业的主要形式是有限责任公司和股份有限公司。公司制的特点是公司的资本来源广泛，使大规模生产成为可能；出资人对公司只负有限责任，投资风险相对降低；公司拥有独立的法人财产权，保证了企业决策的独立性、连续性和完整性；所有权与经营权相分离，为科学管理奠定了基础。

二、现代企业制度的含义和特征

党的十四届三中全会提出了建立现代企业制度。会议通过的《中共中央关于建立社会主义市场经济体制若干问题的决定》中指出："以公有制为主体的现代企业制度是社会主义市场经济体制的基础。……建立现代企业制度，是发展社会化大生产和市场经济的必然要求，是我国国有企业改革的方向。"现代企业制度的提出，标志着我国国有企业的改革已由放权让利为主要内容的改革，转变成为以理顺产权关系为重要内容的企业制度的建立。建立现代企业制度，适应了我国建立社会主义市场经济的需要，为国有大、中型企业的深化改革指明了方向，对转换企业经营机制有着重要的促进作用。

现代企业制度是指以企业法人制度为基础，以有限责任制度为保障，以公司制企业为主要形式，以产权清晰、权责明确、政企分开、管理科学为条件的新型企业制度。现代企业制度有以下几个特征。

1. 产权清晰

产权清晰要求用法律手段来界定出资者与企业之间的关系，使出资者所有权与企业法人财产权相分离，企业法人财产权保持独立、完整，同时使出资者和企业法人的权利、职责明确下来。

尤其是国有资产的边界要明确。首先要搞清实物形态的国有资产的边界，如房产、机器设备等；其次要搞清国有资产的价值边界和权利边界，包括实物资产和金融资产的价值量，国有资产的权利形态，如企业的股权或债权，占有权、使用权、收益权和处置权的分布，以及企业的净资产数量等。

2. 权责明确

权责明确是指合理区分和确定企业所有者、经营者和劳动者各自的权利和责任。所有者、经营者、劳动者在企业中的地位和作用是不同的，因此他们的权利和责任也是不同的。

所有者按其出资比例，享有资产收益、重大决策和选择管理者的权利。企业在其存续期间，对由各个投资者投资形成的企业法人财产拥有占有、使用、处置和收益的权利，并以企业全部法人财产对其债务承担责任。经营者受所有者的委托在一定时期和范围内拥有经营企业资产及其他生产要素，并获取相应收益的权利。劳动者按照与企业签订的合约拥有就业和获取相应收益的权利。

与上述权利相对应的是责任。严格意义上说，责任也包含了通常所说的承担风险的内容。要做到"权责明确"，除了明确界定所有者、经营者、劳动者及其他企业利益相关者各自的权利和责任外，还必须使权利和责任相互平衡。此外，在所有者、经营者、劳动者及其他利益相关者之间，应当建立起相互依赖又相互制衡的机制，这是因为他们之间是不同的利益主体，既有共同利益的一面，也有不同乃至冲突的一面。相互制衡就要求明确彼此的权利、责任和义务，要求相互监督。

3. 政企分开

政企分开的基本含义有两层，一是国家作为全民所有的代表者身份与行政管理（包括经济管理）者身份相分开，二是国家的宏观经济管理与企业的经营管理相分开。这要求国家不能以行政管理职能代替国有资产所有者职能直接插手企业的经营管理，不能既做运动员也做裁判员。企业以提高劳动生产率和经济效益为目的，按市场需求组织生产经营，政府不直接干预企业的生产经营活动。企业在市场中优胜劣汰，长期亏损、资不抵债的企业按《破产法》规定实施破产。

4. 管理科学

管理科学要求企业管理的各个方面，如质量管理、生产管理、供应管理、销售管理、研究开发管理、人事管理等方面的科学化。管理致力于调动人的积极性和创造性，其核心是激励、约束机制。要使管理科学，要学习、引入先进的管理方式，包括国际上先进的管理方式。对于管理是否科学，虽然可以从企业所采取的具体管理方法是否先进来判断，但最终还要从管理的经济效益上做出评价。

三、现代企业制度的内容

在我国社会主义市场经济条件下建立的现代企业制度，主要包括现代企业产权制度、现代企业组织制度、现代企业管理制度三个方面的内容。

1. 现代企业产权制度

现代企业产权制度的基本特征是产权归属的明晰化、产权结构的多元化、责任权利的有限性和治理结构的法人性。在所有权与经营权分开的前提下，企业依照自己的法人财产开展各项经济活动，独立地对外承担民事权利和民事义务。在现代企业产权制度的规范下，企业不再是国家行政机关的附属物，国家也不再是企业的唯一投资主体。在企业的所有资产中，所有权属于分散的股东，企业通过自己独立的法人地位运营全部资产。企业与国家之间、企业与分散的股东之间，各自的责任与权利是明确的。

国有企业建立现代企业制度，首先要求对其进行公司化改造，明晰企业的产权划分和归属主体，在此基础上引导出多元化的投资来源。同时，根据投资的多少，确立对称的责任和权利，打破国家对企业债务负无限责任的传统体制。国有企业经过公司化改造后，在其内部建立股东大会、董事会、监事会和经理部门相互制衡的公司治理结构，确保企业产权关系的有效实施。建立现代企业产权制度是我国的国有企业建立现代企业制度的基础和前提。

2. 现代企业组织制度

现代企业制度有一套完整的组织制度。所有者、经营者和生产者之间，通过公司的决策机构、执行机构、监督机构，形成各自独立、责权分明、相互制约的关系，并以国家相关的法律法规和公司章程加以确立和实现。

现代企业组织制度的两个相互联系的原则是两权分离和三权分立，即企业所有权和经营权相分离的原则，以及由此派生出来的公司决策权、执行权和监督权三权分立的原则。在此原则基础上形成股东大会、董事会、监事会和经理层并存的组织机构框架。公司的组织机构通常包括股东大会、董事会、监事会和经理人员四大部分。按照其职能，分别形成权力机构、执行机构、监督机构和管理机构。股东大会作为权力机构，它由国家授权投资的机构或部门以及其他出资者选派代表组成。股东实际上就是公司的所有者，股东大会所形成的决议是最终决议，具有法律效力。董事会作为公司的常设机构，是股东大会的执行机构，也是公司的经营决策机构，其主要职责是执行股东大会的决议，制定公司的大政方针、战略决策、投资方向、收益分配等重大事项。监事会作为公司的又一常设机构，其主要职能是对董事会和经理人员行使职权的活动进行监督，审核公司的财务和资产状况，提请召开临时股东会等。经理人员是企业的管理阶层，包括公司的总经理、副总经理和部门经理等，负责公司日常的经营管理活动，依照公司的章程和董事会的决议行使职权。经理层对董事会负责，实行聘任制，不实行上级任命制。由股东大会、董事会、监事会及经理层相互制衡的现代企业组织制度，既赋予经营者充分的自主权，又切实保障所有者的权益，同时又能调动生产者的积极性，它是我国的国有企业建立现代企业制度的核心依托。

3. 现代企业管理制度

现代企业管理制度包括以下几个方面的内容：有一套股东大会、董事会、监事会与经理层相互制衡的公司治理结构；具有正确的经营思想和能适应企业内外环境变化、推动企业发展的经营战略；建立适应现代化生产要求的领导制度；拥有熟练地掌握现代管理知识与技能的管理人才和具有良好素质的职工队伍；在生产经营各个主要环节普遍地、有效地使用现代化管理方法和手段；建设以企业精神、企业形象、企业规范等内容为中心的企业文化，培育良好的企业精神和企业集体意识。按照市场经济发展的需要，积极应用现代科学技术成果，在企业内部设置科学合理的治理机制，建立起现代企业管理制度是建立现代企业制度的根本保障。

现代企业产权制度、现代企业组织制度、现代企业管理制度三者之间是相辅相成的，它们共同构成了现代企业制度的总体框架。

第四节　现代企业组织

一、组织概述

（一）组织的含义

组织是人们为某一目的而形成的群体，是确保人们社会生活正常协调进行、顺利达到预期目标的体系。一个组织的目标、计划制定出来以后，一个重要的问题就是如何使它变为现实。这就要求管理者按照组织目标和计划所提出的要求，设计出合理、高效、能顺利实现组织目标的结构体制，合理配置组织的各种资源，以保证计划和组织目标的顺利实现。

切斯特·巴纳德（Chester Barnard）将一个正式的组织定义为：组织是一种有意识地对人的活动或力量进行协调的关系，使两个或两个以上的人自觉协作的活动或力量所组成的一个体系。

组织可以从不同的角度去理解。从静态的角度看，组织是一个实体，是为了实现某一个共同目标，经由分工与合作及不同层次的权力和责任制度而构成的人的集合。如企业、学校、政府机构、医院都可称为组织。从动态角度去看，组织是一项职能性的活动，是指为达到某一目标而协调人群活动的一切工作的总称，即组织工作，也是管理学中的组织含义。

因此组织的概念可以概括为三方面的内容：首先，组织必须具有目标。目标是组织存在的前提和基础，任何组织都是为了实现某种特定的目标而存在的，这个目标既可以是明确的，也可以是隐含的，但最基本的目的都是有效地配置内部有限的资源，以实现组织的目标。其次，组织必须有分工和协作。分工和协作关系是由组织目标限定的。一个组织为了达到目标，需要设立许多部门，每个部门都专门从事一种或多种特定的工作，各部门之间要能够相互配合，只有把这种分工与协作关系结合起来，才能提高效率。最后，组织要有不同层次的权力与义务制度。权力与义务是达成组织目标的必要保证。组织内部分工后就要赋予各部门及每个人相应的权力，以便于实现目标。同时还必须明确各部门或个人的义务和承担的责任，有权力而不承担责任就可能导致滥用权力，影响组织目标的实现。

（二）组织的类型

组织可以按照不同的标准进行分类，这是由组织设立的目标及其成长所处的阶段决定的。组织主要有以下几种类型。

1. 按组织的性质分类

（1）经济组织　它是人类社会最基本、最普遍的社会组织。经济组织担负着满足人们衣食住行和文化娱乐等物质生活资料需要的任务，履行着社会的经济职能。在现代社会中，经济组织已经形成庞大而复杂的组织体系，如工厂、商店、商业银行、饭店、交通运输和其他服务性组织等。

（2）政治组织　政治组织产生于人类社会出现阶级之后，包括政党组织和国家政权组织。在现代社会，政党组织代表本阶级的利益和意志，为本阶级指引方向、提出奋斗目标、制定方针政策。国家政权组织是国家进行社会管理的重要机器。

（3）宗教组织　宗教组织是以某种宗教信仰为宗旨而形成的组织，代表宗教界的合法利益，组织正常的宗教活动。

（4）群众组织　群众组织是社会各阶层、各领域的人民群众为开展各种有益活动而形成的社会团体。如工会、共青团、妇女联合会等。

（5）文化组织　文化组织是以满足人们各种文化需要为目标、以文化活动为其基本内容的社会团体。如学校、图书馆、科研单位、影剧院、艺术团体等。

2. 按照组织形成的方式分类

（1）正式组织　正式组织是为了有效地实现组织目标而明确规定组织成员之间职责范围和相互关系的一种结构，其组织制度和规范对成员具有正式的约束力。

（2）非正式组织　非正式组织是人们在共同工作或活动中，由于具有共同的兴趣和爱好，以共同的利益和需要为基础而自发形成的团体。

3. 按组织的社会功能分类

（1）以生产为导向的组织　该类组织以经济生产为核心，运用一切资源扩大自己的经济生产能力，如公司、工厂、银行、饭店、宾馆等。它除了生产物质产品外，还提供劳务等，其范围非常广泛。

（2）以政治为导向的组织　该类组织的社会功能是实现某种政治目的，因此其活动重点是权力的产生与分配。如各类政府机关等组织。

（3）模型维持组织　该类组织的社会功能是通过维持固定的社会形式来确保社会的平衡发展。如社团、学校、教会等。

（4）整合组织　该类组织的社会功能是协调各种冲突，引导社会群体向某种固定的目标发展，以保持一定的社会秩序。如政党、法院等组织。

4. 按组织内部人员的利益受惠程度分类

（1）互利组织　该类组织的全体成员都可以在组织中获得某种方便和利益，如会员制俱乐部、互助团体等。

（2）企业组织　该类组织的所有者或经理、投资者等主要管理人员能够得到利益。它是现代组织最重要的形式之一，如各种商场、工厂、银行等。

（3）服务组织　该类组织的目的是为社会大众服务，使社会大众能够得到利益。如大学、医院、福利机构等。

（4）公益组织　该类组织的目的是为社会所有的人服务。如行政机关、军队组织等。

5. 按人员的顺从程度分类

（1）功利组织　该类组织主要利用金钱或物质等媒介作为手段，管理、控制其所属成员。如各类工商企业等。

（2）强制组织　该类组织用高压和威胁等强制性手段管理、控制组织成员。如监狱、精神病院等。

（3）正规组织　该类组织主要以荣誉鼓励的方式管理组织成员，组织运作比较规范。如党政机关、学校等。

二、组织结构与设计原则

（一）组织结构含义与特性

组织结构是组织的框架，就像人类的体形由骨骼决定一样，组织的特性也是由其结构来决定的。企业组织结构是企业实现管理职能、达到管理目标的重要工具和手段。一般来说，企业的组织结构是由若干不同的管理结构和经营结构所构成，这些结构通过"组织"形成相互影响、相互依存和相互制约的有机整体，在实现企业既定目标时相互协调和配合，形成一致行动。组织结构的特性有以下三种。

（1）正规化　正规化是组织依靠规则和程序引导员工行为的程度。有些组织的规范准则比较少，其正规化的程度就较小；而有些组织规模虽然小，规范的准则却比较多，这些组织的正规化程度就比较高。

（2）复杂化　复杂化是指组织的分化程度。一个组织的劳动分工越细致，具有越多的纵向等级层次，组织单位的地理分布越广泛，则协调人员及其活动就越困难。

（3）集权化　集权化是决策制定权力的集中程度。在一些组织中，问题自下而上传递给高层领导人员，由他们制定行动方案，决策是高度集中的；而另外一些组织，把决策制定的权力授予下层人员，这是分权化。

（二）组织结构设计的原则

1. 目标导向原则

我们所要设计的组织实际上是一种"目标导向"型组织。企业组织设计的根本目的是为实现企业目标服务的，这是最基本的原则。组织设计工作必须以这一原则作为出发点和归宿点，衡量组织设计的优劣。组织结构是一种手段，通过它来达到一个组织的目标，如果要使组织结构有效和健全，必须从组织的目标、战略开始设计组织结构。

2. 分工与协作原则

在组织设计中要坚持分工与协作的原则，就是要做到分工要合理、协作要明确。在分工中要强调：①必须尽可能按专业化的要求来设置组织结构；②工作上要有严格分工，每个员工在从事专业化工作时，应力争达到较熟悉的要求；③要注意分工的经济效益。

在协作中要强调：①明确各部门之间的相互关系，寻找出容易发生矛盾之处，加以协调。协调搞不好，分工再合理也不会获得整体的最佳效益。②对于协调中的各项关系，应逐步规范化、程序化，应有具体可行的协调配合方法以及违反规范后的惩罚措施。

3. 统一指挥原则

统一指挥是实现企业有序运行和实现企业目标的必要保证。这就要求企业各部门、各环节、各岗位必须只服从于一个上级的领导、指挥和管理，在上下级之间形成一条"指挥链"，最高领导层的命令可以从上到下逐级下达和贯彻，下级的情况可以由下至上逐级上报和反馈，这样可以防止越级指挥、多头领导、被管理者无所适从等现象的发生，使每个管理环节各司其职，各管其事，各负其责。统一指挥原则要求做到以下四点：①从最上层到最基层，这个等级链不能中断；②任何下级只能有一个上级领导，不允许多头领导；③不允许越级指挥；④职能机构是参谋，只有提出建议之权，无权过问该直线指挥系统下属的工作。

4. 管理幅度和层次原则

在一般情况下，一方面，管理层次与企业规模成正比，企业规模越大，管理过程越长，经营管理事务越繁杂，在组织机构的设立上所要求的层次越多，这是实现企业经营管理任务的必然要求。另一方面，企业的管理层次又与管理幅度成反比，如管理幅度越大，每一管理层次所管理的人数越多，相应的企业管理层次越少。根据层次原则，企业在设置组织机构时，要根据企业规模的大小，确定出合理的管理幅度，以此来规定企业的管理层次。

正确处理管理幅度与管理层次的关系，涉及如下一些因素。

（1）工作能力　若不考虑领导者的工作能力，下级工作能力强，经验丰富，则上级处理上下级关系所需的时间和次数就会减少，这样就可扩大管理面。反之，如果委派的任务下级不能胜任，上级指导和监督下级的活动花的时间就要增加，这时管理面势必要缩小。

（2）信息交流　信息交流的方式和难易程度也会影响到管理幅度。在管理活动中，如上下级意见能及时交流，左右关系能协调配合，就有利于扩大管理面。

（3）检查手段　如果任务目标明确，职责和职权范围划分清楚，工作标准具体，上级能通过检查手段迅速地控制各部门的活动和客观地、准确地测定其成果，则管理面可适当扩大；反之，则管理面要缩小。

除上述因素外，各级管理者的综合素质、管理活动的复杂性和相似程度、新问题的发生率、管理业务的标准化程度、机构在空间上的分散程度等也会影响管理幅度与管理层次的关系。

5. 精简与效率原则

在组织设计时，要根据企业经营管理的需要，把组织机构的规模、层次和人员数量控制在适当的限度内，即与所承担的任务相适应。精简与效率是统一的，精简是提高工作效率的前提条件，如果企业组织机构臃肿，层次繁多，就必然导致人浮于事，办事拖拉，相互推诿，效率低下；反之，如果企业组织机构的规模、层次过小、过少，人员数量不足，同样也会影响企业经营管理效率的提高，使企业目标难以实现。因此，企业在设置组织机构时，必须遵循精简与效率相统一的原则，掌握好适当的"度"的界限。

6. 权力和责任对等原则

权力和责任对等原则也就是权责一致原则。权力和责任总是与职位相联系的，在组织设计中，每个管理层次和管理环节都应有与其经营管理活动相适应的职责范围，在赋予其相应权力的同时，又要明确其应承担的责任。对于一个管理者来说，有责无权，不能有效或充分地实现其职能；有权无责，也不能正确地利用和有效地行使其职权。

7. 集权与分权相结合的原则

集权就是把权力相对集中于组织的最高层领导，使其统一管理所属单位和人员的活动。分权与集权恰好相反，它使领导的直接管理控制面扩大，减少了管理层次，使最高层与最低层之间的信息沟通较为直接。在组织设计中，既要求有必要的权力集中，又要求有必要的权力分散。集权与分权的关系是辩证的统一，一般是通过统一领导、分级管理表现出来的。集权到什么程度，应以不妨碍基层人员积极性的发挥为限；分权到什么程度，应以上级不失去对下级的有效控制为限。集权与分权是相对的，不是一成不变的，应根据不同情况和需要加以调整。从当今世界各国企业的组织来看，侧重于分权管理是组织发展的主要趋势。

三、企业组织结构模式

组织是在发展的，所以组织结构不能一成不变。组织结构是随着生产力和社会的发展而不断发展的。常见的组织结构模式有直线制、职能制、直线职能制、事业部制、矩阵制等。

1. 直线制

直线制组织结构是出现最早且最为简单的一种结构，又称为单线式结构或军队式结构。其特点是：组织中的各职位从上而下按垂直系统进行管理。组织的指挥和管理职能由各级行政负责人自己执行，不设专门的职能机构，下属只接受一个上级的指挥。如图 1-1 所示。

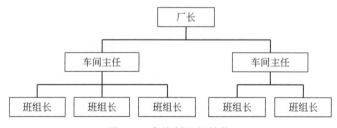

图 1-1　直线制组织结构

这种组织结构类型的优点是：设置简单，责任和权限比较明确，便于统一指挥，信息传递速度快，有利于迅速作出决定，工作效率高等。缺点是：管理者负担过重，对管理者业务能力的要求比较高，尤其是当企业规模扩大、管理工作变得复杂的时候，管理者势必会面临很大的困难，难以进行有效的管理。另外，各个部门基本上只关心本部门的工作，缺乏横向协调关系。因此，这种组织结构模式一般适用于规模小、业务量少、人员少的小型企业或应用于现场作业管理。

2. 职能制

职能型组织结构是在"直线制"的基础上，以工作方法和技能作为依据，为各级领导设置职能部门。把相应的管理职责和权力交给这些职能机构，各职能机构协助上一级领导的工作，同时在自己业务范围内可以向下级单位下达命令和指示。如图 1-2 所示。

这种组织结构类型的优点是：职能部门业务专业化，能够充分发挥职能机构的专业管理

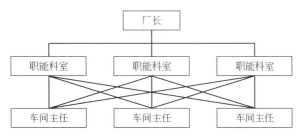

图 1-2　职能制组织结构

作用，避免资源的重复配置；减轻了直线主管人员的工作负担，使他们有可能集中精力实现自己的职责；有利于职能人员发挥专长，激发起兴趣和创造力。其缺点是：容易造成多头指挥，妨碍了组织的统一指挥；不利于明确划分直线领导人员与职能机构人员的职责与权限；职能部门之间的协调能力差；过于强调专业分工，使主管人员忽略了本专业以外的知识与技能，不利于培养综合管理者。因此，由于这种模式妨碍了统一的指挥领导，在实际工作中，这种纯粹的职能型组织结构形式一般不被采用。

3. 直线职能制

直线职能制是把直线制和职能制结合起来形成的。其特点是：各级行政领导实行逐级负责制，命令由各级行政领导统一下达和指挥，实行高度集中。在各级行政领导之下设置相应的职能部门，分别从事专业管理，作为该级领导的参谋和助手。职能部门只能对下级进行行业务指导，无权直接下达命令或进行指挥。如图 1-3 所示。

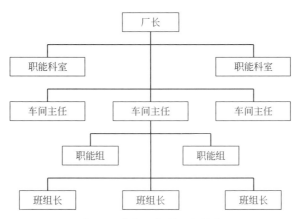

图 1-3　直线职能制组织结构

这种组织结构吸收了直线制和职能制的优点，摒弃了它们的缺点。既实现了发挥职能部门专业管理的作用，又便于领导统一指挥，从而提高了管理活动的效率。因此，这种组织模式目前在各国企业中采用较普遍，我国大多数的企业都采用这种形式，并不断地在管理实践中得到发展。但其也存在不足之处：职能部门之间的横向协调较差，容易造成信息传递慢，影响效率；权力高度集中在最高管理层，下级缺乏自主权。

4. 事业部制

事业部制组织结构也称部门化结构，它是一种分权式的组织形式，是美国通用汽车公司总裁斯隆在 1924 年提出的。其特点是：采用"集中政策，分散经营"的原则，在总公司的领导下，按照产品或地区的不同建立若干个事业部，每个事业部都是一个利润中心，进行独立的核算，拥有较大的自主经营权。总公司保留人事决策、财务控制、规定价格幅度以及重大问题的决策等权力,并利用利润等指标对事业部进行控制。如有些企业按照产品类型划分事业部,并设置产品经理;有些企业按照地理区域划分事业部,并设置区域经理等。如图 1-4 所示。

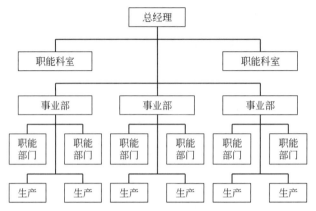

图 1-4 事业部制组织结构

这种组织结构类型的优点是:按照产品或地区划分事业部后,总公司可以根据各事业部的资料对各产品或地区的情况有所了解,能够迅速作出反应;各事业部拥有经营上的自主权、进行独立核算,能够充分调动积极性、主动性,增强企业生产经营活动的适应能力,更好地适应市场;有利于公司最高领导层摆脱日常行政事务,真正成为强有力的决策中心;有利于把联合化和专业化结合起来,一个公司可以生产经营种类很多的产品,形成大型联合企业,而每个事业部及其所属工厂又可以集中力量生产一种或几种产品,甚至可以集中生产产品的某些零件,实现高度专业化。其缺点是:各事业部只考虑自己的利益,影响了各事业部之间的协作,容易导致本位主义;增加了管理层次,职能机构重叠,人员多,管理费用开支增加。因此,这种组织结构适用于规模较大、产品类别比较复杂、产品地区分布较广泛的大型联合企业。

5. 矩阵制

矩阵制组织结构是由纵横两套管理系统组成的,一套是按职能划分的纵向指挥系统,另一套是按项目划分的横向领导系统。横向领导系统的设置是为了完成某项任务。例如,企业为了研制某项新产品,在研究、设计、生产等各个项目方面,要求配备不同专长的技术人员和其他资源,并且要求每个项目要有专人负责。因此在垂直领导的基础上,出现了横向的项目领导系统,形成了矩阵结构。其特点是:组织本身具有中央职能系统,在组织结构上,按职能划分的垂直领导系统是相对固定的,按项目划分的横向领导系统是灵活机动的;项目小组成员既同原职能部门保持组织与业务上的联系,又参加项目小组工作,接受项目小组负责人和原属职能部门负责人的双重领导;组织结构既有管理目标和组成人员临时性的特点,又有组织形式固定性的特点。如图 1-5 所示。

这种组织结构类型的优点是:有利于加强各职能部门之间的协调与配合,及时沟通,解决问题;机动灵活、适应性强,可以根据任务的需要和环境变化进行调整;项目小组成员来自不同的部门,专长不同,有利于相互补充、集思广益,更圆满地完成任务。其缺点是:稳定性差。由于各小组成员临时抽调自各个职能部门,任务完成后,仍然要回到原来的工作部门,因而容易产生临时的感觉,不安心工作;项目小组成员接受纵横双重领导,当双方领导意见不一致的时候,就会使他们的工作无所适从,破坏了命令统一原则,如果出现错误,也

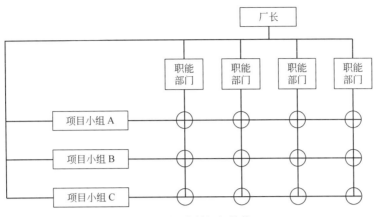

图 1-5 矩阵制组织结构

会造成责任不清。因此，这种组织结构形式适用于生产大件、高技术产品或设计、研制等创新性工作较多的企业。

四、组织变革

（一）组织变革的含义和作用

组织变革是指组织管理人员主动地对组织的原有状态进行改变，以适应环境的变化，更好地实现组织目标的活动。这种变革包括组织的各个方面，比如组织制度、组织结构、组织成员和组织文化等。

组织是一个由多种要素组成的有机体，和其他有机体一样，经历产生、成长、成熟和衰退的过程。在这个过程中，它自身不断地发生变化，以适应周围环境。任何一个组织，无论过去如何成功，都必须随着环境的变化而不断地调整自我并与之相适应。一旦组织内部和外部环境发生变化，组织要想求得生存和发展就必须进行变革。

组织变革对组织生存和发展具有重大的影响和作用。通过组织变革，组织的目标和任务更加明确，组织成员的满意度提高；组织机构的管理效率得到提高，组织作出的决策更加合理、准确；组织更具有稳定性和适应性；组织的信息沟通渠道畅通无阻，信息传递更加准确；组织的自我更新能力得到增强。

（二）组织变革的动因和阻力

1. 组织变革的动因

（1）外部环境因素 组织是从属于社会大环境系统中的一个子系统，它不能改变外部环境，只能主动适应外部环境。外部环境变化必然要求组织进行相应的变化。外部环境因素主要包括：科技进步的影响、国家有关法律法规的颁布和修订、国家宏观经济调控手段的变化、国家政治形势的变化、国内外市场需求的变化、资源变化的影响、竞争观念的改变等。

（2）内部环境因素 推动组织变革的内部环境因素主要包括：管理技术条件改变、管理人员调整与管理水平提高、组织运行政策与目标改变、组织规模扩张与业务快速发展、组织内部运行机制优化及组织成员对工作的期望与个人价值观的变化等。

2. 组织变革的阻力

组织在变革中要改变原有的组织形态，会遇到来自各方面的阻力，如组织中的一些人要改变原有的观念、行为方法等，以适应新的环境。因此变革不是一帆风顺的。要充分认识、了解这些阻力，想办法排除阻力，使组织变革顺利地完成。组织变革中的阻力主要来源于以下几个方面。

（1）组织方面的阻力　在组织变革中，阻力主要来自组织的惰性。组织惰性是指组织在面临变革时表现得比较刻板、缺乏灵活性，难以适应环境的要求或者内部的变革需求。造成组织惰性的因素较多，例如组织内部体制不健全、决策程序不畅通、职能焦点狭窄和文化陈旧等，都会使组织产生惰性。此外，组织文化和奖励制度等组织因素以及变革的时机也会影响组织变革的进程。

（2）群体方面的阻力　组织变革的阻力还会来自群体方面，对组织变革形成阻力的群体因素主要有群体规范和群体凝聚力等。群体规范具有层次性，边缘规范比较容易改变，而核心规范由于包含着群体的认同，难以变化。同样，凝聚力很高的群体也往往不容易接受组织变革。另外，组织中的一些小的、非正式的群体由于长期交往密切，会形成非正式的规范，如果这些小群体中的成员不遵守规范，就会遭到其他成员的排斥。小群体如果反对变革，也会导致群体内成员抵制变革。

（3）个人方面的阻力　人们往往会由于担心组织变革的后果而抵制变革。人们一般有一种安于现状的特点，一旦熟悉了某种工作环境和人际关系，就不希望发生改变，改变会对原有的安全产生威胁。如果变革带来了新的组织成员，人们要面对这些新的人际关系，开始总是会产生疑虑和不信任。个人的收入基本上取决于他们在组织中的职位和地位，在组织变革中不可避免地会改变组织的结构，这样会使有些人感到在经济方面受到损失，因此会反对或抵制改革。另外组织变革会涉及工作内容上的调整，当组织要求某个职员转换到一个新的岗位或使用一种新的技术时，他们不愿意适应新的工作。大多数的人只是考虑短期利益，如果变革不会给他们马上带来好处时，他们就会反对变革。而往往许多变革带来的是长远利益。

（三）组织变革的内容

组织变革的方式不同，组织变革的内容和侧重点也有所不同。美国管理学家李维持（Harold J. Leavitt）认为，组织变革必须要认清变革的对象，组织是一个多变量的系统，在此系统中，有四个因素是最重要的，包括：任务、技术、结构和人员。因此，组织变革的内容也包括以下四个方面。

1. 任务

任务是指组织在运行目标和方向上的变革。当组织的运行目标和方向进行调整时，组织的结构要随之进行变革。在复杂的组织系统内，尚有许多亚层次任务存在，它们是为总任务服务的，这些亚层次任务实际上就是各个部门的具体工作任务和目标，这是决定各级部门机构设置的重要因素。

2. 技术

技术是指对作业流程与方法的重新设计、修正和组合，包括更换机械设备，采用新工艺、新技术和新方法等。组织系统中的技术因素包括设备、建筑物、工作方法、新技术、新材料、新的质量标准和新的管理技术控制手段等。技术因素的变革，可以间接地促进组织任务的改变，或直接促进组织技术条件与制造方法的改进，从而影响到组织人员与组织结构。

3. 结构

结构是指组织权力关系、协调机制、集权程度、职务与工作再设计等其他结构参数的变化，包括组织职权系统、工作流程系统、协作系统、人力资源管理系统等。管理者的任务就是要对如何选择组织设计模式、如何制订工作计划、如何授予权力以及授权程度等一系列行动作出决策。现实中，固化式的结构设计往往不具有可操作性，需要随着环境条件的变化而改变，管理者应该根据实际情况灵活改变其中的某些要素组成。

4. 人员

人员是指员工在态度、动机、行为、技术文化素养、职业道德水准、人际关系、受激励的程度、组织文化与成员的价值观念上的改变。组织发展虽然包括各种变革，但是人是最主要的因素，人既可能是推动变革的力量，也可能是阻碍变革的力量。变革的主要任务是组织成员之间在权力和利益等资源方面的重新分配。要想顺利实现这种分配，组织必须注重员工的参与，注重改善人际关系并提高实际沟通的质量。

这四个因素相互依赖，相互作用，从而使得组织成为一个动态系统，一个因素的变革势必会影响到其他三个因素的变化。它们之间的关系如图 1-6 所示。

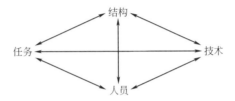

图 1-6　组织变革中四因素之间的关系

（四）组织变革的程序

组织变革的过程要科学有步骤地进行，这样才能达到变革的目的。一般来讲，组织变革的程序主要包括三个阶段，具体分为八个步骤。

1. 诊断阶段

组织变革的第一阶段就是要对现有的组织进行全面的诊断。这种诊断要有针对性，通过搜集资料的方式，对组织的智能系统、决策系统、工作流程系统以及内在关系等进行全面的诊断。组织除了要从外部信息中发现有利和不利的因素，还要能够从各种内在征兆中找出导致组织绩效差的原因，并确定需要改革的具体部门和人员。这一阶段包括确定问题和组织诊断两个步骤。

（1）确定问题　组织变革首先要确定企业是否需要变革。如果企业在日常的管理中会显露出一些不适应的征兆，则确定企业需要变革。这些征兆主要表现在：经常出现错误的决策，企业决策效率低；企业内部信息沟通不畅通；组织缺乏创新等方面。同时还要确定哪些方面需要变革以及变革的内容等。

（2）组织诊断　组织诊断应该采取行之有效的方法，清楚准确地掌握企业的现状，然后对所取得的资料进行科学的分析，找出组织的现状与期望状态之间的差距，以确定所要改革的内容和要达到的目标。

2. 计划与执行阶段

组织诊断完成后，要对组织变革的具体因素进行分析，在此基础上制定几个可行的改革方案，然后制定具体的改革计划并实施。推进改革的方式有很多，组织在选择具体方案时要充分考虑到改革的深度与难度、影响程度、变革速度以及人员的接受和参与程度等，做到有计划、有步骤地进行。这一阶段包括提出改革方案、选择方案、制定计划和实施计划四个步骤。

（1）提出改革方案　变革的方案要有几个选择项目。在方案中必须明确改革内容的性质和特征，解决问题需要具备的条件、改革的途径、方案实施可能带来的后果等。

（2）选择方案　要求在多个选择方案中选择一个最优方案，最优方案的选择要考虑到它的可行性、针对性等。

（3）制定计划　选择方案之后，要针对所选方案制定一个具体、全面的实施计划。计划中包括时间进度，人员的培训，人力、物力和财力的筹备等内容。

（4）实施计划　具体实施改革方案。

3. 评价阶段

在这一阶段要评价变革的效果，及时进行信息反馈。组织变革是一个包括很多复杂变量的过程，任何计划都不能保证完全取得理想的效果。因此，变革结束后，管理者应对改革的结果进行总结和评价，及时反馈信息。对于没有取得理想效果的改革方案，应进行必要的分析和评价，然后再做取舍。这一阶段包括评价效果和信息反馈两个步骤。

（1）评价效果　检查计划实施后是否达到了变革的目的，是否解决了组织中存在的问题，是否提高了组织的效能。

（2）信息反馈　及时反馈信息，以便对原定的改革方案作修正。反馈是组织变革中关键的一个环节，也是需要经常做的一项工作。

本章小结

本章主要根据我国现代企业管理活动和相关法律法规，阐述了企业的概念、特征和类型；企业设立的条件、企业的登记；现代企业制度的含义和特征，现代企业制度的内容；组织的概念、组织结构设计原则和模式，组织变革的概念、动因和阻力、内容和程序等。

企业是指从事生产、流通、服务等经济活动，以产品或劳务满足社会需要的，并以获取盈利为目的，依法设立，实行自主经营、自负盈亏、独立核算的经济组织。企业是社会经济活动的基本单位，是市场经济活动的主体。企业是以盈利为目的的组织，独立地从事经济活动，同时应具有法人资格。企业按照不同的分类标准，可以分为多种不同的类型。

企业的设立，是指为使企业成立、取得合法的主体资格而依据法定程序进行的一系列法律行为的总称。企业登记是指企业依照法定程序，将法定事项申报企业登记主管机关注册登记的一种法律制度。

现代企业制度是指以完善的企业法人制度为基础，以有限责任制度为保证，以公司企业为主要形式，以产权清晰、权责明确、政企分开、管理科学为条件的新型企业制度。现代企业制度主要包括现代企业产权制度、现代企业组织制度、现代企业管理制度三个方面的内容。

组织是一种有意识地对人的活动或力量进行协调的关系，是两个或两个以上的人自觉协作的活动或力量所组成的一个体系。组织可以按照不同的标准进行分类。常见的组织结构模式有直线制、职能制、直线职能制、事业部制、矩阵制等。

复习思考题

1. 什么是企业？企业具有哪些特征？
2. 企业设立的条件是什么？企业登记的内容有哪些？
3. 什么是现代企业制度？现代企业制度有哪些特点？
4. 简述组织结构的特点和设计原则。
5. 简述组织变革的动因和阻力。

拓展项目

1. 现代企业中管理幅度与管理层次之间的关系

参与方式：全体成员。

时间：20分钟。

目的：通过图示让学生了解管理幅度与管理层次之间的关系是什么，进而掌握现代企业扁平化组织结构设计的理念。

方法与要求：

（1）用图示方法讲解什么是管理幅度、管理层次。

如图1-7，最底层的员工假定为不变的16个，当管理幅度＝4时，管理层次＝？

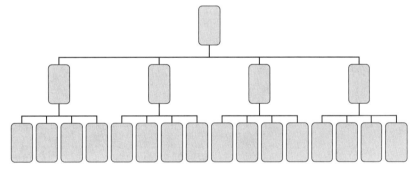

图1-7　管理幅度与管理层次（1）

如图1-8，最底层的员工为16个，当管理幅度＝2时，管理层次＝？

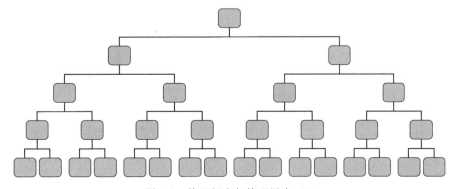

图1-8　管理幅度与管理层次（2）

（2）总结二者之间的关系，用现代企业组织结构的扁平化发展趋势举例说明。

2. 同学们请认真观察，你能发现什么？

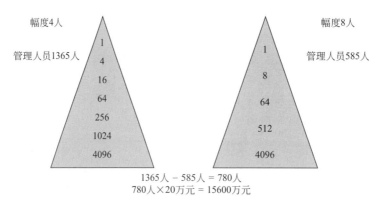

幅度4人

管理人员1365人

1
4
16
64
256
1024
4096

幅度8人

管理人员585人

1
8
64
512
4096

1365人 − 585人 = 780人
780人×20万元 = 15600万元

实训题

1. 企业组织结构的基本模式

实训目标：①掌握各种企业组织结构模式的基本概念；②了解各种企业组织结构模式的优点和缺点。

实训内容：通过各种媒体搜集某个企业的实际资料，主要包括企业内部的主要职位、部门以及权限等，说明这个企业的组织结构模式，以及这种组织结构模式的特点。

2. 结合企业特点，判断下面哪些是企业，并说明理由。

中国联想电脑公司

上海大众

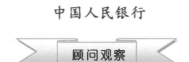

中国人民银行

顾问观察

海 尔 集 团

3. 企业高效的组织结构

寻求最优的组织模式和组织结构，是每一个企业的愿望。组织结构的设计是系统工程，其运转也会受到诸如法人治理结构、管理手段、市场以及企业资源等诸多因素的影响，组织结构的设置与优化需要系统思考、动态管理。

以战略为导向：多数中小企业在调整组织结构时，往往并没有考虑公司战略发展或经营目标的需求。组织结构的功能在于分工和协调，它是保证战略实施的必要手段。它可以将企业的目标和战略转化成一定的体系和制度，融合进企业的日常活动之中，以保证运营战略的实施。战略与组织结构的有效适配是企业生存和发展的关键因素，因此在进行组织结构设计和调整时一定要以公司战略为导向，建立适合的组织结构以支持战略的贯彻。

组织结构的有效匹配：企业的战略选择、组织资源及内外部环境的不同决定了组织结构应具有多样性。不同企业的组织结构是不同的，企业之间架构的差别并非是随意的，是随着企业相关特征的不同而产生的差异。企业可以采用所有者和经营者合一的简单结构，也可以运作直线职能结构，还可以采用矩阵结构或网络结构，组织结构模式本身并没有绝对的优劣之分。

不存在适合所有企业的最优组织结构模式。企业基本认同"不同行业的企业之间的组织结构可借鉴意义不大"的观点，但对于行业内的龙头企业，往往认为应该模仿甚至复制这些优秀同行所运行的"最优"组织结构。但实际上，即使是具有相同行业特性的企业，其组织结构也不可以被复制。因为不同企业的内部资源、管理水平、企业文化有很大的差异，如果本身的管理制度及管理水平不能有效匹配所谓的"最优"组织结构，企业的管理效率不但不会提高，反而还有可能下降。企业应根据公司战略及组织所期望的行为模式等要素选择最适合企业的组织结构，而企业所拥有的资源以及所面对的内外环境，都是在设计组织结构时需要考虑的重要因素。

合理调整结构：普遍认为组织结构的经常调整，代表了一种管理无序的状态。这句话说对了一半，过频的组织结构调整确实会导致员工的无所适从，但根据公司战略或业务变化等原因进行部门"分分合合"却是毋庸置疑的。

到底是"分"好，还是"合"好，这不是一个能轻易下结论的问题，要看企业的具体情况和现实需要。部门的分设或岗位的分工能够提高专业化程度和工作效率。但过度的分工也会带来很多问题：过度的部门分设，会造成协调成本的增加和协调效率的降低，而且由于部门目标的不一致，容易造成员工的"小部门"思维，进而引发部门之间的冲突和对抗。总之，组织结构的设置和管理是一个动态的过程，应根据战略调整、内部管理制度改变等内外部资源与环境的变化，适时地进行优化调整甚至重新设计，以适应市场及环境的变化。

合理的组织结构是经营成功的必要条件，但非充分条件。组织结构的运行，受到诸如法人治理结构、企业文化、人员素质、管理手段、激励机制、市场以及企业资源等诸多因素的影响。当选择一个适应市场变化的组织模式时，公司的其他因素也必须同步地进行相应的完善和改变，这样才能发挥协同效应，保证公司的整个运作向着既定的目标发展。

（摘自人力资源管理．2013．）

通过以上阐述，你对组织结构有了什么了解？

第二章

管理概述

 **学习目标**

通过学习，了解管理学所要解决的矛盾；掌握管理学的含义，熟悉管理学的重要基本职能；了解管理学的重要作用与特点。

案例导读

左 右 为 难

小张在一家公司工作，他所在的发展部是全公司最核心的部门，每天大小事不断。但公司规模小，这么重要的部门，只配备了3个人。而且这3个人还分3个级别：部门经理、经理助理、普通干事。小张就是那个经理助理。经理的任务就是发号施令，上面交给他的工作，他统统一句话打发："小张，把这件事办一办！"而普通干事老李比小张年长，又是经理的老兵了，而且学历又低，能力有限，小张又不放心把事情交给他，所以小张只能无奈地叹息，然后把自己当三个人用，加班加点完成上级任务。

由于事事都是他出面，其他部门的同事渐渐认准了：只要找发展部办事，就找小张！小张的案头文件越堆越多，而且，连老李都敢给他派活了。有一天，老李把一叠发票放在小张面前说："你帮我去财务报一下。"小张顿时被噎得说不出话来，过了半晌才问："你自己为什么不去"？老李犹豫了一下说："我和财务不熟，你去比较好！"尽管心中怒火万丈，但碍于同事面子，小张最终还是去了一趟。

于是就形成这样的局面：小张一上班就像陀螺一样转个不停，经理则躲在自己办公室里打电话，美其名曰"联系客户"，老李则打打纸牌游戏，顺便上网聊聊天，好不逍遥。到了年终，由于部门业绩出色，上级奖励了4万元，经理独得2万元，小张和老李则各得1万元。因此小张满心不平，但又无可奈何。如果他也不做事了，不仅连这1万元也得不到，可能还要下岗。

如果你是这家公司的总经理，而公司处于变革时期，你已经清楚了公司的这个情况，你将如何处理这件事？

第一节　管理的概念

管理是人们社会活动的重要组成部分之一，它广泛存在于现实社会生活中的各个领域。著名管理学家戴维·B.赫尔茨提出了"管理是由心智所驱使的唯一无处不在的人类活动"。

由此，在各种社会活动中，特别是在组织的管理活动中，要清楚什么是管理，为什么要进行管理，如何才能行之有效地进行管理。

一、管理要解决的矛盾

管理两个字，从字面的含义来看：有管，也有理。针对管理活动，两者缺一不可，任何一个环节，缺了管或者理都是不行的。

广义的管理包括：学生要管理自己的学习和课余时间；管理自己的零用钱；家庭成员要管理家务等。还有更重要的方面是组织的管理：管理一个国家；管理一个军队；管理一个公司；管理一个班组等。这是狭义的管理。我们现在所研究的就是组织的管理，也就是狭义的管理。

面对各种各样的组织，会发现一个现状：为了更好地管理国家，设置了国家各种层次的管理者，比如国家主席、国家的政府机构管理者等；为了使企业、公司等实体形式实现自身设定的各种目标，设置了董事、总经理、厂长等管理者。之所以出现这样那样的管理形式结构，归根到底是由于有限的资源与相互竞争的多种目标形成的矛盾决定的，这也就是管理要解决的基本矛盾，即管理要解决什么的问题。

对于一个组织，有效的资源主要分为三个方面：财力、物力、人力。如果这些资源是无穷无尽的，要多少就可以有多少，那么组织的各项活动将随心所欲，想怎么支配使用就怎么支配使用。这样一来，管理就没有必要存在了，因为没必要绞尽脑汁去为资源的使用和效果发愁。可是，组织中的财力、物力、人力等资源都是非常有限的，而组织追求的目标则是多种多样的。在实现这些目标的过程中，组织之间进行的就是争夺资源的竞争。比如现代企业的产品市场的竞争，企业间技术使用的竞争，企业间人才使用的竞争等。现在组织要把大量的精力放在如何使这些资源在相互竞争的多种目标中合理分配，以及分配之后的资源如何组织、控制与协调。21世纪最宝贵的资源是人力资源，那么怎样才能有效地进行领导和激励，这些都需要进行管理。随着生产力的发展和人类社会的不断进步，这种有限资源与组织目标之间的矛盾日益加剧，也越来越复杂和重要。所以管理也被现代的组织越来越重视，已经成为世界各地的企业管理者精心研究的对象。利用好的管理模式、好的管理方式方法，能给企业带来更多的事半功倍、更多的高效率和更多的成功。

二、管理的含义

管理在现在的企业竞争环境中起到了至关重要的作用，经常听到有人这样谈起，到底什么是管理？这是很多管理者首先遇到的问题。管理活动产生于人类群体生活中的劳动，至今已经有上万年的历史了。管理思想由来已久，其中有文字记载的就有千年之久。那么，什么是管理？众多管理学家和学者们的结论至今仍未得到公认和统一。原因很简单，不同的人研究管理的出发点是不同的，研究的对象实体也各不相同，比如有的管理是针对国家的，有的管理是针对企业公司的，有的管理是针对个人的，甚至单纯针对公司和企业方面的管理，也会分为多种情况。比如有的企业是金融领域的，有的企业是生产性的，有的则是服务性质的，各有不同。因此他们对管理一词所下的定义也就不同。

从我国古代文字的意义上理解，管理就是管辖和处理。其中管辖更多的是指权限，处理更多是指整理或处置。两者相结合表示在一定的权限范围内，对事物的管束和处理的过程。在西方国家，通常把管理理解为在一个合作氛围的群体内，将各种行为导向目标的过程。以下是部分管理学者对管理的定义。

科学管理之父、科学管理理论创始人弗雷德里克·泰勒（Frederick Taylor）认为，管理就是"确切了解你希望工人干什么，然后设法使他们用最好、最节约的方法去完成它"。说明管理是一种目标明确、授予被管理者方法以求更好地达到目标的活动。

著名管理大师亨利·法约尔（Henry Fayol）最早在一般意义上概括了管理的含义。区别开了经营与管理两个容易混淆的概念。提出管理是经营活动中的一种活动，包括计划、组织、指挥、协调、控制五个因素，要求遵守 14 项管理原则。这也是从管理的基本职能出发说明什么是管理，同时也显示管理是一个过程。

赫伯特·西蒙（Herbert Simon）认为"管理就是决策"，这一定义阐明了管理的关键是决策，决策贯穿于管理全过程。

南京大学周三多认为，管理是社会活动中为了实现预期的目标，以人为中心进行的协调活动。

中国人民大学杨文士认为，管理是指一定组织中的管理者，通过实施计划、组织人员配备、指导与领导、控制等职能来协调人的活动，使别人同自己一起实现既定的目标的活动过程。

管理的这些定义都是从不同的角度提出来的，也仅仅反映出了管理性质的某个侧面。为了对管理进行比较广泛的研究，本书采用下面的定义：管理是通过计划、组织、控制、激励和领导等环节来协调人力、物力和财力资源，以期更好地达到组织目标的过程。

管理的这一定义有以下三层含义。

第一层含义说明了管理采用的方法措施是计划、组织、控制、激励和领导这五项基本活动，这五项活动又被称为管理的五大职能，每个管理者工作时都是在执行这些职能的一个或者几个。

第二层含义是第一层含义的目的，也就是利用上述措施来协调人力、物力、财力方面的资源，这里提到的协调是指同步化与和谐化。一个组织要出现成效，必须使组织中的各个部门、各个单位，直到每个人的活动同步与和谐。组织中的人力、物力、财力的配备也同样要达到同步与和谐，这样才能均衡地达到多元的组织目标。比如一个专门生产手机的企业，如果要达到优良的管理效果，它的人力、物力和财力资源等方面都要有一个适当的比例，每个生产部门、生产单位，以至每个人什么时间做什么，什么时候完成，送到什么地点，都要有很严格的规定，这样才能保证用较低的成本，生产出高质量的手机产品。这也如同一个配合良好的乐队，尽管大家各自演奏，但配合起来就是一首美妙绝伦的交响乐。

第三层含义是第二层含义的目标。协调人力、物力和财力资源是为了使整个的组织活动更加富有成效，这也是管理活动的根本目的。

三、管理的作用与特性

（一）管理的作用

随着人类的进步和经济的发展，管理的作用越来越大。现代社会，各个国家的经济水平的差距，很大程度上源自其各个方面的管理水平的高低，国外一些专家学者的调查统计证实了这一点。第二次世界大战以后，一些英国的专家小组进驻到美国学习工业方面的经验。很快，他们就发现，英国在技术方面并不比美国落后多少。然而，英国当时的生产力水平同美国相差却非常悬殊。通过专家们进一步的调查发现，英国工业在生产力水平方面比较低的主要原因在于英国的企业管理水平远远落后于美国。美国的经济发展如此之快，主要原因就是依靠了较高的管理水平。美国曾任国防部长的麦克纳马拉说过，美国经济的领先地位三分靠技术，七分则是靠管理。

美国的一家信用分析公司在研究管理作用方面也做了很大努力，结果表明，在破产的企业中几乎有90%的企业是由于管理不善造成的。我国的国有企业也面临各种各样的困难。曾经有一份调查显示，80%以上的亏损企业是由于管理不善造成的。管理不善造成我国的中小企业失败的例子屡见不鲜，计算一下这些失败的企业中小企业的存活时间，平均寿命居然不到3岁。（注：世界500强企业的平均寿命为40～50岁；美国每年新生50万家企业，10年后剩下4%；日本存活10年的企业比例也不过18.3%；我国大企业的平均寿命为7～8岁，中小企业平均寿命为2.9岁。）

现代企业要想在新世纪的经济大潮中立足，没有轻松的道路可走，只有老老实实地改善自己的经营管理，建立一套现代企业管理制度。没有现代的财务管理、成本管理、质量管理、生产管理和科学决策制度，没有扎扎实实的管理基本活动，只想着走捷径，照搬照用，就没有办法适应现代的市场和经济环境。

下面的小故事深入浅出地说明了管理的作用。管理无处不在。

一个小男孩第一次得到了一条长裤，准备穿着去参加第二天的学校典礼。穿上试一下，才发现裤子原来长出一截。他就请奶奶帮忙把裤子剪短一点，可奶奶说她眼下的家务太多了，让他去找他的妈妈。而这时他妈妈回答说，今天已经同别人约了去打桥牌。男孩这时又去找姐姐，但是姐姐一会儿有约会。时间眼看就要到了。这个男孩非常失望，担心明天穿不上这条裤子，带着这种心情睡着了。

奶奶忙完了家务，想起了孙子的裤子，就去把裤子剪短了点。姐姐回来后心疼弟弟，又把裤子剪短了点。妈妈回来后也同样把裤子剪短了点。可以想象，第二天早上大家会发现这种没有协调管理的活动所造成的后果。

通过这个小例子可以发现，任何活动都需要完备的管理。在没有管理活动的协调时，组织中的每个人的行动方向并不一定是相同的，这一点和我们物理学中的力的合力原理很是相像。只有每个人的行动方向相同，才不至于出现力的相抵现象。这样再加上整体的相互配合，组织的最终目标才会得以实现。

（二）管理的特性

管理学既是科学也是艺术。管理学作为一门学科，与其他学科相比是不同的，管理学是科学性与艺术性的完美结合。同时管理学也是一门综合性的学科，是一门不精确的学科，要用系统学的观点来学习管理学。管理学特性具体如下。

1. 管理学是一门综合性学科

管理学的主要目的是指导管理实践活动。现代的组织管理活动是异常复杂的，这就要求管理者要掌握多方面的知识，以满足管理活动的要求。对多方面知识的掌握可以提升管理者的管理水平和管理效果。只有当管理者具备广博的知识面，才能对各种各样的管理问题应付自如。

以一个企业为例，厂长要负责处理有关生产、销售、计划和组织等方面的问题，这就要求厂长要熟悉生产工艺，能够预测方法、计划方法，明白授权的影响因素等。这些方面涉及的内容包括产品生产的工艺学、统计学、数学、经济学、政治经济学等。除了这些，厂长还要处理一系列跟人有关系的各种问题。例如人力资源的配置、工资、激励以及协调企业内各部门之间的关系等。这些问题的解决又涉及心理学、人类学、社会学、伦理学等学科的内容和方法。管理活动的复杂性、多样性决定了管理学内容的综合性，它需要更多相关学科的支撑。所以通过企业中一个管理者的例子，我们可以看到，只有在人类已有的知识宝库中广泛收集对自己有用的东西，并加以拓展，才能更好地指导人们的管理实践。表 2-1 是管理学涉及的相关学科的列示。

表 2-1 管理学涉及的相关学科

	涉及相关学科															
马克思主义哲学	心理学	人类学	社会学	政治学	经济学	历史	生理学	伦理学	法学	教育学	计算机	工艺学	会计学	系统论	运筹学	数学	统计学

2. 管理学既是科学也是艺术

说管理学是一门科学是因为它具有科学的特点。例如管理学的客观性、实践性、理论系统性、发展性等，都充分体现了管理学的这一特点。近百年来，通过大量的研究和实践，形成系统的管理知识体系。这些管理原理和方法反映管理活动规律，对管理实践具有科学的指导意义。没有系统学习过管理理论的管理者也可能有成功的管理实践，只要这种管理符合管理科学的要求。在学习管理科学时，如果能够把外在感性的管理认识上升为理性的知识，就会在管理理论的基础上真正做到开阔视野，这是管理科学的力量。

同时，管理也是一门艺术，因为人们对艺术的理解是指能够熟练地运用知识，并且通过巧妙的技能来达到某种效果。而有效的管理活动正需要如此。真正掌握了管理学知识的人，应该能够熟练、灵活地把这些知识应用于实践，并能够根据自己的体会不断创新，这一点同其他学科是不同的。当我们学会了数学的分析方法就可以很好地解决微积分方程问题，当我们掌握了机械绘图的所有方法与规则，就可以画出准确的图纸。看似很简单，而管理学就不同了，即使你背会了所有的管理学理论知识，也不一定能够有效地进行管理。重要的不是这些管理规则的记忆，而是培养灵活运用管理知识的技能，这种技能在课堂上是很难培养的，需要在实际的工作中去掌握。

管理的科学性与艺术性相互依赖、相互补充。管理的科学性主要揭示的是管理活动的规律，反映管理的共性。管理的艺术性则揭示管理的个性，共性存在于个性之中，也就是管理的科学性包含在各种不同的管理当中。但每一种管理除了体现管理的一般要求，还有自己的个性要求。管理的科学性与艺术性从不同的方面体现管理的要求。

管理的科学性和艺术性的相互作用表现在：一方面，管理科学为管理艺术奠定了基础，使管理者把握管理的本质，拥有源源不断的创造力。另一方面，管理艺术使管理科学完成由理论到实践、抽象到具体的转变，在各种场合得到灵活运用，充满生机和活力。如果否定管理的科学性，会使管理缺乏理论知识指导，管理的水平只能在低层次。如果无视管理的艺术性，管理就会变得教条化、原则化，只有各种各样的模仿，没有变通与创新。因此，对于现代企业的管理，管理的科学和管理的艺术两者是缺一不可的。

3. 管理的二重性

卡尔·马克思指出："一切规模较大的直接社会劳动或共同劳动，都或多或少地需要指挥，以协调个人活动，并执行生产总体的运动——不同于这一总体的独立器官的运动——所产生的各种一般职能。"马克思还提到"凡是直接生产过程具有社会结合的过程形态，而不是表现为独立生产者的独立劳动的地方，都必须产生监督劳动和指挥劳动"。❶ 这两段论述说明管理具有两种属性：自然属性和社会属性。

任何社会的生产都是在一定的生产方式和生产关系下进行的。生产过程既是物质资料的再生产，也是生产关系的再生产。所以对生产过程的管理也存在两重性。其中一种是与生产力相联系的管理的自然属性，另一种是与生产关系相联系的管理的社会属性。

在生产管理中，管理的自然属性是和生产力相联系的，通过指挥劳动表现出来的，适应社会化生产要求的管理的一般属性。管理的这一方面主要受生产力发展水平的制约，反映生产力发展对管理的一般要求。现代化生产是社会化大生产，为了保证社会化大生产能够持续稳定地进行，就要按照社会化大生产的要求，合理地进行计划、组织、控制、激励和领导，有效地利用好人力、物力、财力资源，充分提高经济效益。不进行有效的管理，生产就无法顺利进行，更谈不上企业发展。事实上，在管理学的领域，有些内容是可以通用的，比如质量管理、库房管理、定额管理、成本管理、财务管理等，这些方面的管理共同点是都针对物的管理，都属于生产力的范畴，在不同国家、不同的社会发展形态下，可以做到相互借鉴使用，甚至是照搬。

在管理学中还有另外一些管理内容。例如企业的准则、组织的目标、领导行为、激励方式方法、管理理念、人际沟通、组织文化等，这些主要是针对人的管理，属于生产关系的范畴。这些内容和一个国家、一个民族或一个企业的各种文化的集合相关，如地方风俗、社会制度、民族文化、组织的传统、社会发展盛行的方向等。所以在不同的地域、不同的社会形态下，甚至是不同的组织中，那些最有效的管理方法往往是有不同之处的。这些管理方法之间往往也是不能够照搬的，就像我国的企业不能把国外企业的激励方式100％照搬一样。究其原因，一方面大环境不同，即更多地表现为社会文化、民族文化传统以及地方风俗的不同；另一方面要考虑每一个员工的心理状态、价值取向的不同等。针对这种情况，我们可以在引进和学习的过程中，结合自身的政治环境、思想和文化环境，取其精华，去其糟粕，实事求是，真正做到为我所用，达到事半功倍的效果。

认识管理的二重性，有助于我们正确对待国外管理理论和方法，建立符合现代管理的一般规律。我们要做的是既学习和借鉴发达国家先进的管理经验和方法，又考虑自己的国情，建立自己的管理体系，高速发展我国的经济。

4. 管理是一门不精确学科

数学是一门精确的学科，只要给定足够的条件或函数关系，按照一定的法则进行演算就能得到确定的结果。管理学就不同了，即使在前期条件一致的情况下，也有可能产生不同的结果。也就是说，在投入资源完全相同的情况下，即人力、物力、财力都相同的情况下，其产出可能是不同的。例如两个企业的生产能力、员工的使用情况、生产方式等都完全相同，经过实际的生产运营后，结果可能截然相反。为什么会出现这一效果？这是因为影响企业的管理效果的因素有很多，而且有些因素是不可预知的。例如国家的政治环境、经济环境、法律环境以及自然环境等。正是由于这样那样不可预知因素的存在，才造成了管理结果的多样性。管理主要是同人的因素发生关系，对人进行的管理。所以人的心理因素就必然是不可忽略的一个重要方面。特别是人的心理因素是难以精确测量的，是一种很模糊的量分析。在这样复杂的情况下，只能通过定性的办法进行相关衡量。因此，管理学是一门不精确学科。

5. 管理学的系统观念

组织中会有多种多样的要素，这些要素是相互联系、相互作用和相互影响的。组织作为

---

❶ 马克思，恩格斯. 马克思恩格斯全集. 人民出版社，1972.

一个整体是由各个要素有效结合而构成的。其中每个要素的性质或行为的变化，都会影响整个组织的性质和行为。所以在进行组织管理活动中，要充分考虑各个要素之间的关系，考虑每个要素的变化对其他要素及整个组织的影响。这种从全局或整体考虑问题的方式就称为系统观念。

四、管理的职能

管理活动是人类最重要的社会活动之一，它涉及的范围最为广泛，开展的内容最为复杂。但不管什么样的管理活动，都存在着共同的规律性内容，这就是管理职能。管理任务的实现，需要发挥各项管理职能的作用。

管理职能即管理功能，管理的基本原理和技术方法等都是通过管理的职能来体现的。处于各个级别和部门的管理者，无论组织大小，无论盈利与否，都必须履行管理职能，因此研究管理职能具有十分重要的意义。综合现代管理的研究成果，管理应该包括以下五大基本职能：计划、组织、控制、激励和领导。

1. 计划职能

计划职能是指为实现组织目标而研究组织活动的环境和条件，在此基础上作出决策，制订行动方案等。管理活动按照顺序排列总是先从计划开始的。组织、控制、激励和领导都应遵循计划的安排，因此计划职能属于首要职能。为了使计划切合实际，使计划的行动所提供的产品和服务符合社会需要，计划工作的首要任务是环境的分析，以期了解社会需要和资源供应情况及其变动趋势，这是计划职能中的环境研究和预测工作。围绕环境研究和预测，需要分析外部环境可能提供的机会或造成的威胁，认清组织在资源拥有和利用上的优势和劣势。在研究环境的基础上，需要对未来的行动方向、目标和路径作出选择，这是计划职能中的决策工作。决策虽然贯穿着组织管理的全过程，但计划阶段的决策显得尤为重要，它从根本上决定着计划工作的质量，从而决定着整个管理的水平。

制定资源配置方案，是形成书面计划的主要内容，实质是将决策的内容在时间和空间上分解到各个方面和各个环节，使各个目标配有相关措施，落到实处。

2. 组织职能

组织职能是把组织的各种资源、各个要素、各个环节从劳动分工和协作上，从时间和空间的相互关系上，科学合理地组合起来，形成一个有机整体，从而保证决策目标的实现和计划的有效执行。管理者必须根据组织的整体战略目标和经营目标来设计组织结构，配置人员和整合组织力量，以提高组织的效力和应变能力。

3. 控制职能

控制职能是管理者根据既定计划要求，检查组织活动，发现偏差，查明原因，采取措施给予纠正，或根据新的情况对原计划作必要调整，保证计划与实际运行相适应。

控制环节之所以成为管理的一个基本职能，是因为计划的制订和执行在时空上相对分离，只有依靠控制，才能防止或纠正执行中的偏差，把计划落到实处。这些内外情况的变化，需要管理者在控制中及时对原计划作必要的调整，避免计划过于僵硬。现代的企业规模大，加强和改善控制工作显得格外必要。

4. 激励职能

激励职能指激发人的动机，属于心理学的研究范畴。激励作用在于激发和调动人的积极性，从而使人们能够以最大的努力和主动性投入工作并取得更大成效。管理的激励职能就是研究如何根据人的行为规律来提高人的工作积极性。

5. 领导职能

领导职能是指领导者对组织成员施加影响，使他们以高涨的士气、高的工作热情为实现组织目标而努力，具体包括指导、沟通和激励等工作。

其中指导工作是领导者对下属的指点和引导，使他们明确方向和任务。具体指导方式包括指令、指示、解释、劝导和示范等。

沟通工作是指管理者与上下级或同事交流思想、互通信息、协调关系，在相互理解的基础上求同存异，增强组织的凝聚力。沟通也是消除隔阂，解决矛盾和冲突的有效途径。

激励环节是领导者把满足员工个人目标和实现组织目标结合起来，通过激励的方法激发和强化下属的工作动力。

以上五大基本职能，在管理实践中都有各自的独特的表现形式。计划职能通过计划的制订来体现；组织职能通过组织结构的设计和人员的配备来体现；控制职能是通过发现偏差和纠正偏差来实现的；激励职能通过激励的方式和方法来实现；领导职能是通过领导者和被领导者的关系来体现的。

第二节 管理思想与理论的发展

自从有人类以来，人们的社会活动就表现为集体的协作劳动，只要存在协作劳动就存在管理活动。在漫长而重复的人类的实践活动中，管理的思想逐渐形成。随着生产力的不断发展，人们把在实践活动中形成的各种零散的管理思想加以归纳和总结，形成了条理化、系统化的管理思想，也就是管理理论。并在后期的管理实践中不断地修正和完善管理理论。从历史的时间段来看，可以把管理的发展分成以下四大阶段。

第一阶段为早期的管理思想，产生于 19 世纪末以前。

第二阶段为古典的管理思想，产生于 19 世纪末到 1930 年之间，以泰勒与法约尔等人的思想为代表。

第三阶段为近代管理思想，产生于 1930 年到 1945 年之间，以梅奥与巴纳德等人的思想为代表。

第四阶段为现代管理思想，产生于 1945 年以后，这一时期管理领域非常活跃，出现了一系列管理学派，每一学派都有自己的代表人物。

将管理思想的发展分为这四个阶段，要注意的是这四个阶段的管理思想大多是相互影响、相互补充的。同时，不能认为仅有现代管理思想才是正确的，前期的管理思想已无用途。对各个阶段的不同管理思想的出现，我们都应认真分析。

下面是管理思想的具体发展历史。

一、西方管理思想

（一）早期管理思想

在西方早期的管理思想中，最具有代表性的管理思想是古埃及的管理思想、古巴比伦的管理思想、古希腊的管理思想、古罗马的管理思想、希伯来人的管理思想。早期的管理对象是国家、军队、部落、教会和家庭，也有对小规模、初级经济活动的管理。

从时间段上看，自从有了人类历史就有了管理。因为人是社会动物，人们所从事的生产和社会活动都是集体进行的，要组织和协调集体活动就需要管理。

例如，原始人在狩猎时，一个人是无法完成的，只有许多人同时从事这一活动，才能捕获到猎物。在这种情况下，需要大家配合行动。一些人举着火把，一些人拿着木棍，一些人拿着石头等。组织这种相互配合的活动，实际上就是管理，只是当时不知道管理这一词汇。随着生产力的逐渐发展，管理思想也有了很大进步。特别是一些当时的文明古国，对早期的管理思想都有突出的贡献。

早在公元前 5000 年左右，古埃及人建造了世界七大奇迹之一的大金字塔。根据考证，大金字塔共耗用上万斤的石料 230 多万块。用了 10 万人力，耗时 20 年才完成。这样巨大的工程，完成起来相当艰难，其中包含了大量的组织管理工作。例如，组织 10 万的人力资源，计划与设计工作的完成，在没有先进运输工具的条件下，如何组织搬运等等。这些工作不光是只有技术就能出色完成的，整个过程当中，蕴涵的更多的是管理活动。遗憾的是针对这些管理活动当时没有任何记录，以至于我们对它的管理活动细节和它的科学性只留存于推测。

早在公元前 2000 年左右，古巴比伦国王汉穆拉比（Hammurabi）曾经颁布过一部法典，全文共 280 多条，涉及了许多管理思想。

早在公元前 370 年，古希腊学者瑟诺芬（Xenophon）曾经对劳动分工做了详细的论述。提到的原则是：一个从事高度专业化工作的人，一定能工作得最好。瑟诺芬这一管理思想与后来的科学管理的创始人泰勒的某些思想非常接近，他们之间所处的年代相差 2200 多年。

18 世纪 60 年代以后，西方国家开始了产业革命，这场革命是以手工业为基础的资本主义工场向使用机器的资本主义工厂制过渡。产业革命使生产力有了较大的发展，随之而来的就是管理思想的革命，这时，计划、组织、控制等职能相继产生。企业的规模也在不断扩大，企业的管理活动也更加专业化，出现了专职的企业经理人员专门从事管理。

期间，苏格兰的政治经济学家与哲学家亚当·斯密（Adam Smith）在 1776 年发表了他的代表作《国富论》。亚当·斯密在《国富论》中以制针业说明了劳动分工给制造业带来的变化。其中有这样一段描述：如果一名工人没有受过专门的训练，恐怕工作一天也难以制造出一枚针来。如果希望他每天制造 20 枚针，那就更不可能了。如果把制针程序分为若干项目，每一项就变成了专门的工作了。第一个人担任抽线，第二个人担任线的拉直，第三个人负责剪断，第四个人负责磨尖，第五个人在另一头上打孔并磨角。这样一来，平均每个人一天下来可以生产 48000 枚针。生产效率提高的幅度惊人，这是管理的结果。

亚当·斯密在这期间探讨了管理的许多问题。他以制针方式为例，论述了劳动分工及其经济效果。他指出，有了分工，同等数量劳动者就能完成比过去多得多的工作量。原因有三个：第一，劳动者技巧的提高；第二，工作转换时间的减少；第三，机械的发明。

在产业革命后期，对管理思想贡献最大的人物应算英国人查尔斯·巴贝奇（Charles Babbage）。巴贝奇是一位天才的数学家、发明家和科学管理的先驱者。他的管理思想集中体现在以下几个方面。

① 巴贝奇于 1822 年设计出世界上第一台计数机（小型差数机），这台计算机虽然最终没有制成，但其基本原理于 1982 年被应用于巴勒式会计计算机。他当时利用计数机来计算工人的工作量、原材料的利用程度等，他把这个叫做"管理的机械原则"。他还有一项发明应用于管理，叫做"监督制造厂的方法"。这种方法跟以后其他人提出的"作业研究的科学的、系统的方法"非常相似。

② 巴贝奇进一步发展了亚当·斯密的关于劳动分工的思想，分析了分工能给企业带来高的生产率的成因。他提到：劳动分工可以节省员工全流程操作所必需的学习的时间；同时也节省了学习中所耗费的材料；节省了从一道工序转变到另一道工序所耗的时间；节省了改变工具所需要的时间；劳动分工使员工的技术容易熟练，工作速度加快；能不断改进工具，并有机会设计出精致的、实用的工具。

③ 巴贝奇还提出了一种工资及利润的分享制度，用此来调动员工的积极性。他认为工人除了拿工资以外，还应按照工厂利润的一定比例额外得到一部分的报酬。容易看到，这样做法的好处如下：每个工人的利益同工厂的发展及其所创造的利润的多少直接相关；每个员工都会主动关心浪费问题以及管理不善等问题；能够促使每个部门改善工作；有利于激励员工，提高工作热情，提升工人技术以及品德；工人同雇主的利益趋于一致，可以比较容易地消除隔阂，实现与企业共同发展。

综上所述，资本主义早期的管理思想首先在产业革命比较集中的地区得到了初步的发展，只是这些思想不够系统、全面，并没有对管理进行系统地整体性研究，所以也没有形成专门的管理理论和学派。

（二）古典管理思想

1．泰勒的科学管理

科学管理的创始人是弗雷德里克·温斯洛·泰勒（Fredrick Winslow Taylor，1856～1915）。泰勒于1856年出生于美国费城的一个富裕家庭，19岁时因故停学进入一家小机械厂当学徒工。22岁时进入费城米德维尔钢铁公司，开始当技工，后来迅速提升为工长、总技师。28岁时任钢铁公司的总工程师。1890年泰勒离开这家公司，从事顾问工作。1898年进入伯利恒钢铁公司继续从事管理方面的研究，后来他取得了发明高速工具钢的专利。1901年以后，他用大部分时间从事写作、演讲，宣传他的一套企业管理理论，即"科学管理-泰勒制"。他的代表作是《科学管理原理》，后人称其为"科学管理之父"。（图片摘自 MBA 智库百科，http://wiki.mbalib.com）

泰勒从"车床前的工人"开始，重点研究企业内部具体工作的效率。在管理过程中，他不断大量在工厂实地进行试验，系统地研究和分析工人的操作方法和动作所花费的时间，逐渐形成其管理体系——科学管理。泰勒在他的主要著作《科学管理原理》中所阐述的科学管理理论，使人们认识到了管理是一门建立在明确的法规、条文和原则之上的科学。泰勒的科学管理主要有两大贡献：一是管理要走向科学；二是劳资双方的精神革命。

泰勒科学管理的内容概括起来主要有以下五条。

（1）工作定额原理 在当时美国的企业中，普遍实行经验管理，由此造成了一个突出的矛盾，就是资本家、工厂老板不知道工人一天到底能干多少活，但总嫌工人干活少，拿工资多。于是企业的老板就往往通过延长工人劳动时间、增加劳动强度来加重对工人的剥削。而工人自己也不确切知道自己一天到底能干多少活，能拿多少工资，但总认为自己干活多，拿工资少。当资本家加重对工人的剥削时，转变出现了。工人用"磨洋工"消极对抗，这种对抗表面上看来是无声的。这样企业的劳动生产率当然不会提高。

泰勒认为管理的中心问题是提高劳动生产率。为了改善工作表现，他提出以下方法改变现状。

① 企业要设立一个专门制定定额的部门或机构，这样的机构不但在管理上是极其必要的，而且在经济上也是符合企业的资源使用要求的。

② 如果想制定出有科学依据的工人的"合理日工作量"，就必须通过各种试验和测量，进行劳动动作研究和工作研究。其方法是选择合适且技术熟练的工人；研究这些人在工作中使用的基本操作或动作的精确序列，以及每个人所使用的工具；用秒表记录每一基本动作所

需时间，加上必要的休息时间和延误时间，找出做每一步工作的最快方法；去除所有错误的动作、缓慢的动作和无效无用的动作；将最快最好的动作和最佳工具组合在一起，成为一个序列，从而确定工人"合理的日工作量"，即劳动定额。

③ 根据定额完成情况，实行差别计件工资制，使工人的贡献大小与工资高低紧密挂钩。

在制定工作定额时，泰勒以"第一流的工人在不损害其健康的情况下，维护较长年限的速度"为标准，这种速度不是以突击活动或持续紧张为基础，而是以工人能长期维持的正常速度为基础。通过对个人作业的详细检查，在确定做某件事的每一步操作和行动之后，泰勒能够确定出完成某项工作的最佳时间。有了这种信息作参照，管理者就可以判断出工人是否干得很出色了。

（2）能力与工作相适应原理，挑选一流的员工　为了提高劳动生产率，必须为工作挑选头等工人，做到能力与工作相适应。这既是泰勒在《科学管理原理》中提出的一个重要的思想，也是他为企业的人力资源管理提出的一条重要原则。

泰勒提出，健全的人力资源管理的基本原则是使工人的能力同工作相适应，企业管理者的责任就是为雇员找到最合适的工作，培训他们成为第一流的工人，激励他们尽最大的力量来工作。为了挖掘人的最大潜力，还必须做到人尽其才。因为每个人都具有不同的才能，不是每个人都适合于做任何一项工作的，这和人的性格特点、个人特长有着密切的关系。为了最大限度地提高生产率，对某一项工作，必须找出最适宜干这项工作的人，同时还要最大限度地挖掘最适宜干这项工作的人的最大潜力，才有可能达到最高效率。比如说，搬用工人的使用，要保证身体强健，充满力量的员工。而像一些身材娇小，力量不大，但是比较细心的人，可以给他安排行政管理操作类的工作。因此，对任何一项工作必须要挑选出"第一流的工人"即头等工人，然后再对第一流的人利用作业原理和时间原理进行动作优化，以使其达到最高效率。

对于第一流工人，泰勒是这样说明的："我认为那些能够工作而不想工作的人不能成为我所说的'第一流的工人'。我曾试图阐明每一种类型的工人都能找到某些工作，使他成为第一流的工人，除了那些完全能做这些工作而不愿做的人。"所以泰勒又提到一个观点：人具有不同的天赋和才能，只要工作合适，都能成为第一流的工人。而那些被称作"非第一流的工人"，泰勒认为只是指那些体力或智力不适合工作的人，或那些虽然工作合适但并不愿意努力工作的人。总之，泰勒所说的第一流的工人，就是指那些最适合又最愿意干某种工作的人。所谓挑选第一流工人，就是指在企业人力资源管理活动中，要把合适的人安排到合适的岗位上。只有做到这一点，才能充分发挥人的潜能，才能促进劳动生产率的提高。这样，重活、体力活让力气大的人干，而精细的活只有找细心的人来做。

对于如何使工人成为第一流工人，泰勒不同意传统的由工人挑选工作，并根据各自的可能进行自我培训的方法，而是提出企业工厂的领导者主动承担这一责任，科学选择并不断地培训工人，使工人更适合某种岗位的要求。泰勒指出："管理人员的责任是细致地研究每一个工人的性格、脾气和工作表现，找出他们的能力，更重要的是发现每一个工人向前发展的可能性，并且逐步地、系统地训练，帮助和指导每个工人，为他们提供上进的机会。这样，使工人在雇用他的公司里，能担任最高、最有兴趣、最有利、最适合他们能力的工作。这种科学地选择与培训工人并不是一次性的行动，而是每年要进行的，是管理人员要不断加以探讨的课题。"在进行搬运生铁的试验后，泰勒提出：现在可以清楚地看到，不管在什么岗位上，甚至在已知的最原始的工种上，也有一种科学。如果仔细挑选了最适宜于干这类活计的工人，而又发现了完成工作的科学规律，仔细选出来的工人已培训得能按照这种科学去干活，那么我们能看到的结果必然会比那些在"积极性加刺激性"的计划下工作的结果要丰富得多。可见，挑选第一流工人的原则，是对任何管理都普遍适用的原则。

（3）标准化原理　泰勒认为，科学管理是过去曾存在的多种要素的结合。他把老的知识收集起来加以分析组合并归类成规律和条例，于是构成了一种科学。工人提高劳动生产率的潜力是非常大的，人的潜力不会自动跑出来，怎样才能最大限度地挖掘这种潜力呢？方法就是把工人多年积累的经验知识和传统的技巧归纳整理并结合起来，然后进行分析比较，从中找出其具有共性和规律性的东西，然后利用上述原理将其标准化，这样就形成了科学的方法。用这一方法对工人的操作方法、使用的工具、劳动和休息的时间进行合理搭配，同时对机器安排、环境因素等进行改进，消除种种不合理的因素，把最好的因素结合起来，这就形成一种最好的方法。

泰勒还进一步指出，管理人员的首要责任就是把过去工人自己通过长期实践积累的大量的传统知识、技能和工作技巧集中起来，并主动把这些传统的经验收集起来、记录下来、编成表格，然后将它们概括为规律和守则得以传递和使用，有些甚至概括为数学公式，然后将这些规律、守则、公式在全厂实行。在经验管理的情况下，对工人在劳动中使用什么样的工具、怎样操作机器缺乏科学研究，没有统一标准，而只是凭师傅带徒弟的传授或个人在实际中摸索。泰勒认为，在科学管理的情况下，要想用科学知识代替个人经验，一个很重要的措施就是实行工具标准化、操作标准化、劳动动作标准化、劳动环境标准化等标准化管理。这是因为，只有实行标准化，才能使工人使用更有效的工具，采用更有效的工作方法，从而达到提高劳动生产率的目的；只有实现标准化，才能使工人在标准设备、标准条件下工作，才能对其工作成绩进行公正合理的衡量。比如，泰勒通过观察，发现公司的装卸工人每天的工作强度都不一样，公司装卸工人的工具是自己带到公司的，所以工人每个人工作的效率没办法更好地衡量，通过测算，泰勒发现当装卸工人每铲重量达到 21 磅的时候，效率是最高的。所以当务之急就是规范工具等。

要让每个人都用正确的方法作业，对工人操作的每一个动作进行科学研究，用以代替传统的经验方法。为此应把每次操作分解成许多动作，并继而把动作细分为动作要素，也就是说动作是由哪几个动作要素所组成的，然后再研究每项动作的必要性和合理性，去掉那些不合理的动作，并依据经济合理有效的原则，对保留下来的必要动作加以改进和合并，以形成标准的工作方法。在动作分解与作业分析的基础上进一步观察和分析工人完成每项动作所需要的时间，以便确定工人的劳动定额，即一天合理的工作量。

泰勒不仅提出了标准化的改革措施，而且也为标准化的制定进行了大量的、积极的试验。在搬运生铁的试验中，泰勒得出一个适合做搬运工作的工人，在正常情况下，一天至少可搬 47.5 吨铁块的结论；在铲具试验中，他得出铁锹每次铲物在重 21 磅时，劳动效率最高的结论；在长达 26 年的金属切削试验中，他得出影响切割速度的 12 个变数及反映它们之间相关关系的数学公式等，为工作标准化、工具标准化和操作标准化的制定提供了科学的依据。

所以，泰勒认为标准化对劳资双方都是有利的，不仅每个工人的产量大大增加，工作质量大为提高，得到更高的工资，而且使工人建立一种科学的工作方法，使公司获得更多的利润。

（4）差别计件付酬制　在差别计件工资制提出之前，泰勒详细研究了当时资本主义企业中所推行的工资制度，例如日工资制和一般计件工资制等。泰勒认为，现行工资制度所存在的共同缺陷，就是不能充分调动职工的积极性，不能满足效率最高的原则。例如，实行日工资制，工资实际是按职务或岗位发放，这样在同一职务和岗位上的人不免产生平均主义。在这种情况下，"就算最有进取心的员工，不久也会发现努力工作对他并没有任何好处，最好的办法是尽量减少做工而仍能保持他的地位"。这就不可避免地将大家的工作拖到中等以下的水平。又如在传统的计件工资制中，虽然工人在一定范围内可以多干多得，但超过一定范围，资本家为了分享迅速生产带来的利益，就要降低工资。在这种情况下，尽管工人们很努力地工作，到最后也只能获得比原来计日工资略多一点的收入。这就容易导致这种情况：尽管管理者想千方百计地使工人增加产量，而工人则会控制工作速度，使他们的收入不超过某一个工资率。因为工人知道，一旦他们的工作速度超过了这个数量，计件工资迟早会随之调整降低。

于是，泰勒在1895年提出了一种具有很大刺激性的报酬制度——"差别工资制"方案。设立专门的制定定额部门，制定出一个标准制度，以确定合理的劳动定额和恰当的工资率。制定差别工资率即按照工人是否完成定额而采用不同的工资率。如，某项工作定额是1000件，每件完成给0.1元。又规定该项工作完成定额工资率为125%，未完成定额率为80%，那么，如果完成定额1600件，可得工资为 $1600×0.1×125\%=200$ （元）；如未完成定额，例如哪怕完成了800件，也只能得工资为 $800×0.1×80\%=64$ （元）。

泰勒为他所提出的差别计件工资制，总结了许多优点，其中最主要有以下三点。

第一，有利于充分发挥个人积极性，有利于提高劳动生产率，能够真正实现"高工资和低劳动成本"。第二，由于制定计件工资制与日工资率是经过正确观察和科学测定的，又能真正做到多劳多得，因此这种制度能更加公平地对待工人。第三，能够迅速有效地清除所有低能的工人，吸收适合的工人来工作。因为只有真正好的工人，才能做到又快又准确，可以取得高工资率。泰勒认为这是实行差别计件工资制最大的优点。

为此，泰勒在总结差别计件工资制实施情况时说："制度（差别计件工资制）对工人士气影响的效果是显著的。当工人们感觉受到公正的待遇时，就会更加英勇、更加坦率和更加诚实，他们会更加愉快地工作，在工人之间和工人与雇主之间建立互相帮助的关系。"

（5）计划和执行相分离原理 泰勒提出："在老体制下，所有工作程序都由工人凭他个人或师傅的经验去干，工作效率由工人自己决定。"这与工人的熟练程度和个人的态度是有关系的，即使工人能十分适应科学数据的使用，但要他同时在机器和写字台上工作，实际是不可能的。泰勒深信这不是最高效率，必须用科学的方法来改变。为此，泰勒主张要把计划职能与执行职能分开，并在企业设立专门的计划机构。

泰勒把计划的职能和执行的职能分开，改变了凭经验工作的方法，而代之以科学的工作方法，即找出标准，制定标准，然后按标准办事。要确保管理任务的完成，应由专门的计划部门来承担找出和制定标准的工作。

以上5条是科学管理法的基本内容。泰勒的科学管理理论并不是脱离实际的企业来进行思考的，几乎所有管理原理、原则和方法，都是经过泰勒亲自试验和认真研究所提出的。它的科学管理内容里所涉及的方面都是以前各种管理理论的总结，与所有管理理论一样，都是为了提高生产效率，但它是最成功的。它坚持了竞争原则和以人为本原则。竞争原则体现为给每一个生产过程中的动作建立一个评价标准，并以此作为对工人奖惩的标准，使每个工人都必须达到一个标准并不断超越这个标准，而且超过越多越好。于是，随着标准的不断提高，工人的进取心就永不会停止，生产效率必然也跟着提高起来。以人为本原则体现得虽然不多，但当时对员工进行系统培训以及将一流的员工放到合适的岗位上都体现了管理思想在人本管理方面的进步。

20世纪以来，科学管理在美国和欧洲大受欢迎。90多年来，科学管理思想仍然发挥着巨大的作用。当然，泰勒的科学管理理论也有一定的局限性，如研究的范围比较小，内容比较窄，侧重于生产作业管理。另外泰勒对于现代企业的经营管理、市场、营销、财务等都没有涉及，更为重要的是他对人性假设的局限性，即认为人仅仅是一种经济人，这无疑限制了泰勒的视野和高度。但这些也正是需要泰勒之后的管理大师们创建新的管理理论来加以补充的地方。

2. 法约尔的一般管理

以泰勒为代表的一些人在美国倡导科学管理的时候，欧洲也出现了一些古典的管理理论及其代表人物，其中影响最大的要属法约尔以及他的一般管理理论。

亨利·法约尔，法国人，1860 年从矿业学校毕业，从 1866 年开始一直担任高级管理职务。他一生中写了很多著作，其内容包括采矿、地址、教育和管理等。特别是他在管理领域的贡献，使他受到瞩目。法约尔和泰勒的经历不同，研究管理的着眼点也不同。泰勒是以普通工人的身份进入工厂的，因此，他所研究的重点内容是企业内部具体工作的作业效率。而法约尔一直从事领导工作，所以他是把企业作为一个整体加以研究的。法约尔的代表著作是《工业管理和一般管理》。（图片摘自 MBA 智库百科，http://wiki.mbalib.com）

法约尔一般管理的主要内容及影响如下。

（1）区分经营和管理　法约尔区别了经营和管理，他认为这是两个不同的概念，管理包括在经营之中。通过对企业全部活动的分析，法约尔将管理活动从经营职能中提炼处理，成为经营的 6 项职能，即企业的全部活动可以分为以下 6 种：

① 技术活动（生产、制造、加工等活动）。
② 商业活动（购买、销售、交换等活动）。
③ 财务活动（筹集、投资等活动）。
④ 会计活动（财产清点、资产负债表、成本、统计等活动）。
⑤ 安全活动（保护财产和人员安全的活动）。
⑥ 管理活动（计划、组织、指挥、协调和控制）。

不论大企业还是小企业、复杂的还是简单的，这 6 种活动（或者说基本职能）总是存在的。这些职能并不是相互独立无任何联系的，法约尔提出，它们之间实际上相互联系、相互配合，共同组成一个有机系统来完成企业生存与发展的目的。技术活动指生产方面的系列活动，有生产、制造和加工 3 种具体活动；商业活动指流通方面的系列活动，比如购买、销售等；财务活动考虑的是如何积累资本和利用资本进行再投入，实现最少投资最大产出；会计活动包括清理财产、计算成本、统计数字、报送报表等方面的活动；安全活动要求确保财产安全和企业员工的人身安全、经济安全等方面的活动；管理活动包括计划、组织、协调等方面的活动。由于上述 6 种职能都需要具有相关方面的才能，而企业员工作为各个职能的具体操作执行者，则必须具备这些能力才能胜任上述职能工作，也证实符合了泰勒的能力与工作相适应的原理。

因此，法约尔定义管理就是实行计划、组织、指挥、协调和控制，也是五大基本职能的体现。

（2）管理的一般原则　为了使管理者能很好地履行各种管理职能，法约尔提出了管理的 14 项一般原则。

① 劳动分工原则。

法约尔认为，劳动分工不只适用于技术工作，而且也适用于管理工作。应该通过分工来提高管理工作的效率。但是，法约尔又认为："劳动分工有一定的限度，经验与尺度感告诉我们不应超越这些限度。"

② 权力与责任原则。

有权力的地方，就有责任。责任是权力的结果和必要补充。这就是著名的权力与责任相对等的原则。法约尔认为，要贯彻权力与责任相符相对等的原则，就应该出现合理有效的奖励和惩罚制度。这就是现在的权、责、利相结合的原则。

③ 纪律原则。

法约尔认为纪律应包括两个方面，即企业与下属人员之间的协定、人们对这个协定的态度及其对协定遵守的状况。法约尔认为纪律是一个企业健康顺利发展的关键，没有纪律，任何一个企业都不能持续健康发展。他认为制定和维持纪律最有效的办法是：第一，各级好的领导；第二，尽可能明确而又公平的协定；第三，合理执行惩罚。因为"纪律是领导人造就的。"

④ 统一指挥原则。

统一指挥是一个重要的管理原则，按照这个原则的要求，一个下级人员只能接受一个上级的命令。如果两个领导人同时对同一个人或同一件事行使他们的权力，就会出现混乱。在任何情况下，都不会有适应双重指挥的社会组织。与统一指挥原则有关的还有下一个原则，即统一领导原则。

⑤ 统一领导原则。

一个下级只能有一个直接上级。它与统一指挥原则不同，统一指挥原则讲的是，一个下级只能接受一个上级的指令。这两个原则之间既有区别又有联系。统一领导原则讲的是组织机构设置的问题，即在设置组织机构的时候，一个下级不能有两个直接上级。而统一指挥原则讲的是组织机构设置以后运转的问题，即当组织机构建立起来以后，在运转的过程中，一个下级不能同时接受两个上级的指令。

⑥ 个人利益服从整体利益的原则。

对于这个原则，法约尔认为这是一些人们都十分明白清楚的原则，但是，往往"无知、贪婪、自私、懒惰以及人类的一切冲动总是使人为了个人利益而忘掉整体利益。"为了能坚持这个原则，法约尔认为，成功的办法是："领导人的坚定性和好的榜样；尽可能签订公平的协定；认真的监督。"

⑦ 合理报酬原则。

法约尔认为，人员报酬首先"取决于不受雇主的意愿和所属人员的才能影响的一些情况，如生活费用的高低、可雇人员的多少、业务的一般状况、企业的经济地位等，然后再看人员的才能，最后看采用的报酬方式"。人员的报酬首先要考虑的是维持职工的最低生活消费和企业的基本经营状况，这是确定员工报酬的一个基本出发点。在此基础上，再考虑根据职工的劳动贡献来决定采用适当的报酬方式。

⑧ 跳板原则。

等级制度就是从最高权力机构直到低层管理人员的领导系列。而贯彻等级制度原则就是要在组织中建立这样一个不中断的等级链条，按照等级链条，部门与层级之间的沟通是需要逐层来进行的。这个等级链说明了两个方面的问题：一是它表明了组织中各个环节之间的权力关系，通过这个等级链，组织中的成员可以明确谁可以对谁下指令，谁应该对谁负责；二是这个等级链表明了组织中信息传递的路线，即在一个正式组织中，信息是按照组织的等级系列来传递的。一个组织如果严格地按照等级系列进行信息的沟通，则可能由于信息沟通的路线太长而使得信息联系的时间长，同时容易造成信息在传递的过程中严重失真，影响组织中的信息传递效果。法约尔认为，可以打破这种现象，根据沟通需要随时搭建跳板，临时组建联系通道。

⑨ 秩序原则。

法约尔所指的秩序原则包括物品的秩序原则和人的社会秩序原则。

他认为，每一件物品都有一个最适合它存放的地方，坚持物品的秩序原则就是要使每一件物品都在它应该放的位置上。对于人的社会秩序原则，他认为，每个人都有他的长处和短处，贯彻社会秩序原则就是要确定最适合每个人的能力发挥的工作岗位，然后使每个人都在最能使自己的能力得到发挥的岗位上工作。现代企业也围绕着这一原理而努力。为了能贯彻社会的秩序原则，法约尔认为首先要对企业的社会需要与资源有确切的了解，并保持两者之间经常的平衡；同时，要注意消除任人唯亲、偏爱徇私、野心奢望和无知等弊病。

⑩ 公平原则。

法约尔把公平与公道区分开。他说："公道是实现已订立的协定。但这些协定不能什么都预测到，要经常地说明它，补充其不足之处。为了鼓励其所属人员能全心全意和无限忠诚地执行他的职责，应该以善意来对待他。公平就是由善意与公道产生的。"也就是说，贯彻公道原则就是要按已定的规矩办事。但是在未来的执行过程中可能会因为各种原因使公道的规定变成了不公道。这样一来，即使严格地贯彻"公道"原则，也会使职工的努力得不到公平的体现，从而不能充分地调动职工的劳动积极性。因此，在管理中要贯彻"公平"原则。所谓"公平"原则就是"公道"原则加上善意地对待工人。

⑪ 适当集权和分权原则。

适当的集权和分权，是指将权力更合理有效地利用，让权力的使用发挥到极致高效，就要充分意识到权力的特征。权力的集中与下放，很大程度上取决于所管辖员工的基础状态是什么样的，如果这些员工的工作成熟度比较低，也就是说员工基本素质包括责任心、能力、思想形态等都处于比较低的程度，那么针对这样员工的管理最好用集权性较高的方法；反之，如果你的员工属于工作成熟度较高的类型，即可以认真完成工作，工作积极性较高，认真负责，有工作和解决问题的能力等，这样的员工在进行管理的时候最高效的方法就是适当地下放权力，提升管理效果。

⑫ 人员的稳定原则。

法约尔认为，一个人要适应他的新职位，并做到能很好地完成他的工作，这需要时间。这就是"人员的稳定原则"。按照"人员的稳定原则"，要使一个人的能力得到充分的发挥，就要使他在一个工作岗位上相对稳定地工作一段时间，使他能有一段时间来熟悉自己的工作，了解自己的工作环境，并取得别人对自己的信任。人员的稳定是相对的，而人员的流动是绝对的。对于企业来说，就要掌握人员的稳定和流动的合适的度，以利于企业中成员能力得到充分的发挥。"像其他所有的原则一样，稳定的原则也是一个尺度问题。"

⑬ 首创精神原则。

法约尔认为："想出一个计划并保证其成功是一个聪明人最大的快乐之一。这种发明与执行的可能性就是人们所说的首创精神。建议与执行的自主性也都属于首创精神。"法约尔认为人的自我实现需求的满足是激励人们的工作热情和工作积极性的最有力的刺激因素。对于管理者来说，"需要极有分寸地，并要有某种勇气来激发和支持大家的首创精神"。当然，纪律原则、统一指挥原则和统一领导原则等的贯彻，会使得组织中人们的首创精神的发挥受到限制。

⑭ 人员的团结原则。

人们往往由于管理能力的不足，或者由于自私自利，或者由于追求个人的利益等而忘记了组织的团结。为了加强组织的团结，通过一系列的方法进行强化，使人员的团结得以保证。

（3）法约尔管理思想的影响　法约尔提出的一般管理原则与职能实际上奠定了以后在20世纪50年代兴起的管理过程研究的基本理论基础，许多管理论著作在某种程度上可直接联系到一般管理理论的研究。法约尔提出一般管理理论迄今已逾百年，但经久不衰，21世纪，对于公司企业的管理仍有相当大的影响力，对现代管理仍然具有现实的指导意义。主要原因：第一，法约尔对现代管理学研究提出了总框架。直到现在，管理学教材内容安排在很大程度上都基本遵循他的理论构架。第二，更加体现了管理的独立性和专业性，这对管理者正确理解自己的岗位与工作具体情况很重要。第三，法约尔提出的14条原则至今仍然是规范现代管理活动的重要准则。第四，法约尔澄清了高层管理中的混乱思想。

3. 韦伯的行政组织理论

被称为"组织理论之父"的韦伯与泰勒、法约尔是西方古典管理理论的三位先驱。

马克斯·韦伯（Max Weber，1864～1920）生于德国，曾担任过教授、政府顾问、编辑，对社会学、宗教学、经济学与政治学都有相当的造诣。韦伯的主要著作有《新教伦理与资本主义精神》《一般经济史》《社会和经济组织的理论》等，其中官僚组织模式（Bureaucratic Model）的理论（即行政组织理论），对后世产生了最为深远的影响。有人甚至将他与杜克海姆、马克思奉为社会学的三位"现世神明"。韦伯行政组织理论产生的历史背景，正是德国企业从小规模世袭管理，到大规模专业管理转变的关键时期，了解韦伯的思想更具有重要的现实意义。（图片摘自 MBA 智库百科，http://wiki.mbalib.com）

韦伯认为，任何组织都必须以某种形式的权力作为基础，如果没有权力，任何组织都不能达到自己的目标。人类社会存在三种为社会所接受的权力：传统权力（Traditional Authority），即传统惯例或世袭得来；超凡权力（Charisma Authority），即来源于别人的崇拜与追随；法定权力（Legal Authority），即理性——法律规定的权力。

对于传统权力的理解，韦伯认为：人们对其服从是因为领袖人物占据着传统所支持的权力地位，同时，领袖人物也受着传统的制约。领导人的作用似乎只为了维护传统，因而效率较低，不宜作为行政组织体系的基础。而超凡权力的合法性，完全依靠对于领袖人物的信仰，他必须以不断的奇迹和英雄之举赢得追随者，超凡权力过于带有感情色彩并且是非理性的，不是依据规章制度，而是依据神秘的启示。所以，超凡的权力形式也不宜作为行政组织体系的基础。

韦伯认为，只有法定权力才能作为行政组织体系的基础，其最根本的特征在于它提供了慎重的公正。

有了适合于行政组织体系的权力基础，韦伯描述出理想的组织模式具有下列特征：①组织中的员工应有固定和正式的职责并依法行使职权。组织是根据合法程序制定的，应有其明确目标，并靠着这一套完整的法规制度，组织与规范成员的行为，以期有效地追求与达到组织的目标。②组织的结构是逐层控制的体系。在组织内，按照地位的高低规定成员间命令与服从的关系。③简单的员工与工作的关系。成员间的关系只有对事的关系而无对人的关系。④员工的选用与保障。每一职位根据其资格限制（资历或学历），按自由契约原则，经公开考试合格予以使用，做到人尽其才。⑤专业分工与技术训练相结合。对成员进行合理分工并明确每人的工作范围及权责，然后通过技术培训来提高工作效率。⑥成员的工资及提拔。按职位支付薪金，并建立奖惩与提拔制度，使成员安心工作，培养其事业心。

韦伯认为，凡具有上述 6 项特征的组织，可使组织表现出高度的理性化，其成员的工作行为也能达到预期的效果，组织目标也能顺利地达成。韦伯对理想的官僚组织模式的描绘，为行政组织指明了一条制度化的组织准则，这是他在管理思想上的最大贡献。

（三）近代管理思想

1. 梅奥的人群关系理论

乔治·埃尔顿·梅奥（1880~1949），美国管理学家，原籍澳大利亚，早期的行为科学——人际关系学说的创始人，美国艺术与科学院院士。从 1926 年起应聘于哈佛大学，任工业研究副教授。梅奥曾经学过逻辑学、哲学、医学三个专业。这种背景有利于他后来的研究工作。梅奥的代表作是《工业文明中的人类问题》，在这本书中，他总结了亲身参与并指导的霍桑实验及其他几个实验的初步成果，并阐述了他的人群关系理论的主要思想，从而为提高生产效率开辟了新途径。（图片摘自 MBA 智库百科，http://wiki.mbalib.com）

在人际关系学派以前，各种管理理论主要强调管理的科学性和严密性，轻视人的作用，把工人看做机器的附属品。梅奥学派则注重人的因素，研究人的个体行为和群体行为，强调满足职工的社会需求，而这些结论的重要依据来自著名的霍桑实验。

霍桑实验是一项以科学管理的逻辑为基础的实验。从 1924 年 11 月开始到 1932 年结束，在将近 8 年的时间内，前后共进行过两个回合：第一个回合是从 1924 年 11 月~1927 年 5 月，在美国国家科学委员会赞助下进行的；第二个回合是从 1927~1932 年，由梅奥主持进行。整个实验前后经过了四个阶段。

阶段一，照明实验。

照明实验的目的是为了弄明白照明的强度对生产效率所产生的影响。

实验开始，专家选择了两个工作小组。一个为实验组，另一个为控制组。实验组照明度不断变化，控制组照明度始终不变。当实验组的照明度增加时，该组的产量像预期的那样开始增加；当工人要求更换灯泡，实际只给他们更换了一个同样亮度的灯泡时，产量继续增加。与此同时，控制组的产量也在不断增加。

这项实验前后共进行了两年半的时间。然而照明实验进行得并不成功，其结果令人感到迷惑不解，专家们发现照明度的改变不是效率变化的决定性因素，而是有未被掌握的因素在起作用。因此有许多人都退出了实验。

阶段二，继电器装配工人小组实验。

1927 年梅奥接受了邀请，并组织了一批哈佛大学的教授成立了一个新的研究小组，开始了霍桑的第二阶段的"福利实验"。

"福利实验"的目的是为了能够找到更有效地影响职工积极性的因素。梅奥等人对实验结果进行归纳，排除了四种假设：①在实验中改进物质条件和工作方法，可导致产量增加；②安排工间休息和缩短工作日，可以解除或减轻疲劳；③工间休息可减少工作的单调性；④个人计件工资能促进产量的增加。最后得出"改变监督与控制的方法能改善人际关系，能改进工人的工作态度，促进产量的提高"的结论。

阶段三，大规模的访谈试验。

既然实验表明管理方式与职工的士气和劳动生产率有密切的关系，那么就应该了解职工对现有的管理方式有什么意见，为改进管理方式提供依据。于是梅奥等人制定了一个征询职工意见的访谈计划，在 1928 年 9 月到 1930 年 5 月不到两年的时间内，研究人员与工厂中的大约 20000 名的职工进行了访谈。

在访谈计划的执行过程中，研究人员对工人在交谈中的怨言进行分析，发现引起他们不满的事实与他们所埋怨的事实并不是一回事，工人在表述自己的不满与隐藏在心理深层的不满情绪并不一致。比如，有位工人表现出对计件工资率过低不满意，但深入地了解以后发现，这位工人是在为支付妻子的医药费而担心等。

根据这些分析，研究人员认识到，工人由于关心自己个人问题而会影响到工作的效率。所以管理人员应该了解工人的这些问题，为此，需要对管理人员，特别是要对基层的管理人员进行训练，使他们成为能够倾听并理解工人的访谈者，能够重视人的因素，在与工人相处时更为热情、更为关心他们，这样能够促进人际关系的改善和职工士气的提高。

阶段四，对接线板接线工作室的研究。

这是一项关于工人群体的实验，其目的是要证实在以上的实验中研究人员似乎感觉到在工人当中存在着一种非正式的组织，正是这种非正式的组织对工人的态度有着极其重要的影响。

实验者为了系统地观察在实验群体中工人之间的相互影响，在车间中挑选了 14 名男职工，其中有 9 名是划线工，3 名是焊接工，2 名是检验工，分为三个工作小班组，让他们在一个单独的房间内工作。

实验开始时，研究人员向工人说明，他们可以尽力地工作，因为在这里实行的是计件工资制。研究人员原以为，实行了这一套办法会使得职工更为努力地工作，然而结果却是出乎意料的。事实上，工人实际完成的产量只是保持在中等水平上，而且每个工人的日产量都是差不多的。根据动作和时间分析，每个工人应该完成标准的定额为 7312 个焊接点，但是工人每天只完成了 6000～6600 个焊接点就不干了，即使离下班还有较为宽裕的时间，他们也自行停工不干了。这是什么原因呢？研究者通过观察，了解到工人们自动限制产量的理由是：如果他们过分努力地工作，就可能造成其他同伴的失业，或者公司会制定出更高的生产定额来。

研究者认为，这种自然形成的非正式组织（群体）的职能，对内在于控制其成员的行为，对外则为了保护其成员，使之不受来自管理阶层的干预。这种非正式的组织一般都存在着自然形成的领袖人物。至于它形成的原因，并不完全取决于经济的发展，主要是与更大的社会组织相联系。

霍桑实验的结果由梅奥于 1933 年正式发表，书名是《工业文明中的人类问题》，这标志着人群关系学说的建立。

在霍桑实验的总结中，梅奥特别指出以下几点。

第一，与工人谈话有助于他们解除不必要的心理负担和调整自己对于个人问题的态度及情绪，从而使他们清楚、明白地提出自己的问题。

第二，访谈有助于工人们与周围的人相处得更容易，更和谐。

第三，访谈还会提高工人与管理人员更好地合作的愿望和能力，这就有助于形成工人对工作群体和对工厂的双重归属感。

第四，与职工交谈是培养训练管理人员的重要方法。管理人员首先必须善于帮助和启发他人表达自己的思想和情感，而不只是高谈阔论、教训别人、以自己为中心。这种经验是当前学校教育无法提供的。管理者倾听别人的意见比展露自己的知识要重要得多，这是成熟、判断力和智慧的标志。

第五，与职工交谈是获取信息的重要源泉，对于经理来说具有巨大的客观价值。

梅奥提出了人际关系的重要性，这是一个经理人员是否成熟的一个重要标志，也是一个组织是否有效的一个重要标志。他指出经理人员应该将他的下属看为一个社会群体中的社会人，而不应该看成一个群氓的个人。

通过霍桑实验人们终于发现人群中的一些内部规律，为解决当时资本主义的社会问题提供了一条较好的思路。霍桑实验的研究结果否定了传统管理理论对于人的假设，提出了以下观点。

① 人是"社会人"而不是"经济人"。梅奥认为，人们的行为并不单纯出自追求金钱的动机，还有社会方面的、心理方面的需要，即追求人与人之间的友情、安全感、归属感和受人尊敬等，而后者更为重要。因此，应该把职工当做不同的个体来看待，当做社会人来对待，而不应将其视做无差别的机器或机器的一部分。因此，不能单纯从技术和物质条件着眼，而必须首先从社会心理方面考虑合理的组织与管理。

② 企业中存在着非正式组织。企业中除了存在着为了实现企业目标而明确规定各成员相互关系和职责范围的正式组织之外，还存在着非正式组织，或者叫做非正式群体。这种非正式组织的作用在于维护其成员的共同利益。为此非正式组织中有自己的核心人物和领袖，有大家共同遵循的观念、价值标准、行为准则和道德规范等。

梅奥认为任何一个组织机构里，在正式的法定关系掩盖下都存在着大量非正式群体构成的更为复杂的社会关系体系。非正式组织对于生产效率的提高，工作满意度的提升都具有强大的影响。无论正式的还是非正式的组织系统，对于一个团体的活动都是不可缺少的。

非正式组织是与正式组织相对而言的。梅奥指出，非正式组织与正式组织有重大差别，在正式组织中，以效率逻辑为其行为规范，而在非正式组织中，则以感情逻辑为其行为规范，如果管理人员只是根据效率逻辑来管理，而忽略工人的感情逻辑，必然会引起冲突，影响企业生产率的提高和目标的实现。因此，管理当局必须重视非正式组织的作用，注意在正式组织效率逻辑与非正式组织的感情逻辑之间保持平衡，以便管理人员与工人之间能够充分协作。

梅奥根据霍桑实验的结果提出，非正式组织的存在尽管带来种种弊端，但也可以为雇员和组织带来许多好处。梅奥认为在瞬息万变的情况下，组织形成的正式的计划与对策，缺乏灵活性，因而不可能解决各种各样的不同的具体问题。恰恰是这些可以灵活应变的非正式组织能够满足这些需要。

非正式组织的另一种效用是减轻管理工作的负担。非正式组织的相互配合，导致管理者放权。一般来说，非正式团体对管理人员的支持，很可能导致更融洽的协调配合和更高的生产效率，从而有助于工作任务的圆满完成。

梅奥认为非正式组织还具有一种为管理人员取长补短的作用。如果管理者不擅长制订计划，就会有人以非正式的方式在计划工作中帮助他，从而即使在这方面有弱点的管理人员也能制订出翔实的计划等。

2. 巴纳德的组织理论

切斯特·巴纳德（Chester I. Barnard，1886～1961）：系统组织理论创始人，现代管理理论之父。巴纳德是西方现代管理理论中社会系统学派的创始人。他在人群组织这一复杂问题上的贡献和影响，可能比管理思想发展过程中的任何人都更为重要。

巴纳德出生于美国一个贫穷的家庭。1906～1909 年期间在哈佛大学攻读经济学。由于拿不到一项实验学科的学分，1909 年未拿到学位的巴纳德离开哈佛大学，进入美国电话电报公司开始了他的职业生涯。巴纳德不仅是一位优秀的企业管理者，还是一位出色的钢琴演奏家和社会活动家。1942 年巴纳德创立了联合服务组织公司并出任总裁；1948～1952 年担任美国洛克菲勒基金会董事长。巴纳德在漫长的工作实践中，不仅积累了丰富的经营管理经验，而且还广泛地学习了社会科学的各个分支。1938 年，巴纳德出版了著名的《经理人员的职能》一书，此书被誉为美国现代管理科学的经典之作。由于巴纳德在组织理论方面的杰出贡献，他被授予了七个荣誉博士学位。（图片摘自 MBA 智库百科，http://wiki.mbalib.com）

巴纳德独创性地提出了组织的概念，认为组织是一个有意识地对人的活动或力量进行协调的体系，其中最关键的因素是领导者。在此基础上，巴纳德又阐述了正式组织的定义、正式组织的基本要素以及正式组织与非正式组织的关系等。

巴纳德认为正式组织是有意识地协调两个以上的人的活动的一个体系。他认为这个定义适用于各种形式的组织，从公司的各个部门或子系统直到由许多系统组成的整个社会。不管哪一级的系统，全都包含着三种普遍的要素，也就是一个组织存在的基本要素：共同的目标、协作的意愿和信息沟通。

明确的目标是任何一个组织存在的首要问题。只有目标明确了，企业的发展方向才能明确。任何一个组织都是由许多具有社会心理需求的个人组成的，如果组织中的个人都不愿意相互协作，那么组织的目标就无法完成。好的组织是一个相互合作的协作系统。组织成员有协作的意愿意味着个人要克制自己，交出自己的控制权、个人行为和非个人化等。没有这种意愿，就不可能将不同组织成员的行为有机地结合起来，协调一致地活动。例如，作为工厂的一名工人，就必须按时上班，严格按照工厂机器操作运转的规律进行，遵守工厂的各项制度，使个人行为变得非个人化。大多数时候，不同成员的协作意愿是不同的，同一个人不同时候的协作意愿的强度也是不同的，个人并不能自发地产生协作意愿。

良好的沟通是企业进行正常管理的有效途径，管理活动中任何一项信息的传递和指令的下达都离不开良好的沟通。企业的沟通是保证企业管理活动正常运行的有效方法和企业存在的基本要素。

（四）现代管理思想

第二次世界大战以后，世界政治形势趋于平稳，许多国家都致力于发展本国的经济。随着生产力的发展，生产社会化程度日益提高，对管理的研究越来越深入。如果把众多的管理理论进行分类，有这样几种类型：以美国为代表的西方管理理论、以日本为代表的东方资本主义管理理论、苏联和东欧的社会主义管理理论、我国的管理理论。

西方现代管理思想又可分为 7 大管理学派：管理的程序学派、行为科学学派、决策理论学派、系统管理学派、权变理论学派、管理科学学派、经验主义学派。

二、中国古代管理思想

中国是一个具有五千年悠久历史的文明古国，在中华民族长期发展的历史长河中，创造了光辉灿烂的传统民族文化。可以说，中华民族五千年文明史的另一个方面就是五千年的管理史。中国古代的管理思想内容丰富，影响深远，更多地体现为现代管理的智慧源泉。从中国管理思想的历史轨迹看，有如下几个主要的管理思想学派。

1. 儒家的管理思想

儒家是春秋末期孔子创立的学派。儒家学说简称儒学，是以"仁"为核心的思想体系。主要特点为：孔子，视其言行为最高准则；以《诗》《书》《礼》《易》《春秋》等为经典；以仁、义、礼、智、信为准则。维护君臣、父子、夫妇、兄弟等伦常关系。儒家思想是中国古代的主流意识流派，至今也是华人的主流思想基础。儒家思想具体可以分为如下四方面内容：修身、齐家、治国的修己安人的管理目标；民为邦本的管理意向；中庸的管理标准；德礼之治的管理方法。

2. 道家的管理思想

道家是春秋战国时期最重要的思想学派之一。创始人老子在《道德经》中对道家思想作了详细的阐述。道家思想倡导的是效法自然的世界观以及方法论，道家思想呈现给世人的基本思想是强调顺应自然、以柔克刚，这就决定了其管理思想的特色：柔、道。同时也强调了"柔"的管理特色，无为而治的管理境界，以及"善用人者为之下"的用人方法。

3. 法家的管理思想

法家是春秋战国时期以法治为核心的思想学派，否定世袭的传承登记制度。他们在政治实践中，主张以法治国，奖励耕战。法家的管理思想体系中，"法""术""势"是其管理思想的三大要素。

其中法家的"法"是指管理的法律制度，法的内涵包括法律、法令等。其理论的主要内容是定法和执法两大部分。法家的"术"是指管理的策略手段。法家的"势"是指管理的权势威势，是一种具有绝对权威的强制力，也就是至高无上的君主统治权。

中华文明是人类历史上唯一没有断档的古老文明，具有延续几千年的社会管理的丰富经验。中国古代管理思想，在管理活动中具有不可忽视的地位和作用。它对于指导现代管理实践，发展现代管理理论，都具有十分重要的作用。

第三节　经营与管理

随着市场经济的不断发展，市场需要的多变性与市场竞争的日益激烈要求现代企业都必须高度重视经营问题。

一、经营的概念

企业经营就是根据外部环境和内部条件确定企业的生产方向、经营目标以及实现这一目标的经济活动过程。

经营主要侧重于产前、产后的供应，销售活动的组织，处理企业与外部的关系问题，进行经营预测、决策和计划。经营主要解决企业的经营目标、生产方向等根本问题以及企业所拥有的人力、财力、物力和自然资源等生产要素进行合理分配和组合，确定合理的生产结构和规模等。经营的重点是讲求经济效益。

二、经营与管理的关系

经营与管理两个概念之间，既有区别又有联系。经常听到有人统称经营管理。这是经营和管理本身密不可分的一个体现。这两者从不同的侧重面看又有明显的区别，具体如下。

第一，产生不同。经营是由市场经济的产生和发展而引起的一种调节和适应社会的职能，同时又随着市场经济的发展而发展。管理是因为人们的共同劳动所引起的组织协调的职能，随着社会的发展而发展起来。

第二，概念不同。经营是筹划、谋略的意思。企业的经营是指根据企业外部环境和内部环境，来明确生产方向、经营总目标，以及实现这一目标的经济活动过程。而管理是指对整个系统的处理、保管以及治理等。企业管理就是为了有效实现经营总目标而对于企业各要素及其组成的系统进行计划、组织、控制的综合性活动。

第三，性质不同。经营主要解决企业的生产方向、方针和一些重大问题，一般属于战略性和决策性活动；管理主要解决如何组织企业各要素实现战略目标，属于战术性和执行性的活动。

第四，范围不同。经营要将企业作为一个整体来看待，用系统的观点分析、处理企业管理问题，追求企业的综合、总体、系统效果；管理侧重内部各要素、各环节的合理组合、使用，以促进其有效地完成生产经营任务。

第五，目的不同。经营关系到企业生产经营的各个方面，例如：经营方向、出发点、市场等。解决各种经营过程中遇到的战略性问题，追求的是企业的经济效益。而管理则是为了实现经营目标，解决企业中各个要素的合理配置问题，是提高劳动生产效率的问题。

第六，对象不同。经营主要针对的是企业的方向、目标，解决企业内部条件与外部环境相适应的问题；而管理则主要是通过计划、组织、控制等职能体现出来的。

经营和管理是密不可分的。同时，经营与管理也相互依赖、相互作用。如果一个企业存在忽视管理的经营是不能长久的，也是不能持续的。而忽视经营的管理是没有任何活力的，是僵化的，管理是基础，管理必须为经营服务。

本章小结

本章主要从三方面介绍了管理的相关内容。

管理是通过计划、组织、控制、激励和领导等环节来协调人力、物力和财力资源，以期更好地达到组织目标的过程。管理的五大基本职能是计划、组织、控制、激励和领导。

西方管理思想第一阶段为早期的管理思想，产生于19世纪末以前。第二阶段为古典的管理思想，产生于19世纪末到1930年之间，以泰勒与法约尔等人的思想为代表。第三阶段为近代管理思想，产生于1930年到1945年之间，以梅奥与巴纳德等人的思想为代表。第四阶段为现代管理思想，产生于1945年以后，这一时期管理领域非常活跃，出现了一系列管理学派，每一学派都有自己的代表人物。我国古代管理思想，主要有儒家、道家、法家管理思想。

经营是根据外部环境和内部条件确定企业的生产方向、经营目标以及实现这一目标的经济活动过程。经营与管理的关系是密不可分的。同时，经营与管理也相互依赖、相互作用。

复习思考题

1. 管理要解决的主要矛盾是什么？

2. 管理有几大职能？各是什么？

3. 泰勒的主要贡献有哪些？

4. 梅奥人群关系学说有什么特点？

5. 我国古代管理思想有哪些？

6. 简述管理与经营之间的关系。

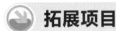 **拓展项目**

管理与音乐

参与方式：全体成员。

时间：15 分钟左右。

目的：通过同学们的亲身感受，让所有同学近距离接触管理，了解管理。

方法与要求：

（1）所有同学双手击掌，我们会听到什么样的声音（有的声音强、有的声音弱、有的清脆、有的沉闷）？

（2）思考声音为什么会嘈杂。

（3）将声音想象成下雨，可以分别尝试一下：小雨——手指轻轻触及桌面；中雨——双手轻拍；大雨——用力鼓掌；暴雨——再大力鼓掌。

（4）要求学生感受有管理的状态下的声音特征。分别尝试下小雨、小雨变成中雨、中雨变成大雨、大雨变成暴雨、暴雨变成大雨、大雨变成中雨、又逐渐变成小雨。有节奏的，有管理的声音就是音乐。

实训题

1. 一个轮胎企业的经营哲学

普利司通公司不仅用自己的优质轮胎成就了舒马赫和法拉利车队无数次的冠军，也成就了自己的品质神话。从赛场上的冠军到市场上的第一，舒马赫与法拉利称霸 F1 的同时，普利司通也当之无愧地站在了轮胎界王者的位置上。

普利司通公司的前身是日本福冈县久留米市一家传统两趾袜厂，其创建人叫石桥正二郎。当时为了关东大震灾的复兴建设，石桥正二郎研究开发出了带有橡胶底的两趾袜，以便于人们工作时穿用。当全厂上下为了自己的产品热卖而欣喜之时，石桥正二郎却已然把目光放到了更远的地方。在橡胶底两趾袜开发过程中，他对橡胶这种原料产生了浓厚的兴趣，同时发现 1912 年他购入的第一辆美产汽车的轮胎也采用了同种橡胶，于是毅然决定制造日本自己的汽车轮胎，从此开始了他与汽车工业的不解之缘。

1981 年 3 月，值普利司通轮胎公司创立 50 周年之际，在强化国内基盘、大力拓展海外市场的策略基础上，石桥干一郎提出了"成为世界橡胶产品制造业领域的三甲企业"的目标。为了实现这一目标，普利司通迈出了果敢的一步，从收购美国第二大轮胎制造企业 Fire Stone 在田纳西州的工厂开始进入美国市场，同时，通过并购的方式在拉丁美洲和欧洲也建立了多个生产基地，就算在土耳其你同样也可以找到普利司通的生产合作伙伴。这种并购方式形象地被称为狼式并购，这种并购方式之后在中国也充分显示了它的锋利，正是这种资本扩张方式使普利司通快速成为一个真正的全球化企业。在 1984 年，高层依据 CI 战略，正式从"普利司通轮胎股份有限公司"更名为"普利司通股份有限公司",使其更贴近了全球化企业这个身份。不过,成功的收购行为并没有让普利司通就此止步不前,而是马上着手重建Fire Stone 这个原美国第二大轮胎品牌。在这个重建计划中,普利司通选择了最直接的方式,那就是以 Fire Stone 的品牌参加了美国最有人气的印第车赛。当 Fire Stone 的赛车在比赛中牢牢吸引住车迷的同时,Fire Stone 轮胎也渐渐在市场上找回了自信。无疑日本人又聪明了一次,他们知道让美国消费者再次接受一个原本地名牌远远要比让他们接受一个新品牌来得简单,而作为轮胎厂商赞助赛车运动也让普利司通找到了宣传自己的有效方法,继印第赛事之后 BRIDGESTONE 的 logo 于 1997 年首次出现在了 F1 赛场上。在自己的品牌被赛车运动放大的同时,普利司通相继在泰国、印尼、印度、波兰、中国、美国等地建立新的生产基地,放大了全球化进程的步伐。从第一只普利司通轮胎诞生以来,它就一直在让自己努力滚动向前。从传统的两趾袜到超越时代的 F1 轮胎,实现企业自身飞跃的过程中,普利司通却始终没让自己和产品离开坚实的地面。

(摘自管理视界 2008 年度期刊)

通过普利司通的经营发展,你能想到什么?

2. 我国企业管理思想

春秋战国的诸子百家,使中国古代思想百家争鸣,奠定了儒家、道家、法家等诸派学说。

(1)对于管理的原则,提倡三个字"信、雅、达"

信即是诚信,自信上下互保诚信,对内对外非常自信,团结一致,壮大公司。

雅即是采用高明的手段来完成任务,从众多的方法中选择最好的方式;达即是结果,达到目标,完成任务。

(2)企业管理层领导必须有坚定宏伟的目标

如果秦始皇没有坚定的目标,即不仅在地域上一统中国,在制度上也要一统中国的坚定目标,那么秦始皇在十三岁即位后,只会报着固守函肴关,最终被六国联合消灭。

(3)团结一致、荣辱与共,是企业管理团队必须做到的

三国时期,曹操发檄文,相邀十七镇诸侯共讨董卓,结果长沙太守孙坚力战得胜后,袁术反怕孙坚强大,拒不发粮,致使孙坚兵败,太守刘岱向东郡太守借粮,东郡太守不给,反被刘岱杀死,结果众镇诸侯不欢而散。

(4)作为公司的管理层不应怕暴露自己的缺点

人无完人,孰能无过,害怕暴露自己的缺点,则必然缺点越来越多,秦朝赵高劝说秦二世胡亥,为了不暴露短处给群臣,深藏宫中,结果国内不断叛乱,最终反被赵高逼得自杀。

(5)作为公司的管理层要有坚韧不拔的性格,要有抗压力

当年楚汉之争、汉王刘邦被项羽不断打败和追杀,有一次项羽攻破城池成皋,刘邦被迫一人逃走,甚至到了汉军逐渐强大到与项羽可以分兵对抗时,还在固陵被项羽大败,但刘邦最终还是在垓下大败楚军,逼迫项羽乌江自刎,而建立西汉。

所以一个管理层必须要有这种坚韧不拔的性格,要有抗压力。

(6)现代企业管理者必须大胆启用贤能之人,切不可妒贤

战国时,孙膑与庞涓曾一同学习兵法,但庞涓嫉妒孙膑的才能,割断其双脚,并在脸上划刻涂墨,害怕他在魏王前胜过他,但孙膑利用减灶之计,佯露齐军怯懦,最终使庞涓中计遭射杀。如果庞涓能大胆启用孙膑,共辅魏王,怎会有此下场。

(7)企业管理层要善于任用人才,并且驾驭人才

作为企业的管理层必须具备驾驭人才的能力，切不可骄纵属下，放任属下，这样才能在商业战场上驱使人才为企业共同的目标而奋斗。

（8）企业管理人才很重要的一点就是要有信心、自信

三国时期赵子龙在长坂坡冲破曹兵重围救出后主阿斗，凭的是勇猛和对刘备的忠心，但后来在汉水为救老将黄忠，单枪匹马吓退曹军，凭的则是自信，所以，有能力还要有自信才能先声夺人。

（9）企业管理人才切忌刚愎自用

庞统不听诸葛亮之言，轻率直取雒城，结果在落凤坡被射杀。庞统死后，诸葛亮对关羽说："倘若曹操引兵来到，当如之何？"云长曰："以力拒之。"孔明又曰："倘若曹操、孙权，齐起兵来，如之奈何？"云长曰："分兵拒之。"孔明曰："若如此，荆州危矣。"后赠云长："北拒曹操，东合孙权。"可后来关羽拒孙权提亲，得罪孙权后，孙权在关羽出兵樊城围战曹仁时由陆逊夺取荆州，最终使关羽败走麦城。更由此引发刘备不听诸葛亮'先休养士卒之力，以伐国贼曹操为主'之言，反而兴兵七十万伐东吴，最终兵败，死于白帝城。

（10）术业有专攻，现代虽需要复合型人才，但必须要精通专业

宋朝丞相赵普，"半部论语"治天下，他每天有时间就看论语，以学习治国之道，所以，作为现代企业管理层，也需要对自己的职业和专业不断研习，不断长进。

（11）"不做忠臣做良臣"

这是魏征对唐太宗说的一句话，忠臣只是对领导的话言听计从，而不提任何反对意见，良臣则是不管领导有何看法，敢于指出领导的缺点，辅助领导改正失误。乾隆年间，都御使钱亮死谏乾隆皇上，阻止南巡，以节约花销，但乾隆不听其言，最终将钱亮关入大狱，后来国库只剩下几百两银子，在与缅甸交战时，军饷奇缺，才使乾隆也认识到了自己的错误。

（改编自管理视界. 2009.）

3. 5S 管理思想

5S 是日本企业创造发明的一个管理方法。由于 5S 给企业带来的效益和影响，使它在全球很多的企业得到传播。5S 也被推荐到中国，海尔也把 5S 作为必修课，员工在进入工作现场前，会站在地面标记的两只大脚丫子上，面对墙上的标语默念几秒钟。曾几何时，5S 的培训和工厂运用沸沸扬扬，掀起了一股"5S"热潮。

下面就让我们一起来解剖"5S"，看看如何运用管理的工具为公司创造价值。

（1）简单、大众化。5 个单词 10 个字，把所有的管理要求一览无遗地展示到员工面前，好记，易懂，便于沟通、运用和推广。把复杂的问题简单化，节约资源并迅速获得成效，实乃管理哲学的最高境界。

（2）目标明确、结构化的管理方法。5S 不是一个单一鼓励的管理手段，而是一个结构化的方法体系。5 个 S 是循序渐进的，每一个 S 都建立在前面的工作成果之上，同时又是对前面工作的继续和提高。它的总体目标非常明确，就是建立起一个理想的工厂环境，即我们所称的工作环境。而且它的每一步骤的目的也是非常清晰的，部分与总体呼应，充分体现了管理哲学理论的最高境界——系统管理论。

（3）充分展现了管理的"制约和激励"原则，控物和管人的结合。5S 的初步意图是通过建立理想的工作环境和秩序，保证品质的稳定和流程的畅通。但事情是人来做，只管事不理人，恐怕也做不好事情。所以在 4S 之后的压轴戏是"人"，一个尊重人的管理，以最终确保目标的真正实现。

（4）注重过程检讨和标准化。这体现在他们的第 4S。标准架构由下至上，由管理层与

工人共同制定，是作业现场工人师傅最佳工作经验的总结。

（5）真正地实现全员参与。在日本所有的管理理论和实践体系中，管理者始终都把激发员工的参与热情放在首位。即便是对员工的训练和培训，被训练者也会与训练者会处在平行的位置，充分尊重员工。自律核心是培养员工队伍。

（6）形神的美好结合。日本人的5S管理实践不仅清晰体现了管理的形式，而且充分蕴涵着管理的神韵。形式简单便于操作，有深刻的文化内涵的管理，才是有生命力的。

（7）低姿态，重效果，不走形式。只重形式不重内涵，其效果当然大打折扣，甚至半途夭折。

（8）文化的支持。一个新方法的导入，必定遭到传统习惯的阻挠，一场变革在所难免。这是管理者和企业员工都必须面对的事实。所以，在采用新的方式之时，领导者应首先实现观念的转型，并领导这场变革。只注重管理方法不重视管理文化的作用的管理实践，没有不失败的。

（9）管理的动态结构。当业环境条件发生变化，管理层会赋予管理概念新的内涵，向他的员工提出新的要求。"改善"在日本的管理哲学中，是个重要的核心文化概念。

"5S"体现了日本人的管理智慧，涵盖了管理的所有要素，堪称现代管理思想、管理技术和管理实践结合的典范。世界上没有包治百病的药方，我们只是想通过对"5S"这一典型案例的分析研究，来说明管理的原理和应用。企业家和管理者能按照5S思考管理、重视管理、践行管理，管理的工具才真正能转变成经济增长的飞轮。

（摘自管理视界 . 2013. ）

通过学习，同学们对5S管理有了什么认识？

第三章

现代企业经营战略

 **学习目标**

通过本章的学习，了解企业经营战略的作用和特点；熟悉企业经营战略的构成要素；掌握企业经营战略体系及主要内容；熟悉制定企业经营战略的基本程序；掌握企业经营环境的构成要素；掌握 SWOT 分析法。

案例导读

海尔的战略性发展

海尔集团是中国家电业的佼佼者，其成功在很大程度上得益于成功的企业发展战略。海尔集团总裁张瑞敏曾经谈到海尔的发展战略，大致可以分为 3 个阶段。

第一阶段是 1984～1991 年的名牌发展战略，只做冰箱 1 种产品，7 年时间通过做冰箱，逐渐建立起品牌的声誉与信用；第二阶段是 1991～1998 年的多元化产品战略，按照"东方不亮西方亮"的原则，从冰箱到空调、冷柜、洗衣机、彩色电视机，每 1～2 年做好 1 种产品，7 年来重要家电产品线已接近完整；第三阶段是从 1998 年开始的国际化战略发展阶段，即海尔到海外去发展。如今海尔已涉足几乎所有的家电制造行业，并进入了相对陌生的手机制造业和金融、保险，甚至医药行业。海尔 2002 年总销售收入为 723 亿元。

（案例改编自：严成根，洪江如. 现代企业管理. 北京：清华大学出版社，2005.）

战略的制定是企业在内外环境与发展预期之间博弈的结果。在当今社会，企业面对的是瞬息万变的外部环境，企业再不能按老一套的方式来思考企业的发展问题，必须根据环境的变化轨迹来谋划企业的发展。本章主要介绍企业经营战略的类型、要素，企业经营战略的组织与实施以及企业经营环境分析、战略决策的理论和方法。

第一节　企业经营战略概述

一、企业经营战略的概念和特点

（一）企业经营战略的概念

战略一词原是军事术语，意指克敌制胜的艺术和谋略，是根据对战争全局的分析判断确定一定时期内战争攻击的主要方向、兵力的总体部署和所要达到的基本目标的安排。后来，战略一词被广泛地应用到社会、经济、政治、文化、教育和科技等领域，出现了诸如社会发展战略，经济发展战略，政治发展战略，文化、教育、科技发展战略以及社会总体发展战略等术语，其含义泛指对于有关领域未来发展所进行的全局性的、长期性的谋略和规划。

"战略"一词出现在经济领域，是在 20 世纪 50 年代。第二次世界大战之后，经济空前高速发展，社会产品供给量剧增，整个市场也由原来的卖方市场转变为以购买者为主的买方市场，众多生产企业开始面临残酷的市场竞争。剧烈的市场变化促使企业家和理论研究者认识到，生产企业要谋求生存和发展，如果没有正确的指导思想，并据以全面规划自己的长远发展目标以及实施步骤与措施，是难以做到的。因此，一些学者又将战略应用于企业经营之中，开始了企业经营战略的研究。

企业经营战略是企业在分析外部环境和内部条件的现状及其变化趋势的基础上，为求得企业的长期生存与稳定发展，实现其经营目标而制定的整体性、全局性、长远性的谋划及其相应的对策，它包括战略指导思想、战略目标、战略步骤、战略重点和战略措施等内容。经营战略既是企业经营思想的集中体现，也是企业发展的行动纲领。从管理学的角度讲，战略属于计划的范畴，是企业长远的发展规划；从决策理论的角度讲，企业长远发展的规划就是战略性的经营决策。战略决策要谋求企业内部诸要素、企业目标与外部环境的动态平衡。

（二）企业经营战略的特点

企业经营战略一般具有以下特点。

1. 全局性

企业的经营是一个包括生产、销售、财务、人事等多种活动的综合活动过程，而企业经营战略则将各个方面的活动结合为一个彼此紧密配合、有机联系的整体，发挥战略的整体优化效应，达到预期的目标。企业经营战略是立足于企业的长远利益，以企业全局为对象，根据企业总体发展的需要而制定的。它所规定的是企业的总体行动，追求企业的总体效果，它是指导企业一切活动的总谋划。

2. 长远性

经营战略与战术不同，它既是企业谋取长远发展和长期利益的反映，又是企业对未来较长时期（5 年以上）内如何生存和发展的通盘筹划。凡是为适应环境条件的变化所确定的长期基本不变的行动目标和实现目标的行动方案，都属于战略的范畴。那些只针对当前形势，适应短期变化，解决局部问题的方法，则属于战术的范畴。短期利益的追求应是为了长期能获得最大的利益，因此，企业战术应服从于企业战略。

3. 竞争性

商场如战场，在激烈竞争的市场条件下，企业研究并制定经营战略就是为了取得优势地位，战胜对手，保证自己的生存和发展。企业战略与那些不考虑竞争因素，只是为了改善企业现状、提高管理水平的行动方案不同，它是从长期的、全局的角度来把握内外环境条件，提出对抗竞争的整体性的方针、政策和策略。

4. 稳定性和灵敏性

按照科学程序制定的经营战略，应在一定时期内具有稳定性。战略决策是一个长期酝酿的过程，一经决定就具有很高的权威性。企业战略的变动过于频繁，将会直接导致企业生产经营活动的混乱，难以实现企业的战略目标。同时，经营战略还应具有灵敏性。由于企业的生产经营活动和经营效果受环境的影响很大，当环境发生变化时，例如原材料供应、技术条件、政策法令等因素发生变化时，企业应不失时机地作出反应，提出新战略和相应的对策措施，实行战略目标的转移。当然，对于战略实施过程中出现的多种不确定因素，一般应通过调整具体的战术或策略来应对，这种调整和企业战略的稳定性相比并不矛盾。

5. 可行性

企业制定经营战略是为了实现其价值目标，而不是建立在空想和虚幻目标基础上的，所以它应该是切实的、可行的，只有这样才能对企业的管理者和企业员工产生号召力，激发其工作潜能和热情，力争战略目标的实现。

6. 风险性

战略和现实之间的差异，就是风险。企业经营战略是对未来发展的规划，而环境总是处于不确定的、变幻莫测的发展过程中的，因此，任何企业经营战略都存在一定的决策风险。具体来说，企业战略决策将面对两大风险：一是资源输入的失误，如信息误导、人财物的不足与偏差等；二是加工后的资源输出的失误，主要是产品不适合市场需要，或由于策略不当导致成本过高等。

二、企业经营战略的作用

1. 为企业顺利发展提供保障

通过制定经营战略，企业可以对当前和长远发展的经营环境、经营方向和经营能力有一个正确的认识，全面了解自己的优势和劣势、机遇和挑战，从而做到"知己知彼"，不失时机地把握机会、利用机会、扬长避短，求得生存和发展。

2. 提高生产经营的目的性

有了经营战略思想，就有了发展的总纲、奋斗的目标，就可以进行人力、物力、财力的优化配置，统一全体职工的思想，调动职工的积极性和创造性，实现生产经营的战略目标。

3. 增强管理活力

通过实行经营战略管理，既可以理顺企业内部的各种关系，又可以适应企业外部的环境变化，随时审时度势，正确处理企业目标与国家政策、产品方向与市场需要、生产与资源、竞争与联合等一系列关系。

4. 提高企业经营者的素质

企业实行经营战略管理，使企业管理者站在企业全局角度考虑问题，有利于经营者站得更高，看得更远，摆脱日常琐事，集中精力去思考、制定战略思想、战略目标、战略方针、战略措施等带有全局性的问题，成长为新型的现代企业家。

三、企业经营战略的构成要素

企业战略一般由四种要素构成，即产品与市场范围、发展方向、竞争优势以及资源配置与协调。

1. 产品与市场范围

企业经营战略的首要任务是明确企业属于什么特定行业和领域，企业在所处行业中产品和市场是否占有优势地位。为了清楚地表达企业的经营战略重心，此项指标常常需要分行业进行描述，这样，行业的产品、使命、技术所涉及的内容将比较容易得到界定。

2. 发展方向

企业经营战略是面向未来的，因此它还应明确企业从现有产品与市场向未来产品与市场转移的方向，即企业未来经营发展的方向，而且应指出企业跨行业界限的方向。

3. 竞争优势

在激烈竞争的市场条件下，企业还应通过分析、比较自身的优势、劣势，找出或塑造自己强有力的竞争优势地位，并在整个企业经营战略中强化这种优势，以达克敌制胜的目的。企业可以通过兼并重组、设置行业进入壁垒或开发新的替代产品等战略手段来谋求竞争优势。

4. 资源配置与协调

又称协同作用，它指明了企业资源配置与协调的效果，强调企业内部人、财、物、信息和时间等经济资源的合理分配和相互协调，即实现所谓 $1+1>2$ 的合力放大效果。在企业经营战略中，只有企业内各经营单位联合起来所产生的效益大于各个经营单位各自所创造的效益总和，企业才能更好地实现自己的战略目标。

这四个要素中，前三个要素描述了企业在外部环境里的产品与市场道路，而第四种要素则是从企业内部的协调考虑的。这四种要素是相辅相成的，互不排斥，共同构成了企业战略的内核。按照美国战略学者安索夫的观点，这四种要素可以产生合力，成为企业的共同经营主线。有了这种经营主线，企业人员可以充分了解企业经营的方向，从而扬长避短、发挥优势。

第二节　企业经营战略体系及主要内容

企业经营战略的内容体系，是指具有有机联系的总体经营战略与各项分战略的集合体。企业经营战略可以分为总体战略和职能战略两个层次。

一、总体战略

总体战略，即对企业未来发展方向所做出的具有长期性和全局性的谋略和规划。它是企业高层管理者指导和控制企业生产经营行为的最高行动纲领。总体战略是战略体系的主体，起着统帅全局的作用，规定着企业总的行动方向。企业总体战略是企业通过对外部环境和内部条件，特别是对市场吸引力与经营实力进行综合分析后，对企业在一个较长时期内的经营方针的概括，解决企业应在哪些经营领域里从事生产经营活动的问题。企业经营的总体战略一般包括以下几种类型。

（一）按照竞争战略态势划分

按照竞争战略态势划分可以划分为进攻战略、防御战略和紧缩型战略。

1. 进攻战略

又称发展战略或扩张型战略。它是现有企业依靠自身力量或同其他企业联合，扩大原有主要经营领域的规模，或向新的经营领域开拓，以促进企业经营不断发展的战略。其核心是通过加强企业竞争优势，谋求企业的发展和壮大。这种战略的特点是：企业发展目标大大高于企业现有水平；投入较多的资源来扩大产销规模，或通过技术开发、产品创新、市场拓展、联合和兼并等途径，不断开发新产品核心市场，掌握市场竞争的主动权，不断提高市场占有率。采用这种战略的企业，通常在经营领域已取得优势地位，不满足于企业的现状，寻找一切可能的机会和途径扩大企业的经营规模。采用这种战略要求企业有较雄厚的实力或较繁荣的市场，亦即企业的市场有不断扩大的趋势和潜力。

进攻型战略主要有以下三种类型。

（1）单一产品进攻战略　即把单一产品或服务作为企业的主攻方向，集中企业的所有财力、物力，增加产品或服务的市场销售额，扩大企业的市场占有率。其优点是：经营目标集中，管理方式简便，集中使用企业资源；企业高度专业化，可以取得规模经济效益，以此获得市场的领先地位。该战略常用于企业产品或服务的需求处于增长的时期。但是这种战略对环境适应能力差，经营风险大，如果产品或服务市场萎缩，企业就会陷入困境。

（2）多样化进攻战略　即企业利用原经营范围之外的市场机会，新增与现有产品业务有一定联系或毫无联系的产品业务，通过跨行业的多样化经营以实现企业的增长。多样化进攻战略可采取三种形式。

第一种，同心多样化增长战略。即利用现有技术力量开发新产品，增加产品的门类和品种，犹如从同一圆心向外扩大业务范围，以寻求新的增长。例如，一家空调生产企业，决定利用现有的生产条件和技术增加电视、音响、洗衣机的生产。这种战略有利于发挥企业原有的技术优势，风险较小，易于成功。

第二种，水平多样化增长战略。是企业针对现有顾客的需要，增添新的技术力量开发新产品，以扩大业务范围。也就是说，企业通过向现有顾客提供他们所需要的其他产品，以寻求新的增长。例如，一家花卉生产企业，决定以后不仅生产花卉，还同时生产花盆、花瓶。实行这种战略，往往意味着企业向其他行业投资，有一定风险，企业应具有相当实力。但由于企业仍服务于原有的顾客，因此有利于企业开拓市场，塑造强有力的企业形象。

第三种，复合多样化进攻战略。指增加与企业现有产品或服务显著不同的新产品或服务的增长型战略。主要方式有合并、收买、吞并等。这种战略一般适用于财力雄厚、具有相当声望的大企业。

（3）一体化进攻战略　是企业把自己的经营活动延伸到供、产、销不同环节，或者把两个及两个以上的原本分散的企业联合起来，组成一个统一的经济组织，这种联合并不是企业间简单的联合，而是在生产过程中或市场上有一定联系的企业之间的联合。采用一体化战略必须具备两个条件：一个是企业所属的行业有广阔的前景；另一个是企业在一体化后能增加活力、效益、效率和控制力。

一般来说，一体化战略主要指以下三种典型的一体化方式。

① 后向一体化。企业向后控制供应商，使供应和生产一体化，实现供产结合，这是一种以销、产、供为序实现一体化经营而获得增长的战略。企业可以通过自办、契约、联营或兼并等形式，对它的原料供给来源取得控制权或干脆拥有所有权。例如，某服装生产企业由原来向其他纺织公司购买布料，改为自己开办纺织厂或通过收购股份，参与控制原有的纺织公司；一家零售花店商向批发商方向发展，实行批零兼营。

② 前向一体化。企业向前控制分销系统（批发商、代理商或零售商），使生产和销售一体化，实现产销结合，这是一种以供、产、销为序实现一体化经营使企业得以发展的战略。企业可以通过一定形式对其产品的加工或销售单位取得控制权或干脆拥有所有权。例如，某服装生产企业可以自己设批发销售机构；一家服装生产企业决定增设或接办几个服装店等。

前向一体化战略和后向一体化战略，也可以合称为纵向一体化战略，纵向一体化战略可使企业得到资源优势和销售优势，从而获得竞争优势。

③ 水平（横向）一体化。指为了扩大企业的实力，提高企业的竞争能力，通过收购、兼并或控制经营同类产品的企业，或在国内、国外与其他同类企业合资经营或者运用自身力量扩大经营规模，来寻求市场机会，以达到自我增长的一体化增长战略。它是企业兼并和集团化的一种组织形式。其优点：企业易于开辟新的市场，减少竞争对手，以较小的代价，得到较快的扩展，迅速提高市场占有率，取得规模经济。

2. 防御战略

又称维持战略，是指限于经营环境和内部条件，在一定时期内企业期望其资源分配和经营状况基本保持在目前状况和水平上或是稍有增长的战略。它是企业在一定时期内对产品、技术、市场等方面采取以守为攻、待机而动、以稳妥为宗旨、不冒较大风险的一种战略。这种战略的特点是以守为攻、后发制人，战略水平与企业原有水平基本持平，投入少量或中等程度的资源，保持现有产销规模和市场占有率，稳定和巩固现有的竞争地位。

当产品的市场需求增长达到饱和状态，市场容量不可能再增加，甚至马上会出现衰退时，如果企业既没有力量在原有领域里继续扩张，又没有实力进入新的领域，就只能依靠防御性战略防止其他企业的进攻，以保持企业已有的生产和市场规模。企业采用这种战略不需经受多大的风险，成功的可能性也较大。但若长期采用维持型战略，会导致企业发展缓慢，且企业因把注意力集中在内部结构调整上，而容易忽视企业外部环境的变化，可能错过发展机遇，或在激烈竞争的市场环境中处于被动。所以采用此策略时，企业也不能坐等，需要积极投入，以改善企业的生产过程和产品质量，为将来的竞争打下基础。

3. 紧缩型战略

这是一种当企业在经营领域处于不利地位，又无法改变这种情况时，逐渐缩小甚至退出原有经营领域，收回资金，另找出路的一种战略。其核心是通过紧缩来摆脱当前或将要出现的困境，改善财务状况，以求将来的发展。企业采用紧缩战略的背景可以是主动的也可以是被动的，主动原因有企业战略重组、小企业的短期行为等；被动采用的原因有行业发展趋缓、市场容量萎缩、企业失去竞争优势等。在这种战略中，虽然战略水平低于原有水平，但企业的这种退却一般具有战略性的思考。采取紧缩型战略的缺点在于紧缩型战略往往会削弱企业的技术研究和新产品开发能力，使企业处于消极被动的经营状态，影响企业的长期发展。

紧缩型战略包括转向或改组战略、撤退战略和清算战略。

（1）转向战略　转向是指改变原来的经营方向。转向战略是当企业现有的经营趋向衰退，现存的经营领域已不能维持现存的产销规模和市场份额，而采取缩小产销规模和降低市场占有率的行动；或者企业面临新的更好的发展机遇时，收缩在原有经营领域的经营活动，对现存的经营领域压缩投资、控制成本，以改善现金流量，为转移到新的经营领域创造条件所采取的战略。它可以采用包括调整企业组织、降低成本和投资、减少资产和加速收回企业资产等方法来实现。

（2）撤退战略　又称抽资战略，指企业通过转让或出售的方式停止某一个经营单位或经营领域的经营活动，将资源集中于其他有发展前途的经营领域，或保存企业实力寻求更大的发展机会。企业在采取转向战略效果不明显时可以考虑采用这一战略。

（3）清算战略　即为了减少投资者的进一步损失，通过出售、转让企业的全部资产，以偿还债务，而停止整个企业的运行。这一战略往往是一种迫不得已的最后解决方案，是在其他战略选择均无法实施的情况下的无奈选择。通常只有当所有其他战略都失败时才使用。

（二）按战略中心不同来划分，可分为差别化战略、低成本战略、重点战略

1. 差别化战略

指企业通过对产品进行一些改进，向用户提供与众不同的产品或服务，使之与竞争对手的产品存在一定差异，在同行业中独树一帜，从而有效满足消费者不同的需求，稳定吸引一些顾客，达到提高企业市场占有率目的的战略。它包括实质差别化和心理差别化战略。前者是品种求新、质量求优、功能求多的求优战略；后者是产品外观、包装、服务、商标、广告宣传等的优势战略。差别化战略要求企业在产品开发、品牌设计、生产技术、顾客服务、销售渠道等某个或某几个方面，具有独特性和相对优势。如果差异化战略实施成功，企业不仅可在行业内获得高于平均利润率的收益，且能避开竞争，在特定领域形成独家经营的市场。

2. 低成本战略

是指企业通过改进生产过程、扩大企业生产规模和降低各种生产要素的消耗，以降低成本，用低成本来击败竞争对手，达到发展目的的战略。低成本战略的战略思路是，当企业的产品成本低于竞争对手时，在同样的价格水平下，企业的盈利能力就超过了竞争对手；如果保持各企业的利润水平相同，则本企业的产品价格就可以低于竞争对手的价格，在产品同质的前提下，更多的顾客将被本企业吸引过来，企业就能在竞争中处于非常有利的地位。成本领先战略，要求企业建立高效率的生产指挥系统，严格控制产品成本和管理费用，最大限度地减少研究开发、销售、服务等非生产性费用。以低成本作为企业竞争优势，使企业在相同的经营规模下，取得更大的盈利。

3. 重点战略

是指企业把全部力量都集中在某一特定的市场或产品上，或把力量集中于整个市场的某一部分的战略。在这个特定的领域内，全力投入特定市场或产品就可以形成集中的优势，建立自己在产品功能上或生产成本上的差异，并取得优势地位。采用这种战略的企业往往实力比较弱小，不能分散使用力量。

▶ 案例 3-1

中国家电业经过 20 多年的发展，许多企业在单项业务发展上已经相对成熟，其成长和扩张弹性已经非常小，成长环境也随着市场的相对饱和而越发艰难。这个时候，企业转向多元化发展似乎是水到渠成的必然选择，一是可以规避企业竞争带来的风险；二是可以使网络和产品形成互补，使效用发挥到最大。TCL 应该说是单一产业向多元化转型中相对成功的企业。

TCL 的多元化可分为三个阶段：

第一阶段是 20 世纪 80 年代到 90 年代中期的原始积累，资本重组并购杀入彩电业，初步塑造其品牌形象，最初做电话机；第二阶段是从 1996 年到 2000 年的多元化扩张阶段，利用其在彩电行业的品牌积累，从彩电切入刚刚兴起的手机、通讯、电工、PC 领域；2000 年以后的第三阶段，抓住国内产业的整合和国际产业转移的趋势，打造新的利润增长点。

TCL 的多元化战略增加了其利润增长点，即新业务对核心业务做出了贡献；完成了从单一品牌形象向多元化品牌形象的转化，增加了其品牌的内涵，从一种传统的制造商向有高科技含量的品牌形象的转换；同时，TCL 的多元化使企业进一步战略重组和引进国际战略投资伙伴获得了成功。TCL 在 2001 年实现销售额 200 亿元。

（案例改编自：严成根，洪江如. 现代企业管理. 北京：清华大学出版社，2005.）

二、企业职能战略

企业职能战略又称分战略，是指为了保证总体战略的实现，而在各个生产经营领域内分别采用的战略。它是为贯彻、实施和支持总体战略，在企业特定的管理职能领域制定的战略。其特点是按照职能分别确定绩效并运用企业的经营资源；其内容是为保证企业总战略所追求的竞争优势而针对生产、销售、技术、财务等部门制定长期规划。

企业职能战略主要包括以下七个战略。

1. 产品战略

是指企业为实现战略目标，根据市场需求变化和企业实力，对不同类别的产品发展方向所作的总体谋划。

企业的经营首先必须有产品，企业未来如何发展，关键决定于企业的产品，企业有能满足市场需要的产品或未来能够开发符合市场需求的产品，才会有发展前途；如果没有好的产品，企业的一切发展，甚至一切经营活动都成了无本之木。所以在制定企业经营战略时必须确定产品战略。产品战略是企业相关职能部门对老产品的更新换代、新产品的研究与开发、新品种的引进等问题所进行的规划与安排，也就是企业根据市场、技术等不同因素的变化，决定发展哪些产品、淘汰哪些产品、继续生产哪些产品，并促使产品结构优化和产品更新、升级的一种经营战略。产品战略旨在确定产品战略目标，明确产品经营方向和生产重点，制定相应的产品发展计划，以充分利用企业资源，把握市场时机，谋求企业的发展。

要形成产品战略必须从以下几方面考虑。

（1）老产品整顿战略　如何通过对老产品的整顿，延长老产品的寿命，形成新的竞争优势。

（2）新产品开发战略　利用什么方式，朝着什么方向进行新产品的开发。一般说来，企业研究开发出新产品，最容易获得竞争优势。

（3）产品质量战略　企业如何有计划有步骤地提高产品的质量，形成质量上的差别优势直至成为名牌产品。

（4）产品品种战略　企业应根据市场需要和企业盈利的需要安排产品品种结构和产品结构的发展方向，使之既符合市场需求，又能带来最高利润。

2. 市场战略

产品战略和市场战略是企业经营战略的两个车轮，推动企业经营战略的顺利运行。市场战略是指企业依据对市场环境变化及其发展趋势的分析，为保证企业经营战略目标的实现，对有关市场长期开发方向、开发重点和发展途径等问题的总体谋划。它是企业制定市场策略的基本依据，是企业经营战略的核心部分。在现代经济社会中，环境的变化，尤其是市场变化对企业影响越来越大，市场决定着企业的销售，市场决定着企业的利润。因而，能否制定切实可行的市场战略，直接关系到企业的长期、顺利发展，在企业经营战略中必须把稳定和开拓市场作为经营战略的重要内容。

市场战略的主要内容有市场细分、选择目标市场、市场定位，并决定在未来的发展中，以渗透的方式还是以开拓新市场的方式来实现市场的扩张。这些内容将在本书第七章详细介绍。

3. 投资战略

企业投资是企业生存与发展的基本保证，又是实现企业总体战略的重要手段。在一定时期内，相对于投资的机会而言，企业可以用于投资的资金是有限的，需要根据企业的战略目标来评价、比较、选择投资方案和项目以提高投资效果。企业的投资战略就是指企业为维持和扩大其生产经营规模，而根据总体战略，以及其他职能部门的需要，对资金的投向、使用重点进行优化配置，对有关投资活动所作的全局性的谋划。

4. 资源战略

是指企业依据总体战略的要求，对资源的开发、筹措和利用方面所作的总体谋划。它是为实施企业总体经营战略而制定的企业所需战略资源的战略，大体上可分为人力资源战略、物力资源战略和财力资源战略。现在，理论界逐渐地将信息和时间等也列入企业的资源范畴，这就使企业资源战略的内容也随之扩大。在这其中，人力资源战略是核心。就企业而言，人力资源战略，是指企业对人力资源的规划、预测、平衡、开发、利用、教育与培训等方面的战略运筹。现代企业的竞争归根结底是人才的竞争，在企业经营战略中如果没有人才战略就不是一个完整的战略。

5. 科技发展战略

是指企业根据总体经营战略的要求，在科技发展预测和环境分析的基础上，对有关企业的科学研究和技术发展的方向、重点、发展目标和实施手段等方面的总体谋划。科学技术是企业发展的重要支柱，也是企业获得竞争优势的重要手段。由于现代科技呈飞跃发展的趋势，企业只有顺应科技发展的潮流，及时开发、研制与仿制新技术、新工艺和新产品，发挥科学技术这一第一生产力的强大威力，促使企业发展和形成优势，才能在竞争中处于有利地位。科技发展战略的具体内容包括如下四项。

（1）技术结构战略　企业一开始的技术水平不一定很高，中间技术和初级技术占有很大的比重，企业可以通过不断增加高级技术在企业技术成分中的含量来实现技术进步，技术结构战略就是对这一过程进行谋划。

（2）技术改造战略　企业技术的进步不可能完全依赖对新技术的投入，更主要的是对现有技术的改造，这一过程需要技术改造战略来谋划。

（3）技术创新战略　企业要想达到技术领先的地位，必须集中企业的技术力量，加大技术投入，不断创造出新的技术。

（4）技术引进战略　一个企业无论是时间还是资金的投入都是有限的，不可能也不需要所有技术都由自己创造，技术资源是可以共享的，把别人创造的新技术及时引入企业中来，也是企业技术进步的重要手段。一些技术力量不强的企业更是需要有计划、有步骤地通过技术引进来提高自己的技术。

6. 国际化经营战略

是指企业为进入国际市场，在国外直接投资，积极参与国际分工与国际竞争，以出口为导向而做出的较长时期的总体性谋划。企业国际化经营是当今世界经济活动的一个主要趋势和特征，已成为世界经济生活中越来越常见的现象，并对世界经济的发展产生巨大的影响。选择国际化经营，企业不仅可以在更大的范围内进行资源配置，还可以拥有更广阔的市场空间，谋取更大的发展。

7. 企业文化战略

是指依据企业的总体战略，而对企业文化发展方向与目标等方面所制定的基本谋划和活动纲领。企业文化战略是企业文化建设在较长时期内应遵循的依据，是企业谋求生存与发展，增强凝聚力和团体精神、协作精神和企业活力的关键环节，是加强精神文明建设、开展思想工作及培训等一系列工作的依据。

此外，还有企业的供应战略、生产战略、成本战略、公关战略、企业形象战略等。

一个企业有从全局高度出发制定的总战略，也有从各个职能部门和工作领域角度制定的分战略，从而构成了一个多层次的，和企业结构层次相对应的战略结构体系。在这个体系中，分战略应以总战略为依据，并服从于总战略的要求。企业战略的不同层次都是企业战略管理中的重要组成部分，但是它们各自的侧重点和影响范围是不同的。总体战略解决的是效能问题，职能战略解决的是效率问题。

▶ 案例 3-2

日本富士通公司诞生于 1923 年，是大河财阀的古河商事公司和德国的西门子公司合资兴办的一家通信器材公司，在第二次世界大战后便致力于电子计算机技术的研究和开发，起步时间和 IBM 公司相差无几。

富士通公司认为：引进和模仿别人的先进技术最终无法摆脱受人支配、仰人鼻息、跟别人后面跑的被动局面。因为引进技术后，必须经过消化吸收才能成为自己的东西，而先进者又掌握了更新的技术。这显然无助于公司实力的加强，反而还要把自己应得的一部分利益拱手送与别人，这是富士通公司所不愿意也不能忍受的。与之相反，如果公司自力更生开发技术，虽然难度大，工作艰苦，但是一旦成功便可实现赶超，一举摆脱落后挨打的被动局面，况且公司有一大批素质高、经验丰富的研究开发人员。因此，公司最高决策层经过权衡决定走独立自主、依靠国产技术发展电子计算机的道路。在"拼命干就一定可以赶上去""依靠自己的力量发展新技术"的信念的激励下，公司成功地缩短了富士通公司和世界先进水平企业的技术差距，使得日本国产电子计算机在日本市场上的占有率超过了 IBM 公司所占的比例。公司也赢得了企业之中的"民族英雄"的美誉。

但是好景不长，IBM 公司为了确保自己的领先地位，加大力度研制了新产品，这一新产品又拉开了 IBM 和富士通在技术上的差距。福无双至、祸不单行：1971 年 7 月，日本政府宣布到 1975 年，日本将在电子计算机领域实行贸易自由化和资本自由化，彻底失去政府保护的日本计算机制造企业，尤其是富士通公司，又一次面临严峻的考验，毕竟和 IBM 等外国公司相比整体实力相差太悬殊，与他们硬拼则无异于鸡蛋碰石头，那么路又在何方呢？

富士通公司经过周密的调查和详细的市场研究，认为到 1975 年，日本国内市场将趋于饱和，市场需求将主要是更新换代。因此，富士通公司要想避开 IBM 等外国公司的倾轧而有所发展，就必须走向世界市场，去蚕食 IBM 公司的领地，因为此时世界计算机市场几乎为 IBM 公司所垄断，富士通要挤占 IBM 公司市场，争夺 IBM 公司的用户，就不能不制造和销售能够使用 IBM 公司软件的机器，即必须制造同 IBM 公司计算机兼容的产品，这实际上要放弃为公司创下荣誉打下江山的国产化战略，而沿用一条被称为是追随战略的路线，这是一个战略性转折，对一直坚持国产化技术路线的富士通人来说是件痛苦而又无可奈何的选择。公司决定在新一代产品的研制和开发上必须具有同 IBM 公司机器兼容的性能。为了保证该项战略的顺利进行，富士通和日立制造所、美阿姆达尔公司建立了合作关系，通力合作研制新产品，经过三方的努力很快就研究出了新型计算机，该计算机完全符合与 IBM 产品兼容的要求，而且内部运行速度快 1 倍，体积缩小了 2/3，存储容量扩大 1 倍以上，CPU 处理能力提高1/3，价格却与之基本相同，实现了高性能、低价格的原定目标，这一产品的问世大大提高了富士通公司的竞争力，使得富士通公司在日本市场上取得节节胜利。追随战略首战告捷，使富士通公司走上了同 IBM 公司产品兼容的技术路线，通过努力采用各种手段搜集 IBM 公司的技术情报，找出其产品的不足之处与弱点，开发出了对抗 IBM 公司的新产品。

（案例改编自：冯成华．企业管理经典案例评点——决策卷．南宁：广西人民出版社，1996.）

第三节 企业经营战略管理

一、企业经营战略管理的概念

战略管理的概念，最早是由美国学者安索夫于 1976 年提出的。他认为战略管理是企业短期业务活动与长期计划决策相结合的一系列经营管理活动。后来，这个概念在人们的长期实践和理论研究中得到不断地完善和发展，形成了现在更为科学的解释，即：战略管理是企业从长远利益和整体利益的角度出发，通过对企业内外环境的动态分析，对涉及企业全局的战略问题进行决策、规划、实施、控制的过程。由以上概念可以看出，战略管理是对整个战略活动进行的管理，它是这样一个动态过程，在各个过程中，企业从整体利益和长远利益出发，就经营目标、内部资源及其环境的积极适应等问题进行谋划与决策，并依靠企业内部能力将这些谋划和决策付诸实施。战略管理活动包括决策管理阶段、实施管理阶段和控制阶段（含修订阶段）。战略管理实际上就是对战略问题进行决策规划、制定战略、组织实施并加以控制的过程。

企业战略管理不同于经营管理。企业战略管理是对企业战略的拟定、决策、实施、控制、完善，直至达到总目标的全过程。它所涉及的都是企业发展中的重大问题，如开拓市场、开发新产品、扩大企业规模、与其他企业联合、变革组织机构、提高企业自身素质等对企业发展具长期性、全局性意义的问题。企业经营管理，是在既定的企业规模、人力、物力、财力、组织结构条件下，并在战略计划指导下，确保资源的取得以及有效利用资源的全过程。在经营管理过程中，企业战略目标应成为企业各部门及全体职工的行动路线和任务。相比较而言，企业战略管理更注重长远利益和整体利益，也更注重环境的动态分析。它把企业的长远利益和整体利益作为战略管理的基本出发点，与经营管理、生产管理主要谋求当前最大经济效益的管理宗旨有着根本的区别。

二、企业经营战略的制定

经营战略的制定是一项创造性的活动，对企业未来发展起着决定性作用。它需要企业的高层决策者高瞻远瞩、富有智慧和开拓精神，善于从复杂的因素及现象中把握事物的本质，并能科学地预见未来。为保证经营战略的科学性，制定经营战略必须遵循一定的程序，一般分为以下几个步骤：①树立正确的经营思想；②战略环境分析；③确定战略宗旨；④确定战略目标；⑤划分战略阶段；⑥明确战略重点；⑦制定经营战略步骤和措施；⑧规划评价。通过评价，如果规划方案被否定，就要重新回到确定战略宗旨，再按它以下的各个环节进行，如果规划评价是肯定的，即可实施战略。企业战略制定全过程如图 3-1 所示。

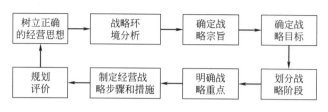

图 3-1   企业战略制定全过程

1. 树立正确的经营思想

企业的经营战略思想，是指企业的经营者为使企业在复杂多变的经营环境中求得生存和长期稳定发展的指导思想。企业经营战略是对企业经营发展的全局性、关键性、长远性问题的谋划。持不同战略思想的管理者对企业经营发展的内容和方向所做的决定也不同。一个高明的管理者应具有的战略思想包括以下五点。

（1）变革观念   事物是不停地运动和变化的，若企业一直沿用以往成功的策略和经验，忽视环境和条件的变化，因循守旧，企业将必败无疑。因此，企业经营者的思维方式必须不断革新，以大胆创新、开放、活跃、务实、辩证的思维方式，在经营活动中，树立起自己的特色，打消依赖思想、效仿思想，奉行协作而不依赖、借鉴而不效仿的原则，敢于"为天下先"，善于发现和利用时机。

（2）创业观念   企业的经营者应是创业者。企业的生存和发展应建立在自立图强、艰苦奋斗的基础上，以鲜明的个性、不断进取的精神，在激烈的市场竞争中，始终保持良好的竞技状态。

（3）市场观念   企业的生产经营必须满足社会生产的需求和消费的需求，这些需要都是通过市场反映出来的。在市场经济条件下，企业经营方向是否正确、劳动消耗是否合理、产品是否适销对路，都要通过市场来检验。可以说，市场是产品及其生产企业被接受还是被淘汰的裁决者。所以，进行商品生产，必须树立"市场第一"的观念，积极进行市场调研和市场预测，按市场需要组织生产。树立市场观念，实质上就是树立用户观念。只有全心全意为用户服务，千方百计满足用户要求，处处为用户利益着想，事事为用户的方便行事，根据市场和用户的需要，结合企业的自身条件，生产适销对路的产品，不断开拓市场，企业才能生存和获得发展。

（4）竞争观念   竞争是指商品经营者在商品生产和商品交换过程中，为争取生产和销售的有利地位而进行的斗争。竞争是客观存在的，犹如"逆水行舟，不进则退"，是企业无法回避的。企业的经营者必须树立竞争观念，敢于竞争，善于竞争，在竞争中求生存，在竞争中求发展。否则，就会被市场淘汰。

（5）效益观念   提高经济效益是一切经济工作的根本出发点，也是企业经营活动的内在动力。在企业的生产经营过程中，只有产出大于投入，企业作为经济系统，作为一个相对独立的商品生产经营者，才有存在的必要。需要注意的是，经济效益是指全面的、综合的经济效益，即企业的微观经济效益要与社会的宏观效益相统一，当前的经济效益要与长远的经济效益相统一。

2. 战略环境分析

包括外部环境的调查和内部条件的分析。这个问题在本章第四节作了系统论述，这里不再重复。

3. 确定战略宗旨

企业的经营宗旨应指出企业在相当长的时期内要明确服务于哪些顾客（市场），企业的基本使命和任务是什么，也就是说，应明确企业现在和将来应从事什么事业，成为什么性质的企业。企业战略宗旨反映了企业与顾客的关系，顾客决定企业，满足顾客的需求才是企业的宗旨。要最终确定企业的宗旨，需分析：企业从事的是什么事业，是什么性质的企业？对此必须分析谁是本企业的顾客？本企业的顾客在哪里？顾客买什么？顾客考虑的价值是什么？本企业将会成为什么样？实际上，企业宗旨的定义过程，就是创造顾客的过程。例如：在 1905～1915 年间，美国电报电话公司对自己的业务进行了仔细的研究后发现，按原样发展下去有被收归国有的危险，同时认识到该公司必须得到大众支持才能得以生存，于是提出了"我们的企业是服务"的宗旨，引起了该企业的大变革。

4．确定战略目标

企业战略目标是企业经营活动在一定时期内要达到的标准，也就是企业期望达到的某种理想，它指明的是企业的努力方向。企业战略目标一般是战略指导思想的具体化，是战略中的核心问题，对企业经营战略起着重大影响。它表明企业战略期的总任务。其他有关战略问题，如企业战略重点、战略阶段、战略对策都是以战略目标为中心展开的。总体经营目标大体包括下列基本内容。

（1）对社会贡献目标　表现为向社会提供的产品品种、产量、质量、上缴税金等，还表现在对自然资源的合理利用、降低能源消耗、保护环境等方面。

（2）市场目标　表现为新市场的开发、传统市场的渗透、销售增长率的提高、市场占有率的增大等。

（3）发展目标　表现为人力、物力、财力达到更高的水平；劳动生产率的提高；生产能力的扩大；新产品的发展；产品质量的升级；技术水平与管理水平的提高；专业化协作的程度提高；经济联合的发展等。

（4）利益目标　表现为实现利润、利润率、留存盈利、奖金及福利水平等。

战略目标是企业全局的目标，它的实现要靠企业各个层次、各个子系统的协调、配合，因而，必须实现三个方面的配套：①层次目标的配套，即要有总战略目标、分战略目标和必要的指标体系。②职能目标的配套，是指为了实现总目标，需要为各项管理职能确立目标，如经济效益、技术进步、产品质量、管理水平、人才、市场等目标。③时间上的配套，即把企业目标划分为长期、中期、近期目标（即各分阶段目标），使其在时间上实现衔接和协调。

5．划分战略阶段

为了实现战略目标，必须分阶段实施，循序渐进。每个阶段都要根据企业当时的条件，确定其战略任务，通过完成一个又一个阶段的战略任务，来实现企业最终的战略目标和任务。

一般讲，企业战略阶段大致分为以下三个时期。

（1）准备阶段　为实现企业战略目标作准备的时期，在这个时期对发展速度要求不高，主要着眼于技术上的准备、组织结构的调整、人才的选拔和培训。

（2）发展阶段　在准备阶段取得成就的基础上，为实现战略目标而使企业实施战略任务，在这一阶段强调企业的发展速度并注重质量和效益。

（3）完善阶段　它是实现战略目标的最后阶段，在上一阶段强调了发展速度之后，战略全局的平衡、经济效益等问题就突出出来了，需要进行平衡调整，使发展速度、系统比例、经济效益相互协调，使企业发展的各方面得到综合平衡，使战略目标更加完善。同时，要在完成本期战略目标的同时，为下一时期战略目标的实现奠定基础。

6. 明确战略重点

在合理划分战略阶段之后就应根据企业所面临的具体情况确定战略重点，使企业在实施战略过程中能集中优势力量解决关键性问题，促进整个战局的发展。所谓战略重点，是指那些对于实现战略目标具有关键作用而又有发展优势或自身发展薄弱需要着重加强的方面、环节、部分或项目。战略重点是人、财、物投入的重点，也是战略决策人员实行战略的工作重点。可以说，战略重点既是战略目标的重点，又是资源配置的重点，还是战略指导的重点。

7. 制定经营战略步骤和措施

经营战略步骤和措施是指为实现战略目标而采取的重要措施和手段，具体来说包括以下四项。

（1）制定行动计划　包括制定发展、投资、缩减或其他为执行战略方针所需的一系列策略措施。

（2）列出所需的资源及其来源　一个企业为使未来的行动计划得以实现，必须有各种资源的保证。企业所需的资源包括资金、原材料、设备、人力、信息等，这些资源的数量、质量及来源必须事先明确，这是企业经营战略得以实施的物质保证。

（3）制定财务预算，进行可行性论证　对各项战略措施可能的投入和产出，必须进行经济论证，以确保经济效益目标的实现。

（4）制定应变计划　任何对未来环境的预测都只不过是目前的最佳判断而已，人们不可能对未来各种情况都十分准确地预测出来。所以，企业必须使各项规划措施保留一定的弹性，以备意外变化。这就需要事先预测各项措施可能的失误及其可能带来的损失，并在战略规划中确定相应的应变措施。

8. 规划评价

即对战略规划作进一步的可行性论证。

在制定经营战略的过程中，要采取自上而下，再自下而上的方法，经广泛讨论，并通过层层分解落实，成为全体职工的具体行动规范。

在企业经营战略的有机统一体中，经营战略思想和经营战略方针是指导思想和指导原则；经营战略目标是核心，它不仅是经营战略思想和经营战略方针的具体反映，而且也是经营战略决策和经营战略规划成败的关键和依据；经营战略步骤和经营战略措施则是解决如何去做的具体实施问题，它要求具有可行性、可靠性和实践性。

三、经营战略的实施

经营战略是否正确必须通过实施才能得到评价和验证。经营战略的实施，是指贯彻已选定的战略所必须从事的活动，包括建立相应的组织机构、制定战略行动和项目计划、筹措资源、建立战略实施的监控系统和评价系统等工作。在战略实施的过程中，要重点做好以下工作。

1. 制订详细的实施计划

根据企业经营战略所规定的各项目标，制定出较为详细的战略项目和行动计划、资金的筹措计划、市场开拓计划等，以便有重点地推行企业战略。

2. 改变人们的行为

为适应企业战略目标的要求，必须改变企业内部人员的传统行为，建立起适合新战略所需要的行为规范、工作方法、价值观念和精神面貌。

3. 建立与新战略一致的组织机构

根据战略任务、战略目标和企业所选择的战略决策，确定企业在战略实施过程中组织各项活动的模式。其主要内容有：分析目前组织体制的优点和弊病，设计企业组织的战略模式，管理层次的划分，相应的职能、责任、权力的分配和企业将采取的管理方法。

4. 合理地选择负责人

对不同性质的战略，要选择不同的人员负责，使其承担的任务同其能力、专长及责任心等因素相一致，并且要根据责任的大小、完成任务的好坏，及时地予以适当的奖励或惩罚，使责、权、利真正结合起来，促使战略顺利实施。

5. 正确地分配资源

企业的战略资源，是指企业用于经营战略行动及其项目计划的人力、物力、财力等物质条件。有人还把信息、时间也列入资源的范畴，认为信息是一种特殊的重要资源；时间是最稀有的资源。这些资源是把经营战略转化为现实行动的前提条件和物质保证。在战略实施的过程中，资源分配的合理与否，直接影响到企业战略的执行。在实际工作中，往往先对各项战略行动和项目计划所需资源进行估价和分配，编制出战略财务预算，然后再按实物形态对资源进行分配。

四、有效地进行战略控制

企业的战略控制，是指企业将预定的战略目标或标准，同反馈回来的战略执行实际业绩信息相比较，测定实际执行情况与目标的差距，从中发现问题，并查明原因，提出解决问题的措施，以保证企业战略目标的实现。

1. 企业战略控制的步骤

战略控制是一个活动过程，由以下三个方面的活动所组成。

（1）根据企业战略目标的要求，制定战略评价标准 预定的战略目标或标准是战略控制的依据，一般由定性和定量两方面的评价标准组成。定性的评价标准一般从战略环境的稳定性、战略中存在的风险性、战略与资源的配套性、战略执行的时间性、战略与企业组织机构的协调性等方面进行考虑。定量的评价标准一般可选用：资金利税率、人均留利、劳动生产率、销售利润率、销售增长率、市场占有率、实现利润、工业总产值、投资收益、股票价格、股息支出、每股平均收益、工时利用率等指标体系。

（2）如实记录实际业绩 对战略执行前、执行中和执行后信息反馈的实际业绩进行如实地记录，反映出战略在执行过程中实际达到的目标水平。为真实地反映出实际业绩，必须建立管理信息系统，并采用科学的控制方法和控制系统。

（3）业绩评价 将实际业绩和预定的目标或标准进行比较分析，针对实际脱离目标或标准的差异，查明原因，进而采取纠正措施。

2. 企业经营战略控制的主要方法

（1）事中控制 是指在实施过程中，按照某一标准来检查工作，确定该工作是否出现偏差并及时采取措施纠正偏差。例如，在财务方面对工程项目进行财务预算的控制，经过一段时间之后，要检查是否超出了财务预算，以决定是否继续将工程进行下去。

（2）事后控制 又称后馈控制。将执行结果与期望的标准相比较，看是否符合控制标准，总结经验教训，并制定行动措施，以利于将来的行动。

（3）事前控制 又称前馈控制。在战略实施前，利用前馈信息进行调节控制。由于它注意的是目前还没有发生的未来行为，进行这种控制，可事先采取预防性的矫正行动以避免日后损失的发生，从这个意义上说，事前控制比事后控制更为重要。

五、战略修订

企业战略方案制定中带有较强的主观想象的成分，而在战略实施中，由于外部环境、企业内部条件发生了比较大的变化，或者由于在实施中出现了明显的失误，常使企业战略实施的结果与企业战略目标之间有明显的差距，这就有必要对企业战略方案进行修订并加以完善。

企业战略修订是一个严肃的过程，必须按照一定的程序进行，一般有总体战略修订和职能性战略修订两种情况：总体战略修订由战略管理综合部门提出修订意见，经厂级领导班子讨论通过；职能性战略的修订由职能部门提出修订方案，报综合部门审定后，再报厂长经理批准。

企业经营战略制定、实施、控制、修订各个阶段密切联系，环环相扣，缺一不可。不难想象，如果只有战略目标，而没有组织实施和进行必要的控制，再好的战略决策也只能是纸上谈兵，无法发挥效应；如果没有经营战略步骤和经营战略措施，战略无法形成，也就不存在实施的问题；如果没有控制，战略的实施就有可能偏离原有决策规定的轨迹，或者不能及时调整决策与客观条件之间由于决策失误或客观条件发生变化而产生的误差。

第四节　企业经营战略环境分析

企业的生存和发展离不开经营环境，尤其是企业经营战略本身就是依据企业经营环境的变化而制定的；同时，企业经营管理的目标，就是实现企业外部环境、企业内部条件与企业经营目标在动态上保持综合平衡，以提高企业对环境的适应能力和竞争能力。所以，企业经营环境的变化决定着企业的发展方向及采取的措施。因而研究企业的经营战略问题必须充分研究企业的经营环境。全面分析研究企业外部环境、企业内部条件是实现企业经营良性循环的前提条件。

一、企业经营环境分析的意义

企业经营环境是在不断地变化和发展的，而环境的变化和发展，不论是由何种因素引起，不仅会给企业提供发展的机会，同时也会带来不利的风险和威胁，因此，企业的经营环境分析可以提高企业的适应性，帮助企业发现经营机会，是关系到企业生存和发展的大事，企业必须经常地分析、监视和预测其经营环境的变化，并以此制定企业经营战略。

当企业面临环境变化时，必须认真分析其有利的方面，把握机遇，加速发展；同时，也应善于识别环境变化中的不利因素，分析其给企业带来的风险大小，找出对策，获得最佳结果。例如，我国已加入世界贸易组织，这一环境的变化，要求我们的企业充分认识到它所带来的机遇和挑战：一方面，加入世界贸易组织，有利于我国产品的出口，不会因为某些国家采取的歧视政策而阻碍出口，这对许多企业是机遇所在，如果企业抓住了这个机遇，将可以高速发展；但另一方面，必须看到加入世界贸易组织，我们必然承诺降低关税，这又有利于外国产品更加自由地进入国内，加剧国内市场的竞争，如果企业不采取积极、有效的措施，我国企业将受到巨大的威胁。

二、企业经营环境的构成及分析

企业的经营环境包括外部环境和内部条件两方面内容。企业经营管理的实质，就是谋求企业外部环境、内部条件和经营目标三者之间的动态平衡，即不断适应和服从外部环境的变化，根据外部环境的状况及其变化，充分利用企业内部条件的优势，寻找和发现经营机会，并通过制定、实施正确的经营战略，使内外因素达到动态平衡，从而实现其目标。

(一) 企业外部环境

所谓企业外部环境，是企业外部影响企业经营发展的各因素的总称，也就是区别于该企业系统的其他周围系统。企业外部经营环境是由许多不可控的外部因素所组成，这些不可控因素直接地影响和制约着企业的经营行为，企业无法影响它、改变它，要么被动去接受，要么积极去适应。企业经营的环境因素是经常变动的，而且变化速度越来越快，如果企业能积极去研究，就可以发现其变化的规律性，掌握其变化动态，进而主动去适应环境的变化，为企业经营提供正确的依据。

企业经营的外部环境是一个综合性的大环境，这个大环境是由许多具体的小环境组成的。各小环境之间既相互区别，又相互影响。企业的经营活动，就是在这些环境中进行的，制定经营战略，必须考虑这些基本的环境条件。这些小环境可以归纳为以下几类。

1. 自然物质环境

对企业有影响的自然环境主要包括以下因素。

(1) 自然资源 包括地表资源和地下资源，例如，森林资源、水资源、各种种植业所提供的资源等。自然资源决定着企业的生产供应和生产成本。自然资源通常具有相对稳定性，但随着时间的推移，它也会不断发生变化。例如，树木采伐导致森林资源减少；环境污染和水资源浪费导致用水紧张；生态环境恶化导致土地肥力下降等。企业经营的产品种类、数量、成本及价格等，不可避免地要受到自然资源的影响。

(2) 气候 包括气候的干燥、潮湿、降雨量、气温的高低、天气的阴晴、风量、风速等。恶劣的气候会给企业经营带来不利的影响，例如气温过低、过高都会影响植物原料的生长，台风多发地区易出现风灾，降雨量过大的地区易出现水灾，降雨量过少的地方易出现旱灾等。

(3) 地形、地质 地形是指地貌，包括山、水、平原、丘陵等。地质是指地质构造，如有些地区多发地震、火山、暗流等。地形状况影响交通运输，一般来说，山区交通运输比较困难，河流有利于交通运输。

(4) 地理位置 包括沿海、内地、城市、乡村，离交通干线的远近等。沿海有利于发展外向型经济，内地可充分利用资源；城市基础设施好、市场容量大，乡村工业基础设施差、市场小；离交通干线近有利于原材料、产品运输。

自然环境的变化，会给企业造成一定的环境威胁或市场机会。20世纪50～60年代，人类在创造了前所未有的物质财富的同时，也带来了资源短缺、环境污染、生态破坏、人口剧增等一系列的社会问题。人类在审视工业文明带来的弊端时，提出了可持续发展的战略思想。1992年6月，联合国环境与发展大会通过了《21世纪议程》；1994年3月，我国政府颁布了作为21世纪推行可持续发展战略的国家政策及行动纲领——《中国21世纪议程》。环境保护与绿色消费，正成为21世纪企业经营观念的主流。如果企业是直接以植物生产、加工为经营对象的，自然环境因素更是企业经营决策必须首先要考虑的。

2. 政治法律环境

政治法律环境包括一个国家或地区的社会制度、政治体制、对外关系以及相应的方针、政策、法律、法规等。政治法律因素规范着企业的经营活动和经营行为，直接或间接地影响企业经营战略的制定。影响企业经营的政治法律环境包括如下几个因素。

（1）国家政治体制　是指国家的基本制度以及国家为有效运行而设立的一系列制度，如国家的政治和行政管理体制、政府部门结构及选举制度、公民行使政治权利的制度、经济管理体制等。国家的政治体制决定着政府行为和效率。企业在生产经营过程中，也要接受政府的宏观管理。

（2）政治的稳定性　包括政局的稳定性和政策的稳定性。政局的稳定性是指国家由于领导人的更换，能否导致国家政体和政治主张的变化，如果国家政变迭起，内乱不断，企业经营环境注定恶劣。政策的稳定性是指国家所制定的各项政策是否会经常发生变动，如果一个国家的政策朝令夕改，缺乏一致性，那么该国企业无法正确判断政策的变化方向及其对企业经营的有利性，企业不可能形成长远的发展战略。我国政局及政策稳定，为企业提供了有利的发展环境。

（3）国际关系　一个国家与其他国家之间的政治关系会影响到它们之间的经济关系，而国家之间的经济关系又会影响企业的经营。有涉外活动的企业，尤其要了解竞争者和销售地所在国的政治体制、政治的独立性和政策的稳定性、对外政策、与其他国家的结盟情况、竞选、政治力量对比、战争和动乱的发生时间、范围及其原因等。

（4）法制体系　法制体系是由国家制定并以国家强制力保证实施的各种行为规范的总和。这些法律和法令是政府用以限制和保护企业经营活动的工具。日益丰富和完善的法律条例，可以将企业的经营活动逐步纳入法律轨道。经营者的决策不仅要受到这些法令、条例的限制，而且还要考虑将来出现的法令、条例对决策有何影响。另外，如果仅把这些政策法律看成约束也是不对的。应该看到，各种法律法规可能会限制企业的行为，同时也可能会给企业带来更多的机遇。"吃透政策""搞懂法律"，企业经营活动的自由度会更大，方向性会更准确。

3. 社会文化环境

社会文化环境是指一定的社会条件下形成的价值观念、伦理道德、宗教信仰、风俗习惯、教育水平、行为方式、社会群体及其相互关系等。企业存在于一定的社会环境中，企业的生产是为了满足社会成员日益变化的需要，社会成员的消费习惯、爱好等都会给企业经营带来影响。因此，企业必须研究社会环境因素，以便更好地适应社会。影响企业经营活动的社会因素主要有以下几个方面。

（1）教育水平和人口素质　教育水平和人口素质对企业经营活动的影响，主要表现在对企业劳动者素质的影响。教育水平低下，企业很难获得所需要的人才，生产效率低下，影响企业的经济效益。

（2）文化传统　文化传统是一个国家或地区长期形成的道德、习惯、思维方式的总和。某种文化实际上是特定条件下的人口及其政府制度、经济状况、地理位置的反映。人们的主要文化观念如价值观、伦理、风俗、信仰和习惯等，都是人们从小就在环境中熏陶而形成的，并将一代代传递下去。文化传统无时无刻不在影响着人们的生活，不仅影响着人们当前的行为，而且也影响着整个历史的发展（其中也包括经济历史的发展）。企业的经营活动是在社会中展开的，与社会有着密切的联系，各种社会文化因素的变动都可能对经营战略和策略的制定与实施产生重大的影响。因而，密切关注、分析和把握不同的社会文化环境之间的差异性、同一社会文化内各因素之间的差异性以及它们的变动趋势，对企业经营活动具有十分重要的意义，这一点对开展国际经营活动的企业尤其重要：东西方国家因文化差异，其企业经营战略与策略方式有很大的不同。如日本人把和谐放在首位，他们在做广告时，往往重视宣传产品的共性，忽视个性；而西方人恰恰注意个性化需求，其广告注重个性的充分发挥。因此，开展国际经营活动的企业必须了解不同国家的文化差异。

（3）宗教信仰　宗教信仰是人们一种感情和精神的寄托，体现着人的一种价值观和生活态度。信仰同种宗教的群体中常常会形成人们共同遵循的行为准则，在企业经营管理中应尽量考虑不同宗教的行为准则，利用其对企业有利的一面为企业管理服务。

（4）社会心理　心理是人的内心的一种价值判断，这种价值判断对人的行为起着支配作用。社会心理还可体现人的价值取向、对物质利益的态度、对新生事物的态度、对企业经营风险的态度、对社会地位的态度等，这些都会给企业经营带来很大影响。

社会文化环境是由社会中每个人的观点、态度、习惯和行为模式组成的。这种环境难以用数字来表示，而且其变化也很难受指令的控制。所以，理解和洞察其内部各因素的变化，是一种不易掌握的技巧，而恰恰是这种技巧，对成功的经营者来说具有决定性的作用。

4. 经济环境

经济环境主要是指一个国家或地区的经济政策、经济发展状况和趋势、人民的消费水平和消费结构等因素，有些企业或行业还涉及国际经济环境因素。经济环境一般可以使用数量指标来描述，相对于社会文化环境，它比较明确，且易于理解。企业作为经济组织，其行为受到经济环境的直接影响。企业同经济环境的关系，较之其他环境因素更为密切。因此，经济环境是影响企业生存、发展与制定经营战略的首要因素。

一个企业的经济环境包括：经济政策、国民经济的发展状况和发展速度、市场规模、市场体系和市场机制的完善和健全程度、国家的基础建设条件等方面。

（1）经济政策　一个时期国家的经济政策会给企业经营带来巨大影响，例如，当国家实行宽松的金融政策时，企业经营所需要的资金和其他资源容易得到保证，企业能够顺利发展；而当国家实行紧缩的金融经济政策时，企业经营所需资源（尤其是资金）受到极大限制，就会影响企业的经营。

（2）国民经济的发展状况和发展速度　是指经济增长或经济衰退状况、通货膨胀或银根紧缩形势等状况。它们影响产品的成本、价格和需求，因而与企业的经营关系极大。具体衡量指标有：政府的战略规划、政府预算、国民生产总值（GNP）及其增长速度、分配模式、进出口总额、资源和能源供应状况、固定资产投资方向与规模、各类商品的销售额、人口规模与地理分布、人口的年龄构成、就业人数、失业率、通货供应量、储蓄数额、利率等。其中最重要的指标是国民生产总值及其增长速度，它反映一个国家的经济发展总水平、国家的富裕程度和经济发展的水平。如果一个国家国民生产总值水平低、增长缓慢，企业经营环境就不佳，如果其国民生产总值增长幅度大，经济形势好，企业则可高速发展。

（3）市场规模　是指一个国家的市场总容量，或者说对商品的需求总水平。一个国家市场大小，有无市场潜力，对企业经营的影响非常大。企业处于一个规模巨大的市场中，就可大胆实施增长型的战略，如果企业面临的是一个很小的市场，则必须小心谨慎，或及早寻求新的市场。衡量市场规模的主要指标有：人均国民收入、消费者的消费倾向和消费结构等。我国是一个人口大国，而且随着国民经济的发展，人均国民收入以及消费者的购买力正不断提高，对企业来说，产品的市场规模有很大的发展空间。

（4）市场体系和市场机制的完善和健全的程度　健全的市场体系包括商品市场、资金市场、劳动力市场、技术市场、房地产市场和信息市场。对企业来说，是否有一个健全的市场体系决定着企业经营所需要的生产要素能否通过市场交易而获得。如果要素市场如资金、技术缺乏，企业生产经营必然受到制约。健全的市场运行机制主要指市场运行的自主性，不受政府干预或控制，使价格信号能如实反映市场的供求情况，从而通过价格信号对企业的生产经营进行调节。

（5）国家的基础建设条件　是指企业从事生产经营活动所必需的各种城市服务设施和工业基础设施，主要包括能源、原材料的供应状况，交通运输状况，通信状况，城市供水供电供热系统，文教、卫生、住房、娱乐、饮食等设施，金融中心、信息中心以及工业基础条件等。所有这些硬经济环境，决定着企业能否保证生产所需和非生产性投资的大小以及与外界交往的难易程度。

5. 技术环境

技术环境对企业经营的影响是非常直接的。比如，某一国或某一领域科学技术水平的提高，将带来企业生产技术水平的提高，从而提高企业生产效率；科学技术水平的提高引起人们消费结构和层次的变化，导致市场需求的变化，进而影响企业经营行为。在知识经济时代，技术环境是企业经营决策重点关注的环境因素。首先，新技术是一种"创造性的毁灭力量"，每一种技术都会给某些企业创造新的市场机会，形成新的行业，同时，又会给另一些企业造成威胁、冲击，甚至淘汰。例如，电子技术、网络技术的飞速发展对企业的传统管理模式将形成巨大冲击。其次，新技术革命将改变企业的生产方式与经营规模。如电子通信技术与分子生物技术的广泛应用，使设施农业、生态农业、都市旅游农业的发展方兴未艾。再次，新技术革命影响着零售商业结构和人们购买习惯的变化。企业必然要面对新型市场分销体系的挑战。影响企业的技术因素主要包括技术发展现状、技术发展结构、技术人员的素质和数量、技术知识的普及程度、工业技术基础的水平和产业构成（不同技术层次产业的构成状况）等许多方面。

上述五方面的内容大致概括了企业外部环境的构成。在具体分析时需要注意的是，企业外部环境的内容是多方面的，各方面的影响因素又有很多种，因此不能将各种因素不分主次轻重地考虑进去，必须抓住其中一些重点因素，如市场需求、竞争者、政府政策、供应者、技术发展、产品和原材料的价格、银行贷款的利率等。在实践中，企业应结合自己的具体实际，在重点环境因素中找出对自己有利的机会和对自己不利的威胁。对机会要善于捕捉和利用，不应轻易放过和丢掉；对威胁要及时避开或采取措施加以解决。这就要求对企业外部环境，按主次、直接或间接的作用等方面，进行分层，以明晰主次、洞察根本、抓住主要矛盾。

（二）企业内部条件

企业的内部条件是指企业在一定的生产技术组织条件下，从事生产经营活动所具有的内在条件，包括企业拥有的经营资源（包括人力资源、物力资源和财力资源等）和经营手段（包括企业的技术水平、组织能力、技能和手段等）两方面的内容。良好的企业内部条件，是办好企业、提高企业经济效益的前提。对企业内部条件的分析，其目的在于掌握各构成要素的现状，明确自己的长处和短处及对外部环境的适应程度。这样，在决策时，既知彼，又知己，就可以趋利避害、扬长避短，集中力量发挥自己的长处，抓住有利的机会，避开自己的短处和对自己不利的外界因素，在市场竞争中取得有利地位。

企业内部条件各要素中最重要的是企业的经营管理水平、竞争能力和应变能力等因素，它体现了企业作为一个生产经营活动实体本身所具备的内在特性。

1. 生产能力

是指企业在一定的生产技术组织及一定的生产要素（包括生产资料、资金和劳动力等）条件下，在一定时期内，所能生产的产品或提供的劳务的最大数量。企业生产能力首先决定于企业设备的设计生产能力，同时企业还必须有原材料、资金和劳动力作保证。企业的生产能力主要通过以下因素体现出来：①原材料来源的可靠性及其价格；②库存控制系统；③厂址及周围的自然物质环境；④生产过程和设备的布置、效率及利用率，能否适应当前竞争；⑤生产管理的效率，包括设计、采购、生产控制和质量控制等；⑥与同行竞争者相比的成本和技术优势；⑦企业的研究开发和技术创新能力；⑧专利权、技术诀窍、生产许可证等。需要注意的是，企业的生产能力并不等于企业的实际生产量，企业的实际生产量一般小于或等于企业的生产能力。

2. 经营管理水平

企业经营管理水平是指企业的综合能力，它主要反映在企业形象、声誉和厂风，企业领导的素质，职工文化水平、技术水平、受教育程度，企业的管理体制，组织机构的建立，企业控制系统和信息系统的有效程度，企业的决策技术和方法，专业管理，基础工作，管理手段和管理方法的先进及完善程度等方面。

3. 营销能力

反映企业有关产品销售各方面的营运能力。具体来说包括：①产品的种类及品种数；②市场信息的获取能力；③市场（或细分市场）占有率；④产品扩展潜力、生命周期、销售利润率；⑤销售渠道；⑥销售部门的效率，对用户需求的了解程度；⑦产品信誉和质量，品牌、商标的影响力；⑧价格；⑨广告投入及效果；⑩用户集中程度；⑪售后服务能力。

4. 财务能力

主要反映在企业的资金拥有量及其来源、偿债能力、盈利水平等方面。企业财务能力的大小，直接决定着企业生产经营活动能否正常进行、生产及再生产规模的大小、市场拓展力的大小等。它是企业运转效率的决定因素，只有具备了相应的财务保障，企业这个有机系统才能运转并发挥出应有的职能。企业财务能力包括：企业筹集长期和短期资金的能力、流动资金周转状况、成本控制的有效程度、降低成本的能力、成本预算、利润核算系统的效率、企业过去的经营效果等。

5. 应变能力

是指企业适应环境变化的能力。这是上述几方面能力的综合表现。企业的应变能力反映在企业经营战略的制定，研制开发新产品、新技术和新工艺的能力，技术进步和技术改造的能力，生产指挥系统、市场营销系统与经济核算系统的适应性及相互之间的协调性等方面。

需要注意的是，企业的内部条件，也是一个动态的概念。今天尚不属企业内部条件的因素，可能随时间的推移和条件的变化，而成为其构成因素，反之亦然。

企业的内部条件分析和外部环境分析是两项相互关联的工作。二者相互结合，构成企业经营战略的依据。外部环境分析提供的情况，反映着企业的有利机会或不利威胁。企业能否利用机会、如何利用机会、如何避开可能的威胁，要通过对企业内部条件的分析和评价后才能判断，只有将企业内部条件、外部环境研究的成果结合起来，才能正确地制定出利用市场机会及趋利避害的经营战略和各项决策。

三、企业经营环境的分析方法

企业战略的选择是根据企业所处的经营环境来决定的，使用正确的企业经营环境的分析方法，有助于我们正确决策。

SWOT 分析法又称为态势分析法，它是由旧金山大学的管理学教授于 20 世纪 80 年代初提出来的，是一种能够较客观而准确地分析和研究一个企业现实情况的方法。著名的竞争战略专家迈克尔·波特提出的竞争理论从产业结构入手对一个企业"可能做的"方面进行了透彻的分析和说明，而能力学派管理学家则运用价值链解构企业的价值创造过程，注重对公司的资源和能力的分析。SWOT 分析在综合了前面两者的基础上，以资源学派学者为代表，将公司的内部分析（即 20 世纪 80 年代中期管理学界权威们所关注的研究取向，以能力学派为代表）与产业竞争环境的外部分析（即更早期战略研究所关注的中心主题，以安德鲁斯与迈克尔·波特为代表）结合起来，形成了自己结构化的平衡系统分析体系。

SWOT 是优势（Strength）、劣势（Weakness）、机会（Opportunities）和威胁（Threats）的缩写。其中，S、W 是内部因素，O、T 是外部因素。按照企业竞争战略的完整概念，战略应是一个企业"能够做的"（即组织的强项和弱项）和"可能做的"（即环境的机会和威胁）之间的有机组合。SWOT 分析是一种对企业内部优势与劣势和企业外部机会与威胁结合分析的方法。SWOT 分析实际上是将企业外部环境中的机会和威胁、内部条件的优势与劣势进行比较分析，在分析时，应把所有的内部因素（包括公司的优势和劣势）都集中在一起，然后用外部的力量来对这些因素进行评估。这些外部力量包括机会和威胁，它们是由于竞争力量或企业环境中的趋势所造成的。其中主要是分析经营环境中的关键性影响因素，确认企业当前的优势和劣势，认识外部环境变化所能提供的机会和可能面临的威胁。

1. SWOT 分析法的特征

与其他的分析方法相比较，SWOT 分析从一开始就具有显著的结构化和系统性的特征。就结构化而言，首先在形式上，SWOT 分析法表现为构造 SWOT 结构矩阵，并对矩阵的不同区域赋予了不同分析意义；其次内容上，SWOT 分析法的主要理论基础也强调从结构分析入手对企业的外部环境和内部资源进行分析。另外，早在 SWOT 诞生之前的 20 世纪 60 年代，就已经有人提出过 SWOT 分析中涉及的内部优势、弱点，外部机会、威胁这些变化因素，但只是孤立地对它们加以分析。SWOT 方法的重要贡献就在于用系统的思想将这些似乎独立的因素相互匹配起来进行综合分析，使得企业战略计划的制定更加科学全面。

SWOT 方法自形成以来，广泛应用于企业战略研究与竞争分析，成为战略管理和竞争情报的重要分析工具。分析直观、使用简单是它的重要优点。即使没有精确的数据支持和更专业化的分析工具，也可以得出有说服力的结论。

但是，正是这种直观和简单，使得 SWOT 不可避免地带有精度不够的缺陷。例如 SWOT 分析采用定性方法，通过罗列 S、W、O、T 的各种表现，形成一种模糊的企业竞争地位描述。以此为依据作出的判断，不免带有一定程度的主观臆断。所以，在使用 SWOT 方法时要注意方法的局限性，在罗列作为判断依据的事实时，要尽量真实、客观、精确，并提供一定的定量数据弥补 SWOT 定性分析的不足，构造高层定性分析的基础。

2. SWOT 分析法的主要内容

SWOT 分析的基本思路是：根据企业的总体目标和总战略的要求，列出对企业发展有重大影响的内部及外部环境因素，确定标准、进行评价，判断是内部条件优势还是劣势，外部环境对企业来说是机会还是威胁，综合分析企业内外环境对企业战略的影响，达到内外环境的协调。

所谓优势，是指企业较之竞争对手在某些方面所具有的不可匹敌、不可模仿的独特能力；所谓劣势，是指企业较之竞争对手在某些方面的缺点和不足。优势和劣势分析，不能沿用传统的"战略审计"方法。因为该方法一方面只注重企业内部因素的分析和历史考证，忽视企业外部因素和竞争对手的分析，不能适应竞争的需要；另一方面只停留在企业内部因素与竞争者的静态比较分析上，忽视了顾客这一目标导向，容易误导企业步入"竞争近视症"。而 SWOT 分析法正是兼顾了"竞争导向"和"顾客导向"，将优劣势分析主要着眼于企业自身的实力及其与竞争对手的比较，使经营环境分析更为科学、正确。相对于竞争对手，企业的内部优势具体包括：有利的竞争态势；充足的财政来源；良好的企业形象；技术力量；规模经济；产品质量；市场份额；成本优势；广告攻势等。企业的劣势具体包括：设备老化；管理混乱；缺少关键技术；研究开发落后；资金短缺；经营不善；产品积压；竞争力差等。判断企业内部的优势和劣势有两类标准：一是单项标准，如市场占有率低表示企业在市场上存在问题，处于劣势；二是综合标准，对影响企业的一些重要因素根据其重要程度进行加权评估。由于企业是一个整体，并且由于竞争优势来源的广泛性，所以，在做优劣势分析时必须从整个价值链的每个环节上，将企业与竞争对手做详细的对比。如产品是否新颖、制造工艺是否复杂、销售渠道是否畅通，以及价格是否具有竞争性等。如果一个企业在某一方面或几个方面的优势正是该行业企业应具备的关键成功要素，那么，该企业的综合竞争优势也许就强一些。需要指出的是，衡量一个企业及其产品是否具有竞争优势，只能站在现有潜在用户角度上，而不是站在企业的角度上。

机会和威胁分析主要分析外部环境的变化及其对企业的可能影响。首先，是将外部环境变化趋势中对本企业有战略性影响的因素尽可能地逐一罗列出来，然后，判断这些因素出现的概率，以确定企业面临的机会或威胁及其程度。企业外部的机会是指环境中对企业有利的因素，如新产品、新市场、新需求、外国市场壁垒解除、竞争对手失误、政府支持、高新技术的应用、良好的供应和销售环境等。企业外部的威胁是指对企业不利的因素，如新竞争对手的出现、购买者的讨价还价能力增强、技术老化、替代产品增多、市场紧缩、行业政策变化、经济衰退、客户偏好改变、突发事件等影响企业目前竞争地位或未来竞争地位的主要因素。通过列表分析以上各主要因素，可以了解企业总的优势和劣势情况，也可以了解企业总的优势和劣势体现在哪些方面，进而有效识别企业面临的机会和威胁。

SWOT 方法还可以作为制定企业战略的一种方法。因为它为企业提供了四种可以选择的战略，即 SO 战略（增长型战略）、WO 战略（扭转型战略）、ST 战略（多种经营型战略）和 WT 战略（防御型战略）。SO 战略是利用企业优势去抓住外部环境机会的战略；WO 战略是利用外部的有利机会来扭转企业劣势的战略；ST 战略是利用企业的优势去减轻或避免外界竞争环境的威胁与打击的战略；WT 战略是认真克服企业内部弱点和避免外部威胁的战略。

3. SWOT 分析的一般方法

从整体上看，SWOT 可以分为两部分：第一部分为 SW，主要用来分析内部条件；第二部分为 OT，主要用来分析外部条件。利用这种方法可以从中找出对自己有利的、值得发扬的因素，以及对自己不利的、要避开的东西，发现存在的问题，找出解决办法，并明确以后的发展方向。根据这个分析，可以将问题按轻重缓急分类，明确哪些是目前急需解决的问题，哪些是可以稍微拖后一点儿的事情，哪些属于战略目标上的障碍，哪些属于战术上的问题，并将这些研究对象列举出来，依照矩阵形式排列，然后用系统分析的思想，把各种因素相互匹配起来加以分析，从中得出一系列相应的结论，而结论通常带有一定的决策性，有利于领导者和管理者作出较正确的决策和规划。具体来说，可按以下步骤完成这个SWOT分析表。

第一步：分析环境因素。

运用各种调查研究方法，把识别出的所有优势分成两组，在调查分析这些因素时，不仅要考虑到历史与现状，而且更要考虑未来发展问题。分的时候应以下面的原则为基础：看看它们是与行业中潜在的机会有关，还是与潜在的威胁有关。用同样的方法把所有劣势分成两组，一组与机会有关，另一组与威胁有关。

企业的优势和劣势可以通过企业内部因素来进行评价，相对竞争对手，企业的内部因素可以表现在研发能力、资金实力、生产设备、工艺水平、产品性能和质量、销售网络、管理能力等方面。可以采用企业内部因素评价矩阵（IFE，Internal Factor Evaluation Matrix），通过加权计算，定量分析企业的优劣势，如表3-1所示。

表3-1　某企业内部因素评价矩阵

内容	关键内部因素	权重	得分（-5～+5）/分	加权数
优势	研发能力强大	0.20	4	0.80
	产品性能和质量处于行业中游	0.15	0	0
	销售网络完善	0.20	4	0.80
	管理能力强	0.15	4	0.60
	小计			2.20
劣势	资金紧张	0.10	-3	-0.30
	生产设备落后	0.10	-2	-0.20
	工艺水平不高	0.10	-3	-0.30
	小计			-0.80
综合	合计	1.00		1.40

机会与威胁分析可以采用企业外部因素评价矩阵，如表3-2所示。

表3-2　某企业外部因素评价矩阵

内容	关键外部因素	权重	得分（-5～+5）/分	加权数
机会	政策扶持	0.25	4	1.00
	技术进步	0.15	3	0.45
	金融信贷宽松	0.10	3	0.30
	小计			1.75
威胁	新替代产品出现	0.15	-2	-0.30
	竞争对手结盟	0.10	-4	-0.40
	市场成长放缓	0.15	-4	-0.60
	供应商减少	0.10	-3	-0.30
	小计			-1.60
综合	合计	1.00		0.15

第二步：构造SWOT矩阵。

将调查得出的各种因素根据轻重缓急或影响程度等排序方式，把公司的优势和劣势与机会或威胁配对，分别放在每个格子中，构造 SWOT 矩阵（表 3-3）。在此过程中，将那些对公司发展有直接的、重要的、大量的、迫切的、久远的影响因素优先排列出来，而将那些间接的、次要的、少许的、不急的、短暂的影响因素排列在后面。把这些与成功的决定因素放在一起，就可以形成一个表格，它反过来可以让你做一下比较：你的能力和资源与行业中重要的能力和资源的比较，这将有助于让你识别出公司目前的优势与劣势，表明公司内部的优势和劣势与外部机会和威胁的平衡。

表 3-3　SWOT 矩阵

企业内部条件	优势 Strength	劣势 Weakness
企业外部环境	机会 Opportunities	威胁 Threats

第三步：制订行动计划。

在完成环境因素分析和 SWOT 矩阵的构造后，便可以制订出相应的行动计划。制订计划的基本思路是：发挥优势因素，克服弱点因素，利用机会因素，化解威胁因素；考虑过去，立足当前，着眼未来。运用系统分析的综合分析方法，将排列与考虑的各种环境因素相互匹配起来加以组合，得出一系列公司未来发展的可选择对策。在企业计划中，一定要把以下步骤都写出来：

① 在某些领域内，可能面临来自竞争者的威胁；或者在变化的环境中，有一种不利的趋势，在这些领域或趋势中，公司会有些劣势，那么要把这些劣势消除掉。

② 利用哪些机会，这是公司真正的优势。

③ 某些领域中可能有潜在的机会，把这些领域中的劣势加以改进。

④ 对目前有优势的领域进行监控，以便在潜在的威胁可能出现的时候不感到吃惊。

案例 3-3

A 公司是彩管生产企业，主要生产 19 英寸、21 英寸、25 英寸和 29 英寸普通彩色显像管，1999 年产量约 300 万只。随着国内外彩电市场的变化，彩电市场竞争日益白热化，电视机生产企业利润日益摊薄，电视机企业对彩管企业讨价还价能力增强，彩管价格不断下降；同时，大屏幕彩电、纯平彩电、背投电视、液晶电视、等离子体电视等开始出现，对彩管的需求正在发生变化。A 公司利润水平持续下降，面对市场变化，需要调整企业战略，A 经过企业内外部环境分析，提出若干战略供决策层选择。其评价见表 3-4。

表 3-4　A 公司内部和外部因素评价表

	优势（S）	劣势（W）
内部条件	①企业组织与管理能力较强，有能力与同行竞争 ②通过改制上市，企业负债率低，银行信誉好，具有较强的融资能力 ③产品质量好，成本低，产品能够适应进一步降价的压力 ④产品国产化率较高，受国际因素影响较小 ⑤企业地处经济高度发达的沿海地区，交通运输便利，周围有多家国内著名的彩电生产企业，彩电生产能力约占全国彩电生产能力的 50%，企业占据地利优势 ⑥员工素质较高，企业机制比较灵活	①自主开发和创新能力弱，大屏幕、纯平等技术来源不稳定，在技术上无法占领制高点 ②彩管行业投资大，设备专用性强，行业退出能力弱 ③企业为国有控股企业，与另外 8 家外资或台资企业相比，在技术、资金和管理上处于劣势 ④缺乏国际市场渠道和营销经验，出口市场尚未启动，而其他彩管生产企业都有产品出口 ⑤竞争对手大部分都是上下游一体化，同时生产彩管和整机，而 BCX 较难进入上下游行业 ⑥产品品种单一，其他多元化产业未形成规模，抗风险能力弱

续表

	机会(O)	威胁(T)
外部环境	①市场需求分析表明,彩管仍有较强的生命力,可能维持缓慢成长15年,还有市场空间和获利机会 ②彩管行业进入壁垒较高,其他企业难以进入 ③加入WTO后,出口机会增加 ④存在低成本扩张的机会	①大屏幕、超平纯平CRT、背投电视、等离子体和LCD液晶显示器等能够大幅度地降低成本,目前的产品将面临被替代的威胁 ②彩管业竞争激烈,受彩电厂商的价格打压,讨价还价能力较弱,可能会引起利润下滑 ③未来生产和利润可能受玻壳供应紧张及涨价因素影响 ④存在同行的竞争威胁
企业战略选择	**SO战略——增长型战略** 利用优势和机会,保持现有的经营领域,并且继续全力以赴地在该领域扩大产品规模和品种,加大技术研发,增加大屏幕产品,引进纯平产品生产线,积极拓展国内和海外市场 缺点:没有考虑到威胁和劣势	**ST战略——多元化战略** 利用优势避免威胁,保持现有的经营领域,不再在该经营领域进行扩张。利用自身融资能力,向其他领域进军,发展LCD、PDP等相关显示产品,实行多元化经营的原则 缺点:放弃了潜在的机会
	WO战略——扭转型战略 利用机会改进内部弱点,在保持、稳定、发展和提高现有的经营领域的同时,开展多元化经营,增加CDT生产线,与电视生产企业联合,培养核心竞争能力 优点:利用了机会和优势,避免威胁,克服劣势	**WT战略——防御型战略** 为了克服弱点、避免威胁,放弃现有的经营领域,全力以赴地转到高新技术领域。争取占领技术制高点 缺点:放弃了现有的、潜在的机会和自身优势

本章小结

　　企业经营战略是企业在分析外部环境和内部条件的现状及其变化趋势的基础上,为求得企业的长期生存与稳定发展,实现其经营目标而制定的整体性、全局性、长远性的谋划及其相应的对策。企业经营战略一般具有全局性、长远性、竞争性、稳定性和灵敏性、可行性、风险性等特征。企业战略一般由四种要素构成,即产品与市场范围、发展方向、竞争优势以及资源配置与协调。

　　企业总体战略按照竞争战略的态势划分可以划分为进攻战略、防御战略和紧缩型战略。进攻型战略主要有三种类型:单一产品进攻战略、多样化进攻战略(包括同心多样化增长、水平多样化增长、复合多样化三种形式)、一体化进攻战略[包括后向一体化、前向一体化、水平(横向)一体化三种形式];防御战略是指限于经营环境和内部条件,在一定时期内企业期望其资源分配和经营状况基本保持在目前状况和水平上或是稍有增长的战略;紧缩型战略包括转向战略、撤退战略和清算战略。

　　企业战略按战略中心不同来划分,可分为差别化战略、低成本战略、重点战略。企业职能战略主要包括:产品战略、市场战略、投资战略、资源战略、科技发展战略、国际化经营战略、企业文化战略。

　　战略管理是对整个战略活动进行的管理,包括经营战略的制定、战略实施、有效地进行战略控制以及战略修订。制定经营战略的程序一般分为以下几个步骤:①树立正确的经营思想;②战略环境分析;③确定战略宗旨;④确定战略目标;⑤划分战略阶段;⑥明确战略重点;⑦制定经营战略步骤和措施;⑧规划评价。

在战略实施的过程中，要重点做好以下工作：①制订详细的实施计划；②改变人们的行为；③建立与新战略一致的组织机构；④合理地选择负责人；⑤正确地分配资源。

进行战略控制的主要方法有：事中控制、事后控制、事前控制。

企业的经营环境包括外部环境和内部条件两方面内容。企业经营管理的实质，就是谋求企业外部环境、内部条件和经营目标三者之间的动态平衡。企业外部环境是企业外部影响企业经营发展的各因素的总称，也就是区别于该企业系统的其他周围系统。企业外部环境由自然物质环境、政治法律环境、社会文化环境、经济环境、技术环境等因素构成；企业内部条件是指企业在一定的生产技术组织条件下，从事生产经营活动所具有的内在条件，由企业生产能力、经营管理水平、营销能力、财务能力、应变能力等因素构成。

企业经营环境的分析方法有 SWOT 分析法。SWOT 分析的基本思路是：根据企业的总体目标和总战略的要求，列出对企业发展有重大影响的内部及外部环境因素，确定标准、进行评价，判断是内部条件优势还是劣势，外部环境对企业来说是机会还是威胁，综合分析企业内外环境对企业战略的影响，达到内外环境的协调。

复习思考题

1. 什么是企业经营战略？其特征有哪些？
2. 简述企业经营战略的构成要素。
3. 简述多样化进攻战略的主要内容及主要形式。
4. 差别化战略的主要内容是什么？
5. 企业职能战略主要包括哪些内容？
6. 简述制定经营战略的程序。
7. 企业战略控制的步骤如何？
8. 什么是企业外部环境？企业外部环境包括哪些环境因素？
9. 简述 SWOT 分析法的主要内容及基本思路。

拓展项目

环境是什么？

参与方式：全体成员（6人一组）。

时间：20分钟。

目的：让学生通过讨论与沟通，体会和学习到环境因素有哪些。

方法与要求：

（1）分组，6人一组，布置讨论题目：环境是什么？

（2）每位同学围绕题目进行讨论发言，可以重点找一个环境要素进行分析。并与其他同学交换信息。

（3）每组找同学代表进行信息汇总并汇报。

切实体会与掌握，环境是什么？有什么特点？环境分析的重要性是什么？

实训题

1. 试用 SWOT 分析法分析你所熟悉的企业当前的经营环境。并提出针对目前环境特点，采取什么样的发展战略最佳？

2. 日本制造业为什么更成功

经济危机通常会带来深刻反思。自 30 年前中美建交以来，中国一直在学习美国。我们心目中的伟大公司，都可以在美国找到范本。可以说对美国公司的仰视和模仿，成了过去 30 年中国企业界的主旋律。更有一大批'海归'和国有企业为实现世界一流的梦想，企业家常常不问现实中的真问题，只要是美国一流大公司采用过的流程或制度，它们就花巨资引进。

金融危机一下子让中国人认识到，美国公司原来不过如此！向来对美国公司仰视的中国企业人第一次可以跳出来，站在旁观者的立场，俯瞰这场危机下美国大公司的衰败真相。那些企业英雄常常"指鹿为马，虚增市值"，依据那些不太真实的数据，而漠视员工和客户的真实利益。

在"脑瘫才买美国汽车"这样口头语流行于美国之际，政府再多的救援也确实没管用。美国通用汽车员工平均工资是 16.5 万美元，公司高管更是以几百倍于平均数领饷，致使通用汽车成本居高不下。其实，通用汽车最需要的不是政府救助，也不是丰田的并购，而是回归客户的真实需求，用人们可以接受的成本生产出人们真正需要的汽车。

通用汽车不惜求政府、求丰田，而不反求诸己，这是为什么？这种逆市而为的固执，显示了通用汽车的顽固与颓废。美国大公司的官僚体制已经扭曲了公司对市场的反应机制，他们已经走得太远，以至于忘记了为什么出发。

在接下来的若干年里，他们研究了丰田的生产系统，包括他们的自动化、即时生产与供应商的关系等。美国人对工具有一种痴迷，自动化与即时化等工具大受青睐。美国人在此基础上开发出行销全球的 ERP 和六西格玛等工具，可是却常常在不真实的数据上玩把戏，达不到预期效果。

最后，美国人才真正发现，丰田公司的成功在于其与众不同的管理思想与原则。丰田公司不是建立在管理官僚的层级上，而是建立在所有答案都在现场的企业精神上。通用以精英统治为根基的管理体系，是与丰田方式直接相冲突的。与西方企业不同，丰田公司坚信，一线的员工在冷冰冰的制造机器面前并不是无足轻重之辈，相反，如果向他们提供足够的工具和培训，他们能有效地解决问题，也会成为创新者、变革家。

通用汽车遭遇今天的生存危机，是以数字精英管理为主的体制出了问题。这种体制有一种强大的惯性，不肯以客户的真实需求为出发点，不肯以全体员工现场解决问题的"地头力"来建构公司。地头力，是一种不找借口、现场解决问题的突破能力。当在公司一个一个的业务现场，处处有突破性解决问题的地头力发生作用，这样的公司可以自己找到生路。

在商业史上，从零起步的后来者，常常超越那些负重前行的巨人。个中关键，就是后来者拥有难能可贵的敢想、敢做、敢坚持的力量。

（改编自管理视界，2009.）

3. 沃尔玛的线上生意

沃尔玛是一家技术公司，这家公司构造的供应链、后勤保障和库存管理系统所向披靡，正是这些工程技术压垮了一切竞争对手。

对移动互联网，沃尔玛却有些后知后觉，他们的技术已经开始落后了。直到最近，沃尔玛开始调整门店销售策略，将移动终端运营作为了一项公司门店销售的整体战略，并向公众展示了网上门店的新特征。

其中一方面，是沃尔玛在 2012 年开发了基于 iPhone 的自行付费结账系统。目前，该系统已经在 14 个国家 200 多家门店开展应用测试。其运行过程是：在 iOS 设备上下载沃尔玛应用 "Scan & Go"，当你在沃尔玛购物后，就可以用手机扫描购物车内商品的条形码。应用会显示商品价格和购物总金额，当购物结束后,,可以不用在收银机前排队，而是在自行结账通道用手机在付款终端上付费。只要在自行结账通道的支付终端上选择"移动支付"项目，就会出现一个二维码，用手机扫这个二维码，购物清单和支付金额就会出现在支付终端上，之后可以选择现金还是银行卡支付。

目前，"Scan & Go" 已经进入了发布测试版本阶段，且可以提供"当天送货服务"，即消费者在当地沃尔玛的任意一家网上门店选货、下单、付款后，沃尔玛保证当天就送货到家。由于处于测试阶段，且有 4 个不同版本发往主要城市分别做测试，目前，各版本在价格选择和送货时间上存在差异，公司也正在排除各种故障，包括货品送到后系统只对购物清单保留 2 个小时的问题。

在门店中引进软件系统的举动，非常明确地显示，沃尔玛开始向技术革新方向实质性迈步。事实上，沃尔玛线上销售的最大竞争对手是亚马逊。对于未来，沃尔玛不仅意识到技术的重要性，决定捍卫自己零售业老大的地位，还要在线上和亚马逊的较量中取胜。

（改编自管理视界，2013.）

沃尔玛对哪些环境的把握为自己赢得了成功？

第四章
现代企业经营计划

 学习目标

通过本章的学习，了解经营计划的概念、作用以及分类；重点掌握经营计划的编制方法和程序，了解并掌握现代经营计划的方法以及经营计划审定与执行过程；了解计划调整相关内容。

案例导读

创建发展神话

1962 年菲利普·耐特在斯坦福大学攻读工商管理硕士时写了一篇论文，耐克公司的创意产生了。1964 年，耐特和他的来自俄勒冈大学的田径教练比尔·鲍尔曼创立了蓝带运动鞋商品公司，用来树立优胜者的形象。当年他们用小车后备厢拉着货在当地的运动会上售出了 1300 双跑鞋。但在耐特决定全心全意致力于发展蓝带运动服公司时，他还以注册会计师为业，并于 1969 年成为会计学教授。1972 年蓝带运动公司按照神话中胜利女神的名字改为耐克。

从 1972 年到 1990 年，耐克公司有了巨大的发展。1972 年的销售额为 200 万美元，到 1982 年，销售额达到 1.94 亿美元，平均每年增长率为 82%。到了 1990 年，由于迈克尔·乔丹的加入，销售额有了惊人的发展，达到了 20 亿美元。即使在乔丹宣布退出 NBA 前，耐特和他的同行们也一直在不断地寻找商业机会。他们知道，虽然迈克尔有惊人的天赋，但他不可能打一辈子篮球。耐克公司的另外一个促销手段称为"耐克镇"。"耐克镇"由体育用品博物馆、体育用品商店和游乐场组成，目的就是树立耐克公司"精力充沛、富有生命力"的产品形象。耐克镇里还有三维广告、巨型鱼缸和篮球场。起初，耐克公司在俄勒冈州的波特兰和伊利诺伊州的芝加哥各建一座耐克镇，还计划使耐克镇遍布全球。为索尼公司建造类似商店的大卫·曼费雷迪说："这只是树立公司形象的一部分，它决定公司在世界面前的形象。"这个创意强调的是形象，而不是开销，所以这里的商品不打折。当芝加哥的耐克镇开业后，每周吸引大约 5000 名顾客，每人平均消费 50 美元。为了适应不断变化的市场需求，耐克公司的管理者开始向各方面发展。1992 年，耐克公司专门建立了销售耐克产品的专卖店。这一年，耐克公司全部利润中的 1000 万美元用来孕育 3 家专卖店和两个耐克镇的销售。

尽管耐克公司是从汽车后备厢销售运动鞋起家的，但它在运动服销售的发展上比运动鞋发展更快。耐克公司从 1999 年开始，使用电子数据交换方式与其供应商联系，直接将成衣的款式、颜色和数量等条件以 EDI 方式下单，并将交货期缩短至 3～4 个月。它同时要求供应布料的织布厂先到美国总公司上报新开发的布样，由设计师选择合适的布料设计为成衣款式后，再下单给成衣厂商生产；而且成衣厂商所使用的布料也必须是耐克公司认可的织布厂生产的。这样一来，织布厂必须提早规划新产品供耐克公司选购。但由于布料是买主指定，买主给予成衣厂商订布的时间缩短，成衣厂商的交货期也就越来越短，从以往的 180 天缩短为 90 天。耐克在中国境内生产的耐克鞋95%返回美国市场销售。耐克公司在中国的经营模式是以代理经营为主，少部分业务自己开店经营。像道吉、瑞纳、跨世、先探公司等均为耐克的代理公司。耐克公司中国办事处每年在上海开两次订货会，根据中国市场销售情况以及公司总体经营方针，制定每个代理公司的配额，每个代理公司再根据自身情况订货。耐克在中国的运输方式主要是公路运输，还有少部分涉及航空运输。境外生产的产品委托第三方物流公司通过航空运输直接运往设在中国主要城市的耐克公司办事处的仓库，如北京、上海。在中国境内生产的产品也同样委托第三方物流公司以公路货运的方式运往设在中国主要城市的耐克公司办事处的仓库。这部分运输、仓储费用是由耐克公司承担的。对于耐克公司来讲，自己不做运输，运输环节是由第三方物流公司完成的，运输费用只承担从产地到地区性办事处仓库这个环节，仓储是办事处自行管理。仓库的一个主要功能是作为总公司直属店的仓库，并不是每一家代理公司的仓库；另一个重要功能是中转仓库，产品从产地运到区域仓库后，代理公司马上会来提货运往自己的仓库，所以是做中转库使用。各个代理公司自备车辆，到耐克公司当地的办事处仓库提货，运往自己的仓库，再运往代理公司的各个店铺。这部分运输、仓储是代理公司自行完成的，运输、仓储费用是代理公司承担的。

（摘自管理视界，2008. ）

思考题：耐克公司根据外部的变化，采用了哪些计划发展自身？

第一节　经营计划概述

无论是个人还是组织，无论是工作还是生活，都会经常遇到各种各样的问题。比如说我们经常能听到的是政府机构制定的五年计划、公司为了推出新产品所做的产品推广计划等。都是为了有效地使用现有资源、合理地配置经济资源、更好地实现目标，因此制订一个计划，就显得非常重要，以至于几乎任何活动都离不开它。我国古代的管理思想对计划的重要性也有所体现，例如"穷究事理，先谋后事"。其中的先谋后事就是告诉人们只有先做计划再付诸实施才能更好地实现目标。而"先谋后事者昌，先事后谋者亡"也无不在向世人阐述计划的重要性。

计划是管理职能当中最基本的首要职能，组织、控制、领导、激励等都是围绕计划职能来展开的，所以，一个富有成效的组织，必须采用科学的方法，遵循相应的程序，制订严格统一的计划，使组织中的各项活动有条不紊地进行，来更好地实现组织目标。

一、经营计划概念

计划是组织根据环境的需要和自身的特点，确定组织在一定时期内的目标，并通过计划的编制、执行和监督来协调、组织各类资源，以期顺利达到预期目标的过程。在管理学中，计划具有两重含义：其一是计划工作动态的含义。是指根据对组织外部环境与内部条件的分析，提出在未来一定时期内要达到的组织目标以及实现目标的方案途径。其二是计划静态的含义。是指用文字和指标等形式所表述的组织以及组织内不同部门和不同成员，在未来一定时期内关于行动方向、内容和方式安排的管理事件的说明。无论是计划工作还是计划，计划都是根据社会的需要以及组织的自身能力，通过计划的编制、执行和检查，确定组织在一定时期内的奋斗目标，有效地利用组织的人力、物力、财力等资源，协调安排好组织的各项活动，取得最佳的经济效益和社会效益。

（一）经营计划的特点

计划作为一种重要的管理职能，具体的特点如下。

1. 计划具有目的性

任何组织制订的计划都是为了利用现有的资源更好地达到组织目标。计划工作的最重要的功能就是把日后的一系列管理活动以及具体的生产执行过程都集中到目标的方向上。这样通过预测活动对实现目标是否有利，来指导今后的行动朝着目标的方向前进，所以计划的目的指向性是非常明显的。

2. 计划具有经济性

计划经济性的表现是通过计划的效益性来体现的，是指实现目标所获得的利益和执行计划过程中所有消耗之比。计划一般的功能是能够使用现有资源实现更大的经济效果，使计划的效率提升。也就是要达到最大收益产出比，这样的计划才是有效率的。相反，利用更多资源得到很少产出的计划是失败的计划，更不是一份好的计划。所以计划都会体现它的经济性。

3. 计划具有普遍性

计划的普遍性体现在两个方面。首先，计划是企业中各个层次管理人员都应该做的一项工作。不论管理人员的岗位级别是什么，都要涉及制订计划。只是由于管理者的层级和岗位不同，涉及的制订计划的类型和范围也不尽相同而已。其次，计划的工作渗透到多项管理活动，所以不同的工作和不同的环节，要根据实际情况和决策安排来制订相应的工作计划。

4. 计划具有适应性

这里所说的适应性主要是指对环境的适应性。由于客观的环境是复杂多变的，因此，在制订计划时应充分考虑到环境的变化。这里的环境包括企业内部环境，也包括企业外部环境。即使在计划的实施过程中，也需要不失时机地对计划进行修改和调整，来适应不断变化的客观环境的需要。

（二）计划工作的内容

西方管理学中把计划的内容简要地概括为六个方面，简称为"5W1H"。

1. 做什么（What to do it）

明确计划的目标以及活动涉及的内容。例如，企业的生产计划，是在做了大量的生产产能调查的基础上，考虑产品生产过程相关因素的情况，结合企业生产环节硬件设施的状况，合理确定计划期内应该达到的产品生产数量、产品品质以及产品比例构成的目标。

2. 为什么做（Why to do it）

明确计划工作的原因和目的。例如，企业制订合理的生产计划就是为了更好地利用现有的资源，实现合理利用，并能达到更好的收益效果。又如，企业制订采购计划，是为了更好地利用现有的资源来实现最优的采购组合。

3. 何时做（When to do it）

也就是规定计划中各项工作的时间安排。例如，生产计划根据全年的生产任务，按照产品的数量种类分配到不同的月份来完成。再比如说，确定产品的生产顺序，先生产什么后生产什么，也可以按照具体的时间先来进行分配，为企业更好更快地完成计划做好准备。

4. 何地做（Where to do it）

规定计划实施的地点和区域。通过制订计划的环境定位，来合理安排计划的实施空间。例如企业的生产计划，需要确定是在本企业的生产环节来完成，还是通过外包来完成。

5. 谁去做（Who to do it）

计划中涉及的相关人物或部门。也就是说计划的完成需要依靠企业各个环节来合作完成，这里会涉及相关的部门和人员来共同合作完成，他们之间会通过相关约定来明确自己的权利和责任。例如，企业的人力资源培训计划，主要涉及的部门是有培训需求的部门，当然最主要的培训环节要依靠人力资源部门来整体协调完成。涉及的相关人物是各个部门有培训需求的管理者或员工以及主要负责这个计划的相关管理者。

6. 怎么做（How to do it）

怎么做规定计划用到哪些办法。例如，还是人力资源的培训计划，目标很明确，想通过培训提升企业员工的综合工作素质，到底怎样可以实现呢？这就要结合具体办法的实施了。比如，可以采用脱产培训和在职培训。培训方式的选择还可以定位在内部培训和外部培训等。这些在计划中都要明确。

二、经营计划的作用和性质

（一）经营计划的作用

在管理实践中，计划是其他管理职能的前提和基础，并且还渗透到其他管理职能之中。

列宁提出："任何计划都是尺度、准则、灯塔、路标。"它是管理过程的中心环节，因此，计划在管理活动中具有特殊重要的地位和作用。

1. 计划是组织生存与发展的纲领

古语亦云：谋定而动。"谋"就是做计划，也就是做任何事情之前，都要先计划清楚。我国古代管理思想中又有"先谋后事者昌，先事后谋者亡"的论述，充分体现了计划在组织中的重要地位，只有在组织中提前做好谋划，再按照计划行事，才能带来成功。相反，在组织中不管三七二十一，先行事再想办法来弥补，接下来的就只有失败了。这都充分说明了计划的纲领性质。

我们正处在一个经济、政治、技术、社会变革与发展的时代。在这个时代里，变革与发展既给人们带来了机遇，也给人们带来了风险，特别是在争夺市场、资源、势力范围的竞争中更是如此。如果管理者在看准机遇和利用机遇的同时，又能最大限度地减少风险，即在朝着目标前进的道路上架设一座便捷而稳固的桥梁，那么，组织就能立于不败之地，在机遇与风险中得到生存与发展。如果计划不周，或根本没计划，那就会遭遇灾难性的后果。

2. 计划是指挥实施的准则

通过更深入的了解，我们能够看到计划的实质是确定目标以及规定达到目标的途径和方法。因此，如何朝着既定的目标前进，最终实现组织目标，计划无疑是管理活动中人们一切行为的准则。它指导组织中不同空间、不同时间、不同岗位上的员工以及管理者，围绕一个总目标，合力向前地去实现各自的分目标。行为如果没有计划指导，被管理者必然表现为无目的的盲目行动，管理者则表现为决策今天制定明天更改，随心所欲，自相矛盾。结果必然是组织秩序的混乱，事倍功半，劳民伤财，给组织带来巨大的失败，体现不出计划的实际意义。在现代社会里，可以这样说，几乎每项事业，每个组织，乃至每个人的活动都不能没有计划。

3. 计划是组织协调的前提

现代社会分工越来越精细，各行各业的组织以及它们内部的各个组成部分之间，过程越来越复杂，协调关系更趋严密与复杂。要把这些繁杂的有机体科学地组织起来，让各个环节和部门的活动都能在时间、空间和数量上相互衔接，既围绕整体目标努力工作，又各行其是做好各自的本职工作，互相协调，就必须要有一个严密的计划。管理中的组织、协调、控制等如果没有计划，那就好比一个将军在战场上乱打一通，最后带来的结果是不堪想象的，要想取得成功，最主要的是把企业内的各项资源充分地调动起来，实现企业目标。

4. 计划是控制活动的依据

计划和控制本来就是密切联系又相互牵制的两大职能。计划不仅是组织、指挥、协调的前提和准则，而且与管理控制活动紧密相关。计划为各种复杂的管理活动确定了数据、尺度和标准，它不仅为控制指明了方向，而且还为控制活动提供了依据。经验告诉我们，未经计划的活动是没有办法做到控制的。因为控制本身是通过纠正偏离计划的偏差，使管理活动保持与目标的要求一致。如果没有计划作为前期的比对参考，管理者就没有标准，没有"尺度"，也就无所谓管理活动的偏差，控制活动也就不复存在了。

从上可见，我们说计划是管理职能中的首要职能，不仅仅是一个次序问题，而是管理职能与实际管理活动的相互关系问题、位置问题，这是不能忽视的。

（二）经营计划的性质

计划的根本目的在于保证管理目标的实现。从事计划工作并使之有效地发挥作用，就必须把握计划的性质。它主要表现在以下四个方面。

1. 计划的首要性

计划在管理职能中占据最首要的位置。不仅因为从管理过程的角度看，计划先行于其他管理职能，而且因为在某些场合，计划是涉及付诸实施的唯一管理职能。计划的结果又可能得出一个决策，也就是不用再进行后期的组织、领导、协调及控制工作等。例如，对于一个是否建立新工厂的计划研究工作来说，如果得出的结论是新工厂在经济上是不合算的，新工厂的建设就不会被提到日程上，那也就没有筹建、组织、领导和控制一个新工厂的问题了。再比如，针对一个企业的人力资源的培训计划，只有当计划被确定，后期的培训管理活动才可能被提上日程。

计划具有首要性的原因，还在于计划影响和贯穿于组织、领导、协调和控制等各项管理职能当中。

2. 计划的普遍性

普遍性和计划的概念相对应，计划的普遍性也有两层含义：一是指社会各部门、各环节、各单位、各岗位，为有效实现管理目标，都必须具有相应的计划。上至整个组织，下至一个班组，甚至员工个人，都要设计相关计划。二是指所有管理者，从最高管理人员到最底层的基层管理人员都必须从事计划工作。计划是管理人员的一个基本职能，只是他们各自计划工作所涉及的范围、特点不同罢了。管理者都要做计划工作，而且都是在自己的职权范围内做好自己的计划工作。在管理科学研究中，人们发现基层管理者责任感的最重要因素，就是他们从事计划工作的能力。

3. 计划的科学性

从事计划工作，就是通过管理者的精心规划和主观能动作用的发挥，使那些本来不可能发生的事成为可能，使那些可能发生的事成为现实。无论做什么计划都必须遵循客观要求，符合事物本身发展的规律，不能脱离现实条件任意杜撰，随意想象。

因此，从事计划工作，一是必须有可靠的科学依据，包括准确的信息、完整的数据资料等；二是必须要有求实的科学态度，一切从实际出发，量力而行；三是必须有正确的科学方法，如科学预测、系统分析、方案优化等。这样才能使整体计划建立在科学的基础上，既富有创造性，又具有可行性。

4. 计划的有效性

计划的效率可以用计划对组织目标的贡献来衡量。计划不仅要确保组织目标的实现，而且要从众多的方案中选择最优的方案，以求更有效地利用现有的组织资源提高生产与工作效率。因此，计划要追求效率。在计划所要完成的目标确定的情况下，同样可以用制订和实施计划的成本及其他连带成本（如计划实施带来的损失、计划执行的风险等）来衡量效率。如果计划能得到最大的剩余，或者如果计划按合理的代价实现目标，这样的计划就是有效率的。

三、经营计划分类

由于组织的活动是复杂多样的，计划的种类也就变得多种多样。管理者针对不同目标的确定以及不同影响因素的存在，需要制订出各种各样的计划。结合各种计划之间的不同点和相同点，目前组织中常用计划的分类如下（表 4-1）。

表 4-1　计划的分类

分类原则	计划种类
按计划的时间界限划分	长期计划 中期计划 短期计划
按计划制订者的层次划分	战略计划 管理计划 作业计划
按计划的对象划分	综合计划 局部计划 项目计划
按计划的范围划分	政策 程序 方法
按计划的约束力划分	指令性计划 指导性计划

1. 按计划的时间界限划分，分为长期计划、中期计划、短期计划

企业中财务人员习惯于将投资回收期分为长期、中期和短期。长期通常指 5 年以上，短期一般指 1 年以内，中期则介于两者之间。管理人员也采用长期、中期和短期来描述计划。

短期计划（通常是指 1 年以内，包括 1 年）具体地规定了组织的各个部门在目前到未来

的各个较短的时期阶段，特别是最近的时段中，应该从事何种活动，从事该种活动应达到何种要求，因而为各组织成员在近期内的行动提供了依据。中期计划（1～5 年，包括 5 年）描述了组织在中等时间长度的发展方向和方针。长期计划描述了组织在较长时期（通常 5 年以上）的发展方向和方针，规定了组织的各个部门在较长时期内从事某种活动应达到的目标和要求，绘制了组织长期发展的蓝图。

但是有些组织由于生产或经营的特殊性以及市场变化的要求，对计划制订时间的划分也不是一成不变的。例如，针对生产计划，如果企业的产品周转速度相当快，一天或几个小时就可以完成一次产品的周转，那么针对类似的产品计划，制订 8 个月的生产计划，对于这种产品就有可能成为中期计划，那么制订 2 年的计划，可能就成为长期计划了。例如，一家小的制鞋厂，由于市场的变化是很快的，所以他的短期计划可能仅仅适用两三个月。再比如，同样是生产计划，如果产品的周转期很长，那么相应计划的制订也会发生相关的变化。

2. 按计划制订者的层次划分，分为战略计划、管理计划、作业计划

组织中管理者的一部分必要工作就是制订计划。按照管理者的层次，有高层管理者、中层管理者、基层管理者之分。所以计划也有相应类别。

战略计划是由高层管理者制订的，战略计划的作用是决定或变动一个组织的基本目的以及基本政策，其特点是长期性的体现。比如企业中的高层管理者在制订计划时，更多是体现 5 年以后甚至是 10 年以后企业要做什么，很少考虑企业眼前的一些细节计划。这样制订一次计划，可以决定在相当长的时间内大量资源的运动方向。长期计划的涉及面很广，涉及的因素较多，而且这些因素的关系很复杂。所以战略计划要有很强的弹性，而且战略计划通常是只能使用一次的。这些特性都决定了战略计划的指导地位。

管理计划是由企业中层管理者制订的计划，他将战略计划中具有广泛性的目标和政策，转变为确定的目标和政策，并规定了达到各个目标的时间段。管理计划中，目标和政策的阐述要比战略计划更加详细和具体。一般情况下，管理计划是按照年度来制订的。

作业计划是指企业基层管理者制订的计划。上面提到的管理计划相对于战略计划来说虽然已经相当详细了，但是在更多的细节上还是不能够满足实际实施的需要，例如预算上的、时间安排上的要求等。这就要求必须有更详细可行的计划出现，来指导实际工作。这里的作业计划就是根据管理计划确定计划期间的预算、利润情况、销售量情况、产量等为具体的目标，进而确定更细致可行的方案，比如具体的工作流程、具体的工作时间安排、具体资源的分配及使用等。

3. 按计划的对象划分，分为综合计划、局部计划、项目计划

综合计划的针对对象往往是有多个目标或多方面的内容，甚至关联到组织中的多个方面。实际工作中，经常把预算年度的计划称为综合计划。例如企业的生产经营计划主要包括的环节是比较多的：生产环节、销售环节、采购环节等，也包括成本、财务计划等。这些计划都有各自的详细内容，可以做到相互独立，但它们相互之间又密切联系，相互影响和制约，形成一个有机的整体。由此，综合计划本身是个统揽组织各个环节的体系，需要把它放在首要的位置，而且要做到组织从上而下地编制计划。

局部计划相对于综合计划来说范围就小了，一般是制订范围计划。包括企业中各个职能部门的计划，例如资金使用计划、技术改造计划、技术推广计划等。还包括执行部门的部门计划。局部计划是在综合计划的基础上制订的，可以说是综合计划的一个或更多的子计划。例如，企业的年度生产计划、企业年度人力资源培训计划等，都是建立在企业资源计划基础之上的。

项目计划简单地说就是项目中所有要做的工作,是针对组织的特定课题作出决策的计划。例如产品的研发计划、企业的改革计划、企业的并购计划、企业娱乐设施建设计划等都属于项目计划。

4. 按计划的范围划分,分为政策、程序、方法

这个划分主要是指计划的适应范围。

政策是指组织为了达到目标而制定的一种限定活动范围的计划。政策基本上是比较稳定的。一旦制定,就要持续到新政策的出现。制定者往往是企业的高层管理者。制定政策时最好多参考执行者的意见,目的是使执行者在执行过程中更加自信和得心应手。但也不排除执行者的意见会出现片面的成分,因为毕竟有时执行者并不了解事情的全局。这就需要高层管理者综合来考虑问题。

程序也是一种在企业中应用比较广泛的计划类型。程序就是根据时间的顺序来安排一系列相关的活动。通常程序说明了进行某种活动或完成某项工作的方法、时间、相关人员所需要的工具、资金等。

方法是进行某项活动的手段,一般是指在完成工作的程序中的某一个阶段中的工作手段。所以这里所说的方法更多地限于某个局部的工作。方法详细地说明了完成任务的各种要求与事项。这种计划很容易理解,可以直接指导执行者进行实际操作。对于企业来讲,方法与操作层的效率有直接关系。早在 19 世纪末到 20 世纪初,科学管理之父泰勒就开始推行了这方面的改革,其中有著名的时间研究、动作研究以及如何提高生产效率的研究等。由此可以看到,正确的工作方法是提高生产效率的有效手段。

5. 按计划的约束力划分,分为指令性计划、指导性计划

指令性计划具有明确规定的目标,不存在模棱两可。比如,企业销售部经理打算使企业销售额在未来 3 个月中增长 15%,他会制订明确的程序、预算方案以及日程进度表,这便是指令性计划。指导性计划只规定某些一般的方针和行动原则,给予行动者较大自由处置权,它指出重点但不把行动者限定在具体的目标上或特定的行动方案上。比如,一个增加销售额的指令计划可能规定未来 3 个月内销售额要增加 15%,而指导性计划则可能只规定未来 3 个月内销售额要增加 12%~16%。相对于指导性计划而言,指令性计划虽然更易于执行、考核及控制,但缺少灵活性,它要求的明确性和可预见性条件往往很难满足。

第二节 经营计划的编制与调整

一、经营计划的编制程序

任何计划工作都要遵循一定的程序或步骤。虽然小型计划比较简单,大型计划复杂些,但是,管理人员在编制计划时,其工作步骤都是相似的,具体程序如图 4-1 所示。

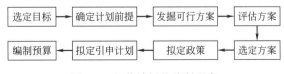

图 4-1 经营计划的编制程序

1. 选定目标

制订计划的第一个步骤是在了解内外环境的基础上,为整个组织及其所属的下级单位确

定目标。目标是指期望达到的成果，它为组织整体、各部门和各成员指明了方向，描绘了组织未来的状况，并且作为标准可用来衡量实际的绩效。计划的主要任务，就是将组织目标进行层层分解，以便落实到各个部门、各个活动环节，形成组织的目标结构，包括目标的时间结构和空间结构。

2. 确定计划前提

所谓计划前提是指计划工作的假设条件，简言之，即计划实施时的预期环境。负责计划工作的人员对计划前提了解得愈细愈透彻，并能始终如一地运用它，则计划工作也将做得越协调。

按照组织的内外环境，可以将计划工作的前提条件分为外部前提条件和内部前提条件；还可以按可控程度，将计划工作前提条件分为不可控的、部分可控的和可控的三种前提条件。外部前提条件大多为不可控的和部分可控的，而内部前提条件大多数是可控的。不可控的前提条件越多，不确定性越大，就越需要通过预测工作确定其发生的概率和影响程度的大小。

3. 发掘可行方案

编制计划的第三个步骤是，寻求、拟定、选择可行的行动方案。"条条道路通罗马"描述了实现某一目标的方案途径是多条的。通常，最显眼的方案不一定就是最好的方案，对过去方案稍加修改也不会得到最好的方案，一个不引人注目的方案或通常人提不出的方案，效果却往往是最佳的，这里体现了方案创新性的重要性。适合企业的，就是最好的方案，这个方案不一定是用数学方法得出的结论最好的那个。但必须把握的一点是针对企业是最能够解决问题的。此外，方案也不是越多越好。编制计划时没有可供选择的合理方案的情况是不多见的，更加常见的不是寻找更多的可供选择的方案，而是减少可供选择方案的数量，以便可以分析最有希望的方案。即通过数学方法和计算机的帮助，对可供选择方案的数量加以限制，以便把主要精力集中在对少数最有希望的方案的分析上。

4. 评估方案

在找出了各种可供选择的方案和分析了它们的优缺点后，下一步就是根据前提条件和目标，权衡它们对目标实现的影响重要程度，对可供选择的方案、可行性较好的方案进行评估。评估实质上是一种价值取向的判断，它一方面取决于评价者所采用的评价标准；另一方面取决于评价者对各个标准所赋予的权重，是一个两者相综合的结果。一个方案看起来可能是最有利可图的，但是需要投入大量资金和时间，而资金回笼却很慢；另一方案看起来可能获利较少，但是风险较小；第三个方案眼前看没有多大的利益，但可能更适合公司的长远目标；等等。通过运筹学中较为成熟的矩阵评价法、层次分析法、多目标评价法等方法进行评价和比较之后，我们能更清楚地看到企业到底需要什么。

如果唯一的目标是要在短时间内赚取更多的利润，如果将来的组织生存各项环境是可以预期的，如果资金以及各项其他资源都是无限拥有的，不用认真琢磨其源头，如果大多数因素可以分解成可以进行量化的确定数据，这种条件下的评估将是相对容易的。但是，由于计划工作者通常都面对很多不确定因素、资本短缺问题以及各种各样无形因素，评估工作通常很困难，甚至比较简单的问题也是这样。一家公司主要为了公司的声誉而想生产一种新产品；而预测结果表明，这样做可能造成财务损失，但声誉的收获是否能抵消这种损失，仍然是一个没有解决的问题。最后的决定就要看管理者的态度了，如果更多地倾向于注重组织声誉提升、组织形象提升的，就会实施这一策略。因为在多数情况下，存在很多可供选择的方案，而且有很多应考虑的可变因素和限制条件，评估会变得极其困难。

评估可供选择的方案，要注意考虑以下几点。

第一，认真考察每一个计划的制约因素和隐患；

第二，要用总体的效益观点来衡量计划；

第三，既要考虑到每一个计划的有形的可以用数量表示出来的因素，又要考虑到无形的、不能用数量表示出来的因素；

第四，要动态地考察计划的效果，不仅要考虑计划执行所带来的利益，还要考虑计划执行所带来的损失，进行综合的分析。

5. 选定方案

计划工作的第五步是选定方案。这是在前四步工作的基础上迈出的关键一步，也是决策的实质性阶段——抉择阶段。可能遇到的情况是，有时会发现同时有两个以上可取方案。在这种情况下，必须确定出首先采取哪个方案，而将其他方案也进行细化和完善，以作为候选方案。

6. 拟定政策

计划程序的第六步是拟定政策。这里政策是贯彻和达到目标的保证。政策为整个组织采取行动规定了指导方针，保证行动符合目标的要求，并指导人们去实现目标。例如，一个企业确定了打入国际市场的目标，也就意味着在后期的生产经营中选择了优质的品质、价格、服务等。为了保证这些措施的顺利执行，就必须拟定相关的政策来帮助执行。在拟定政策时应使其具备如下特点。

首先，政策的稳定性和灵活性。稳定性与秩序性息息相关。每天都发生改变的政策只能给人们带来更多的无所适从，干扰计划的彻底实行。

其次，政策的全面性、协调性和一致性。政策的作用就是保证目标的很好实现，但计划的目标往往是多个方面的，所以政策也应该是多方面的。要做到面面俱到，以便应付各种各样的情况发生，不能只顾一点不顾其他，政策必须能够协调各个方面的活动。

7. 拟定引申计划

引申计划也叫付次计划、细节计划。基本计划还需要引申计划的支持。比如，一家公司年初制订了"当年销售额比上年增长 15％"的销售计划，与这一计划相连的有许多计划，如生产计划、促销计划等。再如当一家公司决定开拓一项新的业务时，这个决策需要制订很多派生计划作为支撑，比如雇佣和培训各种人员的计划、筹集资金计划、广告计划等。

8. 编制预算

在作出决策和确定计划后，计划工作的最后一步就是把计划转变成预算，使计划数字化。编制预算，一方面是为了计划的指标体系更加明确，另一方面是使企业更易于对计划执行进行控制。定性的计划往往可比性、可控性和进行奖惩方面比较困难，而定量的计划具有较强的约束。

二、现代企业经营计划方法

实践中计划编制行之有效的方法主要有目标管理法、滚动计划法、网络分析技术、线性规划、投入产出法和计量经济学分析等方法。下面重点介绍前四种方法。

（一）目标管理法

目标管理法是以泰勒的科学管理和行为科学管理理论为基础形成的一套管理制度，目标管理法的概念是管理专家彼得·德鲁克（Peter Drucker）1954 年在其名著《管理实践》中最先提出的，其后他又提出"目标管理和自我控制"的主张。

德鲁克认为，并不是有了工作才有目标，而是相反，有了目标才能确定每个人的工作。所以"企业的使命和任务，必须转化为目标"，如果一个领域没有目标，这个领域的工作必然被忽视。因此管理者应该通过目标对下级进行管理，当组织最高层管理者确定了组织目标后，必须对其进行有效分解，转变成各个部门以及各个人的分目标，管理者根据分目标的完成情况对下级进行考核、评价和奖惩。在目标管理实施的企业里，目标从上到下是逐层分解的。目标管理指导思想上是以麦格雷戈的 Y 理论假设为基础的，也就是认为在目标明确的条件下，人们能够对自己负责。具体方法上是泰勒科学管理的进一步发展。

1. 目标管理法的特点

目标管理法与传统管理方式相比有鲜明的特点，可概括为以下三点。

（1）重视组织中人的因素 目标管理是一种参与的、民主的、自我控制的管理制度，也是一种把个人需求与组织目标结合起来的管理制度。在这一制度下，上级与下级的关系是平等、尊重、依赖、支持，下级在承诺目标和被授权之后是自觉、自主和自治的。

（2）建立目标链锁关系与目标体系 目标管理通过专门设计的过程，将组织的整体目标逐级分解，转换为各单位、各员工的分目标。从组织目标到经营单位目标，再到部门目标，最后到个人目标。在目标分解过程中，权、责、利三者已经明确，而且相互对称。这些目标方向一致，环环相扣，相互配合，形成协调统一的目标体系。只有每个人员完成了自己的分目标，整个企业的总目标才有完成的希望。目标的合力是方向相同的。

（3）重视目标实现后的成果 目标管理最有特点的是，目标管理以制定目标为起点，以目标完成情况的考核为终结。工作成果是评定目标完成程度的标准，也是人事考核和奖评的依据，成为评价管理工作绩效的唯一标志。至于完成目标的具体过程、途径和方法，上级并不过多干预。所以，在目标管理制度下，监督的成分很少，而控制目标实现的能力却很强大。

2. 目标管理的具体做法

目标管理的具体做法分三个阶段：第一阶段为目标的设置；第二阶段为实现目标过程的管理；第三阶段为测定与评价所取得的成果。

（1）目标的设置 这是目标管理最重要的阶段，这一阶段可以细分为四个步骤。

① 高层管理预定目标，这是一个暂时的、可以改变的目标预案。即可以上级提出，再同下级讨论；也可以由下级提出，上级批准。无论哪种方式，需要特别注意的是，目标的确定必须共同商量决定；领导必须根据企业的使命和长远战略，估计客观环境带来的机会和挑战，对本企业的优劣有清醒的认识，决策者对组织应该和能够完成的目标做到心中有数。

② 需要重新考量组织结构和职责分工的合理性。目标管理要求每一个分目标都有确定的责任主体。因此预定目标之后，需要重新审查现有组织结构，根据新的目标分解要求进行调整，明确目标责任者和协调关系，以求高效地实施目标管理。

③ 确立下级的目标。首先下级明确组织的规划和组织的目标，然后商定下级的分目标。在讨论中上级要尊重下级的意见，平等待人，耐心倾听下级意见，帮助下级发展一致性和支持性目标。分目标要具体量化，便于考核；并可以区分出轻重缓急，以免影响最终目标的实现；既要有挑战性，又要有实现可能。每个员工和部门的分目标要和其他的分目标协调一致，支持本单位和组织目标的实现。

④ 上级和下级就实现各项目标所需的条件以及实现目标后的奖惩事宜达成协议。分目

标制定后，要授予下级相应的资源配置的权力，实现权责利的统一。由下级写成书面协议，编制目标记录卡片，整个组织汇总所有资料后，绘制出目标图。

（2）实现目标过程的管理　目标管理重视结果，强调自主、自治和自觉，要求具备的明显特征就是员工和管理者具备自我管理、自我约束的能力，并不等于领导可以放手不管。相反由于形成了目标体系，一环失误，就会牵动全局。因此领导在目标实施过程中的管理是不可缺少的。首先进行定期检查，利用双方经常接触的机会和信息反馈渠道自然地进行；其次要向下级通报进度，便于互相协调；最后要帮助下级解决工作中出现的困难问题，当出现意外、不可测事件严重影响组织目标实现时，也可以通过一定的程序，修改原定的目标。

（3）测定与评价所取得的成果　达到预定的期限后，下级首先进行自我评估，提交书面报告；然后上下级一起考核目标完成情况，决定奖惩；同时讨论下一阶段目标，开始新循环。如果目标没有完成，应分析原因总结教训，切忌相互指责，以保持相互信任的气氛。

3. 目标管理的优缺点

目标管理在全世界产生很大影响，但实施中也出现许多问题。因此必须客观分析其优劣势，才能扬长避短，收到实效，具体如下。

（1）目标管理的优点　目标管理对组织内易于度量和分解的目标会带来良好的绩效。对于那些在技术上具有可分性的工作，由于责任、任务明确，目标管理常常会起到立竿见影的效果，而对于技术不可分的团队工作则难以实施目标管理。目标管理有助于改进组织结构的职责分工。目标管理使更多员工具备了自觉工作、自我约束和管理的特性，调动了职工的主动性、积极性、创造性。由于强调自我控制、自我调节，将个人利益和组织利益紧密联系起来，因而提高了士气。目标管理促进了意见交流和相互了解，改善了人际关系。

（2）目标管理的缺点　在组织的实际管理活动中，目标管理也存在许多明显的缺点，主要表现在：目标难以制定。组织内的许多目标难以定量化、具体化；许多团队工作在技术上不可解；组织的内部活动日益复杂，组织环境的可变因素越来越多，变化越来越快，使组织活动的不确定性越来越大。这些都使得组织的许多活动制定以量化标准衡量的目标是很困难的。另外目标管理的哲学假设不一定都存在。麦格雷戈的人性假设 Y 理论对于人类的动机作了过分乐观的假设，实际中是有意外状况出现的，尤其在监督不力的情况下。因此许多情况下，目标管理所要求的承诺、自觉、自治气氛难以形成，因为企业没有真正达到理想状态，所有员工也不是都属于能够自我管理、自我控制的。目标商定可能增加管理成本。目标商定要上下沟通、统一思想是很费时间的；每个单位、个人都关注自身目标的完成，很可能忽略了相互协作和组织目标的实现，滋长本位主义、临时观点和急功近利倾向。有时奖惩不一定都能和目标成果相配合，也很难保证公正性，从而削弱了目标管理的效果。

鉴于上述分析，在实际中推行目标管理时，除了掌握具体的方法以外，还要特别注意把握工作的性质，分析其分解和量化的可能；提高员工的职业道德水平，培养合作精神，建立健全组织中的各项规章制度，强化提升组织领导作风和工作方法，使目标管理的推行建立在一定的思想基础和科学管理基础上；要逐步推行，长期坚持，不断完善，从而使目标管理发挥预期的作用。

（二）滚动计划法

经常被用到的一种计划方法。滚动计划法是按照"近细远粗"的原则制订一定时期内的计划，然后按照计划的执行情况和环境变化，调整和修订未来的计划，并逐期向后移动，把短期计划和中期计划结合起来的一种计划方法。

这种方法根据计划的执行情况和环境变化定期修订未来的计划，并逐期向前推移，使短期计划、中期计划有机地结合起来。由于在计划工作中很难准确地预测将来影响组织生存与发展的经济、政治、文化、技术、产业、顾客等各种变化因素，而且随着计划期的延长，这种不确定性就越来越大。因此，如生硬地、机械地按几年以前编制的计划实施，或机械地、静态地执行战略性计划，则可能导致巨大的错误和损失。滚动计划法可以避免这种不确定性带来的不良后果。具体做法是用近细远粗的办法制订计划。离现在越远，由于没办法得到更精准的信息资料，所以计划制订时可以做得粗糙，相反离现在越近，由于一些环境中的信息能够比较精准地获得，对于计划的制订可以提供更多的帮助，所以做的计划要详细。

滚动计划法是根据一定时期计划的执行情况，考虑企业内外环境条件的变化，调整和修订计划，并相应地将计划期顺延一个时期，把近期计划和长期计划结合起来的一种编制计划的方法。在计划编制过程中，尤其是编制长期计划时，为了能准确地预测影响计划执行的各种因素，可以采取近细远粗的办法，近期计划订得较细、较具体，远期计划订得较粗、较概略。在一个计划期终了时，根据上期计划执行的结果和产生条件、市场需求的变化，对原订计划进行必要的调整和修订，并将计划期顺序向前推进一期，如此不断滚动、不断延伸。

例如，某企业在 2009 年年底制定了 2010～2014 年的五年计划，如采用滚动计划法，到 2010 年年底，根据当年计划完成的实际情况和客观条件的变化，对原订的五年计划进行必要的调整，在此基础上再编制 2011～2015 年的第二个五年计划。其后依此类推，如图 4-2 所示。

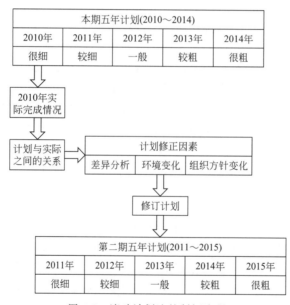

图 4-2　滚动计划法的制订流程

滚动计划法虽然使得计划编制工作的任务量加大，但在计算机已被广泛应用的今天，其优点十分明显。

① 计划的连续性强。把计划期内各阶段以及下一个时期的预先安排有机地衔接起来，而且定期调整补充，从而从方法上解决了各阶段计划的衔接和符合实际的问题。

② 较好地解决了计划的相对稳定性和实际情况的多变性这一矛盾，使计划更好地发挥其指导生产实际的作用。

③ 采用滚动计划法，使企业的生产活动能够灵活地适应市场需求，把供产销密切结合起来，从而有利于实现企业预期的目标。

需要指出的是，滚动间隔期的选择要适应企业的具体情况，如果滚动间隔期偏短，则计划调整较频繁，好处是有利于计划符合实际，缺点是降低了计划的严肃性，也增加了修订计划的成本。一般情况是，生产比较稳定的大量大批企业宜采用较长的滚动间隔期，生产不太稳定的单件小批生产企业则可考虑采用较短的间隔期。

采用滚动计划法，可以根据环境条件变化和实际完成情况，定期地对计划进行修订，使组织始终有一个较为切合实际的长期计划作指导，并使长期计划能够始终与短期计划紧密地衔接在一起。

（三）网络分析技术

网络分析技术是 20 世纪 50 年代后期在美国产生和发展起来的。这种方法包括各种以网络为基础判定的方法，如关键路径法、计划评审技术、组合网络法等。

网络分析技术是一种科学的计划管理方法，它是随着现代科学技术和工业生产的发展而产生的。20 世纪 50 年代，为了适应科学研究和新的生产组织管理的需要，国外陆续出现了一些计划管理的新方法，也在企业的计划制订实践中起到了作用。1956 年，美国杜邦公司研究创立了网络分析技术的关键线路方法，并试用于一个化学工程上，取得了良好的经济效果。20 世纪 60 年代初期，网络分析技术在美国得到了大力的推广，一切新建工程全面采用这种计划管理新方法，并开始将该方法引入日本和西欧其他国家。随着现代科学技术的迅猛发展、管理水平的不断提高，网络分析技术也在不断发展和完善，同时被广泛地应用于其他领域。目前，它已广泛地应用于世界各国的工业、国防、建筑、运输和科研等领域，已成为发达国家盛行的一种现代生产管理的科学方法。

1. 网络分析技术的基本内容

网络分析技术包括以下基本内容。

（1）网络图　网络图是指网络计划技术的图解模型，反映整个工程任务的分解和合成。分解是指对工程任务的划分；合成是指解决各项工作的协作与配合。分解和合成是解决各项工作之间，按逻辑关系的有机组成。绘制网络图是网络分析技术的基础工作。

根据网络图中有关作业之间的相互关系，可以将作业划分为：紧前作业、紧后作业和平行作业。

紧前作业是指紧接在该作业之前的作业。紧前作业不结束，则该作业不能开始。

紧后作业是指紧接在该作业之后的作业。该作业不结束，紧后作业不能开始。

平行作业是指能与该作业同时开始的作业。

图 4-3 反映了网络图中各作业之间的关系。假定 C 作业为该作业。

其中，A 作业为 C 作业的紧前作业。

B、C、D 三作业同时开始，B、D 作业为 C 作业的平行作业。

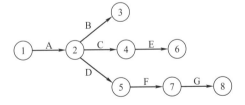

图 4-3　网络图中各作业之间的关系

E 作业在 C 作业完成之后才能开始，E 作业为 C 作业的紧后作业。

网络图中作业之间的逻辑关系是相对的，不是一成不变的。只有指定了某一确定作业，考察它与有关各项作业的逻辑联系，才是有意义的。

（2）时间参数　在实现整个工程任务过程中，包括人、事、物的运动状态。这种运动状态都是通过转化为时间参数来反映的。反映人、事、物运动状态的时间参数包括：各项工作的作业时间、开工与完工的时间、工作之间的衔接时间、完成任务的机动时间及工程范围和总工期等。

（3）关键路线　通过计算网络图中的时间参数，求出工程工期并找出关键路径。在关键路线上的作业称为关键作业，这些作业完成的快慢直接影响着整个计划的工期。在计划执行过程中关键作业是管理的重点，在时间和费用方面则要严格控制。

（4）网络优化　网络优化是指根据关键路线法，通过利用时差，不断改善网络计划的初始方案，在满足一定的约束条件下，寻求管理目标达到最优化的计划方案。网络优化是网络计划技术的主要内容之一，也是较之其他计划方法优越的主要方面。

2. 网络分析技术的步骤

网络分析技术的应用主要遵循以下几个步骤。

（1）确定目标　确定目标是指决定将网络计划技术应用于哪一个工程项目，并提出对工程项目和有关技术经济指标的具体要求。

（2）分解工程项目，列出作业明细表　一个工程项目是由许多作业组成的，在绘制网络图前就要将工程项目分解成各项作业。作业项目划分的粗细程度视工程内容以及不同单位要求而定，通常情况下，作业所包含的内容多，范围大，可分粗些，反之细些。作业项目分得细，网络图的结点和箭线就多。对于上层领导机关，网络图可绘制得粗些，主要是通观全局、分析矛盾、掌握关键、协调工作、进行决策；对于基层单位，网络图就可绘制得细些，以便具体组织和指导工作。

在工程项目分解成作业的基础上，还要进行作业分析，以便明确先行作业（紧前作业）、平行作业和后续作业（紧后作业）。即在该作业开始前，哪些作业必须先期完成，哪些作业可以同时平行地进行，哪些作业必须后期完成，或者在该作业进行的过程中，哪些作业可以与之平行交叉地进行。

在划分作业项目后便可计算和确定作业时间。一般采用单点估计或三点估计法，然后一并填入明细表中。作业时间明细表的格式如表 4-2 所示。

表 4-2　作业时间明细表

作业名称	作业代号	作业时间	紧前作业	紧后作业	平行作业

（3）绘制网络图，进行结点编号　根据作业时间明细表，可绘制网络图。网络图的绘制方法有顺推法和逆推法。

① 顺推法：即从始点时间开始根据每项作业的直接紧后作业，顺序依次绘出各项作业的箭线，直至终点事件为止。

② 逆推法：即从终点事件开始，根据每项作业的紧前作业逆箭头前进方向逐一绘出各项作业的箭线，直至始点事件为止。

同一项任务，用上述两种方法画出的网络图是相同的。一般习惯于按反工艺顺序安排计划的企业，如机器制造企业，采用逆推较方便，而建筑安装等企业则大多采用顺推法。按照各项作业之间的关系绘制网络图后，要进行结点的编号。

具体如图 4-4 所示。

（4）计算网络时间，确定关键路线　根据网络图和各项活动的作业时间，就可以计算出全部网络时间和时差，并确定关键线路。具体计算网络时间并不太难，但比较繁琐。在实际工作中影响计划的因素很多，要耗费很多的人力和时间。因此，只有采用电子计算机才能对

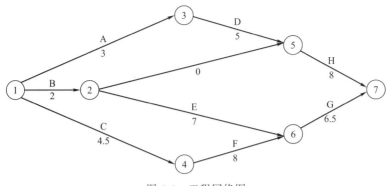

图 4-4　工程网络图

计划进行局部或全部调整，这也是为推广应用网络计划技术提出了新内容和新要求。

图 4-4 中，事项时间的计算如下。

结点最早开始时间＝前一结点最早开始时间＋前结点至该结点的作业时间。当进入结点的路线有两条以上时，则取其最大值作为该结点最早开始时间。

结点最迟结束时间＝后一结点最迟结束时间－该结点到后结点的作业时间。若有多个紧后结点和紧后作业，则按上式——计算后，取其最小值。

时差的计算，若计算结点时差为零，则该结点叫做关键结点，关键线路上的结点时差都会等于零。

$$工序总时差＝工序最迟开始时间－工序最早开始时间－作业时间$$

关键线路的确定：最长线路法。如图 4-5 所示。

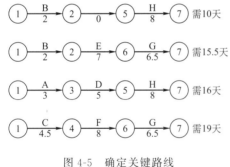

图 4-5　确定关键路线

其中最长的一条线路是①→④→⑥→⑦，需要 19 天时间。这条最长的线路所需要的时间就是整个工程完工所需要的时间。本路线就是关键路线，关键路线上的工序叫做关键工序。如果用时差法计算，则工序总时差为零的工序叫做关键工序。把工序总时差为零的工序连接起来的线路叫做关键线路。

（5）进行网络计划方案的优化　找出关键路径，也就初步确定了完成整个计划任务所需要的工期。这个总工期，是否符合合同或计划规定的时间要求，是否与计划期的劳动力、物资供应、成本费用等计划指标相适应，需要进一步综合平衡，通过优化，择取最优方案。然后正式绘制网络图，编制各种进度表以及工程预算等各种计划文件。做好前期网络图的各项准备工作。

（6）网络计划的贯彻执行　编制网络计划仅仅是计划工作的开始。计划工作不仅要正确地编制计划，更重要的是组织计划的实施。网络计划的贯彻执行，要发动群众讨论计划，加强生产管理工作，采取切实有效的措施，保证计划任务的完成。在使用电脑程序的情况下，可以利用计算机对网络计划的执行进行监督、控制和调整，只要将网络计划及执行情况输入计算机，它就能自动运算、调整，并输出结果，以指导生产。能够实现的是高效的组织运营。

（四）线性规划法

线性规划法是一种较新的计划方法，1939 年苏联经济学家康托诺维奇首先提出用线性规划的方法进行经济计划工作。经过很多年的相继研究和实践，目前线性规划的方法已经成为一种相当成熟的计划方法了。线性规划主要解决两类问题：首先一类是最大化问题；另外一类是最小化问题，也即在资源有限量的前提下，如何使效果最好。即线性规划是解决整体效益最优的问题。

例如：某企业生产甲和乙两种产品，已知生产一个甲产品需要用碳 9 吨，电力 4 千瓦时，人力 3 个，净产值是 700 元。生产一个乙产品需要用碳 4 吨，电力 5 千瓦时，人力 10 个，净产值是 1200 元。

如果该企业有煤 360 吨、电力 200 千瓦时、劳力 300 个，则如何计划生产甲和乙两种产品，才能使净产值最大？

对于这个问题用线性的方法是最有效的计划方法。

假设生产甲 m 个，生产乙 n 个，则有下列不等式方程组

$$\begin{cases} 9m+4n \leqslant 360 \\ 4m+5n \leqslant 200 \\ 3m+10n \leqslant 300 \\ m,\ n \geqslant 0 \end{cases}$$

在满足上面要求的情况下，我们希望得到的净产值是最大的，即

$$\max f(m,n)=700m+1200n$$

上式可以称为目标函数。通过线性规划方法可得，当 $m=20$，$n=24$ 时产值最大，为 42800 元。

这里线性规划的一般形式包括两部分，一个是约束条件，另一个是目标函数。

$$约束条件：\begin{cases} \sum_{j=1}^{n} a_{ij}x_j \leqslant b_i & (i=1,2,\cdots,n) \\ x_j \geqslant 0 & (j=1,2,\cdots,m) \end{cases}$$

$$目标函数：f=\sum_{j=1}^{n} c_j x_j$$

线性规划方法是在第二次世界大战中发展起来的一种重要的数量方法，是企业进行总产量计划时常用的一种定量方法。线性规划是运筹学的一个最重要的分支，理论上最完善，实际应用得最广泛。主要用于研究有限资源的最佳分配问题，即如何将有限的资源合理地配置后形成最佳方式的调配和最有利的使用，以便最充分地发挥资源的效能去获取最佳的经济效益。由于有成熟的应用软件的支持，采用线性规划模型安排生产计划并不是一件困难的事情。目前来看，同类软件的使用对于企业相关计划的制订起到了很好的推动作用，数理模型的使用，使计划准确程度大大提高，生产效率大幅上升。在总体计划中，用线性规划模型解决问题的思路是，在有限的生产资源和市场需求条件约束下，求利润最大的总产量计划。该方法的最大优点是可以处理多品种问题。

实际运用线性规划模型进行总生产计划时需要注意以下一些问题。

① 线性规划模型过于理想化，线性规划模型考虑的因素可能不全面，实际中有些情况没有被考虑到。

② 实际运用线性规划模型时，虽然一些因素或约束条件被考虑到了，但是由于这些因素或约束条件不易量化或得到（如进行总生产计划常需考虑的能源单耗就不易求得），线性规划模型的运用和有效性因而受到了一定的限制。

③ 对一些基础管理不善的企业而言，模型中的单位产品资源消耗系数不容易得出。

④ 成本系数随计划的数量结构和品种结构而变。这些问题给机械行业应用线性规划模型带来许多困难，如处理不好，求得的结果的可靠性会很低。

线性规划模型用在原材料单一、生产过程稳定不变、分解型生产类型的企业是十分有效的，如石油化工厂等。对于产品结构简单、工艺路线短或者零件加工企业，有较大的应用价值。需要注意的是，对于机电类企业，线性规划模型只适用于做年度的总生产计划，而不宜用来做月度计划。这主要与工件在设备上的排序有关，计划期太短，很难安排过来。

三、经营计划执行与调整

经营计划的制订可以使组织中的管理经营活动更加有序地进行，同时可以使组织中的资源得到更好的配置，使其发挥更好的作用。这就是计划带给企业最明显的效果。由于组织内外部的环境因素是不好把握的，按照科学的方法制订的计划，在后期执行过程当中，也会遇到多种多样的问题。也就是说虽然计划可以制订得很周密，组织结构可以构建得非常有效，员工的积极性也可以通过有效的激励调动起来，但是这仍然不能保证所有的行动都按照计划执行，不能保证管理者追求的目标一定能够达到。所以在计划的执行阶段增强管理的另一个重要职能——控制职能，是必不可少的。这就要求管理者了解各个因素的特性，及时捕捉到这些信息，在第一时间进行调整。

在计划的执行过程中，为了能够更加高效地达到目标，往往可以通过严格有效的控制环节来实现。这里的经营计划可以作为执行标准，在控制过程中把实际执行情况和计划标准进行比对，发现存在偏差时可以采取管理措施来纠正偏差。

某些情况下，如果正偏差有疑问或负偏差过于严重，就要考虑原来的标准或是计划是否存在不切实际的地方。如果标准定得太高或太低，即使组织内外部各因素都处在正常的状态，也必定会出现预料之外的偏差。有两种情况需要对计划或标准进行修订。第一种，原来的计划或标准有不科学、不合理的地方，在执行过程中发现了问题。第二种，原来是正确的计划或标准，由于客观的条件发生了变化，需要做出调整。在做出修订计划的决定时，管理者一定要保持慎重的态度。

本章小结

本章主要介绍了经营计划的相关内容。

计划是组织根据环境的需要和自身的特点，确定组织在一定时期内的目标。并通过计划的编制、执行和监督来协调、组织各类资源以期顺利达到预期目标的过程。

西方管理学中把计划的内容简要地概括为六个方面，简称为"5W1H"。

计划种类如下。

按计划的时间界限划分：长期计划、中期计划、短期计划。

按计划制订者的层次划分：战略计划、管理计划、作业计划。

按计划的对象划分：综合计划、局部计划、项目计划。

按计划的范围划分：政策、程序、方法。

按计划的约束力划分：指令性计划、指导性计划。

任何计划工作都要遵循一定的程序或步骤。经营计划的编制程序是：选定目标、确定计划前提、发掘可行方案、评估方案、选定方案、拟定政策、拟定引申计划、编制预算。

实践中计划编制行之有效的方法主要有目标管理法、滚动计划法、网络分析技术、线性规划、投入产出法和计量经济学分析等方法。

复习思考题

1. 什么是计划和计划工作？
2. 计划工作有哪些特性？如何理解这些特性？
3. 指令性计划和指导性计划的区别是什么？
4. 计划工作有哪些步骤？
5. 现代计划方法都有哪些？
6. 选择目标时应该注意哪些问题？
7. 什么是引申计划？
8. 什么是滚动计划法？
9. 网络分析技术的原理是什么？
10. 线性规划法能够解决什么问题？

拓展项目

如何将一个普通苹果卖到 100 万元

参与方式：全体成员。

时间：15 分钟。

目的：通过目标的实现，让学生真正参与计划的制定，掌握计划制定方法。

方法与要求：

（1）用一个实物苹果，让全体学生独立思考，通过什么方法将这个苹果卖到 100 万元。

（2）启发思考，将方法一一记录，最后由教师点评。

实训题

1. 做创业计划书，启动资金 100 万元，完成时间为一个月，分组完成（4～6 位同学为一组，合作完成）。

具体要求：了解计划书所包含的内容，计划书当中涉及的信息资料要真实可靠，不准许编造。体现计划书的可执行性。最后进行计划书评比。

2. 目标管理

某机床厂从 1981 年开始推行目标管理。为了充分发挥各职能部门的作用，充分调动一千多名职能部门人员的积极性，该厂首先对厂部和科室实施了目标管理。经过一段时间的试点后，逐步推广到全厂各车间、工段和班组。多年的实践表明，目标管理改善了企业经营管理，挖掘了企业内部潜力，增强了企业的应变能力，提高了企业素质，取得了较好的经济效益。

按照目标管理的原则，该厂把目标管理分为三个阶段进行。

第一阶段：目标制定阶段。

（1）总目标的制定 该厂通过对国内外市场机床需求的调查，结合长远规划的要求，并根据企业的具体生产能力，提出了××年"三提高""三突破"的总方针。所谓"三提高"，就是提高经济效益、提高管理水平和提高竞争能力；"三突破"是指在新产品数目、创汇和增收节支方面要有较大的突破。在此基础上，该厂把总方针具体化、数量化，初步制定出总目标方案，并发动全厂员工反复讨论、不断补充，送职工代表大会研究通过，正式制定出全厂××年的总目标。

（2）部门目标的制定 企业总目标由厂长向全厂宣布后，全厂就对总目标进行层层分解，层层落实。各部门的分目标由各部门和厂企业管理委员会共同商定，先确定项目，再制定各项目的指标标准。其制定依据是厂总目标和有关部门负责拟定、经厂部批准下达的各项计划任务，原则是各部门的工作目标值只能高于总目标中的定量目标值，同时，为了集中精力抓好目标的完成，目标的数量不可太多。为此，各部门的目标分为必考目标和参考目标两种。必考目标包括厂部明确下达目标和部门主要的经济技术指标；参考目标包括部门的日常工作目标或主要协作项目。其中必考目标一般控制在 2～4 项，参考目标项目可以多一些。目标完成标准由各部门以目标卡片的形式填报厂部，通过协调和讨论最后由厂部批准。

（3）目标的进一步分解和落实 部门的目标确定了以后，接下来的工作就是目标的进一步分解和层层落实到每个人。

① 部门内部小组（个人）目标管理，其形式和要求与部门目标制定相类似，拟定目标也采用目标卡片，由部门自行负责实施和考核。要求各个小组（个人）努力完成各自目标值，保证部门目标的如期完成。

② 该厂部门目标的分解是采用流程图方式进行的。具体方法是：先把部门目标分解落实到职能组，任务级再分解落实到工段，工段再下达给个人。通过层层分解，全厂的总目标就落实到了每一个人身上。

第二阶段：目标实施阶段。

该厂在目标实施过程中，主要抓了以下三项工作。

（1）自我检查、自我控制和自我管理 目标卡片经主管副厂长批准后，一份存企业管理委员会，一份由制定单位自存。由于每一个部门、每一个人都有了具体的、定量的明确目标，所以在目标实施过程中，人们会自觉地、努力地实现这些目标，并对照目标进行自我检查、自我控制和自我管理。这种"自我管理"能充分调动各部门及每一个人的主观能动性和工作热情，充分挖掘自己的潜力，因此，完全改变了过去那种上级只管下达任务、下级只管汇报完成情况，并由上级不断检查、监督的传统管理办法。

（2）加强经济考核 虽然该厂目标管理的循环周期为一年，但为了进一步落实经济责任制，及时纠正目标实施过程中与原目标之间的偏差，该厂打破了目标管理的一个循环周期只能考核一次、评定一次的束缚，坚持每一季度考核一次和年终总评定。这种加强经济考核的做法，进一步调动了广大职工的积极性，有力地促进了经济责任制的落实。

（3）重视信息反馈工作 为了随时了解目标实施过程中的动态情况，以便采取措施、及时协调，使目标能顺利实现，该厂十分重视目标实施过程中的信息反馈工作，并采用了以下两种信息反馈方法。

① 建立"工作质量联系单"来及时反映工作质量和服务协作方面的情况。尤其当两个部门发生工作纠纷时，厂管理部门就能从"工作质量联系单"中及时了解情况，经过深入调查，尽快加以解决，这样就大大提高了工作效率，减少了部门之间的不协调现象。

② 通过"修正目标方案"来调整目标。内容包括目标项目、原定目标、修正目标以及修正原因等，并规定在工作条件发生重大变化需修改目标时，责任部门必须填写"修正目标

方案"提交企业管理委员会，由该委员会提出意见交主管副厂长批准后方能修正目标。

该厂在实施过程中由于狠抓了以上三项工作，因此，不仅大大加强了对目标实施动态的了解，更重要的是加强了各部门的责任心和主动性，从而使全厂各部门从过去等待问题找上门的被动局面，转变为积极寻找和解决问题的主动局面。

第三阶段：目标成果评定阶段。

目标管理实际上就是根据成果来进行管理的，故成果评定阶段显得十分重要。该厂采用了"自我评价"和上级主管部门评价相结合的做法，即在下一个季度第一个月的 10 日之前，每一部门必须把一份季度工作目标完成情况表报送企业管理委员会（在这份报表上，要求每一部门自己对上一阶段的工作做一恰如其分的评价）。企业管理委员会核实后，也给予恰当的评分。如必考目标为 30 分，一般目标为 15 分。每一项目标超过指标 3% 加 1 分，以后每增加 3% 再加 1 分。一般目标有一项未完成而不影响其他部门目标完成的，扣一般项目中的 3 分，影响其他部门目标完成的则扣分增加到 5 分。加 1 分相当于增加该部门基本奖金的 1%，减 1 分则扣该部门奖金的 1%。如果有一项必考目标未完成则扣至少 10% 的奖金。

该厂在目标成果评定工作中深深体会到：目标管理的基础是经济责任制，目标管理只有同明确的责任划分结合起来，才能深入持久，才能具有生命力，达到最终的成功。

在这个实行目标管理的案例中，你认为现今环境下还应该做哪些修正？

第五章

现代企业经营决策

Chapter 5

 **学习目标**

通过学习，明确决策的概念，了解决策的分类，掌握决策的程序和方法。能够运用各类决策方法解决实际问题，增强决策能力。

案例导读

开发新产品与改进现有产品

章良先生是某机械公司的总裁。这是一家生产和销售农业机械的企业。1992年产品销售额为3000万元，1993年达到3400万元，1994年预计销售可达3700万元。每当坐在办公桌前翻看那些数字、报表时，章先生都会感到踌躇满志。

这天下午又是业务会议时间，章先生召集了公司在各地的经销负责人，分析目前和今后的销售形势。在会议上，有些经销负责人指出，农业机械产品虽有市场潜力，但消费者的需求趋向已有所改变，公司应针对新的需求，增加新的产品种类，来适应这些消费者的新需求。

身为机械工程师的章先生，对新产品研制、开发工作非常内行。因此，他听完了各经销负责人的意见之后，心里便很快算了一下，新产品的开发首先要增加研究与开发投资，然后需要花钱改造公司现有的自动化生产线，这两项工作约耗时3～6个月。增加生产品种同时意味着必须储备更多的备用零件，并根据需要对工人进行新技术的培训，投资又进一步增加。

章先生认为，从事经销工作的人总是喜欢以自己业务方便来考虑，不断提出各种新产品的要求，却全然不顾品种更新必须投入的成本情况，就像以往的会议一样。而事实上公司目前的这几种产品，经营效果还很不错。结果，他决定暂不考虑新品种的建议，目前的策略仍是改进现有的品种，以进一步降低成本和销售价格。他相信，改进产品成本、提高产品质量并开出具有吸引力的价格，将是提高公司产品竞争力最有效的法宝。因为，客户们实际考虑的还是产品的价值。尽管他已作出了决策，但他还是愿意听一听顾问专家的意见。（改编自［OL］，［2009-02］. http: //www. baidu. com）

如果你是顾问专家，你会对章先生的决策如何评价？

第一节　经营决策概述

决策是人类社会自古就有的活动，决策科学化是在 20 世纪初开始形成的。第二次世界大战以后，决策研究在吸引了行为科学、系统理论、运筹学、计算机科学等多门科学成果的基础上，结合决策实践，到 20 世纪 60 年代形成了一门专门研究和探索人们作出正确决策规律的科学——决策学。决策学研究决策的范畴、概念、结构、决策原则、决策程序、决策方法、决策组织等，并探索这些理论与方法的应用规律。随着决策理论与方法研究的深入与发展，决策渗透到社会经济、生活各个领域，尤其应用在企业经营活动中，也就出现了经营管理决策。

一个组织和管理者的大部分时间都是在作决策，决策也是每一个员工工作的一部分。比如说教师对学生的管理涉及作决策、医生在对病人诊断的时候涉及作决策、科学家做实验过程中涉及作决策、警察针对犯罪分子涉及作决策等。无论是对个人还是对组织，决策都是一个非常重要的过程，可以说是一切行动的前提和基础。正确的行动导向，来源于正确的决策。西蒙曾经给管理下了这样一个定义："管理就是决策。"这也充分说明决策在管理活动中的重要程度。一个正确的决策能给企业带来良好的发展。

比如我国家电行业的领跑者、世界白色家电行业排名第六的海尔集团。将近二十年来，海尔集团从一个濒临倒闭的集体小厂发展成为世界知名的国际化大企业，海尔从无到有、从小到大、从弱到强的高速发展，是与管理者的正确领导分不开的。海尔的前身是一个名不见经传的小的电器工厂，而且连续多年亏损，就是这样的一个工厂，在张瑞敏的带领下进行了大刀阔斧的改革，海尔集团在首席执行官张瑞敏确立的名牌战略指导下，先后实施名牌战略、多元化战略和国际化战略，2005 年年底，海尔进入第四个战略阶段——全球化品牌战略阶段。正确的决策带给海尔的是更多的成功。

一、经营决策概念

一般理解，决策就是作出决定的意思，即对需要解决的事情作出决定。按汉语习惯，"决策"一词被理解为"决定政策"，主要是对国家大政方针作出决定。但事实上，决策不仅指高层领导作出决定，也包括人们对日常问题作出决定。如某企业要开发一个新产品，引进一条生产线，某人选购一种商品或选择一种职业，都带有决策的性质。可见，决策活动与人类活动是密切相关的。

什么是决策？简单地讲就是针对某个问题作出决定。但是在实际的管理工作中，往往更多时候决策目标不是预先给定的，这就需要更多时间和精力来确定目标，而确定目标本身就是一个决策。再有就是决策问题所处的环境因素分析，都是可能影响到决策成功与否的关键所在。另外，要实现目标，可能的方案有多个，因为在管理过程中，问题出现了，解决问题的方法会超过一个，甚至更多。所以对这些办法的选择也是决策的一个过程，甚至有的决策是分阶段的。所以对决策的正确理解应为：经营决策是指企业为了实现预期的经营目标，从多种可供选择的行动方案中选出一个合理方案的过程。

正确理解决策概念，应把握以下几层意思。

1. 决策要有明确的目标

决策是为了解决某一问题，或是为了达到一定目标。确定目标是决策过程的首要工作。决策所要解决的问题必须十分明确，所要达到的目标必须十分具体。没有明确的目标，决策将是盲目的。

2. 决策要有两个以上备选方案

决策实质上是针对多个行动方案进行判断选择的过程。如果只有一个备选方案，就不存在决策的问题了。因而，至少要有两个或两个以上的方案，人们才能够从中进行比较、选择，最后选择一个满意的方案为行动方案。决策过程具有选择的唯一性。

3. 选择后的行动方案必须付诸实施

如果选择后的方案不付诸实施，而是束之高阁，决策也等于没有决策。决策不仅是一个认识过程，也是一个行动的过程。

决策的目标明确、解决方案多、基础的信息可靠、各种备选方案的得失预测准确，则决策的准确性相应就会高，反之决策的准确性就会很低。

从古至今，决策大体经历了主观意愿、经验决策和科学决策三个阶段。现代管理理论认为，管理的中心在于经营，而经营的重心在决策，经营决策正确与否是决定企业成败的关键，经营决策也是企业系统的基本行为。决策是管理的核心内容，关系到管理的绩效，是管理者的主要职责。

二、经营决策分类

在生产经营过程中，企业会遇到各种各样的经营问题，同时会采取各种各样的经营决策。

决策大体上可分为表 5-1 所示的类型。

表 5-1　经营决策分类

分类标准	类型	描述
企业经营中的地位	战略决策	确定企业的经营目标、投资方向和生产规模等方面的决策，属长期性决策
	战术决策	相对战略决策所作的具体决策，如销售服务、成本控制等，属短期性决策
决策者所处管理层次	高层决策	高管层所负责的决策，主要是经营战略性问题
	中层决策	中层管理者所负责的决策，主要解决执行性的经营战略问题
	基层决策	企业基层作出的业务性决策，主要是解决生产、销售中亟待解决的具体问题
问题出现重复程度	程序型决策	针对经常出现的问题，已有处理方法、程序和经验，按常规办法解决的决策
	非程序型决策	不常出现的问题或新问题，无处理经验，需靠决策者判断和信念解决的决策
决策目标及所用方法	计量决策	对可量化目标，采用数学方法作出的决策
	非计量决策	目标难于量化时，靠决策者分析判断能力作出的决策
决策问题所处的条件	确定型决策	在稳定条件影响下作出的决策。它是指决策过程中，提出各备选方案在确知的客观条件下，每个方案只有一种结果，比较其结果优劣作出最优选择的决策。确定型决策是一种肯定状态下的决策。决策者对被决策问题的条件、性质、后果都有充分了解，各个备选的方案只能有一种结果。这类决策的关键在于选择肯定状态下的最佳方案
	非确定型决策	在不稳定条件影响下作出的决策。在决策过程中提出各个备选方案，每个方案有几种不同的结果可以知道，但每一结果发生的概率无法知道。在这样的条件下，决策就是非确定型的决策
	风险型决策	在决策过程中提出各个备选方案，每个方案都有几种不同结果可以知道，其发生的概率也可测算，在这样条件下的决策，就是风险型决策。例如某企业为了增加利润，提出两个备选方案：一个方案是扩大老产品的销售；另一个方案是开发新产品。不论哪一种方案都会遇到市场需求高、市场需求一般和市场需求低几种不同可能性，它们发生的概率都可测算，若遇到市场需求低，企业就要亏损

三、决策的影响因素

1. 环境

环境影响着组织活动的选择，更重要的是影响组织当中决策的频率和内容。对于两个企业而言，一个面临市场环境急剧变化，另一个面临的环境稳定良好。相比之下，稳定市场环境下的企业对企业决策的调整要小很多。从决策内容来看，处于垄断市场的企业，通常将经营重点放在企业内部条件的改变。而处于非垄断地位的企业，通常会花更多的时间精力密切注意竞争对手的动向，进而改变自己的经营决策。

另外，环境中其他组织的决策也会对自身决策产生影响。由于处在同一个环境之下，组织间也会发生相互的影响、相互的牵制和作用。尤其是同处在一个战略群中采用相同战略的企业，相互之间是一种相互依存、共同发展的关系。

2. 组织文化

组织文化是构成企业内部环境的重要组成部分。组织文化也叫做企业文化，是指在一定的社会政治、经济、文化背景条件下，组织在生产与工作实践过程中所创造或逐步形成的价值观念、行为准则、作风和团体氛围的总和。组织文化制约着组织成员的行为以及行为方式。组织特定的思想和行为模式一旦形成，就会极大限制人们对行动方案的选择和选择方式。不管决策的主体发生什么变化，只要组织文化不变，而且这种组织文化对成员具有较强的约束力，则这种对组织成员的同化力就会导致信任的管理者在不知不觉中融入固有的决策模式中，形成固有决策风格。所以，决策者要对组织进行变革特别是重大战略变革，必须保持思想和行为的独立性。不要被组织中不适应发展的现有组织文化同化影响，否则，决策就很难真正做到创新和突破。

组织文化通过影响人们对变化、变革的态度而发生作用。任何决策的制定都是对过去在某种程度上的否定，任何决策的制定与实施，都会给组织带来某种程度的变化。决策者对组织文化不应该是被动地适应，还应该主动地给予适当的影响和改变，以求能够做到创新发展。

3. 过去的决策

组织中的决策或多或少地受到过去决策的影响。在绝大多数情况下，组织决策是在原始决策的基础上进行的完善和调整及改革。过去的决策可以是目前决策的起点，过去选择方案的实施，不仅对企业各项资源有这样那样的影响，而且伴随着内部状况的改变，带来了对外部环境的影响。所以大多数的目前决策不能不受过去决策的影响。

4. 决策者对风险的态度

风险指的是决策的不确定性，也就是失败的可能性。决策者实际上更多时候是企业的管理者，管理者的个体不同，对风险的喜好程度也有所差别。有的决策者是风险喜好型的，有的决策者是保守型的。不同风险倾向类型的管理者在作决策时，着眼点也是有所不同的。

决策是人们确定未来活动的方向、内容、目标的行动。但人们对未来的预测能力是有限的，所以，后期的行动既有成功的可能，又有失败的危险。对于决策者来说，愿意承担风险的决策者，通常会未雨绸缪。不愿意承担风险的决策者，通常只对环境做出被动的反应，事后再应变，一般都会选择风险很小的方案。现代企业的发展决策，多半都是风险较大的决策。

5. 时间

美国学者威廉·R. 金和大卫·I. 克里兰把决策分为了时间敏感性决策和知识敏感性决

策。前者是指那些必须迅速而且尽量准确的决策，有很强的时效性。这类决策对速度的要求多于质量。而知识敏感性决策指的是对时间的要求不是那么的严格，但是对决策的执行效果要求是相当高的。这类决策要求的是决策质量，而不是要求决策速度。时间敏感性决策和知识敏感性决策两者之间最大的不同点就是它们对各自的侧重点不相同。例如，农产品的上市，反季节蔬菜的上市，往往会更多地考虑时间的因素。新产品的研发与上市，需要同时考虑时间因素和产品本身的各个因素。

第二节　经营决策原则与程序

一、经营决策原则

决策失误一般会带来重大损失。实际工作中为了避免决策失误，应遵循以下原则。

1. 经济信息准确性原则

经济信息的准确性是经营决策准确的基础条件，只有全面真实地获取经济信息才能保障作出正确的经营决策。

2. 环境信息预见性原则

经营预测是对企业经营、发展和预期成果做出近乎科学的评估。科学地预测是保障正确决策的前提条件。只有全面准确地预测，才能根据企业的经营环境，作出正确的经营决策。

3. 比较优先原则

决策过程需要对多个方法进行科学对比，并遵循一定的标准选择最优方法，更好地实现目标。

4. 可行性原则

在选择最优方案的同时，还要对方案的可行性进行研究。对备选方案进行综合分析和论证，突出体现可行性方案。为决策提供科学的依据。

5. 执行效果跟踪反馈原则

在决策方案实施的过程中，要及时取得相关信息，从而及时了解工作进度，发现并解决实施过程中遇到的问题。

6. 决策民主化原则

决策的科学化依靠决策的民主化，单独依靠领导者个人的能力和经验难以胜任。因此，作出准确、科学的决策，需要有一个科学标准的程序和方法，并发挥群体智慧的优势。

二、经营决策程序

经营决策需经过的环节有：提出经营问题、确定经营目标、拟定可行方案、分析和选择方案、实施方案。

1. 提出经营问题

决策的过程开始于一个存在的问题。这里提到的问题是指现实和期望状态之间通过比较存在的差距。这种差距会经常性地出现在经营运作的企业当中。那么怎样让管理者认识到这种差异呢？很显然，管理者必须将事情的现状和标准化的东西进行比较，这些标准化的东西可以是过去绩效方面的，也可以是预先设置的目标，比如说已经做完的计划一类的，或者是组织中其他单位的绩效，或其他组织中类似单位的绩效。这里利用这种标准进行比较的方法是比较常用的方法。企业要明确目前企业现状、企业发展目标以及这两者之前的差距。在提出企业经营问题的同时，企业要做好经营环境、经营条件的分析评估，定量、定性地全面分析问题。为下一轮的分析决策做好准备。

2. 确定经营目标

企业经营问题确定后，接下来需要进一步确定经营目标。所谓经营决策的目标，就是一个组织通过决策以及决策的实施所期望达到的未来的状态以及衡量未来状态的指标。目标的确定要依据实际情况，不能定得过高、过低或者过于复杂，企业要有能力实现目标，而且目标要简明。同样的决策问题可能会出现不同的决策目标，会导致不同的决策，这取决于决策者认为哪些因素与衡量未来的状态有关。这些因素当中有些是可控制因素，有些是不可控制因素。这些因素也可以称之为环境，具体指企业的内部环境与外部环境。以企业生产经营为例，内部环境包括原材料、资金、技术力量、关键设备、人力资源使用等。外部环境包括市场状况、竞争对手状况、政府有关的方针政策、社会经济形势、技术发展现状等。可控制条件必须基本具备，不可控制环境尽可能准确地估计出它们的发展趋势和对决策的影响程度。必须考虑这些情况才能确定合适的决策目标。

3. 拟定可行方案

为了实现决策目标，必须有具体的方案措施。也就是要有供选择用的决策方案。为了保证更加准确地作好决策，最好拟定出多个备选方案。为了使方案的选择有意义，这些方案必须能相互替代，相互排斥，且不能相互包容。类似的方案要进行合并或以补充的形式反映在一个方案当中。可供选择的方案越多，被选择的方案的相对满意度就越高，决策就越可能完善。因此企业在拟定可行方案时需要注意尽可能地包含所有可能方案。不同的方案之间必须排斥，便于相互比较择优。此外，方案的内容要确切。

4. 分析和选择方案

在实际的工作中，方案的拟定、分析和选择往往是交织在一起的，因为方案的拟定可能不是一次完成的，需要不断地完善。而且在选择方案时要从整体上权衡利弊，通过比较和分析，依据科学方法作出选择。一般可采用经验判断法、数学分析法和模拟试验法等。

5. 实施方案

实施方案过程中应当注意及时监控和反馈，及时发现和解决实施方案过程中的问题。在决策执行过程当中，往往会发现原来决策不够周密的地方，或者因客观情况的变化，而出现不适应新情况的地方。这就需要将原来的决策执行情况和变化了的客观情况反馈到决策系统当中去，以便决策系统了解更多关于具体执行、执行进度以及实施后果的信息。对原有方案进行修改和补充，甚至是重新决策，再付诸实施。

第三节　经营决策方法

现代决策方法可划分为"软、硬"两种方法，决策硬方法即定量决策方法，决策的软方法即定性决策方法。

定量决策方法常用于数量化决策，更精准，决策速度更快一些。应用数学模型和公式来解决一些决策问题，即运用数学工具、建立反映各种因素及其关系的数学模型，并通过对这种数学模型的计算和求解，选择出对企业问题来讲最佳的决策方案。对决策问题进行定量分析，可以提高常规决策的时效性和决策的准确性。运用定量决策方法进行决策也是决策方法科学化的重要标志。

定性决策方法主要应用于选择组织活动的方向和内容。常见的有经营业务组合分析法、

SWOT 分析法等。下面就两种决策方法进行分析。

一、定性决策方法

（一）经营业务组合分析法

这种方法是由美国波士顿咨询公司于 1960 年为一家造纸公司做咨询时提出的一种投资组合分析法，也称作波士顿矩阵法（BCG Matrix），又称市场增长率—相对市场份额矩阵、波士顿咨询集团法。

波士顿矩阵的分析前提是认为企业相对的竞争地位（以相对市场份额指标表示）和业务增长率（以市场增长率指标表示）决定了企业业务组合中某一特定业务应当采取的战略。企业的相对竞争地位越强，其获利率越高，该项业务能够为企业带来的现金流就越大。而市场增长率越高，则表明企业获得更多市场份额的机会就越大。企业获利的机会和现金投入的需求就越大。如图 5-1 所示，横向轴反映的是相对市场份额，也就是与该市场上最大竞争者的市场份额相比，是处于什么地位，如 10x 表示本企业为市场老大位置，是最强竞争对手的 10 倍份额比例。如果是 1.0x 则表示跟竞争对手势均力敌，不相上下，都是市场老大的位置。如果是 0.1x 则表示跟竞争对手相比，自己是对方的十分之一，在市场上的地位较低。

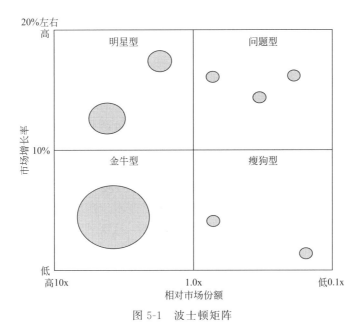

图 5-1　波士顿矩阵

波士顿矩阵区分出以下 4 种业务组合。

1. 问题型业务（Question Marks，指高增长、低市场份额）

所在的位置是第一象限。处在这个领域中的是一些投机性产品，带有较大的风险。这些产品可能利润率很高，但占有的市场份额很小。这往往是一个公司的新业务，为发展问题业务，公司必须建立工厂，增加设备和人员，增加必要的广告宣传，以便跟上迅速发展的市场，并超过竞争对手，这些意味着大量的资金投入。"问题"非常贴切地描述了公司对待这类业务的态度，资金的投入和产出对于问题类的业务来说，往往是不对等的。因为这时公司必须慎重回答"是否应该继续投入资金进而发展该业务？"这个问题。只有那些符合企业发展长远目标、企业具有资源优势、能够增强企业核心竞争力的业务才得到肯定的回答。得到肯定回答的问题型业务适合于采用战略框架中提到的增长战略，目的是扩大市场份额，甚至不惜放弃近期收入来达到这一目标，如果要让问题类的业务发展成为明星类型，其市场份额必须有较大的增长。得到否定回答的问题型业务则适合采用收缩战略，甚至是淘汰。

如何选择问题型业务是用波士顿矩阵制定战略的重中之重，也是难点，这关乎企业未来的发展。

2. 明星型业务（Stars，指高增长、高市场份额）

所在的位置是第二象限。这个领域中的产品处于快速增长的市场中并且在市场份额中占有支配地位，也就是市场占有情况良好，处于市场老大的位置。但也许会也许不会产生正现金流量，这取决于新工厂、设备和产品开发对投资的需要量。明星型业务是由问题型业务继续投资发展起来的，可以视为高速成长市场中的领导者，它将成为公司未来的现金牛业务。但这并不意味着明星业务一定可以给企业带来源源不断的现金流，因为市场还在高速成长，企业必须继续投资，以保持与市场同步增长，并击退竞争对手。企业如果没有明星业务，就失去了希望，但群星闪烁也可能会出现负面的影响，企业高层管理者的眼睛被闪烁的明星弄得晕头转向，失去了方向，导致作出错误的决策。这时必须具备识别的能力，将企业有限的资源投入在能够发展成为现金牛的明星上。也就是要会发现，到底哪些是好金牛，哪些是坏金牛。同样的，明星型业务要发展成为现金牛业务适合采用增长战略。

3. 现金牛业务（Cash Cows，指低增长、高市场份额）

所在象限是第三象限。处在这个领域中的产品产生大量的现金，但未来的增长前景是有限的。这是成熟市场中的领导者，它是企业现金的来源。由于市场已经成熟，企业不必大量投资来扩展市场规模，同时作为市场中的领导者，该业务享有规模经济和高边际利润的优势，因而给企业带来大量现金流，是企业优良资金的好来源。企业往往用现金牛业务来作为支付账款并支持其他三种需大量现金的业务。现金牛业务适合采用战略框架中提到的稳定战略，目的是保持市场份额。但是针对坏金牛，也就是在短期之内有可能就会消失掉的金牛业务，要抓紧时间将资金回笼。

4. 瘦狗型业务（Dogs，指低增长、低市场份额）

所在象限是第四象限。这个剩下的领域中的产品既不能产生大量的现金，也不需要投入大量现金，这些产品没有希望改进绩效。一般情况下，这类业务常常是微利甚至是亏损的。瘦狗型业务存在的原因更多的是由于感情上的因素，虽然一直微利经营，但像人养了多年的狗一样恋恋不舍而不忍放弃。其实，瘦狗型业务通常要占用很多资源，如资金、管理部门的时间等，多数时候是得不偿失的。最佳的解决方案是将瘦狗型业务采用战略框架中提到的收缩战略，目的在于出售或清算业务，以便把资源转移到更有利的领域。

四种不同的业务类型适合的决策如下：

> 发展决策——适合问题类——转成明星类
> 维持决策——适合强大的金牛类——产生大量现金流
> 收获决策——适合处境不好的金牛——增加短期现金收入
> 放弃决策——适合狗类、问题类

波士顿矩阵的精髓在于把战略规划和资本预算紧密结合了起来，把一个复杂的企业行为用两个重要的衡量指标分为四种类型，用四个相对简单的分析来应对复杂的战略问题。该矩阵帮助多种经营的公司确定哪些产品宜于投资，宜于操纵哪些产品以获取利润，宜于从业务组合中剔除哪些产品，从而使业务组合达到最佳经营成效。可以利用自身的分析结果，帮助企业，特别是帮助多种产品组合经营的企业，做好定位，把最佳的产品配比确定下来，提升企业的经济效益。

在本方法的应用中，企业经营者的任务，是通过四象限法的分析，掌握产品结构的现状及预测未来市场的变化，进而有效地、合理地分配企业经营资源。在产品结构调整中，企业的经营者不是在产品到了"瘦狗"阶段才考虑如何撤退，而应在"现金牛"阶段时就考虑如何使产品造成的损失最小而收益最大。达到事半功倍的效果，强化管理。

（二）SWOT 分析法

在运用 SWOT 分析法的过程中，你或许会碰到一些问题，这就是它的适应性。因为有太多的场合可以运用 SWOT 分析法，所以它必须具有适应性。然而这也会导致反常现象的产生。基础 SWOT 分析法所产生的问题可以由更高级的 POWER SWOT 分析法得到解决。

POWER SWOT 是指更加丰富灵活的决策方法，P＝个人经验（Personal Experience）、O＝规则（Order）、W＝加权（Weighting）、E＝重视细节（Emphasize Detail）、R＝等级与优先（Rank and Prioritize），这在现代企业中应用是比较多的。

比如沃尔玛利用 SWOT 分析的情况如下。

（1）优势（Strength）

① 沃尔玛是著名的零售业品牌，它以物美价廉、货物繁多和一站式购物而闻名。

② 沃尔玛的销售额在近年内有明显增长，并且在全球化的范围内进行扩张。（例如，它收购了英国的零售商 ASDA。）

③ 沃尔玛的一个核心竞争力是由先进的信息技术所支持的国际化物流系统。例如，在该系统支持下，每一件商品在全国范围内的每一间卖场的运输、销售、储存等物流信息都可以清晰地看到。信息技术同时也加强了沃尔玛高效的采购过程。

④ 沃尔玛的一个焦点战略是人力资源的开发和管理。优秀的人才是沃尔玛在商业上成功的关键因素，为此沃尔玛投入时间和金钱对优秀员工进行培训并建立忠诚度。

（2）劣势（Weakness）

① 沃尔玛建立了世界上最大的食品零售帝国。尽管它在信息技术上拥有优势，但因为其巨大的业务拓展，可能导致对某些领域的控制力不够强。

② 因为沃尔玛的商品涵盖了服装、食品等多个部门，它可能在适应性上比起更加专注于某一领域的竞争对手存在劣势。

③ 该公司是全球化的，但是目前只开拓了少数几个国家的市场。

（3）机会（Opportunities）

① 采取收购、合并或者战略联盟的方式与其他国际零售商合作，专注于欧洲或者亚洲等特定市场。

② 沃尔玛的卖场当前只开设在少数几个国家内。因此，拓展市场（如中国、印度）可以带来大量的机会。

③ 沃尔玛可以通过新的商场地点和商场形式来获得市场开发的机会。更接近消费者的商场和建立在购物中心内部的商店可以使过去仅仅是大型超市的经营方式变得多样化。

④ 沃尔玛的机会存在于对现有大型超市战略的坚持。

（4）威胁（Threats）

① 沃尔玛在零售业的领头羊地位使其成为所有竞争对手的赶超目标。

② 沃尔玛的全球化战略使其可能在其业务国家遇到政治上的问题。

③ 多种消费品的成本趋向下降，原因是制造成本的降低。造成制造成本降低的主要原

因是生产外包向了世界上的低成本地区。这导致了价格竞争，并在一些领域内造成了通货紧缩。恶性价格竞争是一个威胁。（资料摘自百度网站）

（三）政策指导矩阵

政策指导矩阵是由荷兰皇家壳牌集团开发的一个业务组合计划工具，用于多业务公司的总体战略决策的制定。与通用矩阵相比，政策指导矩阵选取的量化指标不同，可以更直接地细化业务组合，并采取星级评定的方式尽可能地量化指标，以达到业务分区的真实性。

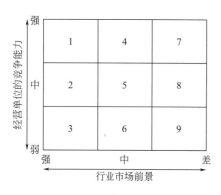

图 5-2　政策指导矩阵

从图 5-2 中可以看出，1 和 4 的经营竞争能力较强，市场前景也比较理想，应该优先发展，保证其所需资源，来维持有利市场地位。7 的经营有较强的竞争能力，但是市场前景不理想，应该利用竞争能力去开发有限的市场，为其他部门提供资金来源，但其本身不能继续发展。2 的经营虽然市场前景很好，但竞争能力不够充分，因此应该不断强化，通过分配更多的资源加强竞争力。5 的竞争力和市场前景都处于中等，市场中的竞争对手比较多，可行决策是分配足够的资源，使它能够随着市场的发展而发展。8 和 6 由于市场吸引力不大，竞争能力较弱，或有点竞争实力但是市场吸引力较小，因此应缓慢从这些领域退出，收回尽可能多的资金来发展更有竞争力的环节。3 的前景很好，但竞争力不好，由于企业的资金是很有限的，所以要考虑的是选择少量有前途的产品加速发展，其余可以淘汰。9 的市场前景很差，能力又不好，要尽快放弃掉。

二、定量决策方法

1. 本量利分析法

本量利的分析方法属于确定型决策的决策方法。

本量利分析（Cost-Volume-Profit Analysis，CVP 分析）又称量本利分析（VCP 分析），是成本—产量（或销售量）—利润依存关系分析的简称。是指在变动成本计算模式的基础上，以数学化的会计模型与图文来揭示固定成本、变动成本、销售量、单价、销售额、利润等变量之间的内在规律性的联系，为会计预测决策和规划提供必要的财务信息的一种定量分析方法。

本量利分析着重研究销售数量、价格、成本和利润之间的数量关系，它所提供的原理、方法在管理会计中有着广泛的用途，同时它又是企业进行决策、计划和控制的重要工具。

进行本量利分析的关键：确定盈亏临界点是进行本量利分析的关键。所谓盈亏临界点，就是指使得贡献毛益与固定成本恰好相等时的销售量。此时，企业处于不盈不亏的状态。

盈亏临界点可以采用下列两种方法进行计算：

方法一，按实物单位计算，其公式为：

$$盈亏临界点的销售量（实物单位）=\frac{固定成本}{单位产品贡献毛益}$$

$$单位产品贡献毛益=单位产品销售收入-单位产品变动成本$$

如果 Q 为盈亏平衡销售量，F 为固定成本，P 为单位产品的销售价格，V 为单位产品

变动成本，则公式为

$$Q = \frac{F}{P-V}$$

图 5-3 为盈亏平衡示意图。

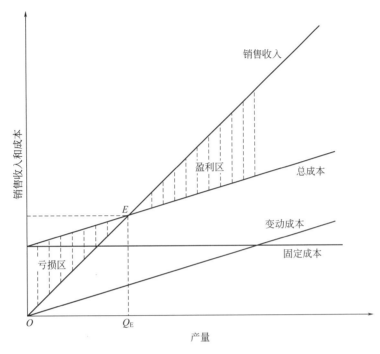

图 5-3 盈亏平衡示意图

方法二，按金额综合计算，其公式为：

$$盈亏临界点的销售量（金额单位）= \frac{固定成本}{贡献毛益率}$$

$$贡献毛益率 = \frac{销售收入 - 变动成本}{销售收入}$$

例如，某钢管公司，计划明年生产某种管材产品，销售单位价格为 400 元，单位产品的变动成本为 150 元，预计固定成本为 800000 元，则这种产品的销售量大于多少件时，该企业才能从这种产品上获利？

$$保本产量 = \frac{800000}{400-150} = 3200（台）$$

当销售量大于 3200 件时，该企业才能从这种产品上获利。

在进行本量利分析时，应明确认识下列基本关系。

① 在销售总成本已确定的情况下，盈亏临界点的高低取决于单位售价的高低。单位售价越高，盈亏临界点越低；单位售价越低，盈亏临界点越高。

② 在销售收入已确定的情况下，盈亏临界点的高低取决于固定成本和单位变动成本的高低。固定成本越高或单位变动成本越高，则盈亏临界点越高；反之，盈亏临界点越低。

③ 在盈亏临界点不变的前提下，销售量越大，企业实现的利润便越多（或亏损越少）；销售量越小，企业实现的利润便越少（或亏损越多）。

④ 在销售量不变的前提下，盈亏临界点越低，企业能实现的利润便越多（或亏损越

少）；盈亏临界点越高，企业能实现的利润便越少（或亏损越多）。

2. 净现值分析

净现值（Net Present Value，NPV）是一项投资所产生的未来现金流的折现值与项目投资成本之间的差值。净现值法是评价投资方案的一种方法。该方法利用净现金效益量的总现值与净现金投资量算出净现值，然后根据净现值的大小来评价投资方案。净现值为正值，投资方案是可以接受的；净现值是负值，投资方案就是不可接受的。净现值越大，投资方案越好。净现值法是一种比较科学也比较简便的投资方案评价方法。净现值的计算公式如下：

$$NPV = \sum_{i=1}^{n} \frac{NCF_i}{(1+k)^i} - C$$

上式中，NPV 为净现值，NCF_i 为第 i 年的净现金流，也就是第 i 年现金流入量减去当年的现金流出量，k 为贴现率（也就是相当于企业的资金成本），n 为方案实施年限，C 为初始投资额。

例如，某钢铁公司打算做一项投资项目，预计净现金流量第一年为 4500 万元，第二年的净现金流为 3000 万元，第三年的净现金流为 8000 万元。这项投资需要在第一年年初投入 10000 万元，如果贴现率为 10%，该方案的净现值为多少？

利用上面的公式，

$NPV = 4500/(1+10\%) + 3000/(1+10\%)^2 + 8000/(1+10\%)^3 - 10000 = 2581$（万元）

比较之后发现 NPV 为正值，本方案可行。

净现值法所依据的原理是：假设预计的现金流入在年末肯定可以实现，并把原始投资看成是按预定贴现率借入的，当净现值为正数时偿还本息后该项目仍有剩余的收益，当净现值为零时偿还本息后一无所获，当净现值为负数时该项目收益不足以偿还本息。需要注意以下几个方面。①现金流量。可以直接被组织使用项目所获得的现金流量，相比之下，利润包含了许多人为的因素。在资本预算中利润不等于现金。②净现值包括了项目的全部现金流量，其他资本预算方法往往会忽略某特定时期之后的现金流量，如回收期法等。③净现值对现金流量进行了合理折现，有些方法在处理现金流量时往往忽略货币的时间价值。如回收期法、会计收益率法等，造成没办法更精确地得到数据，帮助作出决策。

净现值指标是反映项目投资获利能力的指标。决策标准如下。

① 净现值≥0，方案可行；

② 净现值<0，方案不可行；

③ 净现值均>0，净现值最大的方案为最优方案。

净现值法的优点：

① 考虑了资金时间价值，增强了投资经济性的评价，更准确和实用；

② 考虑了全过程的净现金流量，体现了流动性与收益性的统一，将现金的比较放到同一时点；

③ 考虑了投资风险，风险大则采用高折现率，风险小则采用低折现率。

净现值法的缺点：

① 虽然净现值法很精确，但计算较麻烦，难掌握；

② 净现金流量的测量和折现率较难确定；

③ 不能从动态角度直接反映投资项目的实际收益水平，难度较大；

④ 项目投资额不等时，无法准确判断方案的优劣，通过多方面比较，增加计算难度。

3. 决策树分析法

决策树（Decision Tree-Based）就是将决策过程各个阶段之间的结构绘制成一张箭线

图，如图 5-4 所示。

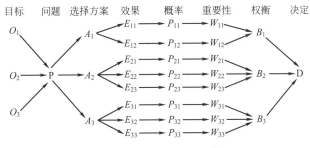

图 5-4 决策树箭线图❶

选择分割的方法有好几种，但是目的都是一致的：对目标类尝试进行最佳的分割。

从根到叶子节点都有一条路径，这条路径就是一条"规则"。

决策树可以是二叉的，也可以是多叉的。

决策树是确定生产能力方案的一条简捷的途径。决策树不仅可以帮助人们理解问题，还可以帮助人们解决问题。决策树是一种通过图示罗列解题的有关步骤以及各步骤发生的条件与结果的一种方法，再通过最直观的比较，找到符合企业需要的方法。近年来出现的许多专门软件包可以用来建立和分析决策树，利用这些专门软件包，解决问题就变得更为简便了。

决策树由决策结点、机会结点与结点间的分枝连线组成。通常，人们用方框表示决策结点，用圆圈表示机会结点，从决策结点引出的分枝连线表示决策者可作出的选择，从机会结点引出的分枝连线表示机会结点所示事件发生的概率。

在利用决策树解题时，需要注意的是应从决策树末端起，从后向前，步步推进到决策树的始端。在向前推进的过程中，应在每一阶段计算事件发生的期望值。需特别注意：如果决策树所处理问题的计划期较长，计算时应考虑资金的时间价值，可以配合净现值法的综合使用，增强准确性。

计算完毕后，开始对决策树进行剪枝，在每个决策结点删去除了最高期望值以外的其他所有分枝，最后步步推进到第一个决策结点，这时就找到了问题的最佳方案。

例如，一个企业拟建设一个新厂，如果新建一个大的工厂，需要投资 45 万元，销路好时可以获利 90 万元。销路不好时，亏损 30 万元。如果新建一个小厂，需要投资 20 万元，销路好时可以获利 40 万元，销路不好时可以获利 20 万元。经过市场的预测，销售好的概率为 60%，销路不好的概率为 40%。要求利用决策树的分析方法，分析该公司的决策者是决定建大厂还是建小厂？

首先根据现有的数据在决策树图示中进行相关的标示，见图 5-5。

通过决策树的计算比较如下：

建大厂的净收益＝42－45＝－3（万元）

建小厂的净收益＝32－20＝12（万元）

可见建小厂的方案是最佳的，选择建小厂是最好的选择。

通过上面的实例，我们能更直接地看到企业最终决策的情况。

决策树的优点如下。

---

❶ 图片来源：MBA 智库百科，http://wiki.mbalib.com。

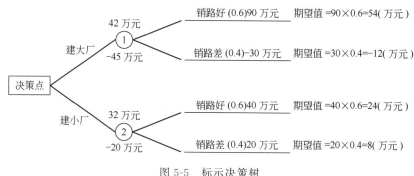

图 5-5 标示决策树

① 生成可以理解的规则，规则灵活性较高；

② 计算量相对来说不是很大，通过比较，更清楚更准确；

③ 可以处理连续和种类字段，特别是软件的使用，更增强了决策树的可用性；

④ 决策树可以清晰地显示哪些字段比较重要。

决策树的缺点如下。

① 对连续性方面的信息比较难预测；

② 工作量加大，对有时间顺序的数据，需要很多预处理的工作；

③ 误差会出现，当类别太多时，错误可能增加得比较快；

④ 一般的算法分类的时候，只是根据一个字段来分类。

本章小结

本章重点介绍了决策环节的相关概念和具体方法。

经营决策是指企业为了实现预期的经营目标，从多种可供选择的行动方案中选出一个合理方案的过程。

正确理解决策概念，应把握以下几层意思：决策要有明确的目标；决策要有两个以上备选方案；选择后的行动方案必须付诸实施。

现代企业经营管理活动的复杂性、多样性，决定了经营管理决策有多种不同的类型。

按决策在企业经营中的地位不同，分为战略决策和战术决策；

按决策者所处管理层次不同，分为高层决策、中层决策、基层决策；

按决策问题是否重复，分为程序型决策和非程序型决策；

按决策问题所处条件不同，分为确定型决策、风险型决策和非确定型决策等。

经营决策需经过的环节有：明确经营问题、确定经营目标、拟定可行方案、选择方案、实施方案。

波士顿矩阵法要求将企业的各项业务进行组合，然后在矩阵中找到定位，可以进行相应的决策。

SWOT 分析法在现在的战略规划报告里，应该算是一个众所周知的工具。

政策指导矩阵是由荷兰皇家壳牌集团开发的一个业务组合计划工具，用于多业务公司的总体战略决策的制定。与通用矩阵相比，选取的量化指标不同，政策指导矩阵更直接细化业务组合，并采取星级评定的方式尽可能地量化指标，以达到业务分区的真实性。

本量利分析着重研究销售数量、价格、成本和利润之间的数量关系，它所提供的原理、方法在管理会计中有着广泛的用途，同时它又是企业进行决策、计划和控制的重要工具。

净现值是一项投资所产生的未来现金流的折现值与项目投资成本之间的差值。净现值法是评价投资方案的一种方法。该方法利用净现金效益量的总现值与净现金投资量算出净现值，然后根据净现值的大小来评价投资方案。净现值为正值，投资方案是可以接受的；净现值是负值，投资方案就是不可接受的。净现值越大，投资方案越好。净现值法是一种比较科学也比较简便的投资方案评价方法。

用决策树法解题时，应从决策树末端起，从后向前，步步推进到决策树的始端。在向前推进的过程中，应在每一阶段计算事件发生的期望值。需特别注意：如果决策树所处理问题的计划期较长，计算时应考虑资金的时间价值。

复习思考题

1. 什么是经营决策？
2. 经营决策的特点有哪些？
3. 经营决策的分类有哪些？
4. 决策的步骤和方法是什么？
5. 波士顿矩阵如何应用于企业的产品组合决策环节？
6. 本量利分析适合哪些环节的决策？
7. 净现值法的特点是什么？
8. 决策树的使用可以解决什么问题？

拓展项目

一个棘手的决定

假设师徒四人是公司中的一个团队，公司改革必须将这一团队缩减为三人，如果你是公司老总，你将裁掉谁？

唐僧	团队领导者	优点：
		缺点：
孙猴子	精英型员工	优点：
		缺点：
猪八戒	开心果型员工	优点：
		缺点：
沙和尚	踏实型员工	优点：
		缺点：

最后你的决定是什么？

格力的经营决策

多元化经营在 20 世纪 60 年代风靡全球，很多企业认为多元化能分散风险，东方不亮西方亮。然而，随着一个个公司的衰落，到了 20 世纪 80 年代，世界又回归到核心竞争的时代。

格力集团就是集中兵力，打拳头产品的家电企业。在中国的家电产业里，格力集团是一个很有特色的企业。第一，该公司从其成立之日起，就将空调作为主要经营业务，而且只限于做家用空调，不生产中央空调、汽车空调等。第二，该公司进入空调时间较晚，当时春兰、华宝、美的等一批国内企业已经崛起，在市场份额与品牌声誉等方面占有了很大优势。第三，目前家电产业的许多公司出于分散风险、迅速扩张等原因，纷纷开展多元化经营，但格力集团仍然坚持专业化经营。

一、格力选择了专业化经营

格力电器是中国唯一一家坚持专一化经营战略的大型家电企业。长期以来，经济界、营销界、企业管理界有一些人对格力坚持专一化经营战略持否定态度。但是，肯定也好，指责也罢，最近出版的著名国际财经杂志美国《财富》中文版揭晓的消息表明：作为我国空调行业的领跑企业，格力电器股份以 7.959 亿美元的营业收入、0.33 亿美元的净利润，以及 6.461 亿美元的市值等，再次荣登该排行榜第 46 位，入选《财富》"中国企业百强"。成为少数连续两年进入该排行榜的家电企业之一。格力空调不仅多项财务指标均位居家电企业前列，而且销售额和净利润均有不同程度的提高，取得了良好的经济效益，充分显示了专一化经营的魅力。

二、格力专业化经营方式

格力集团的专业化经营战略主要通过内部发展的方式，即密集型成长战略加以实施。

格力在成立之初，由于实力较弱，所采取的是"农村包围城市"战略，集中开发春兰、华宝等著名企业影响较弱的地区，在皖、浙、赣、湘、桂、豫、冀等省树立品牌形象，建立巩固的市场阵地。实施这一战略过程中，所运用的主要策略是专卖店重点经营，通过良好的售后服务保证顾客利益。20 世纪 90 年代中期，格力的市场开发重心有所变化，即在巩固原有市场的基础上，进一步向国内影响较大的城市北京、上海、广州、南京等地发展，同时逐步进入海外市场。格力产品开发的最大特点是一切以市场为导向，适应市场需要，同时又根据未来发展潮流创造自己的市场。在适应市场需求方面，格力"思消费者之所思"，先后开发出下列产品："空调王"——制冷效果最好的空调器；"冷静王"——噪声最低的空调器；三匹窗机——最便宜的空调器。在创造市场方面，格力开发出：灯箱柜式空调——适用于酒吧饭店广告兼制冷；家用灯箱柜机——适用于三室一厅的家庭之用；三匹壁挂机、分体吊顶式空调、分体式天井空调等，适用于黄金地段的商店之用。这些产品的开发，各具自己的特色和目标市场，又形成了较为完整的产品系列，充分显示出专业化经营战略的优势。

格力市场渗透采取的主要方式：

（1）在生产规模扩大、产品成本降低的基础上，降低售价，扩大市场份额。

（2）广告宣传。格力的广告主题侧重于信誉与品牌，"好空调、格力造"，以实实在在的质量与服务来赢得顾客。

（3）建立以专卖店和机电安装公司为主的销售渠道，形成销售、安装、维修的一条龙服务活动，并与经销商互惠互利，长期合作。

（4）科学管理，严格保证产品的质量，使之在市场选择中得到顾客的信任。

格力的决策是较成功的，因此它能在空调行业中后来者居上，迅速成为可与春兰、海尔、科龙等品牌相互抗衡的著名企业。格力这方面的经验值得许多公司借鉴。

通过案例，请同学们思考并说明经营决策的重要性。

第六章
现代企业领导与激励

Chapter 6

 学习目标

　　成功的领导者必须通过沟通和激励等管理方法，有效地调动下属的工作积极性，更好地实现组织的目标。通过本章学习，要求理解领导和激励的概念；了解领导者应具备的基本素质、激励的方法；掌握领导者权力与来源以及重要的领导和激励理论。

案例导读

美国"硅谷"中的坦丁姆计算机公司的激励制度

　　美国加州北部"硅谷"（Silicon Valley）地区有一个飞速发展的计算机公司即坦丁姆计算机公司(Tandem Computers)。该公司是詹姆士·特雷比格（James Treybig）1970年创建的，1980年，它每年的销售量已达到3亿多美元。1985年它的销售量已达到10亿美元以上。人们普遍认为，坦丁姆公司的管理是很有特色、极为成功的。

　　坦丁姆公司地处加州"硅谷"高科技地区，来自各方面的有力竞争相当激烈，激烈的竞争环境使公司面临着生存与发展的严峻挑战，由于詹姆士本人的管理天才和实践，他创造了一套有效而独特的管理自己员工的方法。

　　他为员工创造了极为良好的工作环境。在公司总部设有专门的橄榄球场地、游泳池、图书阅览室，还有供职工休息的花园和宁静的散步小道等。他规定每周五下午免费为员工提供啤酒。公司还经常定期举办各种酒会、宴会、员工生日庆祝会，同时还举办由女工为裁判的男员工健美比赛等活动，并通过这些活动倾听员工对公司的各种意见和建议；除此之外，他还允许员工有自行选择机动灵活的工作时间的自由。

　　詹姆士很注意利用经济因素来激励员工，他定期地在员工中拍卖本公司的股票，目前，几乎公司的每个员工都拥有公司的股票。这样就大大地激发了大家为公司努力工作的热情。

　　詹姆士还要求每个员工都要制订出一个具体的了解公司、学会和掌握公司内部各种工作的计划，以及自己期望能得到的培训和进修、发展的五年战略计划。这样，每个员工都可逐渐了解公司、结合培训和进修学会和掌握公司及本行业中先进的科学技术。为此，大家对公司都有强烈的感情和责任心，平时用不着别人来监督就能自觉地把工作搞好，自觉地关心公司的利益和发展前途。因为公司的绝大多数员工都拥有公司的股票，所以大家对公司的利益及其成功都极为关心。

詹姆士本人又是一位极为随和、喜欢以非正式的身份进行工作的有才能的管理者，又由于他在公司内对广大管理人员、技术人员和工人都平等地采用了上述一系列的措施，公司绝大多数人都极为赞成他的做法，公司绝大多数员工都把自己的成长与公司的发展联系起来，并为此而感到满意和自豪。

当然，詹姆士也深深知道，要长期地在人才竞争日趋激烈的环境下维持这样一批倾心工作的员工队伍确实不是一件容易的事情。公司在飞速地发展，而随着公司的扩大，它的生产增长速度相应放慢，也会出现一个更为正式而庞大的管理机构。在这种情况下，又应如何更有效地激励员工呢？ 这自然是他和公司的管理人员所共同关心的问题。（摘自百度网站）

第一节　现代企业领导

一、领导概念

经常有这样一个问题浮现在我们的头脑里：什么是领导？传统的理论认为领导是组织赋予领导者的职位和权力，领导者通过运用这些法定的和个人的权利，带领下级完成组织的任务，继而实现组织的目标。现代管理心理学认为，领导的过程实质上就是一种行为和影响力，领导就是领导者运用这种影响力引导和带领下属在一定条件下向组织目标前进的行为和过程。前者强调的是领导必须运用职位和权力这种形式来实现，后者强调的是做好领导工作还需要下属对职位的认可与对权力的接受这一领导的实质。领导的本质内涵就是被领导者的追随和服从，这种追随和服从不是由组织赋予的职位和权力决定的，而是取决于被领导者的意愿，这种意愿是主动的，心甘情愿的。通过观察我们发现，在实际工作中，有些具有职权的管理者可能没有部下的心甘情愿的服从，这种情况，领导者也就谈不上是真正意义上的领导者。因此，我们认为，领导指的是拥有组织赋予职位和权力的领导者影响下级完成组织目标的一种管理活动。

需要强调的是：经常有人对领导这一概念理解出现偏差，我们通过学习和工作，千万不要把领导同领导者两个概念混同起来。领导者是实施领导的人，或者说领导者是利用影响力带领人们或群体达成组织目标的人。而领导则是指领导过程，是一种管理活动。

二、领导者权力与来源

如果能够正确理解领导者权力和来源，可以让我们更好地实现领导行为，乃至于实现最终的企业目标。领导者影响个人或群体的基础是权力，也就是说指挥引导下级的权力和促使下级服从的一种力。

那么领导者的影响力来源于什么呢？领导者的影响力主要来自以下两个方面。

一是来自职位权力。这种权力是由于领导者在组织中所处的位置，是上级和组织正式赋予的，这样的权力随职务的变化而变化。在职就有权，不在职就无权。人们往往出于压力和习惯不得不服从这样的职位权力。

二是来自个人权力。这种权力不是由领导者在组织中的地位大小决定的，而是由于人的某些特殊条件才具有的。比如说，领导者具有高尚的品德、丰富的管理经验、超群的工作能力、良好的人际关系；领导者善于体贴关心他人，对员工的激励总是恰到好处，让人感到亲切、感觉这个领导是值得信赖的、值得尊敬等。这种影响力不随着职位的消失而消失，也不会随着职位的出现而出现，而且这种权力对人的影响是发自内心的。

如果细分，可将权力分为 5 类。

1. 惩罚权

惩罚权来自下级恐惧感，即下级感到领导者有能力惩罚他，使他痛苦，使他不能满足某种需求。下属恐惧感的出现，也就意味着惩罚权的存在。

2. 奖赏权

奖赏权来自下级追求满足的欲望，即下级感到领导者有能力奖赏他，使他觉得愉快或满足某种需求。下属对领导者的奖惩是有这样那样的期待的，这也说明对领导者的奖赏权是认可的，领导的奖赏权存在。

3. 合法权

合法权来自下级传统的习惯观念，即下级认为领导者有合法的权力影响他，他必须接受领导者的影响。如果领导者突破了习惯性的框框，也就意味着合法权的丢失。

4. 模范权

模范权来自下级对上级的信任，即下级相信领导者具有他所需要的智慧和品质，具有共同的愿望和利益，从而对他钦佩和赞誉，心甘情愿地追随他。

5. 专长权

专长权来自下级对领导者的尊敬，即下级感到领导者具有某种专门的知识、技能和专长，能帮助他在工作中指明方向，解决困难，达到组织目标和个人目标。

上面提到的惩罚权、奖赏权、合法权属于职位权力，模范权和专长权属于个人权力。惩罚权虽然可以使下级由于恐惧而表现出顺从，但这种顺从只是留存于表面的、暂时的，而心里不一定受到长远的影响。企业中，往往有管理者为了将这种表面的顺从维系得更长久，时常监督下级是否照他的指示去做，采用经常性监工的做法。奖赏权是采取奖励的办法来让人们做出所需要的行为。其效果当然要比惩罚之后出来的效果好，可以增加领导者对下级的影响，当然如果效果突出，可以大大地提高工作效率，但这种办法的激励作用要视情况而定，不能用的太勤，否则会起到弱化效果的作用。奖赏权不利的一面是容易引起激励失调，能够直接影响的是员工的工作心态以及对组织的信心，过分使用这种权力还容易形成人们对物质的依赖心理，出现拜金主义。合法权是指下级基于对某种角色的习惯，往往会出现对某个角色框架的认同、社会意识和某种责任感引起的服从，但这种服从不能导致较高的工作水平和个人满意度。下级接受这种权力还因为只有这样才会得到领导者的赞扬，大家的接纳和认可，满足安全和亲和的要求。模范权和专长权一般都能引起公开和私下的顺从，内心的信服，由此而来的影响力也是很长远的，依靠的是领导者的个人魅力，赢得更多人的认同。

三、人性假设

要想对下级实施正确的领导，必须具备一个前提——正确地认识和对待下级。所有领导者必须回答一个共同的问题：人性的本质是什么？这就是所谓的"人性的假设"。

关于人性假设的理论是很多的，归纳起来有 5 种，即经济人假设、社会人假设、自我实现人假设、复杂人假设和观念人假设。

1. 经济人假设

经济人假设即麦格雷戈提出的 X 理论，是总结了以往管理者对员工的看法后提出来的。这个观点认为，多数人都是懒惰的，他们不喜欢工作，他们尽可能地逃避工作，别人交与的工作更多的时候是表现出抵触的情绪。多数人都没有什么雄心壮志，也不喜欢负什么责任甚至是推卸责任，而宁可让别人领导。多数人的个人目标与组织目标都是矛盾的，为了达到组织目标必须靠外力严加管制。多数人都是缺乏理智的，不能克制自己，很容易受别人影响。多数人都是为了满足基本的生理需要和安全需要，所以他们将选择那些在经济上获利最大的事去做。人群大致分为两类，多数人符合上述假设，少数人能管制约束自己，这部分人应当负起管理的责任。

针对经济人的假设，管理人员相应的管理方式应当为：管理人员关心的是如何提高劳动率，完成任务情况如何，主要职能的具体使用。管理人员主要是应用职权，发号施令，采用的管理特点是萝卜加大棒的管理模式。使对方服从，让人适应工作和组织的要求。而不考虑在情感上和道义上如何给人以尊重。强调严密的组织和制定具体的规范和工作制度，如工时定额、技术规程等。应以金钱报酬来收买员工的效力和服从。

胡萝卜加大棒的方法一方面靠金钱物质方面的刺激，另一方面靠严格的监管、监督和惩罚迫使员工为了实现组织的目标而努力工作。泰勒制就是这类管理的典型代表。这种经济人观点目前在西方资本主义国家已经过时了。但是由于这种管理方式对人的管理是比较简单的模式，所以一些现代企业苦于人本化管理的诸多复杂的方式方法，甚至有的效果也不是很理想，有管理者就呼吁"让我们回到泰勒制去吧"，当然是回不去的，这种管理方法已经不符合现代企业的管理要求了。

2. 社会人假设

社会人假设是将人看做社会人，是根据梅奥进行的霍桑试验提出来的。社会人是人在进行工作时将物质利益看成次要的因素，人们最重视的是和周围人的人际交往，有良好的人际归属，满足社会和归属的需要。

社会人假设的基本内容是：交往的需要是人们行为的主要动机，也是人与人的关系形成整体感的主要因素。工业革命所带来的专业分工和机械化的结果，使劳动本身失去了许多内在的含义，传送带、流水线以及简单机械的动作使人失去了工作的动力，因此只能从工作的社会意义上寻求安慰。工人与工人之间的关系所形成的影响力，比管理部门所采取的管理措施和奖励具有更大的影响。管理人员应当满足职工归属、交往和友谊的需要，工人的效率随着管理人员满足他们社会需要的程度的增加而提高。

由此假设所产生的管理措施为：作为管理人员不能只把目光局限在完成任务上，而应当注意对人关心、体贴、爱护和尊重，建立相互了解、团结融洽的人际关系和友好的感情。管理人员在进行奖励时，应当注意集体奖励，而不能单纯采取个人奖励。管理人员的作用由计划、组织、经营、指引和监督变成上级和下级之间的中间人，应当经常了解工人感情，听取工人意见并向上级发出呼吁。根据这个理论，美国企业中实行了一项专门的计划，即提倡劳资结合，利润共享，其中除了建立劳资联合委员会，发动群众提建议外，主要是将超额利润按原工资比例分配给大家，以谋取良好的人际关系。这项计划收到了较好的效果。

3. 自我实现人假设

自我实现人假设又称 Y 理论，也是由麦格雷戈提出来的。它是以马斯洛的层次需要论和阿吉累斯（Chris Argyris）的成熟不成熟论为基础的。

麦格雷戈在仔细研究了这种成熟不成熟理论和层次需求理论后，提出了 Y 理论，该理论的主要内容是：工作中的体力和脑力的消耗就像游戏或休息一样自然，厌恶工作并不是人的本性，工作可能是一种满足，因而自愿去执行；也可以是一种处罚，因而只要可能就想逃避。外来的控制和处罚，并不是使人们努力达到组织目标的唯一手段。它甚至对人是一种威胁和阻碍，并放慢了人成熟的脚步。人们愿意实现自我管理和自我控制来完成应当完成的目标。人的自我实现的要求和组织要求的行为之间是没有矛盾的。如果给人提供适当的机会，就能将个人目标和组织目标统一起来。普通人在适当条件下，不仅学会了接受职责，而且还学会了谋求职责。逃避责任、缺乏抱负以及强调安全感，通常是经验的结果，而不是人的本性。大多数人，而不是少数人，在解决组织的困难问题时，都能发挥较高的想象力、聪明才智和创造性。

自我实现人假设的相应的管理措施为：管理经济人的重点放在工作上，放在计划、组织和监督上；管理社会人主要是建立良好的人际关系，搭建良好的工作交流平台，而管理自我实现人应重在创造一个使人得以发挥才能的工作环境，此时的管理者是起辅助者的作用，给予支援和帮助。无论是经济人还是社会人的假设，其激励都是来自金钱和人际关系等外部因素。对自我实现人主要是给予来自工作本身的内在激励，让他担当具有挑战的工作，担负更多的责任，促使其做出贡献，满足其自我实现的需要。在管理制度上给予工人更多的自主权，实现自我控制。

4. 复杂人假设

复杂人假设内容主要是：人最基本的需要分为五大类，这些需要不仅是复杂的，而且会根据不同的发展阶段、不同的生活条件和环境而改变，随着时间的推移，需求也会发生变化。人在同一个时间和空间内会有多种需要和动机。人由于在组织中生活，可以产生新的需要和动机。在人的生活的某一特定阶段和时期，其动机是内部的需要和外部环境相互作用而形成的。在不同的组织或同一组织的不同部门、岗位工作时会形成不同的动机。是否感到满足或是否表现出献身精神，决定于员工本身的动机构造及他跟组织之间的相互关系。工作能力、工作性质、与同事相处的状况皆可以影响他的积极性。由于人的需要是各不相同的，能力也是有差别的，因此对不同的管理方式每个人的反应是不一样的，没有一套适合任何时代、任何人的普遍的管理方法。

这个假设没有要求采取和上述假设完全不同的管理方法，而只是要求了解每个人的个别差异。对不同的人，在不同的情况下采取不同的管理措施。

5. 观念人假设

马克思主义认为，人是自然属性、社会属性和思维属性三者的辩证统一，而且统一在人的实践活动之中。

四、领导理论

1. 三种极端理论

研究领导作风最早是由心理学家勒温（P. Lewin）进行的，他认为存在着 3 种极端的领导工作作风，即专制作风、民主作风和放任作风。他通过实验研究不同的工作作风对下属群体行为的影响，发现其中的联系。

专制作风的领导是指以权力服人，即靠权力和强制命令让人服从。

民主作风的领导人，是指那些以理服人，以身作则的领导人。他们使每个人做出自觉的有计划的努力，各施其长，各尽所能，分工合作。

放任的领导作风，是指工作事先无布置，事后无检查，权力完全给个人，毫无规章制度可循。

　　勒温根据试验认为专制作风的领导虽然通过严格管理达到了工作目标，但群体成员没有责任感，情绪消极，士气低落，争吵较多。放任自流的领导作风工作效率最低，只达到社交目标，而完不成工作目标。民主领导作风工作效率最高，不但完成工作目标，而且群体成员关系融洽，工作主动积极，有创造性。如图 6-1 所示。

图 6-1　勒温三种极端领导作风类型

2. 连续统一体理论

　　1958 年坦南鲍姆（R. Tannenbaum）和沃伦·施密特（Warren H. Schmidt）提出了领导行为连续统一体理论。他们认为，经理们在决定何种行为（领导作风）最适合处理某一问题时常常产生困难。他们不知道是应该自己作出决定还是授权给下属作决策。为了使人们从决策的角度深刻认识领导作风的意义，他们提出了下面这个连续统一体模型。

　　连续统一体理论从权力的理解划分出多种领导行为，这对我们研究领导方式是有帮助的。但是把独裁和以工作为重、民主和以关系为重联系在一起并且等同起来，将工作为重与关系为重、将领导的职权与下属的自由度互相对立起来，而且仅从领导的决策过程、群众的参与程度来划分领导方式，这些都是不全面的。中间的领导行为过程还很多，但最基本的是如何将权利和自由度充分表现出来。

　　以下为 7 种不同的领导模式，当然如果细分，也可以将领导风格模式分成更多的中间状态。下面就以图 6-2 所示为例，来说明各个中间领导模式的基本特征。

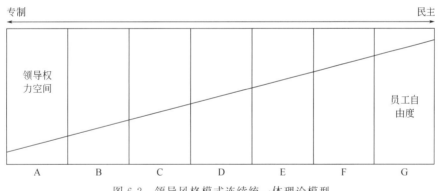

图 6-2　领导风格模式连续统一体理论模型

　　A 领导者作出决策并宣布实施。在这种模式中，领导者确定一个问题，并考虑各种可供选择的方案，从中选择一种，然后向下属宣布执行，不给下属直接参与决策的机会。

　　B 领导者说服下属执行决策。在这种模式中，同前一种模式一样，领导者承担确认问题和作出决策的责任。但他不是简单地宣布实施这个决策，而是认识到下属中可能会存在反对意见，于是试图通过阐明这个决策可能给下属带来的利益来说服下属接受这个决策，消除下属的反对。

　　C 领导者提出计划并征求下属的意见。在这种模式中，领导者提出了一个决策，并希望下属接受这个决策，他向下属提出一个有关自己的计划的详细说明，并允许下属提出问题。这样，下属就能更好地理解领导者的计划和意图，领导者和下属能够共同讨论决策的意义和作用。

　　D 领导者提出可修改的计划。在这种模式中，下属可以对决策发挥某些影响作用，但确认和分析问题的主动权仍在领导者手中。领导者先对问题进行思考，提出一个暂时的可修改的计划。并把这个暂定的计划交给有关人员征求意见。

E 领导者提出问题，征求意见作决策。在以上几种模式中，领导者在征求下属意见之前就提出了自己的解决方案，而在这个模式中，下属有机会在决策作出以前就提出自己的建议。领导者的主动作用体现在确定问题，下属的作用在于提出各种解决的方案，最后，领导者从自己和下属所提出的解决方案中选择一种他认为最好的解决方案。

F 领导者界定问题范围，下属集体作出决策。在这种模式中，领导者已经将决策权交给了下属的群体。领导者的工作是弄清所要解决的问题，并为下属提出作决策的条件和要求，下属按照领导者界定的问题范围进行决策。

G 领导者允许下属在上司规定的范围内发挥作用。这种模式表现了极度的团体自由。如果领导者参加了决策的过程，他应力图使自己与团队中的其他成员处于平等的地位，并事先声明遵守团体所作出的任何决策。

在上述各种模式中，坦南鲍姆和施密特认为，不能抽象地认为哪一种模式一定是好的，哪一种模式一定是差的。成功的领导者应该是在一定的具体条件下，善于考虑各种因素的影响，采取最恰当行动的人。当需要果断指挥时，他应善于指挥；当需要员工参与决策时，他能适当放权。领导者应根据具体的情况，如领导者自身的能力、下属及环境状况、工作性质、工作时间等，适当选择连续体中的某种领导风格，才能达到领导行为的有效性。

但坦南鲍姆和施密特的理论也存在一定的不足，这就是他们将影响领导方式的因素即领导者、下属和环境看成是既定的和不变的，而实际上这些因素是相互影响、相互作用的，他们对影响因素的动力特征没有足够的重视，同时在考虑环境因素时主要考虑的是组织内部的环境，而对组织外部的环境以及组织与社会环境的关系缺乏重视。

3. 领导行为四分图

领导行为四分图理论是由美国俄亥俄州立大学的领导行为研究者们在 1945 年提出来的，他们列出了一千多种刻画领导行为的因素，通过高度概括归纳为两个方面：着手组织和体贴精神。所谓着手组织是指领导者规定他与工作群体的关系，建立明确的组织模式、意见交流渠道和工作程序的行为。它包括设计组织机构、明确职责、权力、相互关系和沟通办法，确定工作目标与要求，制定工作程序、工作方法与制度。所谓体贴精神是建立领导者与被领导者之间的友谊、尊重、信任关系方面的行为。它包括尊重下属的意见，给下属比较多的工作主动权，体贴他们的思想感情，注意满足下属的需要，平易近人，平等待人，关心群众，作风民主。

研究结果认为，领导者的行为是组织与体贴精神两个方面的任意组合，即可以用两个坐标的平面组合来表示。用四个象限来表示四种类型的领导行为，它们是：高体贴与高组织，低体贴与低组织，低体贴与高组织，高体贴与低组织。这就是所谓的"领导行为四分图"理论。

根据研究，组织与体贴精神不是一个连续带的两个端点，不是注重了一个方面必须忽视另一方面，领导者的行为可以是这两个方面的任意结合，即可以用两个坐标的平面组合来表示。如图 6-3 所示，这是用两个坐标表示领导行为的

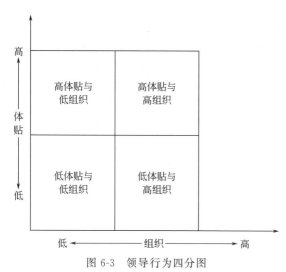

图 6-3　领导行为四分图

初次尝试，为今后进行领导行为研究指出了一种途径。到底哪种领导行为效果好呢？结论是不肯定的。

4. 管理方格理论

布莱克（Robert. R. Blake）和莫顿（Jane S. Moaton）在俄亥俄州立大学提出的领导行为四分图的基础上，提出了管理方格图。他们将四分图中的体贴改为对人的关心度，将组织改为对生产的关心度，将这两类领导行为的坐标划分为9等份，形成81个方格（图6-4）。评价管理人员时，就按照他们这两方面的行为寻找交叉点。领导者在纵轴的位置

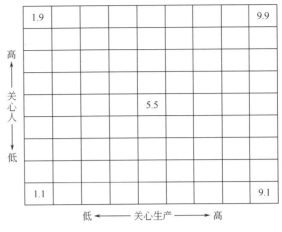

图 6-4　管理方格图

越高，表示他对人越关心，纵轴9的位置领导者对人最为关心。领导者在横轴的位置越靠右，表示他对生产工作越重视，横轴9的位置领导者对生产最为重视。

布莱克和莫顿在管理方格中列出了以下5种典型的领导方式。

（1）1.1方式为贫乏式的管理　即用最少的努力来完成任务和维持人际关系，对员工对生产都不关心。这种贫乏型的管理者，对人对生产都不能做到很高效的管理。

（2）1.9方式为乡村俱乐部式的管理　即把对人的管理放到最重的位置，充分注意搞好人际关系，形成和谐的组织气氛，但生产任务得不到关心。这种类型的管理者与美国城市边缘的乡村俱乐部的风格一致。对人关心，对工作不关心。

（3）9.1方式为任务导向型的管理　管理者可以有效地组织与安排生产，而将个人因素的干扰减少到最低程度，以求得效率。只关心生产，不关心人。经常见到的跨国公司的CEO属于这个领导风格。

（4）9.9方式为团队式管理　也称之为战斗集体型的管理。即对生产和人都极为关心，生产任务完成得很好，职工关系和谐，士气高涨，职工利益与企业目标互相结合，大家齐心协力地完成任务。经常见到的是日本一些企业的管理者，属于这种领导风格，对人对工作任务都极为关心。往往可以将双方面的各项资源调整到最优，生产效率极大提升。

（5）5.5方式为中间路线式的管理　即对人与生产都有适度的关心，保持工作与满足人们需要的平衡，既有正常的效率完成工作任务，又保持一定的士气。我国的管理者多数都属于这种类型。这种管理风格也称为中庸型领导风格。

这种管理方格理论，对于培养有效的管理者是有用的工具，它提供了一个衡量管理者所处领导形态的模式，使管理者较清楚地认识到自己的领导方式，并指出改造的方向。

5. 费德勒模型

费德勒（F. E. Fiedler）认为任何领导方式均可能有效，其有效性完全取决于所处的环境是否适应。他在大量研究的基础上提出了有效领导的权变模型。

影响领导风格取向的环境因素主要有下列3个。

（1）领导者和下级的关系　即领导者是否受到下级的喜爱、尊重和信任，是否能吸引并使下级愿意追随他。

（2）职位权力　即领导者所处的职位能提供的权力和权威是否明确、充分，在上级和整

个组织中所得到的支持是否有力，对雇佣、解雇、纪律、晋升和增加工资的影响程度大小。

（3）任务结构　指工作团体要完成的任务是否明确，有无含糊不清之处，其规划和程序化程度如何。

费德勒用到了一种被称为"你最不喜欢的同事"（LPC）的问卷调查来反映和测定领导者的领导风格。一个领导者如对其最不喜欢的同事仍能给予好的评价，即被认为对人宽容、体谅、提倡人与人之间的友好关系，是关心人的领导。如果对其最不喜欢的同事给予低评价，则被认为是惯于命令和控制，不是关心人而更多的是关心任务的领导。

如图 6-5，通过对费德勒的三方面领导风格取向的影响因素分析比较，可以得到 8 种情景，通过对 8 种情景的分析可以明确两种领导的风格取向：任务导向型、关系导向型。

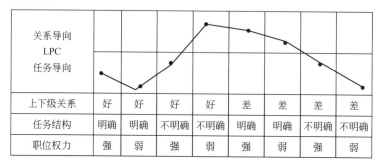

关系导向 LPC 任务导向								
上下级关系	好	好	好	好	差	差	差	差
任务结构	明确	明确	不明确	不明确	明确	明确	不明确	不明确
职位权力	强	弱	强	弱	强	弱	强	弱

图 6-5　费德勒模型

6. 领导的生命周期理论

美国学者卡曼（A. K. Korman）提出了领导的生命周期理论。这个理论指出了有效的领导者所采取的领导形态和被领导者的成熟度有关，当被领导者的成熟度高于平均以上时应采用低关系、低工作；当被领导者成熟度一般时，应采用高关系、高工作或高关系、低工作；当被领导者成熟度低于平均水平以下时应采用低关系、高工作。

图 6-6 所指的成熟度是指工作成熟度、心理和人格上的成熟。

五、领导者素质

（一）西方的领导特性理论

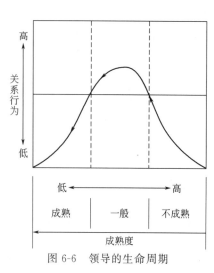

图 6-6　领导的生命周期

美国普林斯顿大学包莫尔（W. J. Baumol）提出了作为一个企业家应具备的 10 个条件，颇具代表性。

（1）合作精神　愿意跟其他员工一起工作，通过协作，共同完成某项目标，能赢得人们的合作，对人不是压服，而是感动和说服。

（2）决策能力　依赖事实进行决策，具有高瞻远瞩的能力。

（3）组织能力　善于组织人力、物力和财力。

（4）精于授权　能大权独揽，小权分散。

（5）善于应变　机动灵活，善于进取。

（6）敢于求新　对新事物、新环境和新观念有敏锐的感受能力。

（7）勇于负责　有高度的责任心。

（8）敢担风险　敢于承担企业发展风险，有创造新局面的雄心和信心。

（9）尊重他人　重视和采纳别人意见。

（10）品德高尚　品德上为员工所敬仰。

（二）在中国领导者应具备的素质

我国优秀的领导者应具备的素质包括五大方面，即良好的政治素质、思想素质、知识素质、心理素质和能力素质。

1. 政治素质

能坚持四项基本原则，坚持改革开放，自觉按党的路线、方针、政策办事，自觉地维护人民利益、国家利益。

2. 思想素质

应大力更新观点，树立与市场经济相联系的现代意识：商品经济意识、市场竞争意识、效率效益意识、开拓创新意识、风险意识、服务意识、诚信意识、法制意识。

3. 知识素质

（1）基础科学知识　所谓基础知识指高中毕业生的知识水准，这是领导者最起码的知识基础，包括语文、外语、数学、物理、化学、生理、历史、地理等。

（2）人文知识、社会知识　各级领导者都应丰富自己的人文社会知识。特别是关于哲学、政治、文化、道德、法律和历史方面的知识，以确保作出正确的决策，并有效地加以实施。

（3）科学技术知识　领导者应力求在自己从事的领域中成为专家，又要有比专家更广博的知识面。因为知识就是生产力。

（4）管理知识　现代管理理论是一切领导者的必学科目，在实践中创造性地应用管理知识，就会形成独具特色的领导艺术。

4. 心理素质

具备心理学方面的基本知识和技能，能够运用心理学知识进行良好的人际关系管理。

5. 能力素质

公司中，不同职位对人员素质能力的要求差别很大，如图6-7所示。高层管理者要求很强的决策能力和丰富的管理知识；中层管理者要求很强的管理能力和一定的决策能力；而基层管理者则要求很强的操作知识和能力。

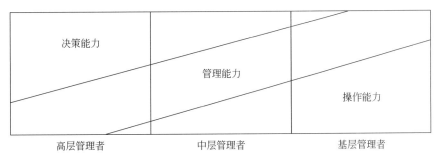

图6-7　管理者不同层级能力要求简图

那么如何做一名优秀的领导者呢？下面我们就用一个实例看一下。

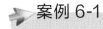
案例6-1

做领导有许多方法。每个领导人是形形色色的，都会给下属不同的"规矩"清单。许多企业家、经理人总会问一些如何当领导者的问题："领导者实际干什么?"以及"如何能做个出色的领导者?"这些问题，可以看看杰克·韦尔奇总结的八大"领导规则"。

① 领导者要不屈不挠地提升团队的水准，利用每一个机会去评估、指导以及建立员工的自信。

通常拥有最优秀人才的团队才能取胜。这就是为什么身为领导者的你需要在这三方面投入大量的时间和精力：

你必须评估——确保将适当的人放在合适的岗位，淘弱留强，提升强者；

你必须指导——指引、批评及帮助下属在每一个层面的进步；

最后，你必须建立自信——大量鼓励、关心及奖赏。自信能给予下属力量去发挥潜能，并愿意创新以超越梦想，这正是成功团队的动力。

通常，管理层认为评估表现应该是年终考核。其实不然。评估应是每日进行的，融入正常工作的方方面面。拜访客户是评估销售力量的好机会；视察工厂是碰到有前途的新管理人的机会；开会期间的咖啡时间是教导团队成员如何首次重大陈述的渠道。把你自己看作是园丁，一手拿着水壶，一手拿着肥料。有时候你要清除杂草，但更多的时候你只是上肥及照顾，然后看看开花的结果。

② 领导者要确保众人不仅有抱负，还要生活在抱负中。

领导者必须为团队确立目标，并且必须使目标清晰具体。如何才能做到这一点？不要信口开河。目标不能模糊不清以至难以实现。你必须经常向每个人谈论团队的目标。常见的一个问题是，领导者与关系密切的同事就目标进行沟通，而目标从未下达到身处第一线的员工。

如果你希望下属为目标而活，当他们做到这一点时就"给他们看到奖赏"。这奖赏可以是工资和奖金，也可以是当众的表扬。

③ 领导者渗入每个人的皮肤，让人焕发出冲劲与乐观主义。

一个乐观愉快的管理者会带领一个开心的团队，而一个牢骚满腹的领导者则会令下属愁眉不展，后者要争取成功往往很难。

④ 领导者以诚恳、透明和信誉建立信任。

你的下属应该永远知道自己所处的位置，必须了解公司的真正情况。可能有坏消息，如即将裁员等。不应避而不谈，否则你将失去团队的信任和干劲。

优秀的领导者从不偷取别人的点子当自己的功劳。他们之所以不媚上压下，就是因为他们成熟自信，明白自己团队的成功迟早会让自己得到认可。情况不佳，领导者承担责任；情况好时，领导者乐于将赞美分给员工。

⑤ 领导者有勇气作出不讨好的艰难决定。

有时你必须作出艰难的决定：请人离职、削减一项计划的经费或者关闭厂房。显然，这些决定往往带来投诉和抗议。你的工作是聆听及解释清楚，然后继续前行；你不是要受人欢迎，而是要领导。不要当自己正在参选，因为你已经当选。

⑥ 领导者问最尖锐的问题，要求下属付诸行动。

把自己当成全公司最愚蠢的人，在谈到任何提议、决定或者市场信息时提出"为什么""为什么不"以及"假如"的问题。不过，光是提问是不够的，要确保提问能够引发讨论，最后付诸行动。

⑦ 领导者以身作则，启发员工有创新精神。

这两个概念通常是说起来容易做着难。太多的经理人敦促下属尝试新事物，当他们失败时，就严厉批评他们。如果你想让你的下属勇于尝试，就要以身作则，尽可能保证下属不怕犯错。

至于学习，你要再次以身作则。虽然你身居要职，但并不表示你样样精通。如果你吸收了一些新知识，并勇于试行，会令你的员工感到满意。

⑧ 领导者要常常与下属庆祝成功。

不要怕玩得太开心而使员工不再努力工作。相反，工作上的庆祝永远不够。庆祝的作用是制造认同的气氛及正面的力量。设想，一支棒球队赢得联赛冠军后却没有开香槟酒庆祝，大家又怎么来表示成功的喜悦呢。做得好时要好好庆祝，若你不这样做，便没有人会庆祝。

所以，"关于领导者是天生的还是后天努力而成的"这个问题，回答是：两者都有。有些特质，如智商和精力，看上去是结伴而行。在另一方面，有些领导技巧是你在学校、读书、做学问时学会的，如自信。你在工作时候学到另一些东西——勇于尝试，从失败中吸取经验，从成功中获得信心而再次尝试。只有这样，你才会越来越棒！

（摘自管理视界 2008 年度期刊）

第二节　激　　励

一、激励概念

激励（Motivation），意思是激发和鼓励。管理活动中，可把激励定义为调动人们积极性的过程。进一步解释为，为了特定的目的而去影响人们的内在需要和动机，从而强化、引导或改变人们行为的反复过程。它可以被认为是一种心理的力量，一种心态的调整，决定了组织中的人的行为方向、努力程度以及在困难面前的耐力。

在理解激励的含义时应注意以下几个要点。

① 激励的出发点是满足员工的各种需要；

② 激励必须贯穿于员工工作的全过程；

③ 激励过程是各种激励手段综合运用的过程；

④ 激励的最终目的是组织目标与个人目标的统一。

激励是一项针对人的行为、动机而进行的工作。为进行有效的激励，收到预期的效果，管理者必须了解员工的行为规律，了解员工的行为是如何产生的，产生以后会发生何种影响和变化，这种影响和变化的过程及条件有什么特点等。

行为科学指出，人的动机决定行为，而人的需要引起人的动机。当人们有了某种需要未得到满足，就会处于一种紧张不安的状态中，从而成为做某件事的内在驱动力。心理学上把这种驱动力叫做动机。动机产生以后，人们就会寻找能够满足需要的目标，一旦目标确定，就会进行满足需要的活动。活动的结果如果未使需要得到满足，则会出现以下三种情况：①保持目标不变，重新努力；②降低原定目标要求；③变更原定目标，从事别种活动，以满足相同或类似的需要。如果活动的结果使需要得到满足，则人们往往会被成功所鼓舞，产生新的需要和动机，确定新的目标，进行新的活动。因此，从需要到目标，人的行为过程是一个周而复始、不断循环、不断升华的过程。

人的需要、动机、行为、目标之间的关系，可以从图 6-8 中清晰地反映出来。

二、激励理论

激励是一个复杂的概念，人们可以从很多不同的角度来认识它，由此形成不同的激励

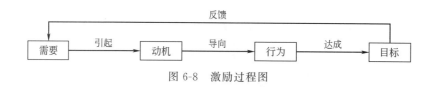

图 6-8　激励过程图

理论。

（一）马斯洛需求层次理论

亚伯拉罕·马斯洛（Abraham Harold Maslow，1908～1970）出生于纽约市布鲁克林区。美国社会心理学家、人格理论家和比较心理学家，人本主义心理学的主要发起者和理论家，心理学第三势力的领导人。1926 年入康奈尔大学，三年后转至威斯康星大学攻读心理学，在著名心理学家哈洛的指导下，1934 年获得博士学位。之后，留校任教。1935 年在哥伦比亚大学任桑代克学习心理研究工作助理。1937 年任纽约布鲁克林学院副教授。1951 年被聘为布兰戴斯大学心理学教授兼系主任。1969 年离任，成为加利福尼亚劳格林慈善基金会第一任常驻评议员。第二次世界大战后转到布兰戴斯大学任心理学教授兼系主任，开始对健康人格或自我实现者的心理特征进行研究。曾任美国人格与社会心理学会主席和美国心理学会主席（1967），是《人本主义心理学》和《超个人心理学》两个杂志的首任编辑。（图片摘自 MBA 智库百科）

马斯洛在 1943 年发表的《人类动机的理论》（A Theory of Human Motivation Psychological Review）一书中提出了需求层次论。把需求分成生理需求、安全需求、社交需求、尊重需求和自我实现需求五类，依次由较低层次到较高层次（图 6-9）。

每个人都潜藏着这五种不同层次的需要，但在不同的时期表现出来的各种需要的迫切程度是不同的。人的最迫切的需要才是激励人行动的主要原因和动力。人的需要是从外部得来的满足逐渐向内在得到的满足转化。低层次的需要基本得到满足以后，它的激励作用就会降低，其优势地位将不再保持下去，高层次的需

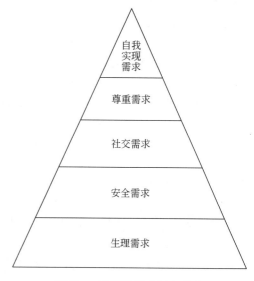

图 6-9　马斯洛需求层次理论

要会取代它成为推动行为的主要原因。有的需要一经满足，便不能成为激发人们行为的起因，于是被其他需要取而代之。各层次需要的基本含义如下。

1. 生理需求

这是人类维持自身生存的最基本要求，包括饥、渴、衣、住、性方面的要求。如果这些需要得不到满足，人类的生存就成了问题。在这个意义上说，生理需要是推动人们行动的最强大的动力。马斯洛认为，只有这些最基本的需要满足到维持生存所必需的程度后，其他的

需要才能成为新的激励因素，这些已相对满足的需要也就不再成为激励因素了。

2. 安全需求

这是人类要求保障自身安全、摆脱事业和丧失财产威胁、避免职业病的侵袭、接受严酷的监督等方面的需要。马斯洛认为，整个有机体是一个追求安全的机制，人的感受器官、效应器官、智能和其他能量主要是寻求安全的工具，甚至可以把科学和人生观都看成是满足安全需要的一部分。当然，当这种需要一旦相对满足后，也就不再成为激励因素了。

3. 社交需求

这一层次的需要包括两个方面的内容。一是友爱的需要，即人人都需要伙伴之间、同事之间的关系融洽或保持友谊和忠诚；人人都希望得到爱情，希望爱别人，也渴望接受别人的爱。二是归属的需要，即人都有一种归属于一个群体的感情，希望成为群体中的一员，并相互关心和照顾。感情上的需要比生理上的需要细致，它和一个人的生理特性、经历、教育、宗教信仰都有关系。

4. 尊重需求

人人都希望自己有稳定的社会地位，要求个人的能力和成就得到社会的承认。尊重的需要又可分为内部尊重和外部尊重。内部尊重是指一个人希望在各种不同情境中有实力、能胜任、充满信心、能独立自主。总之，内部尊重就是人的自尊。外部尊重是指一个人希望有地位、有威信，受到别人的尊重、信赖和高度评价。马斯洛认为，尊重需要得到满足，能使人对自己充满信心，对社会满腔热情，体验到自己活着的用处和价值。

5. 自我实现需求

这是最高层次的需要，它是指实现个人理想、抱负，发挥个人的能力到最大程度，完成与自己的能力相称的一切事情的需要。也就是说，人必须干称职的工作，这样才会使他们感到最大的快乐。马斯洛提出，为满足自我实现需要所采取的途径是因人而异的。自我实现的需要是在努力实现自己的潜力，使自己越来越成为自己所期望的人物。

不同的人，各层次需要的强烈程度不一样，如图 6-10 所示。

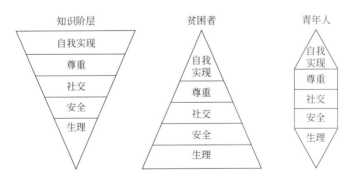

图 6-10　几种需要层次对应的人群特征

五种需要像阶梯一样从低到高，按层次逐级递升，但这样次序不是完全固定的，可以变化。甚至针对不同环境下的人，他的心理需求的状态也会有所侧重，出现种种例外情况。

一般来说，某一层次的需要相对满足了，就会向高一层次发展，追求更高一层次的需要就成为驱使行为的动力。相应的，获得基本满足的需要就不再是一股激励力量。

五种需要可以分为高低两级，其中生理上的需要、安全上的需要和社交上的需要都属于低一级的需要，这些需要通过外部条件就可以满足；而尊重的需要和自我实现的需要是高级需要，他们是通过内部因素才能满足的，而且一个人对尊重和自我实现的需要是无止境的。同一时期，一个人可能有几种需要，但每一时期总有一种需要占支配地位，对行为起决定作用。任何一种需要都不会因为更高层次需要的发展而消失。各层次的需要相互依赖和重叠，高层次的需要发展后，低层次的需要仍然存在，只是对行为影响的程度大大减小。

马斯洛和其他的行为科学家都认为，一个国家多数人的需要层次结构，是同这个国家的经济发展水平、科技发展水平、文化和人民受教育的程度直接相关的。在不发达国家，生理需要和安全需要占主导的人数比例较大，而高级需要占主导的人数比例较小；而在发达国家，则刚好相反。在同一国家不同时期，人们的需要层次会随着生产水平的变化而变化。

马斯洛的需求层次理论，在一定程度上反映了人类行为和心理活动的共同规律。马斯洛从人的需要出发探索人的激励和研究人的行为，抓住了问题的关键；马斯洛指出了人的需要是由低级向高级不断发展的，这一趋势基本上符合需要发展规律。因此，需要层次理论对企业管理者如何有效地调动人的积极性有启发作用。

但是，马斯洛是离开社会条件、离开人的历史发展以及人的社会实践来考察人的需要及其结构的。其理论基础是存在主义的人本主义学说，即人的本质是超越社会历史的、抽象的"自然人"，由此得出的一些观点就难以适合其他国家的情况。

（二）赫茨伯格双因素理论

赫茨伯格是美国心理学家、管理理论家、行为科学家，双因素理论的创始人。

赫茨伯格曾获得纽约市立学院的学士学位和匹兹堡大学的博士学位，以后在美国和其他30多个国家从事管理教育和管理咨询工作，是犹他大学的特级管理教授，曾任美国凯斯大学心理系主任。在激励因素取得成功以后，经过一段时间的间歇，赫茨伯格回到了与他于1968年在《哈佛商业评论》杂志上发表过的一篇论文的争论上，这篇论文的题目是："再问一次，你如何激励员工？"重印后共售出100万份的成绩使其成为该刊有史以来最受欢迎的文章。赫茨伯格还在各种学术刊物上发表了《再论如何激励员工》等100多篇论文。在美国和其他30多个国家，他多次被聘为高级咨询人员和管理教育专家。访问主要围绕两个问题：在工作中，哪些事项是让他们感到满意的，并估计这种积极情绪持续多长时间；又有哪些事项是让他们感到不满意的，并估计这种消极情绪持续多长时间。（图片摘自 MBA 智库百科）

赫茨伯格认为传统的满意与不满意观点是不正确的，满意的对立面应当是没有满意；不满意的对立面应当是没有不满意，如图 6-11 所示。

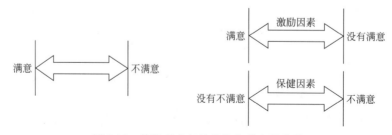

图 6-11　传统观点与赫茨伯格观点的比较

20 世纪 50 年代末期，他和同事们对匹兹堡附近一些工商业机构的约 200 位专业人士作了一次调查。在调查访问后他发现，使职工感到满意的都是属于工作本身或工作内容方面的；使职工感到不满的，都是属于工作环境或工作关系方面的。他把前者叫做激励因素，后者叫做保健因素。

赫茨伯格的双因素理论与马斯洛的需求层次理论有相似之处（图 6-12）。保健因素相当于马斯洛提出的生理需要、安全需要、社交需要等较低级的需要；激励因素则相当于受人尊敬的需要、自我实现的需要等较高级的需要。当然，他们的具体分析和解释是不同的。但是，这两种理论都没有把"个人需要的满足"同"组织目标的达到"这两点联系起来。

保健因素的满足对职工产生的效果类似于卫生保健对身体健康所起的作用。保健从人的环境中消除有害于健康的事物，它不能直接提高健康水平，但有预防疾病的效果；它不是治疗性的，而是预防性的。保健因素包括公司政策、管理措施、监督、人际关系、物质工作条件、工资、福利等。当这些因素恶化到人们认为可以接受的水平以下时，就会产生对工作的不满意。但是，当人们认为这些因素很好时，它只是消除了不满意，并不会导致积极的态度，

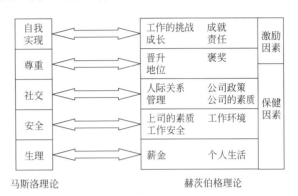

图 6-12　马斯洛需求层次理论与赫茨伯格
双因素理论的关系

这就形成了某种既不是满意、又不是不满意的中性状态。那些能带来积极态度、满意和激励作用的因素就叫做"激励因素"，这是那些能满足个人自我实现需要的因素，包括：成就、赏识、挑战性的工作、增加的工作责任以及成长和发展的机会。如果这些因素具备了，就能对人们产生更大的激励。从这个意义出发，赫茨伯格认为传统的激励假设，如工资刺激、人际关系的改善、提供良好的工作条件等，都不会产生更大的激励；它们能消除不满意，防止产生问题，但这些传统的"激励因素"即使达到最佳程度，也不会产生积极的激励。按照赫茨伯格的意见，管理当局应该认识到保健因素是必需的，不过它一旦使不满意中和以后，就不能产生更积极的效果。只有"激励因素"才能使人们有更好的工作成绩。

赫茨伯格和他的助手们又对各种专业性和非专业性的工业组织进行了多次调查，他们发现，由于调查对象和条件的不同，各种因素的归属有些差别，但总的来看，激励因素基本上都是属于工作本身或工作内容的，保健因素基本都是属于工作环境和工作关系的。但是，赫茨伯格注意到，激励因素和保健因素都有若干重叠现象，如赏识属于激励因素，基本上起积极作用；但当没有受到赏识时，又可能起消极作用，这时又表现为保健因素。工资是保健因素，但有时也能产生使职工满意的结果。

（三）弗鲁姆的期望理论

维克托·弗鲁姆（Victor H. Vroom）：期望理论的奠基人，国际管理学界最具影响力的科学家之一，著名心理学家和行为科学家，国际著名管理大师。早年于加拿大麦吉尔大学先后获得学士及硕士学位，后于美国密歇根大学获博士学位。他曾在滨州大学和卡内基—梅隆大学执教，并长期担任耶鲁大学管理学院"约翰塞尔"讲座教授兼心理学教授。曾任美国管理学会（AOM）主席，美国工业与组织心理学会（STOP）会长。

维克托·弗鲁姆教授 1998 年获美国工业与组织心理学会卓越科学贡献奖，2004 年获美国管理学会卓越科学贡献奖。弗鲁姆教授曾为大多数全球 500 强公司做过管理咨询，其中包

括 GE 集团、联邦快递、贝尔实验室、微软等跨国巨头。（图片摘自 MBA 智库百科）

他深入研究组织中个人的激励和动机，率先提出了形态比较完备的期望理论模式，基本内容如下。

弗鲁姆认为，某一活动对某人的激发力量，取决于他所能得到的结果的全部预期价值乘以他认为达到该结果的期望概率。用公式可以表示为：

$$M = V \cdot E$$

其中，M 表示激发的力量。通过一系列内在外在的影响，调动一个人的积极性，激发出人的内部潜力的强度。

V 表示目标的效价。达到目标后满足个人需要的价值的大小。也就是说，目标的实现，对人的满足预期来说，有多大的吸引力。

E 表示期望概率值。指达到某种目标结果的概率有多大。往往这一概率值是出自个人经验的主观判断。

公式的提出，要求在进行员工激励时要处理好三个方面的关系。其一，个人努力与绩效之间的关系；其二，绩效与奖励之间的关系；其三，奖励与满足个人需要之间的关系。

通过期望理论我们可以用辩证的思想来分析问题，理论本身具有很大的综合性和适用性，如图 6-13 所示。

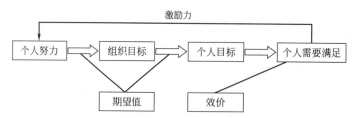

图 6-13　效价和期望值对激励力的影响

首先，从公式当中的效价跟期望概率之间的关系可以看出，效价和平均的个人期望概率相互影响。也就是出现的平均概率小，则效价相对增大。平均概率大则效价相对减少。

其次，就单纯的效价而言，同一个过程和同一个激励目标对不同的人的效价是不一样的，即使对同一个人，在不同的时期，效价也是不一样的。

再次，期望的概率不是指客观的平均概率，而是指个人通过对事物的信息收集，结合自己的主观判断的概率。这个结果与个人的经验、做事能力以及愿意付出的努力程度都有很大的关系。

案例 6-2

某公司为了奖励员工，销售经理分别对他的两位销售人员说，如果今年完成 1000 万元的销售额，公司奖励汽车一辆。这时公司的销售目标是 1000 万元的销售额，个人的目标是一辆汽车。在这里效价和期望值可能会如下面这样影响到激励力。

效价方面：销售员们的反映可能有多种。

甲："一辆汽车啊！正是我想要得到的，我一定会很努力地去争取。"

乙："汽车？我现在已经有两辆了，自己一辆，家人一辆。况且我如果真的拿了汽车奖励，同事们肯定会有不满情绪的，要不要都行的，吸引力不是很大。"

期望值方面：销售员们的可能反应如下。

甲："1000 万的销售额，看今年的行情，要是我比平常更卖力一点，还是有可能做到的。"

乙："啊？1000 万元的销售额？简直是天方夜谭吧，反正经理平常经常说话不算数的，我才不会花那么大工夫呢。"

通过几方面因素的分析，我们会看到效价和期望值越高，对人的激励力越强，反之，对人的激励力则越弱。

通过上面的例子我们可以看到：首先，要有效地进行激励就必须提高活动结果的效价，要提高效价就必须使活动结果能够满足个人的迫切需要。

其次，要注意目标实现的期望值，也就是组织目标实现的概率不宜过低，以免让个人失去信心；当然也不能过高，过高则会影响激励工作本身的意义了。

（四）亚当斯公平理论

斯塔西·亚当斯（J. Stacy Adams）：美国管理心理学家、行为科学家，公平理论的创始人。

斯塔西·亚当斯是美国北卡罗来纳大学著名的行为学教授，他通过社会比较来探讨个人所作的贡献与所得奖酬之间的平衡关系，着重研究工资报酬分配的合理性、公正性及其对员工士气的影响。亚当斯的公平理论就是从微观上分析了公平分配问题。公平理论集中研究了个人与组织之间贡献与奖励的交换，也就是产生了收入与报酬的关系，其研究揭示了工资、报酬、分配的合理性、公平性及与职工产生积极性的关系。

亚当斯认为，一个人不仅关心本人的结果与支出，而且还关心别人的结果与支出。也就是说，他不仅关心个人努力所得到的绝对报酬量，而且还关心与别人的报酬量之间的关系，即相对报酬量。在这个基础上，他提出了一个关于公平关系的方程式：

$$O_P/I_P = O_O/I_O$$

式中　O_P——自己对所获报酬的感觉；

O_O——自己对他人所获报酬的感觉；

I_P——自己对个人所作投入的感觉；

I_O——自己对他人所作投入的感觉。

亚当斯指出，如果这个等式成立，即当一个人感到自己的结果和投入之比和作为比较对象的他人的这项比值相等时，就有了公平感。如果等式不成立，即两者比值不相等时，就会产生不公平感。不同程度的不公平感会造成相应程度的不满情绪，于是就要改正这种不公平。这种不公平感不仅影响个人的行为，还会作用于群体的行为。

上式如果为不等式可能出现以下两种情况。

$$O_P/I_P < O_O/I_O$$

这种情况下，可能会要求增加自己的收入或减少自己今后的努力程度，以便使左方比值增加，使两边趋于相等；另一种办法是可能要求组织减少对方的收入或者让其今后增加努力程度，以便使右方减少，使之趋于相等。还有一种办法，就是可能找另外一个比较对象，以达到心理上的平衡。

$$O_P/I_P > O_O/I_O$$

在这种情况下，可能要求减少自己的收入状态，或者开始时自己主动多做些工作，但时间一长，本身就会重新评价自己的技术和工作情况。最终觉得自己确实应当得到那么高的待遇，于是产量便会回到原来的水平阶段。

当然，人们也经常会进行自身的纵向比较。也就是把自己目前的努力与目前的报酬情况的比值，同自己过去投入的努力与过去的报酬情况的比值进行比较。只有当两个比值相等时，他才会认为是公平的。具体如下：

$$O_{PP}/I_{PP}=O_{PL}/I_{PL}$$

式中　O_{PP}——自己对现在所获报酬的感觉；

O_{PL}——自己对过去所获报酬的感觉；

I_{PP}——自己对个人现在投入的感觉；

I_{PL}——自己对个人过去投入的感觉。

当上式为不等式的时候，可能出现如下两种情况。

$$O_{PP}/I_{PP}<O_{PL}/I_{PL}$$

这种情况下，人有不公平的感觉，可能的结果是导致工作积极性下降。

$$O_{PP}/I_{PP}>O_{PL}/I_{PL}$$

在这种情况下，人不会因此产生不公平的感觉，但也不会觉得自己是多拿了薪水或报酬，从而主动多做些工作。

当组织中更多的人认识到，他们被平等地对待时，他们的所得和投入是公平的，说明激励水平是最高的。特别应该注意的是，公平理论表明公平与否，都源自个人的感觉，个人判别报酬与付出的标准往往都会偏向于自己有利的一方，这对组织是不利的。因此管理者应该能够用敏锐的目光察觉个人认识上可能存在的偏差，适时做好引导工作，确保个人工作积极性的发挥。

（五）斯金纳强化理论

伯尔赫斯·弗雷德里克·斯金纳（Burrhus Frederic Skinner，1904～1990），新行为主义学习理论的创始人。

斯金纳是新行为主义心理学的创始人之一。他1904年3月20日生于美国宾夕法尼亚州东北部的一个车站小镇。斯金纳于1930年获哈佛大学心理学硕士学位，1931年又获心理学博士学位。此后他在该校研究院任研究员。1937～1945年他在明尼苏达州立大学教心理学，1945～1947年任印第安纳大学心理系主任。1947年他重返哈佛大学，担任心理学系的终身教授，从事行为及其控制的实验研究。（图片摘自MBA智库百科）

斯金纳认为，无论是人还是动物，为了达到某种目的，都会采用一定的行为，当行为的结果对他或它有利时，这种行为就会重复出现，当行为的结果不利时，这种行为就会减弱或者消失。这种现象就是环境对行为强化的结果。

斯金纳认为，人类的这种行为可以用过去的经验来进行解释，人们会通过对过去的行为和行为结果的学习，来影响将来的行为。因此，人们会凭借以往的经验来达到"趋利避害"。

强化根据其性质和目的，可以分为正强化和负强化两种基本类型。

（1）正强化　正强化就是对个人的行为提供奖励，从而使这些行为得到进一步的加强。这些行为的出现正是管理者希望看到的效果，符合组织目标的行为。正强化的刺激物不仅仅是金钱和物质，表扬、改善工作条件、提升、安排承担具有挑战性工作、提供学习提高的机会等，都是很好的正强化方法。正强化可以是连续的、固定的，也可以是间断的、时间和数量都不确定的。

（2）负强化　负强化就是对那些不符合组织目标实现的行为进行惩罚，使这些行为削弱直至消失。负强化的刺激物可以是扣发奖金、批评、记过、开除等，甚至有时候不给予奖励或少给奖励也是一种负强化。

根据强化的方式，还可以把强化分为连续强化和间隙强化。连续强化是对每个组织需要的行为都给予强化，间隙强化则是经过一段时间才强化一次。效果也会有所不同。

三、激励方法

为了取得良好的激励效果，激励必须遵循以下几个原则。

① 物质激励与精神激励原则。马克思主义认为，人具有自然属性，是自然界的产物，又主宰自然界，人的需求是以物质需求为基础的。激励应给予激励对象合理的物质报酬，同时结合精神激励，使激励效果达到最优。

② 公平原则。公平原则要求组织在实施激励时，首先应做到组织内部公平，即个人的所得与付出相匹配，与组织内其他成员比较相协调；同时，组织还尽可能从更广泛的领域和范围追求激励中的社会公平。

③ 差异化原则。激励中的公平性并非要求对所有的激励对象一视同仁，而是针对具体的人和事，按贡献大小、重要性强弱和其他因素的综合标准，共同决定实施何种激励方案，体现出因人、因事而异的多样性和灵活性。

④ 经济性原则。是指实施有效的激励，要将激励的成本和有可能取得激励收效结合起来，要有利于成本节约、组织效能和活动效率的提高。

⑤ 组织目标与个人目标相结合原则。

⑥ 外在激励与内在激励相结合原则。

⑦ 正激励与负激励结合原则。

激励方法具体有以下几种。

1. 目标激励

企业的目标是凝聚力的核心，它能在理想和信念上激励全体员工。员工的理想和信念应该通过企业目标来激发，并使两者融为一体。企业应大力宣传自己的目标，使全体员工了解到自己工作的巨大意义和光明前途，从而激发员工强烈的事业心和使命感。

在实施目标激励的过程中，应注意把组织与个人目标紧密结合。让全体员工充分认识到：企业的事业有多大发展，企业的效益有多大提高，相应员工的薪酬福利待遇会有多大改善，个人的发展机会有怎样的扩大等，从而激发强烈的归属意识和巨大的劳动热情。

目标激励方法应用较好的企业有中国的二汽、美国 IBM 等企业。

2. 内在激励

实际工作中，员工更加关注的是工作本身是否有吸引力。也就是工作本身是否有无穷的乐趣，能否从工作中感受到生活意义；工作内容是否丰富多彩；工作是否有创造性、挑战性；工作中能否取得成就、获得自尊、实现自我价值等。

我国很多企业在这方面有许多办法，如竞聘上岗双向选择，选择自己满意的工作，同时企业把有能力的员工放在合适的岗位上；在企业内编制岗位序列标准，设立不同岗位具体要求等，以上办法均收到了较好的效果。

3. 形象激励

形象激励是从员工的视觉感受出发，激发员工的荣誉感、光荣感、成就感。现在各企业经常使用的形象激励方法是在企业内设立光荣榜，或是在企业内设立专栏，用来表彰企业评选的模范、标兵。这样不仅员工本人深受鼓舞，而且更多员工在浏览光荣榜后受到激励。

4. 荣誉激励

荣誉是满足人们自尊心的需要，是激发人们进取的重要手段。在日常的企业管理中常见的有给予"优秀共产党员""生产能手""先进生产者"等称号，从而激励了众多先进个人和先进集体，同时也激励着有进取心的人们。

5. 兴趣激励

兴趣直接影响员工的工作态度、创造精神，在实际管理工作中注重兴趣会使激励起到很好的效果。目前国内的一些大中型企业施行"双向选择，竞聘上岗"就是充分考虑了员工个人兴趣，促进企业内部人力资源优化配置的一个重要体现。

业余文化活动是员工施展兴趣的另一个重要平台，许多企业工会在企业内部组织了与员工个人兴趣爱好相关的舞蹈、书画、摄影等各种协会，使员工满足个人爱好的同时，增进之间的感情交流，感受到企业的温暖，大大增加了员工的归属感，从而提高了企业的凝聚力。

6. 参与激励

参与的目的是使员工具有主人的感觉和意识，使员工感受到尊重和信任。通过参与，使员工产生企业的归属感、认同感，从而进一步满足自尊和自我实现的需要。企业中常见的管理活动有"职代会""管理问卷调查"等。

7. 感情激励

感情激励的目的是加强与员工之间的感情沟通，使员工感受到企业的温暖，从而激发员工的主人翁责任感。感情激励需要注意做到真诚，使管理者与员工之间建立真诚的友谊，从而实现上下同心。

8. 榜样激励

榜样激励的目的是树立企业内的模范人物，引导员工模仿学习。榜样激励需要注意管理者要做到率先垂范。

以上只是精神激励的常见做法。在实际工作中，应该针对不同情况，从实际出发，综合地运用一种或多种激励手段，以求收到事半功倍的效果。这种权变的、综合运用不同手段的思想是精神激励的基本技巧。

> ### 知识链接

激励员工不可采用的五种方式

1. 运动方式

许多人喜欢用运动的方式来激励。形成一阵风，吹过就算了。一番热闹光景，转瞬成空。不论什么礼貌运动、清洁运动、作家运动、意见建议运动、品质改善运动，都是形式。而形式化的东西，最没有效用。

中国人注重实质，唯有在平常状态中去激励，使大家养成习惯，才能蔚为风气，而保持下去。凡是运动，多半有人倡导。此人密切注意，大家不得不热烈响应；此人注意力转移，运动就将停息。运动不可能持久，屡试不爽。

2. 任意树立先例

激励固然不可墨守成规，却应该权宜应变，以求制宜。然而，激励最怕任意树立先例，所谓善门难开，恐怕以后大家跟进，招致无以为继，那就悔不当初了。

主管为了表示自己有魄力，未经深思熟虑，就慨然应允。话说出口，又碍于情面，认为不便失信于人，因此明知有些不对，也会将错就错，因而铸成更大的错误。

有魄力并非信口胡说，有魄力是指既然决定，就要坚持到底。所以决定之前，必须慎思明辨，才不会弄得自己下不了台。主管喜欢任意开例，部属就会制造一些情况，让主管不知不觉中落入圈套。兴奋中满口答应，事后悔恨不已。

任何人都不可以任意树立先例，这是培养制度化观念、确立守法精神的第一步。求新求变，应该遵守合法程序。

3. 趁机大张旗鼓

好不容易拿一些钱出来激励，就要弄得热热闹闹，让大家全知道，花钱才有代价，这种大张旗鼓的心理，常常造成激励的反效果。

被当作大张旗鼓的对象，固然有扮演猴子让人耍的感觉。看要猴子的观众，有高兴凑热闹的，就有不高兴如此造作的。一部分人被激励了，另一部分人则适得其反。对整个组织而言，得失参半。

4. 偏离团体目标

目标是激励的共同标准，这样才有公正可言。所有激励都不偏离目标，至少证明主管并无私心，不是由于个人的喜爱而给予激励，而是站在组织的需要，尽量做到人尽其才。偏离目标的行为，不但不予激励，反而应该促其改变，亦即努力导向团体目标，以期群策群力，有志一同。

凡是偏离团体目标的行为，不可给予激励，以免这种偏向力或离心力愈来愈大。主管激励部属，必须促使部属自我调适，把自己的心力朝向团体目标，做好应做的工作。

主管若是激励偏离目标的行为，大家就会认定主管喜欢为所欲为，因而用心揣摩主管的心意，全力讨好，以期获取若干好处。一旦形成风气，便是小人得意的局面，对整体目标的达成，必定有所伤害。

5. 忽略有效沟通

沟通时最好顾虑第三者的心情，不要无意触怒其他的人。例如对某乙表示太多关心，可能会引起某丙、某丁的不平。所以个别或集体沟通，要仔细选定方式，并且考虑适当的中介人，以免节外生枝，引出一些不必要的后遗症，降低了激励的效果。

激励必须透过适当沟通，才能互通心声，产生良好的感应。例如公司有意奖赏某甲，若是不征求某甲的意见，便决定送他一台电视机。不料一周前某甲刚好买了一台，虽然说好可以向指定厂商交换其他家电制品，也造成某甲许多不便。

激励员工的方法多种多样，总的来看应该做到的是真诚、物质激励与精神激励相结合、公平公开等，采用符合企业需要的、适合企业员工特点的激励方法，使激励达到事半功倍的效果。

（摘自管理视界 2008 年度期刊）

📑 本章小结

本章重点介绍了领导和激励两大基本职能。

领导是一种行为和影响力，领导就是领导者运用这种影响力引导和带领下级在一定条件下向组织目标迈进的行为和过程。

领导的权利分为职位权力和个人权力。惩罚权、奖赏权、合法权属于职位权力，模范权和专长权属于个人权力。这几种不同的权力对下级所产生的影响效果和个人满足程度是不同的。综合来看，领导者权力来自下属对他的认可（源自于巴纳德的权威接受论）。

人性假设归纳起来有 5 种，即经济人假设、社会人假设、自我实现人假设、复杂人假设和观念人假设。

领导理论包括勒温的三种极端理论、连续统一体理论、领导行为四分图、管理方格理论、费德勒模型、领导的生命周期理论。

领导者素质要求主要从西方领导者素质要求和我国领导者素质要求两方面来阐述。

激励意思是激发和鼓励。管理活动中，可把激励定义为调动人们积极性的过程。进一步解释为，为了特定的目的而去影响人们的内在需要和动机，从而强化、引导或改变人们行为的反复过程。

重要的激励理论有马斯洛的需求层次论、赫茨伯格的双因素理论、弗鲁姆的期望理论、斯金纳的强化理论以及亚当斯的公平理论等。

激励方法重点放在物质激励和精神激励相结合。

复习思考题

1. 什么是领导？
2. 什么是激励？
3. 人性假设有哪些？
4. 领导的权力来源是什么？
5. 领导者素质要求有哪些？
6. 什么是有效的激励方法？
7. 费德勒模型中涉及的相关因素有哪些？

拓展项目

你是怎么评价我？

参与方式：全体成员。

时间：20 分钟。

目的：让每个学生亲身体会正面积极的客观评价给他人带来的激励作用。

方法与要求：

(1) 每位同学都会得到一些空白卡片（如果班级人数众多，可以考虑分组完成）。

(2) 在空白卡片上写出对每个同学的正面积极的客观评价，并将对方同学的名字写在卡片最上方。

(3) 10 分钟后将卡片收回，并按照上方的名字标示发放给对应同学。

(4) 请部分同学当众宣读一下自己感到最吃惊的评价和感到最开心的评价。

(5) 查找心理变化并做好记录。

实训题

1. 沃尔玛的出色激励

顾客第一，员工第二，领导第三。沃尔玛是全球最大的私人雇主公司，但公司不把员工当作"雇员"来看待，而是视为"合伙人"和"同事"。公司规定对下属一律称"同事"而不称"雇员"。即使是沃尔玛的创始人沃尔顿在称呼下属时，也是称呼"同事"。沃尔玛各级职员分工明确，但少有歧视现象。领导和员工及顾客之间呈倒金字塔的关系，顾客放在首位，员工居中，领导则置于底层。员工为顾客服务，领导则为员工服务。"接触顾客的是第一线的员工，而不是坐在办公室里的官僚"。员工作为直接与顾客接触的人，其工作质量好坏至关重要。领导的工作就是给予员工足够的指导、关心和支援，以让员工更好地服务于顾客。在沃尔玛，所有员工包括总裁佩带的工牌都注明"我们的同事创造非凡"，除了名字外，没有任何职务标注。公司内部没有上下级之分，下属对上司也直呼其名，营造了一种上下平等、随意亲切的气氛。这让员工意识到，自己和上司都是公司内平等而且重要的一员，只是分工不同而已，从而全心全意地投入工作，为公司也为自己谋求更大利益。

在沃尔玛，管理者必须以真诚的尊敬和亲切对待下属，不能靠恐吓和训斥来领导员工。创始人萨姆·沃尔顿认为，好的领导者要在待人和业务的所有方面都加入人的因素。如果通过制造恐怖来经营，那么员工就会感到紧张，有问题也不敢提出，结果只会使问题变得更坏；管理者必须了解员工的为人及其家庭，还有他们的困难和希望，尊重和赞赏他们，表现出对他们的关心，这样才能帮助他们成长和发展。萨姆·沃尔顿自己就是一个好表率。美国《华尔街日报》曾报道，沃尔顿有一次在凌晨两点半结束工作后，途经公司的一个发货中心时和一些刚从装卸码头上回来的工人聊了一会，事后他为工人改善了沐浴设施。员工们都深受感动。

沃尔玛对员工利益的关心有一套详细而具体的实施方案。公司将"员工是合伙人"这一概念具体化为三个互相补充的计划：利润分享计划、员工购股计划和损耗奖励计划。1971年，沃尔玛开始实施第一个计划，保证每个在沃尔玛公司工作了一年以上以及每年至少工作1000个小时的员工都有资格分享公司利润。沃尔玛运用一个与利润增长相关的公式，把每个够格的员工的工资按一定百分比放入这个计划，员工离开公司时可以取走这个份额的现金或相应的股票。沃尔玛还让员工通过工资扣除的方式，以低于市值15%的价格购买股票，现在，沃尔玛已有80%以上的员工借助这两个计划拥有了沃尔玛公司的股票。另外，沃尔玛还对有效控制损耗的分店进行奖励，使得沃尔玛的损耗率降至零售业平均水平的一半。

门户开放：让员工参与管理。沃尔玛与员工之间的沟通方式不拘一格，从一般面谈到公司股东会议乃至利用卫星系统进行视频交流都有。沃尔玛非常愿意让所有员工共同掌握公司的业务指标，每一件有关公司的事都可以公开。任何一家分店，都会公布该店的利润、进货、销售和减价的情况，并且不但向经理及其助理们公布，而且向每个员工包括计时工和兼职雇员公布各种资讯，鼓励他们争取更好的成绩。沃尔玛认为员工们了解其业务的进展情况是让他们最大限度地干好其本职工作的重要途径，它使员工产生责任感和参与感，意识到自己的工作在公司的重要性，觉得自己得到了公司的尊重和信任，因此，努力争取更好的成绩。

离了职，还是顾客。沃尔玛给每一位应聘人员提供相等的就业机会，并为每位员工提供良好的工作环境、完善的薪酬福利计划和广阔的人生发展空间。在一般零售企业，没有数年以上工作经验的人很难提升为经理，而在沃尔玛，哪怕是新人经过6个月的训练后，如果表现良好，具有管理好员工和商品销售的潜力，公司就会给予一试身手的机会，比如，做经理助理或去协助开设新店等；若干得不错，就会有机会单独管理一间分店。事实上，沃尔玛的经理人员大都产生于公司的管理培训计划，是在公司内部提拔起来的。沃尔玛还设立离职面谈制度，确保每一位离职员工离职前，有机会与公司管理层坦诚交流和沟通，从而能够了解到每一位同事离职的真实原因，有利于公司制订相应的人力资源挽留政策，一方面可以将员工流失率降低到最低程度；另一方面，也可让离职同事成为公司的一名顾客。公司设有专业人员负责员工关系工作，受理投诉，听取员工意见，为员工排忧解难。由于沃尔玛能够提供行业内相对优越的条件，所以，人才流出也比较少。

沃尔玛公司由于注重加强员工对于整体工作运行的普遍性认识，进行多技能培训，因而保持了员工工作的高质高效。众所周知，由于工作单调乏味，零售业成了人员流动最大的一种职业，适当的岗位轮换和职务调动，有助于消减等级分化，提高员工的工作积极性，也有利于不同部门的员工能够从不同角度考虑到其他部门的实际情况，减少公司的内耗，达到信息分享。譬如让采购部门的同事进入销售部门，销售部门的则到采购部门工作，既丰富其工作能力又强化其全局观念，从而减少公司的经营成本，为公司创造更多的利润。

（改编自管理视界．2009.）

2. 领导人的素质

"领导人的素质"是稻盛和夫经常思考的一个主题，因为不管公司倡导了多么高尚的经营哲学，不管它构建了多么精致的管理系统，但能不能正确运用，可以说完全取决于企业的领导人。理想的领导人应该是什么样的？

第一，具备使命感。在创办企业之初，企业领导人哪怕只有强烈的愿望也无妨，但是为了企业进一步发展，领导人就必须提出团队能够共同拥有的、符合大义名分的、崇高的企业目的，并将它作为企业的使命。具备使命感，是领导人必备的最基本资质。

第二，明确地描述目标并实现目标。目标过高，大家就不会真挚地付出努力。目标过低，又会让人漠视这样的目标。领导人必须找出全体成员都能接受范围的最高具体数字，把它作为目标，并将这个目标分解到组织中的每个单位，让目标成为每位员工的工作指针。领导人倾注热情向员工传递思想，把自己的能量转移到员工身上，从而调动全员热情，实现目标。

第三，挑战新事物。领导人害怕变革，失去挑战精神，团队就开始步入衰退之路。领导人必须坚信"能力要用将来进行时"，创造一种挑战新事物的组织风气。能不能做到这一点，将会决定团队的命运。

第四，获取众人的信任和尊敬。争论和分歧都要以大家能够接受的方式解决。为此，领导人必须具备时时深入思考事物本质的深沉厚重性格，做到公正、有勇气、谦虚和乐观开朗，唯有如此，才能获得众人的信任和尊敬。

第五，抱有关爱之心。领导人必须具备真正的勇气，对团队进行严格的指导，统率团队向前奋进。但在另一方面，领导人又不能自以为是，要经常倾听团队成员的意见，汇集众人的智慧。两方面必须平衡，不能偏向任何一方。只强调发挥强有力的领导作用，或者只强调尊重部下的意见，都是片面的、不可行的。团队领导人要在心中怀有大爱，而不能依靠强权。

（摘自大为管理咨询公司案例集．2013.）

领导者应该具备哪些素质？

3. 有效激励

人是由社会需求而引发工作动机的，并且通过同事的关系而获得认同感。社会性的需求往往比经济上的报酬更能激励人们，而且员工的工作效率随着管理者能满足他们社会需求的程度而改变。

企业管理者的工作中，十分重要的一部分是对人的管理，管理者遵循人的行为规律，运用多种有效的方法和手段，最大限度地激发下属的积极性、主动性和创造性，以保证组织目标的实现。激励机制运用得好坏是决定企业兴衰的一个重要因素，如何运用好激励机制是各个企业需要解决的重要问题。

人都有倾诉的愿望，但位差的存在使得具有不同"身份"人的表现形式各异，有的主动，有的消极，这就要求管理者善于"倾听"才行。不会倾听的管理者自然无法与下属进行畅通的沟通，从而影响了管理的效果。每个管理者都希望自己的讲话能够被下属认真地倾听，同样，每位下属也希望自己的声音能够被自己的上级倾听。

当一位平时业绩不算太好的业务员，在外面与一位潜在客户进行了有效沟通，签单在望时，很兴奋地回到公司希望与他的上司汇报、分享这个好消息，可上司忙于其他的工作，并没有停下手中的工作去认真地听业务员的倾诉。该业务员事后回忆说，当时仿佛一盆冷水从头浇到了脚，自己满心的欢喜，遇到的是一副冷面孔，上司是个好上司，很敬业，就是很忙，很少听员工分享业务上的好消息或者是困难，自己的工作得不到肯定，就没有了动力。

美国 GE 公司曾任 CEO 韦尔奇先生，在管理中总结出了这个方法，把它作为管理人才应具备的能力之一加以推广。他经常深入基层、一线，聆听员工们的心声和建议，由此大大激发了员工们的工作热情，工作效率大大提高。他曾这样说：当我走进员工的工作场所，仿佛阳光照射了进来……其他著名大公司也纷纷引入此激励方法，沃尔玛总裁经常深入一线，与员工们一起工作、为客户包装物品等，倾听客户和员工们的心声。

信任员工为管理者之首要任务。

俗话说："士为知己者死"。管理者能正确评价自己的员工，员工就一定会努力工作，来回报管理者，因为这是最好的激励方法之一。信任是员工的一种需求，被理解，被认同的需求。

日前，由某机构进行的"中国企业内部信任度调查"对 3000 多名在职人士进行了问卷调查，其中 38% 的被调查者对企业的总体信任程度比较低；52% 的人并不认同企业的政策与制度；39% 的人对企业高层管理者持怀疑态度；50% 的人认为直接上级不值得信任。

有的企业每周的例会上，老板都要和公司全体员工一起握拳宣誓励志，场面很是感人，可随着对企业的日益了解，目睹内部管理的混乱，再面对由老板勾勒的不太实际的大好前景时，这样的强心剂就不大起作用了，"混一天算一天呗！等到哪天发现有更好的机会就走人了"，一旦有更高的薪水、更好的机会或更感兴趣的工作，随时都"打算离开公司"。这样的情况太多，在这种情况下，需要反思的是：企业文化和目标是否和员工自我价值的追求一致；员工对管理者设计出的酬劳和管理制度的认可程度；员工对领导品行和能力的接受程度；员工与企业提供的环境是否和谐共处等。"得人心者，得天下"，企业管理中表面进行的一些"花架子"，现在也形同虚设，具有一定工作能力的人，随处都可得到他展示的平台。管理者对员工的信任及正确的评价，让员工感受到对他的尊重和自由发挥的空间，这是一种有效的激励方法。

做同吃一锅饭的伙伴，管理者坦诚地与员工一起快活地工作，榜样的作用是最好的激励。

日本某企业的一位管理者擅长饮酒柔道，工作之余经常与现场作业的员工们一起喝酒，除了饮酒他还借助工作场地与员工们一起舞蹈、比赛柔道等，因此他深受员工的喜爱和信任，员工受到了鼓舞，工作干劲十足，工程进展的十分顺利。

管理者的言论和行为都应是充满信心和活力的，作出榜样是最有效的方法之一。当一个管理者积极、忘我的工作时，员工们也会效仿，如果一个管理者擅长此道，巧妙地运用激励员工的技巧，员工们更会感到工作的乐趣。

基层员工也有他们的需求，干净的工作环境有尊严。

现代企业中，基层员工不仅要求有好的经济收入，还要求工作轻松、安全，能够得到上司的器重，有成长和晋升的机会，但很多管理者却忽视了员工们对较高层次的需求，一些生产型企业，由于工作环境不好，员工自称为"黑手"，所以很不容易招收年轻人，甚至连老员工也留不住，生产运作上就可能陷入困境。日本的一些企业有效地运用 5S 管理，工厂干干净净，使员工们有个清爽舒服的环境，这是员工们的最基本的需求，同样也是最基本的激励方法。

给予员工自由及尊重使他们更自重。

韩国精密机械株式会社实行一种独特的"一日厂长制"管理，即让员工轮流当厂长管理厂务，一日厂长和真正的厂长一样，拥有处理厂务的权力，若一日厂长对工厂管理、生产、工人工作等方面有意见时，记录在工作日记上，让相关部门员工收阅，部门主管依照批评意见纠正自己的工作。这一制度实行后，大部分员工都当过"厂长"，工厂的向心力因此大为加强，实施当年即为工厂节约成本 300 多万美元。

企业的活力源于每个员工的积极性、创造性。客观看待和正确理解员工的需求，尊重他们的正当需求是激励的基础，也是激励的出发点。员工都有参与管理的要求和愿望，创造和提供一切机会让员工参与管理是调动他们积极性的有效方法。

尊重员工，让员工学会对工作负责，管理者要根据员工的要求，适当进行授权，让员工参与更复杂、难度更大的工作，一方面是对员工的培养和锻炼，另外一方面也提高了员工满意度，自己主动承担了工作，提高了自我管理水平。同时，在尊重的基础上，引导员工与企业一起有序地发展和提高，最终满足员工实现自我价值的欲求，达到团队合作，共谋发展的目标。

尊重员工同时也要给予员工一个个人成长的自由空间，管理者应指导帮助员工学会时间管理，利用好自己的时间，做好自己职责范围内的工作规划和计划，做好自己的发展计划，用计划和目标管理员工。如果员工持续受到尊重，持续地得到管理者的认可，员工们就愿意和管理者成为朋友，成为互相促进的工作伙伴。

由于人的需求多样性、多层次性、动机的繁复性，调动人的积极性也应有多种方法。综合运用各种动机激发手段可以使全体员工的积极性、创造性、企业的综合活力达到最佳状态。有的企业在建立起激励制度后，员工不但没有受到激励，努力水平反而下降了。奖金本来是激励因素，可在实施过程中出现了偏差，使员工产生不满意感，反而抑制和消减了员工的努力水平。

工作本身也具有激励力量。没有人喜欢平庸，尤其对于那些年纪轻、干劲十足的员工来说，富有挑战性的工作和成功的满足感，比实际拿多少薪水更有激励作用。企业管理者根据本企业的特点灵活运用工作中激励方法，为了更好地发挥员工工作积极性，管理者要进行一些"工作设计"，使工作内容丰富化和扩大化，让员工更多地感受到自由和尊重，为员工创造出良好的工作环境，激发员工的潜力和工作热情，共同提高企业的核心竞争力。

结合实际企业激励方法，认真思考，什么样的激励方法是有效的激励方法，为什么？

（摘自管理视界．2013.）

第七章

现代企业产品开发与经营管理

Chapter 7

 **学习目标**

通过本章的学习，了解新产品的含义及类型；熟悉新产品开发程序；熟悉企业采购管理的基本工作内容；了解运输路线选择的原则，学会正确选择适当的运输方式和运输工具；掌握库存管理的 ABC 分类管理法；掌握库存量控制的基本方式；掌握市场细分依据以及目标市场策略、市场定位策略的基本内容；掌握市场营销组合的内容。

案例导读

新品的开发

"酷儿"是可口可乐公司在全球碳酸饮料市场萎缩的情况下推出的一款新产品。2001年率先在日本和韩国推出，其后又逐步在中国台湾以及中国大陆部分城市陆续上市。凭借可口可乐这块金字招牌，"酷儿"实现了短时间内成功上市，很快成为小朋友的新宠。

可口可乐公司经过详细的市场调查发现，6~14岁的儿童是果汁饮料的重要消费群体，但并未引起人们的重视。就郑州果汁饮料市场而言，无论是"统一"的"我健康，我美丽"，还是"娃哈哈"的"我喝我的水果我快乐"，尽管表达方式不同，但都集中在卖青春、卖健康，主要的目标消费者是城市年轻女性，至于"汇源"更是想把男女老少一网打尽，没有一家针对14岁以下儿童的诉求。在洞察这一市场机会后，可口可乐将自己的果汁饮料目标市场细分为儿童市场就顺理成章了。

儿童的消费心理特点，决定了不可能向他们灌输天然、健康等说教理性的概念，而可爱的小猫"酷儿"则拉近了产品与他们的距离。关于"酷儿"的描述是这样的：出生在遥远的大森林中，敏感而好奇，喜欢喝果汁，一喝果汁就两颊泛红。喝的时候要右手叉腰，同时要很陶醉地说"Qoo——"，而它的目标消费者不正是这样吗？好奇多思，对身外的事物充满兴趣，虽然并不清楚他们的大哥哥大姐姐们的"酷"，还是希望用自己略带稚气的声音说出属于自己的流行语言，摆自己的时尚造型，"酷儿"不正是他们的偶像吗？正是因为准确把握了目标消费者的这些心理特点，"酷儿"上市不久就赢得了消费者的偏爱。

在包装上，"酷儿"也进行了小小的改造，其他品牌瓶标都贴在瓶颈上且较小，而"酷儿"将瓶标贴在了瓶身上，大而醒目，虽然不是什么大的发明，但在细微处体现了自己的差异化。

（资料来源：连漪．市场营销管理——理论、方法与实务．第1版．北京：国防工业出版社，2005.）

第一节 现代企业产品开发

在科学技术水平迅速发展、消费需求变化加快、市场竞争激烈的今天，任何产品终归会面临被市场淘汰的命运。企业要想持续不断地发展，必须不断地创造新产品和改进老产品，以适应消费需求的变化和产品生命周期日益缩短的趋势。为此，每个企业都必须把开发新产品作为关系企业生死存亡的重点工作。

一、新产品概述

（一）新产品的概念

营销学中研究的新产品和科学技术在某一领域的重大突破所推出的新产品意义不同，它是从企业经营的角度出发来认识和规定的，它的含义和内容更广泛。营销学意义上的新产品是指和老产品相比，具有新功能、新结构、新特征、新用途，能满足消费者新的需求的产品。这个角度来看，新产品是一个广义的概念，既指绝对的新产品，又指相对的新产品，除包含因科学技术在某一领域的重大发现所产生的科技新产品外，还包括采用新技术原理、新设计构思，从而在功能或形态上比老产品有明显改进，甚至只是产品从原有市场进入新的市场，都可视为新产品。凡是在产品整体概念中的任何改革和改变，能够给消费者带来新的利益和满足的产品，都是新产品。

（二）新产品类型

新产品可以划分为以下几类。

1. 全新产品

指应用新原理、新技术、新材料制造出的市场上从未有过的，能满足消费者的一种新需求的产品。例如首次推出的电视机（1935）、电子计算机（1946）等产品，都属于不同时期的完全创新的产品。这类新产品往往是科学技术重大突破的结果，一般需要大量的时间、人力和资金才能实现一项科学技术从发明转变为产品。完全创新产品的创新程度最高，具有其他类型新产品所不具备的经济、技术上的优势，一旦开发成功，一个新的市场便随之开辟，企业可以在较长的时间处于领先地位，拥有垄断优势；它可以取得发明专利权，在一定区域、时期内享有独占权利；它具有明显的新特征和新用途，能通过改变传统的生产、生活方式来取得全新的市场机会，创造需求。但由于要花费巨大的人力、物力和财力，另外还存在研制失败和被竞争者超越的风险，大多数企业难以承担。

2. 换代新产品

是指对原有产品采用或部分采用新技术、新材料、新结构而制造出来的，使原有产品的性能有飞跃性提高，给消费者带来新的利益的新产品。例如，彩色电视机是黑白电视机的换代产品，高清晰度彩色电视机是彩色电视机的换代产品，智能洗衣机是自动洗衣机的换代产品，数码相机是传统相机的换代产品。换代产品的技术含量比较高，开发难度小，市场普及较迅速，市场成功率也较高。它是企业广泛采用的新产品的创造方式。

3. 改进新产品

是指保持原有产品基本不变，但在产品的外观、功能、用途、规格、款式、包装等方面有所改进的新产品，或采用新工艺、新材料来降低成本的产品。改进产品有利于提高原有产品的质量或产品多样化，满足消费者对产品更高要求，或者满足不同消费者的不同需求。例如，空调制造商在原有产品基础上推出新型健康空调，鞋油生产商在膏体鞋油的基础上推出液体鞋油。改进新产品技术含量低或不需要使用新的技术，是较简单的新产品类型，由于和原产品差距不大，市场性质相似，进入市场后容易被消费者所接受。企业根据市场的变化和产品生命周期的适当阶段不断推出各种不同的改革新产品，是增强竞争能力、延长产品生命周期、减少研制费用和风险、提高经济效益的好办法。但是，由于这种创新比较容易，企业之间的竞争会更加激烈。

4. 仿制新产品

指企业对国内外市场上已有的产品进行模仿生产，形成本企业的新产品。仿制产品可以减少企业产品开发的时间，降低开发成本，市场见效快。仿制是开发新产品最快捷的途径，风险也比较小。只要有市场需求，又有生产能力，就可以借鉴现成的样品和技术来开发本企业的新产品，如日本的汽车等产品扬威世界市场，它的第一步是从仿制开始。但仿制不能违反《专利法》等法律法规；也不能生搬硬套，而应进行适应性的改造，以便提高产品的竞争能力和符合消费者的需求。

二、开发新产品的必要性

新产品开发指对原有产品的改良、换代以及创新，旨在满足市场需求变化，提高产品竞争力。企业开发新产品的必要性在于以下几点。

1. 产品生命周期的客观存在要求企业不断开发新产品

企业也存在着生命周期，假如一个企业只依靠原有产品，当这些产品随着市场、需求的变化而进入衰落期时，就会导致企业随之走向衰退。这种事例屡见不鲜。如瑞士的高级钟表制造者由于赶不上电子化的发展而曾屈居日本钟表业之下；制造高级机械照相机的玛米亚公司随着产品衰老而倒闭。相反，企业如能不断开发新产品，就可以在原有产品退出市场舞台时利用新产品占领市场，如国际饮料市场"大哥大"的可口可乐公司，在迎接百事可乐等品牌的挑战中，改变单一产品的策略，研制出新种类、新口味、新包装的新产品，才使其逾百年而不衰。一般而言，当一种产品投放市场时，企业就应当着手设计新产品，使企业在任何时期都有不同产品处于周期的各个阶段上，从而保证企业盈利的稳定增长。

2. 消费需求的变化需要不断开发新产品

随着社会经济的发展、人们货币收入的逐步提高和科学技术的不断进步，人民群众对商品的需求也越来越多、越来越复杂，不仅要求生产部门不断增加产品数量，提高产品质量，而且更迫切要求生产部门扩大花色品种，推陈出新，开发出更多的新产品，以适应他们不断增长的新的生活方式的需要。这一方面给企业带来了威胁，使之不得不淘汰难以适应消费需求的老产品，另一方面也为企业提供了开发新产品适应市场变化的机会。

3. 市场竞争的不断加剧迫使企业不断开发新产品

现代市场上企业间的竞争日趋激烈，没有任何一种产品能保证企业有永久的优势，使一个企业永久繁荣，因为市场与需求都是动态的，新的市场环境、新的科学技术、新的消费需求必然要求推出新的产品与之相适应。而研究开发是企业生存的保障和竞争力的源泉，发展新产品是企业参与市场竞争的锐利武器。企业要想在市场上保持竞争优势，必须不断创新，开发新产品，并促进新产品的市场销售。

4. 科学技术的发展推动企业不断开发新产品

科学技术的迅速发展，导致了许多高科技新产品的出现，加快了产品更新换代的速度，导致了产品生命周期的缩短。如光导纤维的出现，对电报、电话、互联网终端等信息处理设备的更新换代起了巨大的推动作用。企业只有不断运用新的科学技术改造自己的老产品、开发新产品，才不会在市场竞争中落伍。

知识链接

权威机构的统计表明，企业在工业设计上投入1美元，就会产生1500美元的经济效益。25年前，美国哈佛商学院的海斯教授也曾经预言：现在企业靠价格竞争，明天将靠质量竞争，未来靠设计竞争。今天，这个预言正逐渐被世界经济发展所证明。杨振宁教授在2001年9月举行的"中国深圳工业设计论坛"上的讲话中说道："21世纪是工业设计的世纪，不重视工业设计的国家将是明日的落伍者。"现在美的集团每两天有一个新产品诞生，每4天有一个专利申请，并且成立了知识产权部，有12个人专门从事这项工作。

2001年，美的集团销售收入达143亿元，再一次实现了年30%以上的增长，十多类产品在全国排在前三位。为什么能够赢得如此辉煌的战绩？我们可以肯定，正是工业设计为美的产品创造了无与伦比的竞争优势。

企业花费巨资开发新产品，但大都归于失败。统计表明，新产品的上市成功率仅约10%。影响新产品上市成功的因素固然很多，但有两个最重要的因素不容忽视：一是行业类型；二是创新程度。就不同行业而言，比如日用消费品与电子产品，前者的上市成功率要低于后者。这是因为日用消费品市场比电子产品市场更富于变化，不容易预测需求走向，而且很难说明这类产品的消费者究竟需要什么样的新产品。相比之下，电子产品的购买者能向企业提供比较详细的需求信息，这将非常有利于企业新产品的开发和创新。

（资料来源：郭国庆. 市场营销学通论. 北京：中国人民大学出版社，2006.）

三、新产品开发的程序

企业可以通过收购其他公司、购买其他公司的专利、购买其他公司的许可证或特许权来发展新产品；也可以由本企业自行开发或与独立研究机构、新产品开发代理商签订合同来开发新产品。下面仅从本企业开发的角度来讨论新产品开发问题。

企业进行新产品的开发具有很大风险，要涉及很多企业内部和外部因素，面临很大的不确定性。有些新产品虽构思颇佳，但却无法拓展；有些虽已上市，但却无人问津；有些虽被接受了，但却寿命太短，为时不久便销声匿迹。正因为开发新产品有这样大的风险，而新产品开发失败会给企业带来巨大的损失，因此必须慎之又慎，企业需要建立一套科学的新产品开发程序，并严格遵循该程序，以提高新产品开发的成功率，尽量减少或避免风险，使开发新产品工作能顺利达到预期目的。一个新产品从独立构思到开发研制成功，其过程主要经历八个阶段，即新产品构思、构思的筛选、产品概念的形成和测试、初步拟定营销战略规划、商业分析、产品研制开发、市场试销和正式上市（见图7-1）。

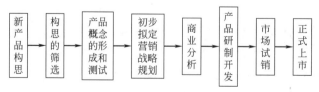

图7-1 新产品开发的程序

1. 新产品构思

新产品构思是指提出新产品的设想方案，是对一种能够满足某种需要或欲望的产品的设想。构思不是偶然发现的结果，而是有计划探索的结果。企业在寻求新产品构思之前，首先要明确企业投资的领域及其发展的程度；开发新产品的目的及其计划投入的资金；预期的市场占有率等。寻求构思时还必须对企业的外部环境，尤其是对消费者进行深入了解，要善于发现消费者尚未满足的需求，根据消费者的潜在需求和企业的经营目标，进行新产品的构思。

开发新产品始于构思，构思的多寡会影响新产品的成功率，在较多的构思中总是比较容易找到几个可行的方案。因此，企业首先必须注意广泛收集新产品构思，而且越多越好，绝对不要在这一阶段随意否定任一新产品构思。当然，并非所有的构思都会最终形成产品，形成的产品也未必都能盈利。

(1) 消费者　顾客是产品的使用者，他们对原有产品的意见往往是改革、换代、完全创新产品的构思来源；消费者尚未满足的需求是企业的潜在市场，也是寻求新产品构思的出发点。可以通过各种渠道广泛调查、征询、收集消费者对现有产品的购买、使用、印象、意见等情况，使企业对现有产品的属性加以改进而产生新产品。

(2) 科技文教部门、技术市场、专利情报等　科学实验中产生的新原理、新工艺、新材料等，往往是开发新产品的突破口，日益成为新产品构思的重要来源。借助科技领域的新成就构思新产品，更能适应时代新潮流。

(3) 竞争者　企业可以通过经销商、供应商和销售人员来了解竞争产品的销售情况及消费者对它们的反应。及时掌握竞争对手开发新产品的新动向，可使企业的新产品构思少走弯路，或"借鸡下蛋"，或后来居上。

(4) 销售人员或中间商　由于他们处于市场竞争的最前线，每天都与市场打交道，承担着传递和反馈市场信息的任务，和消费者接触频繁，最了解消费者的需求和对产品的反应，也了解竞争产品的优势所在，因此，他们的构思往往最符合市场的要求。

(5) 企业职工及企业高层管理者　一般而言，激发企业内部人员的热情寻求构思可以发挥职工熟悉业务、经验丰富的优势，也有利于培养职工的主人翁精神，企业需要建立相应的激励机制，鼓励企业员工对该项工作的参与；而对企业高层管理人员也应表现出充分的重视和关心，他们是站在整个企业的角度来分析市场和考察新产品的，他们最明确企业的发展方向和企业所需要的新产品的构思。

企业除了必须解决新产品构思来源外，还要注意使用适当的激发构思的方法。一个良好的构思，可以产生于偶然的发现、联想，但主要是靠科学的方法。在进行产品构思时，可以尝试采用以下方法：①产品属性列举法。指将现有产品的属性一一列出，寻求改良这种产品的方法。②强行关系法。指列出多个不同的产品或物品，然后考虑彼此之间的关系，从中启发更多的创意。③调查法。即向消费者调查使用某种产品时出现的问题或值得改进的地方，然后整理意见，转化为新产品构思。④头脑风暴法。即选择专长各异的人员进行座谈，集思广益，以发现新的创意，形成产品构思。

2. 构思的筛选

所谓构思的筛选，就是对取得的构思加以评估，研究其可行性，并筛选出其中可行性较高者。企业所取得的新产品构思既不可能全部实施，也不可能完全符合企业目标，这一阶段是对所有新产品构思"去粗取精"的过程，筛选的目的就是淘汰那些不可行或可行性较低的构思，使公司现有资源集中于成功机会较大的构思上。

筛选构思时，一般要考虑以下三个因素：一是该构思是否符合企业的目标，包括利润目标、销售目标、销售增长目标、形象目标等几个方面，新产品和企业的任务、目标是否一致，会不会影响企业其他产品的销售，会不会影响企业的形象；二是企业有无足够的资金能力、技术能力、人力资源、销售能力开发这种创意；三是新产品是否有潜在的市场，市场需求潜力是否充足，新产品的竞争力和盈利能力如何。在筛选过程中，企业要特别注意避免两种失误：一是"误舍"，即因企业未能充分认识某一构思的潜力而将其舍弃，痛失良机；二是"误取"，因企业错误选取某一不良构思并付诸开发而推向市场。这两种失误都会给企业造成重大损失。

经过筛选，将有大量构思被淘汰，最后只保留少数的可行方案。在资金有限的条件下，这些可行方案不可能同时采用，因此在进入观念产品的设计阶段之前，还应该进行系统的审查评估，以对构思进行进一步的取舍。

3. 产品概念的形成和测试

产品构思是企业从自身角度考虑可能向市场提供的产品的构想，是抽象的、模糊的、未成型的。经过筛选后保留下来的新产品构思，需要进一步发展成为完整、具体的产品概念。产品概念是企业从消费者的角度对特定创意所作的详尽的、形象的描述，是具体化、明确化、已经成型的产品构思。

从产品构思到产品概念一般要经过两个步骤：第一个步骤是产品设计，任务是将产品创意用文字、图形、模型等明确地表现为产品的几种设计方案；第二个步骤是产品鉴定，任务是结合市场定位对每一个产品的几种设计方案进行认真评价修改，通过产品概念的市场实验了解顾客的反应，进一步完善设计方案后加以定型。在这个过程中，企业必须要考虑以下几个问题：产品的使用对象是谁，产品能满足消费者什么样的需求或欲望，产品如何使用及在什么场合使用等。另外，企业还需要从产品的销售量、盈利状况以及和企业现有产品的关系方面进行考虑，从而确定所需要的产品概念。

由于构思只是一种设想，不涉及产品的具体特征，因此，一个构思可能引申出许多具体的产品概念。

然后，企业根据销售预测、盈利能力等标准进行初步衡量，作出选择，并用文字或模型来表示这一产品概念的特征。

4. 初步拟定营销战略规划

产品概念确定之后，企业营销人员就要拟定一个将新产品投放市场的初步营销战略规划。该规划一般由三部分组成。

第一部分是描述目标市场的规模、结构、消费者的购买行为、新产品在目标市场上的定位以及头几年产品的销售量、市场占有率、目标利润等；

第二部分描述产品的计划价格、分销渠道以及第一年的营销预算；

第三部分阐述较长期（例如 5 年）的销售量、投资收益率以及不同时期的营销组合策略。

5. 商业分析

企业在初步拟定营销战略规划之后，要从财务的角度对新产品未来的销售情况、经营成本和利润率做出进一步的评估，即进行产品概念的商业分析，判断其是否符合企业目标的要求，以便决定是否进入新产品的正式开发阶段。

商业分析实际上是经济效益分析。商业分析主要是对产品的销售量、成本和利润进行估计，其目的在于确定所拟开发的新产品在商业上的吸引力。这种分析包括需求分析、成本分析、盈利分析三大部分，其中焦点是盈利分析。商业分析一般分为以下两个步骤。

首先，预测新产品的销售情况。企业的财务部门和综合平衡部门可以参照以往开发新产品的情况，比照市场上类似产品的销售发展历史，通过分析竞争因素和市场条件，推算出新产品的销售情况。企业应该着重预测新产品三方面的销售情况：上市销售量、重复购买率以及未来可能达到的最高和最低销售水平。

其次，推算新产品的成本和利润率。企业的财务部门和综合平衡部门，首先应对新产品的开发费用、新产品进入市场可能发生的各项营销费用以及各项支出做出预算；进而把这些费用综合起来计算出新产品开发的总成本；最后根据新产品开发总成本和销售情况预测出各年度的销售利润率。

在以上两项工作中，可采用收支平衡法、清偿年限法、新产品系数法等多定量分析的方法，也可将以上方法结合"产品会审法"加以使用。"产品会审法"是一种常用的定性分析的方法。它要求把企业的营销、生产、财会、工程技术人员等召集起来，在"会审"中弄清一系列的问题：新产品能否带来满意的利润；其首次销售额有多少；其使用寿命有多长（耐用品）；其重复销售额有多少（日常用品）；有无其他发展及生产上的问题等。

6. 产品研制开发

如果产品概念通过了商业分析，研究与开发部门、工程技术部门及生产部门就可以把这种产品概念转变成为产品。这一阶段必须研制出新产品样品，即把以文字、图形及模型等描述的产品概念试制成具体的实体产品，它是开发新产品的一个极其重要的阶段，因为大量的研制费用主要花费在这个时候，因此必须慎而行之。这一阶段必须搞清楚的问题是，产品概念能否变为技术上和商业上可行的产品。一般而言，模型或样品的生产要经过反复设计、实验，一直到符合生产和营销方面的要求为止。最后，还要对其进行严格的"功能试验"和"消费者试验"。功能试验是在实验室和现场进行的，主要测试新产品的功能性与安全性是否达到了规定的质量标准。消费者试验是把一些样品交给消费者试用以征求他们对新产品的意见，目的是发现新产品在使用中的问题并进行必要的改进。只有通过试验过程才能真正检验新产品概念在技术上和商业上是否可行。如果不可行，这项新产品的开发工作就要中止，所耗费的资金也将全部付诸东流。

7. 市场试销

试销就是企业将新产品与品牌、包装和初步市场营销方案组合起来，然后把新产品小批量投放到有代表性的小范围市场，来了解新产品的市场效应，决定是否进行大批量生产。市场试销的目的是了解消费者和中间商的反应，产品的市场潜量等，进一步检验各种市场分析的准确性，以确保产品大规模生产的安全性，减少新产品上市失败的风险。市场试销中所获得的有关产品定位、价格、渠道、促销等重要信息和数据，可以为下一步的营销活动提供依据，以提高今后市场营销决策的合理性。

新产品在试销前，企业需要作出以下决策。

（1）确定试销的时间和明确的地点　一般重复购买率高的产品，试销的时间应该长些，观察1～2次重复购买，所得的数据才比较准确；试销市场应该是企业目标市场的缩影。

（2）试销规模的大小　一般取决于项目投资费用和风险，新产品的投资费用和风险高，试验的规模就应大，反之就可以小一些。

（3）试销中所要取得的资料　这些资料一般包括：新产品的销售情况如销售额或销售量；重复购买情况；消费者的基本情况、消费者对产品的评价等。

（4）试销所需要的费用开支　一般来说，市场试验费用不宜在新产品开发投资总额中占太大比例。

在大多数情况下，产品的市场试销是必要的。但是，并非所有的新产品都必须试销。一般而言，对于选择性较强的产品，应当进行试销，因为消费者可能提出企业未曾料到的问题。对于销售前景不太明朗以及投资太大的产品，成败难以把握，也应当进行试销。如果企业已经通过各种方式收集到了消费者和经销商的意见，并已经根据这些意见对新产品和营销组合方案进行了改进，而且对新产品的市场潜力有比较准确的把握，就可以不经试销直接大量投放市场。

8. 正式上市

正式上市是企业在试销的基础上，把该产品作为企业的正式产品全面推向市场的阶段。正式上市是开发新产品的最后一个程序，新产品至此也就进入了商业化阶段。在此阶段，企业应注意在以下几个方面做好决策。

（1）何时推出新产品　即在什么时候将产品推入市场最适宜，新产品正式上市应选择合适的时机以取得最好的销售效果。例如，如果某种新产品是用来替代老产品的，就应等到老产品的存货被处理掉时再将这种新产品投放市场，以免冲击老产品的销售，造成损失；如果某种新产品的市场需求有高度的季节性，就应在销售季节来临时将这种新产品投放市场；如果这种新产品还存在着可改进之处，就不必仓促上市，应等到完善之后再投放市场。

（2）何地推出新产品　新产品正式上市，可根据企业的大小、推销力量、潜在市场对新产品的需求程度等具体情况来决定上市范围，可以一开始便全面铺开，推向全国，或者采取渐进的办法，先向某一地区与市场推出，然后逐步扩大。事实上，能够把新产品在全部市场上投放的企业是不多见的。一般是先在主要地区的市场推出，以便取得立足点，然后再扩大到其他地区。因此，企业特别是中小企业，应当找出最有吸引力的市场先投放。选择市场时要考察这样几个方面：该地区的市场潜量；竞争情况；企业在该地区的声誉；该地区对其他地区的影响力以及竞争渗透能力，这些因素可以影响到新产品商业化的成功。

（3）向谁推出新产品　企业把分销和促销目标面向最理想的消费者，利用他们带动其他消费者，以最快的速度、最少的费用扩大新产品的市场占有率。企业可以根据市场试验的结果发现最理想顾客群。对新上市的消费品来讲，最理想的顾客群一般应具备以下特征：他们是早期采用者；他们是大量使用者；他们是观念倡导者或意见领袖，并能为该产品做正面宣传。当然，完全具备这些特征的顾客为数很少，企业可以根据这些标准为不同的顾客群打分，从而找出最理想的顾客群。

（4）如何推出新产品　即企业推出新产品前应制定较为完善的营销综合方案，如营销组合策略、营销预算等，规定各项活动的先后顺序，有计划地进行营销活动。

新产品从试销到正式上市应是一个连续、紧凑、快速的过程，不宜割断和拖延。上述每项准备工作也要与之互相配合，指派专人负责，加强监督检查。新产品上市的任务一般由企业内部的市场管理部门负责，但也要求储运、财会、生产、人事、技术等部门的通力协作、互相配合，共同为新产品的顺利上市和扩大销路而努力。

第二节　企业的产品经营管理

做好企业产品经营管理工作，可以有效地降低企业的经营成本，提高企业的竞争力。其主要工作包括：经济合理地组织采购订货，提高采购工作质量；合理地选择运输路线及运输方式，有效节约企业的流通成本；把库存量控制到最佳数量，尽可能地降低库存成本；科学地选定目标市场，制定有效的营销组合方案。

一、企业采购管理

企业采购是产品供需双方签订供货合同，实现产需衔接的购买过程。采购是企业经营管理的一项重要工作，它关系到企业所经营产品的质量、价格、运输费用和企业生产经营活动的正常进行。因此，一定要做好企业采购管理。企业的采购工作，应把服务生产、提高企业经济效益放在首位，做到经济合理地组织采购订货，加强采购管理，提高采购工作质量，降低采购成本。为此，应努力做好以下工作。

1. 正确选择合理的进货渠道

进货渠道是指企业所需的产品从生产者传送到企业所经过的分配和交换的全过程。企业应以加速资金周转、降低采购成本、提高经济效益为目的，对产品、市场、企业能力等因素综合分析比较，选择经济合理的流通渠道。首先，应做好市场供应情况的调查和预测，这是保证订货采购工作质量的前提；其次，正确地选择供货单位，缜密地考虑供货单位在质量、价格、运费、数量、交货期限、供应方式、销售服务等方面对本企业是否有利，以及其生产能力、技术水平与本企业的发展相适应的程度；再次，在保证质量的前提下，合理地确定采购价格。

2. 合理确定企业采购方式

由于企业采购的方式多种多样，如自主采购方式、合同订购方式、招投标方式等，而且不同的采购方式具有不同的特点，因而采购工作质量、采购成本也会有所不同，企业应进行认真的比较分析，有选择地加以采用。采购时必须注重市场动态，遵守政策，以需定购，择优采购，就地就近购买，选准供货单位，把企业采购组织工作搞好搞活。

3. 合理确定企业采购量

确定企业采购量的方式有两种：定期采购方式和定量采购方式。两种方式各有优缺点，企业在选择时应根据实际情况选择合适的方式来确定采购量。一般来说，定量订货方式通常适用于品种数目少但占用资金大的 A 类物品采购。定期订货方式适用于品种数量大，占用资金较少的 C 类和 B 类物品采购。

4. 加强采购合同的管理

订货合同是供应双方签订的规定双方权利和义务的经济契约。合同的内容必须完整、准确，并符合国家的有关规定。合同中应明确规定采购的品种、规格、质量、数量、包装、交货时间、地点、运输方法、检验办法、价格、货款支付方式以及违反合同追究经济责任的处理方式等。采购合同签订后，应由专人负责管理，及时归类整理，及时检查执行情况，发现问题及时解决。合同副本应分别由企业的财务、仓库等部门保管，作为办理贷款结算、准备接货验收和入库管理的重要依据。对合同的执行情况要及时总结，对供货单位信守合同、履约情况作出评价，以便更好地选择供货单位。通过合同的总结，可以总结合同执行中的经验、处理违约责任，及时发现和解决存在的问题，提高企业订货合同的管理水平。

二、企业运输管理

运输是指产品的物质实体借助于各种运输工具，实现其空间位置的转移。合理组织产品运输在企业的经营管理中具有重要的作用，因为运费在整个产品流通中占较高的比例，有些产品运费还会高于产品的生产成本，做好企业产品的运输管理工作，可以有效节约企业的经营成本。

企业运输管理的工作重点主要有三个：一是要合理地选择运输路线；二是选择适当的运输方式和运输工具；三是采用先进的装载技术。

1. 合理地选择运输路线

运输路线包括起点、途经站点以及终点。合理地选择运输路线，可以使商品流向合理，避免返程空驶、起程空驶、迂回运输、重复运输、倒流等现象，减少运力的浪费、运输时间的增加及运费超支等问题的发生，来达到运输的合理化，使各种运输工具安全、迅速运行，最大限度地减少商品运输里程，缩短商品在途时间，降低运输费用，使商品尽快到达顾客手中或目的地，尽快地实现商品的使用价值和价值，满足市场需要。选择合适的运输路线对于产品流通范围广、用户分散的企业意义尤其重大，在区域内短途、多用户的频繁"配送"业务方面更是一项重要决策。为此，企业须对要调运的商品的品种、数量、距离远近、运输时间长短、费用大小等情况进行调查研究和分析对比，从中找出最经济、最合理的流向和路线。选择运输路线应遵循以下的原则：其一，应保证把货物运抵顾客处的时间最短；其二，应能减少总的运输吨千米；其三，应首先保证重要用户得到较好的服务。

2. 选择适当的运输方式和运输工具

企业选择何种运输工具会影响到产品定价、准时交货和物品到达目的地时的情况，所有这些都关系到顾客的满意程度，运输时应对各种运输方式和运输工具进行正确的选择。目前常用的运输方式如下。

（1）铁路运输 铁路运输是最主要的货运方式之一。其特点是运量大，运输成本低，速度快，安全可靠，受气候和自然条件的影响较小，在货物运输中具有较高的连续性和准确性。适用于运输距离长、批量大、单位价值较低的笨重货物，是长途装运大宗散装产品如煤、沙、矿物和农、林产品等的成本效益较佳的运输方式。铁路运输的缺点是线路和设站固定，如果销售地点或使用单位不在铁路沿线，就需要再转运，不但会增加运输费用和时间，而且还会增加损耗。铁路运输的收费标准比较复杂。一般来说，整车运输收费标准最低，而零担货车收费较高。因此，制造商可将发往相同目的地的物品合并配载运输，以利用整车费用低的优势。铁路运输在世界上大多数国家，特别是幅员辽阔的国家仍承担着主要的货运任务。

（2）水路运输 又分为内河驳船运输、近海运输和远洋运输。水路运输的特点是运量大、运费低。但水路运输受到水域、码头、港口、船期等条件的限制，并且受季节、气候等自然条件的影响较大，运输连续性较差、速度慢、时间长。水运适合于笨重的非易腐商品，如煤、谷物、杂货和机械设备、沙、矿产、石油等。

（3）公路运输 公路运输又称为汽车运输。公路能纵横交叉，汽车能四通八达，而且机动灵活、简捷方便。因此公路运输的主要优点是灵活、迅速、适应面广，在运输时间和路线安排上有较大的灵活性，可直达仓库、码头、车站等地自己装卸货物，能够实现"门对门"供货，减少了装卸次数和损耗；公路运输的缺点是载量较小，成本费用较水运和铁路运输要高，超过一定的运输距离，运费会明显增加；此外，公路运输方式在车辆运输过程中振动较大，尤其是在路况较差的条件下，很容易造成货损货差事故。因此运输方式适用于中、小批量商品及价值高的商品的近距离运输，不适宜装载大件、重量大的物品，也不适宜走长途运输。近年来高速公路网的发展，为公路运输创造了更多更好的机会，卡车运输在运输业中所占的比重一直在稳步上升。

（4）管道运输 管道是一种专门由生产地向市场输送石油、煤和化工产品的运输方式。

这种运输方式不需要动力引擎,是运输通道和运输工具合二为一、借高压气泵的压力将货物经管道向目的地输送的运输方式。管道运输具有迅速安全、货损货差小、运输货物无需包装、节省包装费用、费用省、成本低、管理较简单、不受地面气候条件影响、能连续作业的优点。其缺点是固定资产投资大、机动灵活性差(永远单向运输),只适合运输诸如石油、天然气、化学品、碎煤浆等气体和液体。我国的管道运输目前多用于运输石油和天然气。管道运输石油产品比水运费用高,但比铁路运输便宜。

(5)航空运输 空运是速度最快、费用最高的运输方式。航空运输运量小,费用比铁路、公路等运输方式高,但航空运输速度快、安全准确,能为顾客提供良好服务,降低销售地存货,因此,虽然空运费用比铁路或卡车运输高得多,但是,对那些体积小、价值高的贵重物品(如科技仪器、珠宝等)和鲜活商品(如鲜花、活水产、珍贵动物等),或当要求迅速交货,或要将物品运送到遥远的市场时,空运仍是理想的运输方式。

(6)多式联运 多式联运是按照多式联运合同,以至少两种不同的运输方式,由多式联运经营人负责完成整个货运过程,将货物从发货地运到交货地的一种运输方式。这种综合、连贯的新型运输方式,目前在国际货物运输中发展很快,这要归功于集装箱化的发展。集装箱化是指将物品装入铁箱或拖车中,这样便于在两种运输工具之间转运。集装箱运输是现代运输业的一项重要技术改革,具有装卸效率高、加速车船周转、货损货差小、包装费用省、简化货运手续、降低货运成本、劳动强度低等优点。

企业在给仓库、经销商和顾客发货时,要在上面的六种运输方式中进行选择。由于各种运输方式和运输工具具有不同的特点和作用,在货物运输中具有不同的优缺点。选择运输方式时应综合考虑送货速度、频率、可靠性、运载能力和成本,及不同运输方式的可用性等各方面的因素,进行正确的选择,力求做到运费省、运送快和运输安全。例如:发货人要求快速,空运和公路运输是主要选择对象;如果要求成本低,则水路、铁路、管道是较理想的方式。此外,企业还可以采用联运方式,如铁路和汽车联合集装运输,以提高运输效率。

3. 采用先进的装载技术

先进的装载技术可以在一定程度上提高运输工具的效能,节约运输费用。企业在正确选择运输方式和运输工具的前提下,还应采用先进的装载技术,提高货物装载量。其主要措施有:在不改变商品形状、不违反运输规定的条件下,实行巧装多载,充分利用运输工具的装载空间;改变商品的包装形状,以适应运输工具的装载容积;采用轻重商品配装、零担拼整、集装箱装运等形式;利用回空车船的运力,减少运输工具的空趟行使等。

三、企业库存管理

这里所说的库存主要是指企业在生产经营过程中为满足商品销售、周转的需要而准备的产品,以实现生产与消费在时间上的衔接。库存的必要性来自生产和消费、供给和需求的周期不一致,库存解决了商品生产与消费在时间、空间、数量上的矛盾,创造了时间效用和空间效用。库存管理是根据企业内外对库存的要求、企业订购的特点,预测、计划和执行补充库存、保管物品的行为,并对这种行为进行组织、协调和控制。库存管理效率的高低,直接反映并决定着企业的效益、风险和流动性的综合水平,对库存的管理控制不力,会导致库存的不足或过剩。库存不足将错过送货时机,失去销售额,使顾客不满,或造成生产"瓶颈",影响生产的连续性;库存过剩会不必要地占用资金,影响资金周转速度和资金使用效益。因而在企业的经营管理中起着至关重要的作用。库存管理的一般目标就是在给定的客户服务水平条件下，尽可能地降低库存成本，因此，其主要内容是把库存量控制到最佳数量，尽量少用人力、物力和财力把库存管理好。

（一）ABC 分类管理法

企业应对库存进行严格控制。但是，企业所需库存产品种类往往较多，如果都实行严格控制，在实际上有困难，而且经济上也不合理。因此，选择适当的库存控制规模，既可以简化管理工作，减少管理费用，又可以集中力量抓好重要产品的库存控制。选择库存控制规模一般用 ABC 分类管理法进行。

ABC 分类管理法，又称为重点管理法。起源于 19 世纪末期意大利的帕累托对人口问题的研究。到了 20 世纪 50 年代初将这一方法应用到库存管理。现在 ABC 分类管理法已经成为企业管理中对各方面进行重点管理的基础方法。其基本原理是将企业繁多的库存产品品种，按其重要程度、价值大小、资金占用等情况，进行分类排列，分清主次，抓住重点，分别采用不同的控制方法。这是一种抓住事物主要矛盾的定量科学分类管理技术。实行 ABC 分类法，既可以加强对重点产品的控制，又可以简化库存管理工作。

ABC 分类的第一步是在能够获得有关数据的条件下，根据销售额或利润百分比对公司的产品进行排序。第二步是区分高需求产品与低需求产品，并区别进行管理。它将公司的产品按照销售额和客户的购买额分为 ABC 三类，对于不同类的产品、不同类的客户采用不同的管理方法。我们知道，在许多库存物资中，一般只有少数几种物资的需求量最大，因而占用较多的流动资金；从用户方面来看，只有少数几种物资对用户的需求起着举足轻重的作用，种类比较多的其他物资年需求量却较小，或对用户的重要性较小。由此，可以将库存物资分 A、B、C 三类。一般来说，A 类产品种类数占全部库存产品种类数的 10% 左右，而其销售额却占全部销售额的 70% 左右；B 类库存产品种类数占 20% 左右，其销售额大致为总销售额的 20% 左右；C 类库存产品种类数占 70% 左右，而销售额只占 10% 左右。企业应把库存管理的重点放在 A 类产品上，即管理者应更多地把重点放在能够为公司带来更大销售额和利润的产品上。B 类产品虽然也很重要，但销售额比 A 类少得多，只要进行一般管理即可，即采用常用管理方法。C 类产品销售额很少，不宜投入过多的管理力量。

例如，某百货公司的销售数量分析显示，A 类产品占库存产品种类的 5% 和销售额的 70%；B 类产品占库存种类的 10% 和销售额的 20%；C 类产品占物品种类的 85% 和销售额的 10%。为提高管理效率，该公司在日常库存管理上可对 A 类产品每天进行库存检查，B 类产品每周进行库存检查，而 C 类产品则每月检查；在管理目标上，企业还可以为每一类库存建立起不同的客户服务水平要求，如 A 类产品可设置 99% 的订单满足率，B 类产品设置 90% 的满足率，C 类产品设置 80% 的满足率；在产品配送上，如果该公司在全国有 10 个配送中心，A 类产品可能存放在所有这 10 个仓库中，B 类产品存放在 5 个区域性仓库，而 C 类产品只存放在工厂的仓库内。尽管 B 类产品和 C 类产品的运输成本会增加，但由此而带来的其他相应库存相关成本的降低则更加有利于整体成本的降低。

在运用 ABC 分类管理法时，应注意以下几个问题。

① 在对库存产品分类时，应慎重，如果划分不当则易导致管理失误。尤其对 B 类产品，其划分容易发生错误，因为 B 类介于 A、C 类产品之间，划分它为哪一类，伸缩性大。

② C 类库存产品有时可能很重要，这时应把该产品划入 A 类中。如企业开发的重要新产品，刚刚上市时销量可能很小，但其对企业日后的发展意义重大，这时就应把它作为 A 类产品重点管理。

③ ABC 分类管理法中，对三类产品划分的百分比标准是一个大概数，实际应用时要根

据企业的实际情况具体划分。

（二）库存量控制

企业库存量的多少，既关系到能否及时向顾客供货，又关系到企业利润水平的高低。库存量控制的目标，一是满足用户的需要，二是降低费用，提高经济效益。前者要求合理的库存量，保证经营的需要；后者则要求在满足生产需要的前提下使库存费用最少。

通常情况下，高库存水平可维持较高的库存可供量和更稳定的服务水平以保证销售量的增加。而较低的库存水平则可能会减少客户订单的满足率，导致销售机会的丧失。但是，企业如果存货过多，其成本费用会过高。一种商品应保持多少的库存量，要受多种因素的制约，如减少资金占用、避免积压、减少订货费用、保障供货和避免顾客损失等，并且这些因素对商品库存可能会有不同的甚至矛盾的要求。例如，从减少资金占用、避免积压的角度上看，商品库存量应当越少越好。但从减少订货费用和保障供货的角度上看，商品库存量应当尽可能多一些，因为库存量少必然需要频繁订货，增加订货次数和相应费用，也可能在顾客大量购买时出现缺货的情况，致使顾客因不能及时消费而遭受损失。因此，企业应了解销售量及利润的增加是否足以抵消存货增加的成本，包括何时进货以补充存量和进货数量。也就是说，控制存货量时应主要控制两个因素：时间和数量，库存控制主要是选择适当控制方式，使库存水平在时间和数量上保持经济合理的水平。库存量控制的方法有定量订货管理法和定期订货管理法。

1. 定量订货管理法

定量订货管理法又叫订货点法，是指每次订购数量固定但订购时间不定。应用这种方法需要预先设立订货点，所谓"订货点"就是物资库存下降到必须再次订货的数量界限，当库存降至这一数值时，就必须开始订货，每次订货量都以经济批量为依据。仓库管理部门应坚持盘点制度，当库存量等于或低于订货点时，就要及时提出订货，购进固定数量的物资，以补充存量的不足，保证生产对物资的需要不落空。比如企业某产品订购点为 1000 单位，则表明企业所存物品降到 1000 单位时，就必须发出订单，以保持应有的存货量。

订货点库存量是根据保险储备定额、订货周期和平均每日需要量等因素确定的，计算公式为：

$$订货点库存量＝平均日需要量×采购所需天数＋保险储备量$$

每次订购的批量可以采用经济订购批量法来确定。在物资订购过程中，直接影响物资订购批量的因素有两个：一是订购费用，订购费用指物资订货和采购过程中有关差旅费、验收费、管理费等；二是保管费用，保管费用是指物资占用的资金利息、仓库及运输工具的折旧费、维护费、仓库保管费等。在物资年需要量既定条件下，采购数量与采购次数相互制约，采购费用与保管费用成反相关，即采购数量大则采购次数少，采购费用相应下降而保管费用随之增大，反之亦然。经济订购批量就是综合分析订购、保管各项费用支出而得出的成本最小的一次订购数量。计算公式为：

$$经济采购批量＝\sqrt{\frac{2×每次采购费用×全年采购需要量}{单位产品的年保管费用}}$$

采用该法，要求随时关注库存情况，能及时了解和掌握库存的动态；因每次订货数量固定，并且是预先确定好的经济批量，方法简便。但这种订货方式要求对每个品种单独进行订货作业，这样会增加订货成本和运输成本。定量订货方式通常适用于品种数目少但占用资金大的 A 类库存。

2. 定期订货管理法

定期订货管理法是从时间上控制订货周期，从而达到控制库存量目的的方法。即事先确定采购时间，一到订货日就组织采购，以补充库存的一种库存管理方式。企业可以根据过去的经验或经营目标预先确定一个订货间隔期间，每经过一个订货间隔期间就进行订货，但每次订货的批量不固定，根据采货时的实际库存和在途采购量确定。计算公式为：

$$企业采购量＝（采购时间＋采购间隔期）×平均每日需要量＋保险储备－$$
$$实际库存量－在途采购量$$

其中，采购时间指采购开始至产品到厂所需的时间；在途采购量指过去已订货但尚未到货的数量。

例如：某企业采货间隔期为 20 天，采购时间为 5 天，平均每日需要量 40 件，保险储备 200，提出采购计划时实际库存 100 件，在途采购量 100 件，求本期物资采购量是多少？

$$采购量＝（20＋5）×40＋200－100－100＝1000（件）$$

这种方式订货受采货周期长短影响，只要订货周期控制得当，既可以不造成缺货，又可以控制最高库存量，达到库存管理的目的，使库存费用最少。如果采货周期过长增大资金占用和保管费用，过短则一次采购量过小，采购成本较高，且有满足不了经营需要的危险。所以，能否确定合适的采购间隔期是影响定期订货管理法效果的关键。

定期订货方式的优点是，由于订货间隔期间确定，因而多种物资可同时进行采购，这样不仅可以降低订单处理成本，还可以降低运输成本。另外，这种方式不需要经常检查和盘点库存，可节省检查和盘点费用。但是，由于不经常检查和盘点库存，对物资的库存动态不能及时掌握，遇到突发性大量需要，容易造成缺货现象。定期订货方式适用于品种数量大，占用资金较少的 C 类库存和 B 类库存。

四、企业营销管理

市场营销是企业在变化的市场环境中，为满足消费需要和实现企业目标，综合运用各种营销手段，把产品和服务整体地销售给消费者的一系列市场经营活动与过程。在现代市场经济条件下，企业必须按照市场需求组织生产。市场营销一直是企业经营管理工作的重中之重，而市场是企业开展营销活动的起点和制定营销战略的根本依据。为保证战略决策的科学正确，必须进行科学的市场调查和预测，在市场细分的基础上科学地选定目标市场，根据目标市场的需求决定企业的经营方向和经营规模，制定相应的营销组合方案。

（一）市场细分

从企业营销的角度看，一种产品的市场是指该种产品的全体买主（消费者或用户）。任何一个企业都会面对成百上千、成千上万，乃至百万、千万个买主。而这众多的买主，一般说来，对一种产品的具体消费需求往往并不相同，甚至差异极大。这就决定了：任何规模的企业，都不可能满足全体买主对某种产品的互有差异的整体需求。这不仅因限于资源，也是为了保持效率。一个企业要想在市场竞争中求得生存与发展，都应当、也只能满足全体买主中的某一类或某几类特定买主的需要。实践一再证明，成功经营的企业，不仅要明确为什么样的需要服务，尤其要明确为谁的需要服务。"为谁的需要服务"是企业的一种经营抉择，明确企业特定的服务对象，是制定企业营销战略的首要内容和基本出发点。为了能科学地选定自己的服务对象，更好地展现自身的优势，企业需要做好市场细分、目标市场选择以及市场定位工作。

市场细分，是指根据消费者（顾客）在购买行为和购买习惯上的差异性，将市场划分为若干类似的消费者（顾客）群，即将整体产品市场进一步细分为若干个分市场，每一个分市场就是一个细分市场，又称子市场。在这里，每一个细分市场都是由具有类似产品需求倾向的消费者构成的群体，分属不同细分市场的消费者对同一产品的需要与欲望存在着明显差别，而属同一细分市场消费者的需要与欲望则极为相似。需要强调指出的是，市场细分不是根据产品的分类来进行的，而是从消费者的角度进行划分的，消费者的需要、动机、购买行为的差异性，是市场细分的理论基础。同时，细分后的市场上消费者需求的同类性，只能是求大同存小异，不可能达到完全相同。

⚙ 知识链接

不同人群所需奶粉有差异

　　婴幼儿由于其特殊的生理特点，各种器官功能都处于发育和成长过程中，胃肠功能尚未完全建立起来，因此应该饮用婴幼儿配方奶粉。婴幼儿配方奶粉调整了牛奶中蛋白质、脂肪的比例，并添加了30多种微量营养成分，这些营养成分包括维生素、矿物质元素、β-胡萝卜素、L-肉碱、核苷酸、胆碱、多不饱和脂肪酸等，对婴幼儿的消化吸收、生长发育和新陈代谢很有帮助，能更好地满足婴幼儿需要，比牛奶更易于消化吸收，营养也比牛奶更丰富、更合理，有益于宝宝的快速成长。

　　对于中老年人，建议用一些具有低脂肪、高钙特点的奶粉。这是因为人到中老年阶段以后，器官组织功能处于一种逐渐退化状况，吸收能力、免疫力都在下降，活动量减少，使得身体发胖，患高血压、高血脂及心血管疾病者增多。饮用低脂、高钙的中老年奶粉或中老年高钙奶粉，与喝牛奶相比，使中老年人较少地摄入了脂肪，而摄入了更多的优质蛋白质和钙质，更能满足营养需要；同时，中老年奶粉中一般都含有对人体有益的微量元素——硒，硒与包括高血压、糖尿病、癌症在内的40多种疾病有密切关系，能提高中老年人的免疫能力和抵抗疾病能力，减少中老年人患病的危险；中老年奶粉（包括中老年高钙奶粉）含有低聚果糖等有益菌增殖因子，能促进人体肠道内有益菌的增殖，抑制肠道内腐败菌的繁殖，有益人体肠道健康，同时还具有润肠通便的作用，能及时将人体内的废物排出，减少人体患结肠癌的机会。

　　对于特殊人群，如糖尿病人和高血脂人群，应饮用具有"调节血糖、调节血脂"作用的保健奶粉，这类奶粉不仅含有丰富的营养，同时还有保健作用，能调节人体的血糖、血脂，且不具有药品的副作用，而饮用一般的奶粉或牛奶，则没有这些效果。

　　（资料来源：张文馨．不同人群所需奶粉有差异．中国消费者报，2003-3-3．）

　　划分市场应选择适当的市场细分标准。一种产品的整体市场之所以可以细分，是由于消费者或用户的需求存在着差异性，而这些市场需求差异，通常是由多种因素造成的，这些因素因此也就成了市场细分的依据。就市场而言，这些影响因素，亦即市场细分依据，主要有以下几个方面：地理环境因素、用户类别、心理因素、经济因素、消费行为因素、消费受益因素。

1. 地理环境因素

　　以地理为依据细分，就是企业按照消费者所在的地理位置以及其他地理变量来细分市场。具体变量包括国家、地区、城市、乡村、城市规模、人口密度、不同的气候带、不同的地形地貌、交通运输及通信条件等。市场按地理依据可划分为南方市场（热带、亚热带地区）、北方市场（温带地区）、西部市场（西部干旱、高寒地区），以及城市市场、农村市场等。地理细分的主要依据是：处在不同地理位置的消费者对企业的产品有不同的需要和偏好，他们对企业的产品价格、销售渠道、广告宣传等营销措施也常常有不同的反应。例如，美国东部人爱喝味道清淡的咖啡，而西部人喜欢味道浓烈的咖啡，美国通用食品公司针对上述不同地区消费者偏好的差异推出不同味道的咖啡，结果大获成功。由于产品的生产及消费具有很强的地域性，按照地理因素细分市场，对于研究不同地区消费者的需求特点、需求量及其发展变化趋势具有重要意义，有利于企业开拓区域市场。

2. 用户类别

企业按照用户类别来细分消费者市场具有重要意义。不同类别的用户，对产品的种类、功能、价格有不同的要求。例如：同样是购买花卉产品，个人购买、商务会议用花、写字楼花卉租摆，对花卉的需求大不相同。即使同为个人购买，但不同年龄组、不同文化水平的消费者，由于有不同的生活情趣、消费方式、审美观和产品价值观，对同一产品，也必定会产生不同的消费需求。另外，用户的宗教信仰、风俗、民族等人文变量与需求差异性之间也存在着密切的因果关系。依据用户类别来细分市场，历来为企业所普遍重视。

3. 心理因素

是指消费者的心理特征。心理因素十分复杂，具体变量包括生活方式、个人性格、购买动机、兴趣爱好、价值取向、对于品牌的忠实程度及对营销因素的敏感程度等。比如：把具有共同主张、个性、兴趣、价值取向的消费者集合成群，可以划分出具有不同生活格调的群体，诸如"传统型""新潮型""节俭型""奢靡型""严肃型""活泼型""乐于社交者""爱好家庭生活的人"等消费者群。以这类因素为标准细分出的市场，往往能够显示出不同群体对同种商品在心理需求方面的差异性。

从购买动机来细分市场，也是心理细分的常用方法。购买动机是一种引起购买行为的内心推动力。不同的购买动机，可以导致不同的需求偏好和购买行为。在购买动机中普遍存在的心理现象主要有：求实心理，喜新心理，爱美心理，趋时（仿效）心理，地位（成就）心理，名牌（慕名）心理，友谊心理等。所有这些心理因素都可以作为细分市场的参数。企业可针对不同购买动机的顾客，在产品中突出能够满足他们某种心理需要的特征或特性，并相应设计不同的营销组合方案，定能取得良好的经营效果。

4. 经济因素

主要是指消费者的经济收入状况。具体变量包括个人收入、家庭平均收入、可供自由支配的收入等。由于经济收入的多少直接影响着消费者的消费结构，企业必须予以密切关注。消费者实际经济收入的多少，直接决定着其购买力的大小，进而影响人们对某一产品在质量、档次等方面的需求差异，因此，是能否导致购买行为和购买状况的关键因素。

5. 消费行为因素

所谓行为细分，就是企业按照消费者购买或使用某种产品的时机、消费者进入市场的程度、消费的数量规模、消费者对某种产品的使用率等行为变量来细分消费者市场。就产品来说，常用的行为细分变量如下。

按消费数量来细分市场，叫做"数量细分"。这是"行为细分"的一种主要形式。许多产品的经常购买使用者都可以进一步细分为大量用户、中量用户、少量用户这样几个消费者群。对大量、中量、少量用户的消费特点和购买行为要有透彻了解，不仅要推出适宜的变异产品，在价格、包装、销售渠道、销售形式、广告宣传等方面也要区别对待，精心安排。

另外，从"消费时机"角度来细分市场也是有意义的。例如，用户平时与节假日（如春节、圣诞节、母亲节、情人节等）对产品的消费行为，在购买品种、购买数量方面都存在着较大差异，要求企业相应地规划、设计出不同的营销方案。

6. 消费受益因素

根据消费者期求的利益不同来细分市场就是"受益细分"，即由于消费者们各自追求的具体利益不同，可能会被某种产品具有的不同的特性所吸引，因而可以细分为不同的消费者群。就是说，这里的一个个细分市场不是根据消费者的各种特点，而是在一种产品能够提供什么特殊效用、给购买者带来什么特定利益的基础上开发出来的。比如：有些用户购买手表是为了方便掌握时间，有些是为了装饰，有些消费者则希望通过其所佩戴的手表显示其身份地位，由此就可将手表消费者分为三个消费者群。由于人们购买一种特定的产品时总要获取某种实实在在的益处，因而，受益细分能够通行于大多数市场，在市场导向情况下具有广阔的适用范围。

以上六种因素对消费者来说，往往是相互影响、综合起作用的，不能截然分开。但其中必有最主要的决定性因素。因此，市场细分不能只考虑某一方面的因素，也并非根据所有因素细分，而是要根据产品特点、企业营销环境等若干个因素结合起来进行。这样，才能选出比较理想的目标市场。

（二）目标市场

通过市场细分化，企业可以将整体市场按照一定的标准细分为若干个子市场，然后，企业就应根据自身的条件和外部环境因素，从中选择对自己有利的目标市场。目标市场是指企业的目标顾客，也就是企业营销活动所要满足的市场需求，是企业决定要进入的市场。或者说是企业产品或劳务的销售对象。企业应根据已上市的产品的市场现状和竞争者的市场占有情况，来分析市场被满足的程度、发现市场机会，并结合企业资源状况，权衡利弊，决定进入哪个或哪些市场，为哪个或哪些市场服务，我们称之为目标市场战略。目标市场策略主要有以下三种类型。

1. 无差异营销策略

这种战略无需进行市场细分，只考虑整个大市场上人们需求的共性，企业把整个市场作为一个大的目标市场，只推出一种产品，采用单一的营销组合策略，力图吸引所有顾客。它的指导思想是：人们对这种产品的需求无差异，不管哪个用户的需要都是一样的，只需要这一种商品，比如一些初级农产品，所有用户对其的需求并无多大差异，因此对这种产品市场，企业可采用无差异营销策略。

这种战略的优点是：大批量的生产和销售，能发挥规模优势，必然会降低单位产品成本；无差异的广告宣传等促销活动可节约促销费用；因不进行市场细分化，也相应减少了市场调研、产品研制、实施多种营销方案等所需要消耗的人力、物力与财力。其主要缺点是单一产品要以同样的方式广泛销售并受到所有购买者的欢迎，这几乎是不可能的。特别是同行业中如果有几家企业都实行无差异市场营销时，必然竞争异常激烈。

这种策略对许多产品来说并不适用，对一个企业来说也不宜长期采用。因为：①消费需求客观上是千差万别并不断发展变化的，一种产品长期被该产品的全体消费者或用户所接受的现象，是很少见的。②当众多企业竞相采用这种策略时，就会使整体市场竞争异常激烈，而小的细分市场的需求却得不到满足，这对经营者、消费者或用户都不利。③易受其他企业各种竞争努力的伤害。

总的说来，一些消费者的需要大致相同的产品，可采用这种策略，以便实行大批量生产，提高生产效率，减少经营费用，简化经营方式。

2. 差异市场营销策略

这是一种以市场细分为基础的目标市场策略。采用这种策略的企业，把产品的整体市场划分为若干细分市场，从中选择两个以上乃至全部细分市场作为自己的目标市场，有针对性地设计出不同的产品，并为每个选定的细分市场制定不同的市场营销组合方案，同时多方位或全方位地分别开展针对性的营销活动，采用不同的市场营销策略，分别满足各类顾客的需要。例如，某洗发水生产企业根据用户不同的消费目的，分别生产营养型洗发水、去屑型洗发水及柔顺型洗发水，该厂实行的就是差异性营销。这种做法的出发点是：认为不同的顾客对产品或劳务的需求是有不同的。所以，首先要将整体市场细分化，再采用"分而适之"的方法，全方位地满足各类顾客的需求。

这种策略的优点是能使企业销售总量增加。这种策略进行的是小批量、多品种生产，一方面，针对性的营销活动能够满足不同顾客群的需要，提高产品的竞争能力，有利于扩大销售；另一方面，易取得连带优势，以少带多，有利于企业树立良好的市场形象，提高顾客对本企业产品的信任度和重复购买率。其缺点是成本高。小批量、多品种经营策略，会使企业的生产成本和市场营销费用（如产品改进成本、管理费用、存货成本、促销成本等）大幅度增加。因此，这一策略的运用必然会限制在这样一个范围内：销售额的扩大所带来的利益，必须超过营销总成本费用的增加。这就要求，企业固然不能选错细分市场，也不宜卷入过多的细分市场。由于采用这一策略必然会受到企业资源力量的制约，一般具有较为雄厚的财力、较强的技术力量和具有素质较高的营销人员的企业，才可采用这种策略，而相当一部分企业，尤其是小企业无力采用此种策略。

3. 集中性营销策略

企业不是面向整体市场，也不是把力量分散使用于若干个细分市场，而是在市场细分的基础上，集中力量进入一个细分市场，为该市场开发一种理想的产品，实行高度专业化的生产和销售。例如，某企业专门生产特大号服装。这种做法的指导思想是：与其在整个大市场上占有较小的市场份额，不如在小市场占有更大的市场份额。所以，在实际营销活动中，集中力量进入一个细分市场（或更小的市场部分），实行专业化生产和销售，谋求在一个较小或很小的细分市场上取得较高的、甚至是支配地位的市场占有率，而不追求在整体市场或较大的细分市场上占有较小的份额。

这种策略的优点是企业对一个或几个特定的子市场有较深的了解，而且在生产和市场营销方面实行专业化，可以比较容易地在这一特定市场取得有利地位，同时由于实行专业化经营，便于提高产品质量和节约费用。这一策略的不足之处是潜伏着较大的风险，一旦目标市场突然不景气，例如，消费者的需求偏好突然发生变化，或者市场上出现了比自己强大的竞争对手，企业就会因为没有回旋余地而陷入困境。因此，采用这一策略的企业必须密切注意目标市场的动向，并应制订适当的应急措施，以求进可攻、退可守，进退自如。

集中性营销主要适用于资源力量有限的小企业。由于小企业无力在整体市场或多个细分市场上与大企业抗衡，而在大企业未予注意或不愿顾及、自己又力所能及的某个细分市场上，寻找"市场缝隙"，全力以赴。这样既由于资金占用少、周转快、成本费用低而能取得良好的经济效益，也因为易于满足特定需求而有助于提高企业与产品在市场上的知名度，取得经营上的成功，今后一旦时机成熟，便可以迅速扩大市场。

企业的一切营销活动都是围绕目标市场进行的。选择和确定目标市场，明确企业的具体服务对象，关系到企业任务、企业目标的落实，是企业制定营销战略的首要内容和基本出发点。一个企业究竟应当采用上述哪一种目标市场策略，取决于企业、市场等多方面的条件。

确定目标市场所需分析的因素，一般包括以下三方面的内容。

第一，企业内部条件。

如果企业实力雄厚、管理水平较高，根据产品的不同特性可考虑采用差异性或无差异性市场策略；资源有限，无力顾及整体市场或多个细分市场的企业，则宜于选择集中性市场策略。

第二，市场是否同质。

有些产品，如一般绿化树种，自身可能会有某些品质差别，但顾客一般并不太重视或不加区别，亦即它们适应消费的能力较强、竞争主要集中在价格和服务方面，因而这类产品适宜实行无差异营销；而许多产品如盆景、插花，其消费者或用户需求是多样化的，选择性很强，对这类产品宜采用差异性或集中性市场策略。

第三，竞争对手的市场策略。

假如竞争对手采用无差异市场策略，企业就应采用差异性市场策略，以提高产品的竞争能力。假如竞争对手都采用差异性市场策略，企业就应进一步细分市场，实行更有效的差异性营销或密集性营销；但若竞争对手力量较弱，也可考虑采用无差异营销。

一般说来，企业选择目标市场策略时应综合考虑上述诸因素，权衡利弊方可作出抉择。目标市场策略应当相对稳定，但当市场形势或企业实力发生重大变化时也要及时转换。

案例 7-1

TCL 决定投产彩电时，国内彩电市场早已拥挤不堪。长虹、海燕、金星、飞跃、凯歌、北京、牡丹等国产品牌自成体系，各据一方；索尼、东芝、日立、松下等外来品牌更挟东洋技术之强势冲击中国市场。更为严重的是，当时国内彩电市场已经供过于求。面对众多相对成熟的国内外彩电品牌，TCL 发现它们都忽略了一个重要市场：当时国内高质低价的大屏幕彩电市场是一个空白。本土品牌尚没有开发大屏幕彩电，外来品牌大屏幕彩电价格普遍偏高，大众消费无法承受，一时难以普及。TCL 看准竞争对手的薄弱环节，乘虚而入，不失时机地填补了这一空白，取得了市场营销的成功。

（资料来源：郭国庆．市场营销学通论．北京：中国人民大学出版社，2006.）

（三）市场定位策略

市场定位是企业全面战略计划中的一个重要组成部分，它关系到企业及其产品如何与众不同，与竞争者相比有何吸引力。产品市场定位，就是根据竞争者现有产品在市场上所处的位置，针对消费者或用户对该种产品某种特征或属性的重视程度，强有力地塑造出本企业产品与众不同的、给人印象鲜明的个性或形象，并把这种形象生动地传递给顾客，从而使该产品在市场上确定适当的位置。也就是说营销组织在目标市场上为使自己的产品与竞争者的产品相区别，并在顾客心目中树立良好形象，留下深刻印象，形成偏爱，增强竞争实力，而赋予自己产品的某种特色或形象以便扩大市场占有率。这种形象和特色既可以是实物方面的（包括外形、成分、构成、性能等内在质量和外在质量），也可以是心理方面的（包括豪华、品牌等），还可以是二者兼而有之的，如质优价廉、服务周到、技术超群等。

1. 市场定位策略的类型

企业产品的竞争态势不同，市场定位策略也不同，下面分析三种主要定位策略。

（1）避强定位策略　这是一种避开强有力的竞争对手的市场定位。当营销组织意识到自己无力与实力强大的竞争者相抗衡时，可根据自己的条件，发挥特色，将产品定位在与众不同的位置上，以取得市场竞争的相对优势。当某些潜在市场未被竞争者发现，或虽已发现却无力或无意去占领时，如果营销组织有一定的实力，就可以把产品定在尚未被占领、却又为许多消费者所重视的位置上，以填补市场上的空缺。例如某花店根据花卉市场的竞争态势及自身实力，专门提供丧仪用花卉和服务。这种定位策略的优点是：能够迅速地在市场上站稳脚跟，并能在消费者或用户心目中迅速树立起一种形象。由于这种定位方式市场风险较小，成功率较高，常常为多数中小企业所采用。

（2）迎头定位　这是一种与在市场上占据支配地位的竞争对手"对着干"的定位方式。当营销组织比竞争者具有更多的资源优势，生产出更好的产品，而且目标市场容量足够大时，就可以把自己的产品定位在与竞争者产品相似的位置上，针锋相对地与竞争者争夺市场份额。显然，迎头定位有时会是一种危险的战术，但不少企业认为这是一种更能激励自己奋发上进的可行的定位尝试，一旦成功就会取得巨大的市场优势。实行迎头定位，必须知己知彼，尤其应清醒估计自己的实力。

（3）重新定位　通常是指对销路少、市场反应差的产品进行二次定位。当企业决策失误，或是对手有力反击，或是出现新的强有力竞争，导致原定位失败时，就可以通过重新定位摆脱困境，重获增长与活力。

2. 产品定位的方法

（1）根据产品质量和价格定位　产品质量与价格变动方向往往是一致的。优质优价，一分钱一分货。例如西湖龙井茶叶就有一级、二级、特级之分，它们的质量、性能、特征各异，可以满足不同消费者的需求，所以价格也有很大差距。

（2）根据产品的用途定位　同一种产品往往有多种不同的用途，营销组织可根据顾客购买的主要用途定位。例如，顾客购买老年保健品是为了作为礼品，表达感情，对质量要求高，价格自然也较贵，这类产品就可定位为高档品。

（3）根据产品的质量、产地定位　产品具有很强的地域性，不同地域的产品质量差异很大。因此，营销组织可根据产地为产品定位。例如荷兰的郁金香、云南的茶花，就深受消费者的欢迎。

（4）根据产品的特点定位　同类产品之中，有的产品具有明显特征，而且这种特征又被消费者所喜欢，营销组织就可以按其特征进行定位。例如北京牛栏山酒厂生产的红星牌二锅头，酒味醇厚，物美价廉，一直是市场上的畅销货。

（5）根据竞争定位　针对竞争者的产品特点，为自己的产品设计出超过竞争者产品的新特色。例如地处渭北黄土高原的合阳干井乡，虽是生产苹果的最佳适生区，但按照传统的技术方法进行管理，生产的苹果难以形成竞争优势。后来，这里的果农根据消费者对苹果生产中滥用农药的意见，聘请有关专家建立绿色农业基地，生产的苹果经国家有关部门鉴定后，颁发了绿色食品证书，现已行销全国各地乃至东南亚一些国家，争得了市场竞争的主动权。

上述几种定位方法都比较单一，企业可根据具体情况，将上述几种定位方法综合起来给产品定位，其效果更好。

企业以市场细分为基础选择目标市场，接着在作为目标市场的细分市场上实行市场定位，这样，市场细分、选择目标市场以及市场定位，就构成了目标市场营销的全过程。

案例 7-2

2002 年 4 月，光明乳业"铁娘子"王佳芬在国家经贸委市场司召集的乳业巨头会上宣称：在上海实现"无抗奶"，随后又把范围扩大到全国。无抗奶，即是用不含抗生素的原奶生产的奶制品，是一项与国际接轨的标准。6 月起，光明包装盒上也印出"无抗生素"的字样。"无抗奶"概念的推广成为光明投向国内乳业的一枚原子弹，迅速引发行业震荡。概念一推出，北京三元、内蒙古伊利等乳业巨头纷纷效仿打出"无抗"牌，就连新希望、武汉的友芝友和南京的卫岗也参与进来，想从"无抗"牌中分到一杯羹。

光明高举"无抗奶"大旗，获得营销上的极大成功，此举也是其实现扩张的最大底牌。近一段时间，光明乳业在上海、浙江、天津、山东等地大势扩张，使用的手段均是：将生产制造外包给其他公司，自己专注于产品设计研发、销售、服务与品牌推广。这一"轻资产输出"方式需要光明品牌的更多支持，而"无抗奶旗手"无疑成为其健康的权威代言。诉求健康也与光明把阳光男孩奥运冠军田亮作为形象代言人的策略遥相呼应。

无抗奶也成为光明清理门户的最好武器。作为乳业巨头，光明打破常规公开提出"无抗"概念，使之成为竞争的杀手锏，不仅为自己与竞争者之间树起了一道技术壁垒，而且作为游戏规则，无抗奶将成为一条黄线，提高了乳业的准入条件。一旦"无抗奶"概念在市场普及并被消费者认可，小企业们除了投靠行业巨头外没有太多的生存空间，这样也有利于光明扩张的顺利进行。

(资料来源：经济观察报，2003-1-6.)

（四）市场营销组合策略

通过市场细分、目标市场选择以及市场定位，企业对目标市场上的顾客需求已有了较明确的认识。然而，在此阶段，企业仍不能立即组织起有效的市场营销活动。因为，满足目标顾客的需要有多种多样可能的方式和方法。这些方法或杂乱无章，或企业可望而不可即，或彼此矛盾甚至相互抵消。怎样简明有效地从中选择可行的方案，怎样充分运用企业的全部资源，怎样形成企业的经营特色以增强营销竞争力，这些就是市场营销组合需要解决的问题。市场营销组合是指企业针对选定的目标市场，综合运用各种可能的市场营销策略和手段，组合成一个系统化的整体策略，以达到企业的经营目标，并取得最佳的经济效益。

市场营销组合这个概念与市场细分化和目标市场等概念相辅相成：企业把选定的一个目标市场视为一个系统，从目标市场整体出发，以目标市场的现实需求与潜在需求为中心，运用系统工程的方法，把影响市场营销的各种因素与开拓市场的各种手段进行恰当的组合，使之最佳地发挥综合作用，也可以认为是一种市场营销策略的"配方"或综合运用。同时，市场营销组合是以企业的目标市场为中心的，企业的一切市场营销手段都必须以目标市场为中心，千方百计满足目标市场的需要，为目标市场服务。因此，企业市场营销管理的主要任务是：善于适当安排市场营销组合，使企业的市场营销管理决策与外部不可控的环境因素相适应，这是企业能否成功、能否生存和发展的关键。

1. 市场营销组合的内容

由于影响企业市场营销的因素非常复杂，市场营销手段又多种多样，因此市场营销组合的内容也很庞杂。在这个系统中，各种营销策略均可看作是一个可调整的子系统或变量。营销学家们曾对规模不同、行业各异的企业面对的问题逐一分析，提出了各种分类方法，应用比较广泛的是美国营销学家尤金·麦卡锡的4Ps方案。他把市场营销组合因素概括为四个基本变量或策略：产品（Product）、价格（Price）、渠道（Place）、促销（Promotion），并把这四个重要组成部分简称为4Ps。市场营销组合，就是4Ps的组合。如果说，在影响企业经营的诸因素中，市场营销环境是企业不可控的因素（变量）的话，那么，"4Ps"则是企业可以控制的变量。企业的营销优势，在较大程度上取决于整体营销策略配套组合的优劣而不是单个策略的优劣。企业在目标市场上的竞争地位和经营特色，则是通过营销策略组合应用展现出来的。

（1）产品策略　产品是为目标市场而开发的有形产品与各种无形的相关服务的统一体。产品的整体概念包括三个层次：①核心产品，指消费者所追求的来自产品的消费利益。如水果的效用在于满足人体所需的生物能量和各种营养物质；观赏花卉的效用在于满足人们美化环境的需求。②有形产品，指产品的实体外观，包括产品的形态、质量、特征、品牌和包装等。③附加服务和利益。如产品买方信贷、免费送货、质量与信用保证等。产品策略就是指与产品有关的计划与决策。

营销中的产品策略一般包括以下内容。

第一，产品开发策略。

产品开发指对原有产品的改良、换代以及创新，旨在满足市场需求变化，提高产品竞争力。产品开发的主要方式有：创新产品、改良产品、仿制产品。产品领域的核心问题是如何满足顾客的需要。为此，企业必须在产品种类、质量标准、产品特性、产品品牌、包装设计以及指导使用、产品担保等方面进行新产品开发活动。在着眼有形的物质实体时，尤其不应忽视连带服务的开发。各种服务比重的增长是现代经济生活的重要特点之一。

第二，产品组合策略。

产品组合指企业所生产的产品的各种花色品种的集合，包括产品大类及其产品项目。产品组合决策涉及产品组合的广度、深度与关联性的调整、增减。

所谓产品组合广度，是指一个企业经营的产品大类有多少，拥有多少条产品线，多者为宽，少者为窄。所谓产品组合深度，是指一个企业经营的每一产品线内含有多少产品项目，多者为深，少者为浅。增加产品组合广度可以开辟新的财源，增加产品组合深度即增加产品大类中的产品项目数量，可以较为牢固地占领市场。产品组合的关联性指各条产品线在最终用途、生产条件、分配渠道或其他方面相关联的程度。增加产品组合的关联性可以降低营销费用或生产成本。

第三，产品品牌策略。

品牌是企业为自己的产品规定的商业名称，是用以区别其他类似商品的一种商业标记。为产品设立品牌不仅便于消费者识别商品，还有利于维护产品特色、保护生产者利益，并促进产品销售。

产品品牌策略包括以下几个方面：品牌化策略，即是否使用品牌；品牌归属策略，企业可以拥有自己的品牌，也可使用中间商（批发商或零售商）的品牌，也可二者兼用；多品牌策略，企业可以在多种产品上使用一个品牌，也可以使用多个品牌。

第四，产品包装策略。

产品包装可分为运输包装和销售包装，前者便于装卸和运输，后者便于消费。包装材料、技术、方法视不同产品而定。产品销售包装在实用基础上还要注意造型与装潢，可以突出企业形象，也可以突出产品本身，展示产品的功用与优势，也可赋予产品包装文化内涵。

（2）渠道（地点）策略　现在普遍称为市场营销渠道策略或分销渠道策略，产品分销渠道指把产品从生产者流转到消费者所经过的环节。渠道的计划与决策是指通过渠道的选择、调整、新建和对中间商的协调安排，来控制相互关联的市场营销机构，以利于更顺畅地做成交易。产品渠道（地点）策略就是指如何选择产品从生产者转移到消费者的途径。大量的市场营销职能是在市场营销渠道中完成的，通俗地讲，就是要考虑产品在什么地点、什么时候和由谁提供销售。

就产品来说，企业可选择由生产商直接销售给消费者，即直接营销渠道，也可以选择经由销售专业组织和中间商的间接营销渠道。体积大、不易搬运的产品及易腐的农产品像蔬菜、水果等应尽可能采用短渠道；而体积小、易储运、销售范围广的产品可考虑采用较长的销售渠道。

在渠道（地点）策略中，产品的产品实体分配和现代物流对提高交易效率十分重要。现代物流中心的建立，使得产品的储存条件得到了极大改善；交通、通信等基础设施的完善，使得市场信息传播更为快捷便利；高速公路、铁路快速通道、空运业、集装箱运输与产品专用运输工具的发展，有效地缩短了产品产地与消费市场之间的时间与空间距离。

（3）促销策略　产品促销指向顾客传递产品信息，以增加需求和稳定销售，其实质是产品买卖双方的信息沟通。企业要把合适的产品在适当地点按适当的价格出售的信息，传送到目标市场。企业可采用的促销手段主要包括：人员推销、广告、公共关系，此外，产品目录、通告、赠品、店标、陈列、示范、展销等营业推广手段也都属于促销策略考虑的范围。产品人员推销可使用推销员，或建立产品销售服务公司等方式，产品广告与宣传、营业推广、公共关系、网络营销等方式属于非人员促销。以上几种促销方法各有利弊，起着相互补充的作用。促销策略的主要任务是选择恰当的促销类型与组合进行促销活动，将人员推销、广告及其他宣传推销手段有机结合起来，形成产品促销组合。

产品促销组合考虑的主要因素如下。

第一，促销目标。如若为提高企业自身形象，可选择产品广告和宣传形式；若为建立产品稳定的营销网络，可采用人员推销形式。

第二，市场需求情形。若某类产品市场需求量大且地域上较为集中，或面对少数大中间商，适宜采用人员促销方式，或举办知识讲座，进行实物推销等；如若市场需求地域上较为分散，可利用广告与宣传方式刺激消费，借助中间商的营销网络来销售产品。

第三，产品的市场生命周期。在产品的投入期，为了让消费者认知和了解，企业有必要采取广告宣传促销方式；当产品进入成长期与成熟期，为了建立稳定的产品营销网络和保持市场份额，适宜采用人员推销促销方式，开展公共关系活动等；在产品进入衰退期时，可采用即期促销效果比较明显的营业推广方式等。

第四，促销预算约束。不同的促销手段，成本费用也不相同，企业应比较不同促销方式的营销成本与收益，根据促销预算来选择合适的促销方式。

（4）价格策略　价格策略是市场营销组合中非常重要并且独具特色的组成部分。价格通常是影响商品交易成败的关键因素。价格得不到顾客的认可，市场营销组合的各种努力势必是徒劳的。也就是说，价格虽然只是市场营销组合的一部分，却可以看作是顾客满意企业的营销组合时才会支付的款额。同时，价格又是市场营销组合中最难于确定的因素，这是因为，企业定价是为了促进销售、获取利润，这就要求企业既要考虑成本的补偿，又要考虑消费者对价格的接受能力，从而使价格策略具有买卖双方双向决策的特征。价格还是营销组合中较活跃的一个因素。市场营销学对价格的规定突出了价格的"灵活性"，认为价格要对市场变化作出灵敏的反应。企业价格的确定，应以成本费用为基础，以消费需求为前提，以竞争价格为参照。

产品目标市场特点和市场定位决定产品价格高低，面对高收入人群的高档产品价格就高些；若为了提高产品市场份额和生存竞争，产品价格就应低些。选定最后价格时，还应考虑到声望心理因素、价格折扣策略、市场反应、政府价格政策等相关问题。随着市场变化，产品价格还应适时调整。产品生产过剩或市场份额下降时应削价，超额需求和发生通货膨胀时应适当提价。

以上四项策略是市场营销组合的四个可变的基本项目，在动态的市场营销环境中，它们互相依存，处于同等地位。虽然它们单独说来都是重要的，但真正重要的意义在于它们因势而异的配套组合，亦即它们结合起来的独特方式。也正是它们结合起来的独特方式使每一个企业的市场营销战略和战术成为一种独特的战略和战术。在现代企业的实践活动中，围绕4Ps建立企业的市场营销战略已日趋成熟，已成为一种模式化的决策方法。

2. 选择市场营销组合策略的影响因素分析

随着市场经济的发展，企业可运用的营销手段也日益丰富，需要决策的项目成倍增长，制定企业的市场营销组合策略就成了一项十分复杂的工作。但如果考虑市场营销组合的各个约束条件，包括目标市场的特点、企业的市场营销战略、市场营销环境、企业资源状况、市场营销财务预算，以这些约束条件为出发点进行市场营销组合决策，就可以大大简化工作。

（1）目标市场的特点　一个高效的市场营销组合，实质上是由目标市场的需要决定的，企业应把消费者置于核心地位，研究他们的欲望和需要。因为消费者是企业产品的选择者和购买者，只有满足他们欲望和需要的商品，才能得到他们的认可。因此，企业应分析目标市场各个方面的特点，包括潜在顾客所在地区特点和人口特点（如年龄、性别、文化、收入、分布密度等）、消费模式和消费者行为、潜在顾客购买的迫切性、选购商品的意愿、市场的竞争特点等因素，有针对性地制定产品、渠道、价格、促销等营销组合策略。

（2）市场营销战略　企业总是根据自己的营销战略来选择适当的市场营销组合，市场营销战略不同，就会有不同的市场营销组合策略。例如，在制定市场营销战略的细分市场阶段上，有些企业并不愿意把市场分得过于精细，以免使备选的市场营销组合方案太多。他们往往采用"市场结合"的方法，即重点放在不同顾客群的相似之处上，努力增大本企业产品的选择余地和适应性，争取一种策略就能满足不同顾客的心理特点。

（3）市场营销外部环境　市场营销环境是指影响企业营销活动却为企业所不能控制的各种外部的环境因素。主要包括经济发展、技术进步、法律规定、国家政策、人口状况、居民收入、社会文化、消费心理、风俗民情、市场竞争等。对于企业营销来讲，这些环境因素的变化，既会带来"市场机会"，也会形成"环境威胁"，企业不可能改变它们，而只能适应它们。因此，在实际工作中，要善于适应外部不可控因素的变化，灵活地选择和调整营销手段来选择企业的市场营销组合策略。

（4）企业资源状况　企业资源是指影响企业营销活动，并为企业本身所能控制和运用的各种资源，包括：财务实力、原材料储备、物质技术设施、专利、销售网、公众中的形象、员工技能和管理水平等。显然，企业必须以自身的各种资源为基础实施市场营销组合策略，因此，在制定市场营销组合策略时必须考虑企业资源的限制。而且，由于每个企业在资源方面都会有与其他企业相区别的优势和弱点，在制定市场营销组合时还应充分利用企业的长处，避免和那些具有类似实力的企业直接竞争。

本章小结

企业要想持续不断地发展，必须不断地创造新产品和改进老产品，以适应消费需求的变化和产品生命周期日益缩短的趋势。新产品可以划分为以下几类：全新产品、换代新产品、改进新产品、仿制新产品。一个新产品从独立构思到开发研制成功，其过程主要经历八个阶段，即新产品构思、构思的筛选、形成产品概念、初拟营销规划、商业分析、产品的研制开发、市场试销和正式上市。

企业采购，是产品供需双方签订供货合同，实现产需衔接的购买过程。为此，应努力做好以下工作：①正确选择合理的进货渠道；②合理确定企业采购方式；③合理确定企业采购量；④加强采购合同的管理。

合理组织产品运输在企业的经营管理中具有重要的作用，做好企业产品的运输管理工作，可以有效节约企业的经营成本。企业运输管理的工作重点主要有三个：一是要合理地选择运输路线；二是选择适当的运输方式和运输工具；三是采用先进的装载技术。

库存管理是根据企业内外对库存的要求、企业订购的特点，预测、计划和执行补充库存、保管物品的行为，并对这种行为进行组织、协调和控制。选择库存控制规模一般用 ABC 分类管理法进行。库存控制主要是选择适当控制方式，使库存水平在时间和数量上保持经济合理的水平。库存量控制的方法有定量订货管理法和定期订货管理法。

市场营销工作的主要内容是在市场细分的基础上科学地选定目标市场，根据目标市场的需求决定企业的经营方向和经营规模，制定相应的营销组合方案。市场细分依据主要有以下几个方面：地理环境因素、用户类别、心理因素、经济因素、消费行为因素、消费受益因素。目标市场策略主要有以下三种类型：无差异营销策略、差异市场营销策略、集中性营销策略。

企业产品的竞争态势不同，市场定位策略也不同，主要定位策略有：①避强定位策略；②迎头定位；③重新定位。产品定位的方法有：①根据产品质量和价格定位；②根据产品的用途定位；③根据产品的质量、产地定位；④根据产品的特点定位；⑤根据竞争定位。

市场营销组合是指企业针对选定的目标市场，综合运用各种可能的市场营销策略和手段，组合成一个系统化的整体策略，以达到企业的经营目标，并取得最佳的经济效益。市场营销组合策略包括：产品策略、渠道（地点）策略、促销策略、价格策略。

复习思考题

1. 什么是新产品？开发新产品的程序如何？

2. 运输工具有哪几种？如何选择适当的运输方式和运输工具？

3. 某企业产品平均日需要量为 500 单位，采购所需天数为 10 天，保险储备量为 1000 单位，其订货点库存量应为多少？

4. 某企业采货间隔期为 60 天，采购时间为 3 天，平均每日需要量 60 件，保险储备 200 件，提出采购计划时实际库存 300 件，在途采购量 50 件，求本期物资采购量是多少？

5. 什么是市场细分？市场细分的依据是什么？

6. 简述目标市场策略的主要内容。

7. 什么是市场定位？简述产品定位的方法。

8. 市场营销组合的内容是什么？影响市场营销组合策略选择的因素有哪些？

拓展项目

你能越换越多吗？

参与方式：全体成员。

时间：20 分钟。

目的：通过学生对已设定目标的实现过程的比较和分析，使学生了解进而掌握经营意识在执行过程中的作用。

方法与要求：

（1）所有人拿出1～10元的任意零钱，拿在手上，在接下来的3分钟内见人就换，时间到后全体坐下，清点手中的零钱。

（2）提问：有多少人赚了，赚了多少？有多少人赔了？赔了多少？了解赚的最多的同学和赔的最多的同学的想法是什么。

（3）点评这个过程中隐藏在行动背后的东西是什么？

（4）思考别针换别墅的原理和方法。

 实训题

1. 肯德基的市场营销策略

肯德基在进入中国前做了大量全面深入的市场调查，认为进入中国市场必须以大城市为目标市场，用100％的精力进攻北京，然后是上海、杭州等地。1987年11月12日，肯德基在北京前门开设了第一家中国肯德基餐厅，1989年上海肯德基开业。肯德基至今已在中国170多个城市开设了800家餐厅。肯德基的经营是很有特色的。

肯德基在开业前特别注意选址。肯德基选址分以下步骤进行：第一，商圈的划分与选择。商圈的划分，主要以吸引消费者的能量为衡量标准。即确定目前重点在哪个商圈开店，主要目标是哪些。在商圈选择的标准上，一方面要考虑餐馆自身的市场定位，另一方面要考虑商圈的稳定度和成熟度。餐馆的市场定位不同，吸引的顾客群不一样，商圈的选择也就不同。第二，聚客点的测算与选择。确定商圈内最主要的聚客点在什么地方，选址时一定要考虑人流的主要线路会不会被竞争对手拦截等。

肯德基的市场优势在于其鸡类食品的独特口味，"炸鸡美味，尽在肯德基"是肯德基与麦当劳最大的差别。肯德基以60年炸鸡经验烹制而出的炸鸡系列产品，包括原味鸡、香辣鸡翅、香辣鸡腿汉堡、无骨鸡柳等，外层金黄香脆，内层嫩滑多汁，以口味独特鲜香广为顾客称赞。

肯德基以家庭成员为主要消费群。推广的重点是较容易接受外来文化、新鲜事物的青少年，所有的食品和服务环境设计都是就此而设定。在中国，青年人比较喜欢西式快餐轻快的就餐气氛，并希望以此影响其他年龄层家庭成员的光临。通过小孩子从小喜欢吃快餐的习惯，吸引家庭所有成员到店中共同就餐，儿童长大了，肯德基就可能会变成他们生活的一部分。

标准化服务，即"CHAMPS"冠军计划是肯德基取得成功业绩的精髓。其内容为：C——保持美观整洁的餐厅；H——提供真诚友善的接待；A——确保准确无误的供应；M——维持优良的设备；P——坚持高品质的产品；S——注意快速迅捷的服务。

服务是产品质量的延伸，没有良好的服务就没有销售，在快餐业这点表现得尤为突出。肯德基对服务质量十分重视，只要一进餐厅，就会有热情礼貌的待应生笑脸相迎，提供体贴周到的服务。肯德基的目标是努力给顾客留下难忘的用餐体验。良好的服务水准来自高素质的员工。肯德基录用员工极为严格，并进行经常性的培训，提高员工的服务水平。

肯德基以"特许经营"的方式在全世界拓展业务，开始特许加盟业务至今已有20年的历史，目前肯德基在中国已拥有近20家加盟餐厅。

［资料来源：杨明刚．肯德基在中国的市场营销策略．中国广告，2001，（8）．］

问题：

（1）肯德基是怎样进行市场细分的？其市场定位如何？你从中受到什么启发？

（2）请对肯德基的市场营销组合策略做出评价。

2. 从"家训"到"管理"

曾国藩是中国近代史上一位重要的历史人物，他整肃政风，倡学西洋，开启"同治中兴"，其功业无人可效仿，他的著作和思想也影响深远。《曾国藩家训》摘其家书中的精品，运用他修身齐家的具体事例，解读他继承先人遗训、结合自身体会，教导兄弟子侄成人成才的高妙策略。同时，他还营造出一个令世人羡慕的家庭，在他的谆谆教诲之下，几位弟弟均有所成，湘军与太平军开战以后，他们先后应征入伍、披坚执锐、驰骋沙场，成就功名于一时。儿孙辈更是英雄辈出，其子纪泽，继志砺学，出为使臣，折冲樽俎于国际间，为中国收复伊犁、夺回主权，从而英名留世。

我们读曾国藩，学曾国藩家训精华。到底读他什么，学他什么，就是读他的思想，读他的智慧，学他的管理经验。每一个人，每一个行业都可以从曾国藩的身上找到有用的东西。如曾氏的教育子女的经验就启发我们如何培蕴百年企业。中国的企业很难得有上百年历史的，其兴也勃，其亡也忽。曾氏一个家族为什么能够兴旺百年而不衰，这是令人感慨的。我们可以通过对"曾国藩家训"五个精华观点的思维方式和行为特征的基本解读，映射出现代企业应学习借鉴的一些管理元素。

修身修心——战略定位

曾国藩教育孩子想要成为一个有修养的人，一定要先进行修身和养心。做人不能够自欺欺人，懂得分辨善与恶，待人真诚，做事一定心安理得。不做羞愧的事情，才能够感到快乐，平和，才能拥有平和的心境。拥有了平和的心境，才能够用最真实的面孔去面对世间所有的事和人。做人要有自己的原则，不信口开河，不浮夸，不论什么事，没有把握的，就不要去说，自己能力达不到的，就一定不要去随便许诺，一旦许诺了，无论用什么方法，一定要尽力去做。只要你尽力了，你的朋友看到，即便没有完成，对方也不会认为你是个言行不一的人。

曾国藩在办"曾家团练"的时候，全国已开办"团练"七八家。在曾国藩的经营下，"曾家团练"后来居上，把队伍发展成比清军还强的湘军。曾国藩把对孩子的修养和办"曾家团练"发展成为湘军的思想。同一境而登山者独见其远，乘城者独见其旷，此"高明"之说也就使现代企业借鉴为：企业要想做强做大，不仅要修炼自身，更要有一个准确的战略定位，面对同一片境地，必须坐看深远，只有登上山峰的人才能见到他的深远，只有登到城墙上的人才能感受到它的空旷，这就是所谓的"高明"。

对于现代企业而言，这是一种长远的战略定位，值得企业主们体会与学习。一般一个新企业的产生，都是在别人已经有的基础上开办的。如何定位、与已经有的企业有何不同，是企业生存的关键。

刚柔并济——做稳做强

曾国藩家训提出：天地之道，刚柔互用，不可偏废，太柔则靡，太刚则折。也就是说，天地间的规则，在于刚柔并济，不可以偏废任何一方，太柔软则没有力量，太刚硬则容易折断。曾国藩认为，只有先自立自强稳固自己的位置，而后以一种广博的胸怀与隐忍的气质才能成就大事。在训练新军没有训练好时，曾国藩很好地运用了刚柔并济的应对方法，虽然咸丰皇帝三次命令出山应战，他也和和气气地拒绝了皇帝的圣旨。曾国藩无论是办"曾家团练"，还是带兵打仗，从来不投机取巧，总是狠抓基础，狠练基本功。曾国藩创办的湘军从建立之初，为使团队稳定，大胆进行体制改革和创新，员工由世袭制改为招聘制，工资也不由大清集团发放，而是企业自主操作。这样，就完全摆脱了对大清集团在产权和人事上的依赖，真正建立了政企分开、产权清晰、责权明确、科学管理的现代企业制度，而且在稳固基础上，湘军也逐步壮大。在打仗时候，每一仗都是稳稳当当地打，即便是速战，也要稳打，即便是奇袭，也要稳攻。后来的蔡锷练新军、蒋介石治黄埔，都分外推崇这一点。

所以，在与太平天国公司的市场争夺中，湘军公司的业绩远远胜于绿林公司。作为如今的企业，如果不懂得刚柔并济管理艺术，很好运用稳中求强、求新、求变的战略策略，有一点进步和发展，就头脑发热，盲目扩充，最后总会适得其反。大家都想把企业做大做强，如果急功冒进，往往吃败仗可能就在眼前。

用人勤教——悉心养才

曾氏勤教认为作为领导者必须重视人才的培养，而且必须建立科学的培养的机制。在这方面，曾国藩更是身体力行、孜孜不倦，其幕僚门生无不对此深为感佩。曾国藩将培养人才的办法归纳为主要三条：读书、历练、言传身教。对于现今的企业而言，培养人才的方法可以说也不外乎是：读书（培训）、历练（岗位培养）、言传身教（领导者的榜样作用）。曾国藩注重自身修养的一个目的就是希望以自己为榜样，达到"转移风俗"之目的，所以他处处留心、不失时机地教育下属，在言传身教方面曾氏可以说是做到了极致。曾国藩注意人才的培训工作，在很多培训班上，曾国藩都亲自讲课，言传身教，讲业务，讲精神，讲情操，努力让下属都成为德才兼备的高级人才。

对现代企业提供了如下启发：

① 企业用人首先要以科学的人力资源流程和程序进行；

② 关键岗位的用人，要探其志，察其相，估其力，然后恰当用之；

③ 遇有合适人才，应重用不疑。

中外知名的企业或企业家有关人才培养的言论更是表明这点，柳传志说："小公司做事，大公司做人，人才是利润最高的商品。"松下幸之助说："松下公司主要是出人才，只是附带着生产家用电器。能够经营好人才的企业才是最终的大赢家。"

以和治家——铸造团队

曾国藩家风的传承中很重要一点强调了"和以治家，勤以持家，发挥所长、树立威信"的家训。他认为，无论什么事，做家长的带头做，要求孩子的，自己一定要做到。他身为两江总督，总是抽出时间来陪孩子，教育孩子，自己不会但是孩子感兴趣的东西即便请了老师，自己也要去学习。陪伴、了解、沟通、理解、树立威信、发挥各自的长处，这样一个家和美而团结，遇到什么困难与挑战也不会担心。

曾国藩将官场的实践引到家训上，然后再以家训感染日常的领导与管理，以个人品牌人格魅力和信仰感召天下人才，以教育培训、高薪养廉和激励政策吸引人才，打造了"神州第一幕府"，"天下英才，尽入曾幕"。

湘军集团公司建立伊始，由于曾国藩大清公司人力资源部副总经理的身份，以及爱才如命、知人善任的美誉，树立了良好雇主品牌。天下英才，纷纷投奔到曾国藩帐下，摩拳擦掌准备干一场大事业。一时间，曾国藩的顾问机构高朋满座，人才济济。

据统计，曾国藩的顾问团人才实际在 400 人以上。出自曾国藩专家顾问团的人才，到曾国藩去世时，担任事业部副总裁以上官职者达 22 人，同时，担任各地分公司总裁以上职务者也达到 20 多人，大清集团当时全国设立 8 大市场总监，有 5 人出自曾国藩的顾问团。

机智灵活——处变不惊

曾国藩家训讲到：君子临大难而不惧，视白刃若无也。就是说君子面对大的困难从不畏惧，看到闪光的刀刃放在面前就像没看到一样。大家很清楚，大清集团的法制不很健全，市场化程度比较低，于是商场与官场总是纠缠在一起，难舍难分。这样，在大清各级部门之间斡旋逶迤，推行超级公关战略就势在必行。

处理变乱的基本点有这几个方面：

① 善于根据不同情况作出不同的应变，不拘泥于成规，而是根据实际情况的变化，灵活多变地运用自己的智慧去解决问题。

② 要跳出思维方法的固定模式，充分发挥人的主观能动性，全方位地看问题，不怕突发的事变。

③ 要临变不惊，临乱不慌，处理变乱要有恒心、有决心、有勇气，不能手软心慈。

④ 应当多注意总结、分析，在变乱发生之前做好相应的准备工作，不至于事到临头，还不知如何应付，这样就会使自己处于被动的局面。

⑤ 面对变乱要积极地寻找处理变乱的方法，而不能慌不择路，毫无根据可循。

而对于如今的企业，当遇到危机事件或是一时无法解决的棘手问题，也同样需要借鉴曾氏这种应对的公关策略。每临大事有静气，遇变不惊，最重要的功用在于，在突发性事件面前，拿出最及时最正确的决策。因为正确的决策来源于正确的思考，而正确的思考必须以冷静的心境为前提。

一代人创造的"经典"、封荫几代人的"家训"，不仅对普通人有所启示，对现代企业经营管理者也有所指导和借鉴吧！

（摘自人力资源管理．2013．）

通过学习了解，我们读懂了什么样的经营管理之道？

第八章
现代企业资源管理

 学习目标

通过本章学习，掌握人力资源概念、人力资源管理和信息系统开发的主要内容；明确现代企业资金筹集渠道、资金分配程序；熟悉现代企业物资管理、设备管理、信息资源管理相关知识。

案例导读

麦当劳的员工培训

麦当劳的汉堡大学的培训课程开始于 1961 年，选择了当时刚刚建成的伊利诺伊州 Elk Grove 村的麦当劳餐厅。对麦当劳来说，汉堡大学成立的目的在于给每一个员工传承麦当劳的全球经营管理经验，也就是全球一致的餐厅经验，强调品质、服务、卫生的高标准，期间经历了 1968 年的迁移以及 1973 年的扩张，直到 1983 年 10 月才搬到了美国芝加哥汉堡大学现在的位置——香溪镇。

而汉堡大学的设备也从早期在地下室仅能容纳九到十二名学生的规模，到现今拥有可容纳两百名学生的教室、一座大礼堂、六间多功能室、六座剧院式教室、十七间会议室以及一座图书馆，教室内附设有提供二十八种语言同步翻译的设备，目的便在使受训者接收到一致的餐厅经营管理知识。

目前，每年有超过五千名来自世界各地的学生至汉堡大学参与训练课程，而每年有超过三千名的经理人学习高级营运课程，是到目前为止学生数目最多的课程。所有汉堡大学的餐厅管理与中级管理课程都已获得美国教育委员会（American Council on Education）的认证。大学中的训练机制符合教育委员会的要求。

近十年来，随着国际市场的日趋成熟，麦当劳在国际市场的拓展速度比美国市场还大，麦当劳所代表的不仅是一个美国品牌，更逐渐于国际间发展成社区品牌。随着国际市场的需求愈来愈大，麦当劳为了更有效率地培训全球国际化人才，开始于各区域设立国际汉堡大学，目前全球已有七所，分别位于德国、巴西、澳洲、日本、美国、英国、中国香港。这七所汉堡大学分别以地区性语言作为主要教学语言，以达到最佳训练效果。

麦当劳是一个庞大的家庭，全球 210 个国家中已有超过三万家麦当劳餐厅，而截至目前，汉堡大学已拥有超过七万名高级营运课程的毕业生，另外还有数千名的高阶主管获得这所世界级的汉堡大学其他课程的结业证书。

在麦当劳的企业里，有超过 75%的餐厅经理，50%以上的中高阶主管，以及1/3以上的加盟经营者，是由计时员工开始的。"麦当劳的员工训练方法"一直令外界好奇，究竟麦当劳是如何进行人员策略计划的呢？

1. 认定训练利益

对于如何看待人员的训练和发展，麦当劳创始人雷克罗克先生说了两句话。

第一句是："不管我们走到哪里，我们都应该带上我们的智能，并且不断给智能投资。"所以早在 1976 年，麦当劳的创始人就已经决心要在人员的发展上做出很大的投资。

另一句话是："钱跟智能是不一样的，你可以赚到钱，但是你想随处去抓到智能却是不可能的"，所以必须花心思去发展。

在麦当劳，认定了训练带来的利益。 第一，麦当劳人相信，有最好训练、最好生产力的麦当劳团队，能够在顾客满意与员工满意上，达成企业目标。 第二，麦当劳人强调在正确的时间提供正确的训练，因为训练的价值在于对员工生产力的大幅提升，同时由于麦当劳的训练也提供给加盟经营者，而加盟经营者在麦当劳的系统里占有很大的部分，所以这对加盟经营者的生产力，也有很大的帮助。 第三，如果可以有效率地运用训练投资，对于麦当劳的股票投资人，也会产生一定的效益，这也是麦当劳企业对投资人一个很重要的责任。 第四，透过良好的训练，就能将麦当劳的标准、价值、讯息以及想要做的改变一一达成，这对整个系统的永续经营相当重要，因此麦当劳的"愿景之屋"，把"人"作为重要的资产。 训练不只是课程。 和其他企业不同的是，麦当劳的训练是发生在真实的工作里面的，它不只是一个课程，它强调对人员策略的重视，主动地执行训练计划，并且把麦当劳的训练和人员自我的梦想期望结合在一起。再来就是在麦当劳香港汉堡大学的课程中，有一堂叫做"与成功有约"，目的是让高阶主管有机会分享成功经验，同时也帮助未来经营领导者的成长与训练。 最后一个就是"衡量"，在企业的训练里面，衡量训练的结果与企业的成果有没有结合，是一个关键，所以麦当劳有很好的训练需求分析，针对需要训练的部分去设计，同时必须要评估训练的成果，是不是能够达到组织所需要的。

2. 四个层次的评估

麦当劳很努力去完成"反应、知识、行为、绩效" 4 个层次的评估。 第一是"反应"，就是在上课结束后，大家对于课程的反应是什么，例如评估表就是收集反应的一种评估方法，可以借由大家的反应调整以符合学员的需求。 第二是"知识"，就是讲师的评估，每一位老师的引导技巧，都会影响学员的学习，所以在每一次课程结束后，都会针对老师的讲解技巧来做评估。 在知识方面，汉堡大学也有考试，上课前会有入学考试，课程进行中也会有考试，主要想测试大家透过这些方式，究竟保留了多少知识，以了解训练的内容是否符合组织所要传递的。 除此之外，汉堡大学非常重视学生的参与，会把学生的参与度，量化为一个评估方法，因为当学员提出他的学习，或者是和大家互动分享时，可以知道他的知识程度，并且在每天的课程中去做调整，以符合学生的学习需求。 第三是"行为"，在课程中学到的东西，能不能在回到工作以后，改变你的行为，达到更好的绩效。 在麦当劳有一个双向的调查，上课前会先针对学生的职能做一些评估，再请他的老板或直属主管做一个评估，然后经过训练三个月之后，再做一次评估。 因为学生必须回去应用他所学的，所以麦当劳会把职能行为前后的改变做一个比较，来衡量训练的成果。 我认为这个部分在企业对人员的训练方面非常重要，这也是现在一般企业比较少做到的，因为它所花的成本较大，而且分析起来也比较困难，所以很多企业都没有做到。汉堡大学很努力推动这个部分。第四是"绩效"，课后行动计划的执行成果和绩效有一定的关系，每一次上完课，学生都必须设定出他的行动计划，回去之后必须执行，执行之后会由他的主管来为他做鉴定，以确保训练与绩效结合。

3. 传授价值观与技能

企业的价值观会影响训练的成效。在麦当劳的人员训练结构上，麦当劳最主要的价值观，就是"以人为本"，一个快速餐饮服务在训练过程中把麦当劳"以人为本"的价值，带入到每一个人每一次的用餐经验，人在传递服务的过程里，如果有一些互动，有一些关怀，有一些感受，会做出更好的结果，而这也就是麦当劳"以人为本"如何落实在每一天的实际工作。延伸麦当劳最主要的价值观"以人为本"，麦当劳在人员的发展上，就是要"传授一生受用的价值观与技能"。在麦当劳的培训过程中，每一个学习者在每一个不同的经验里，学到一生受用的价值观跟技能，这是麦当劳人员发展的一个很重要的观念，也就是这样的一个价值观，支持着麦当劳训练与人员发展系统的成功。

4. 全面职业生涯培训

有了上述的价值观之后，人员发展系统就可以有效被执行。麦当劳强调的是"全面职业生涯培训"，也就是从计时员工开始到高阶主管，都有不同的培训计划，透过各区域的训练中心以及汉堡大学进行进阶式的培训，使得麦当劳的员工能够持续不断地学习、成长。

麦当劳的计时员工分为服务员、训练员、员工组长与接待员几部分，这些人都是计时的，麦当劳为什么要培育他们，要给他们这么多的训练？除了传递全球一致的产品与服务以外，这跟我刚刚讲的价值观有很重要的关系，所以每一个麦当劳员工，我们都有培育。

在麦当劳，经理不只是从计时员工晋升，也有直接从实习经理培育而成的。当麦当劳在招募实习经理这个职级的时候，视其是否具有做餐厅经理的潜能。在餐厅经理培育的一连串的训练计划方面，就是要训练实习经理可以做到餐厅经理。

内容包括从怎么样去经营一个楼面、最基本的餐厅的运作，使顾客的光顾非常顺畅，到管理订货、排班几个系统的培训，一直到一个餐厅的领导，怎么样做团队的建立，到企业经营等。

中阶主管的职责和餐厅经理有所不同，我们着重在两个方面，一是顾问的技巧，另一是部门的领导。除了训练、营运，还有很多其他专业职能的训练。例如，在训练发展这个部分，我本来不是一个专业的讲师，我以前做营运的时间很多，我做训练的时间加起来只有三四年左右，麦当劳有一系列专业讲师的培育课程，当然不是只有上课，还会有很多的具体工作提供给每位员工，在这些的发展里面是一连串、一系列的课程让你的职能获得提升。

麦当劳的高阶主管，在汉堡大学也是被关注的焦点。高阶主管通常对于从基层到中阶主管的发展，已经有某种程度上的掌握，才能做到高阶主管。麦当劳的高阶主管训练有三个方面：全球讨论会、外部发展讨论会及执行辅导。

从案例中我们能得到什么启发？

（摘自麦当劳的员工培训．管理视界．2008．）

第一节　人力资源管理

一、人力资源管理概念

人力资源管理作为一种职能活动最早由工业关系和社会学家怀特·巴克（E. Wight Bakke）于 1958 年发表的《人力资源功能》一书中提出。怀特·巴克提出人力资源管理与企业中每位员工都息息相关，使企业全体员工有效地工作和取得最大的发展机会，从而使工作达到更高的效率。人力资源管理活动先于所有组织活动之前实施，它不仅包括和人事劳动相关的薪酬和福利，还包括企业中人们之间的工作关系。

当代人力资源的主要观点如下。

人力资源管理包括影响公司和雇员之间关系性质的所有管理决策和行为。

人力资源管理是将组织所有人力资源做最适当的确保、开发、维持和使用，以及为此所规划、执行和管理的过程。

人力资源管理是采用一系列管理活动来保证对人力资源进行有效的管理，目的是为了实现个人、社会和企业的利益。

本书中人力资源管理指组织中的人力作为一种特殊的资源，对其进行科学、合理、有效的开发、利用，使之达到最优配置，从而实现组织与个人的共同目标的过程。

二、人力资源战略规划

1. 概念

人力资源战略规划根据组织的发展战略、目标及组织内外环境的变化，预测未来的组织任务和环境对组织的要求，以及为完成这些任务，满足这些要求而提供人力资源的过程。人力资源战略规划是实现组织战略的重要基础。组织由于各种特殊战略而采取各种重大举措，都是战略性人力资源规划的成因。

2. 人力资源规划与人力资源管理其他职能的关系

人力资源战略规划与人力资源管理其他职能有着复杂的联系。当组织由于新的战略要求进行战略性人力资源规划时，相应地，人力资源管理的许多其他方面都会带来新的变化和要求。

对于工作分析和工作设计，往往要组织对部分或全部重要工作重新设计，并进行新的人力资源规划。

对于员工招聘和录用，在新的人力资源规划中，组织要求采取新的方法、策略获得新型人力资源以满足组织的要求。

对于绩效考核，由于新的考核标准、考核体系甚至新的文化出现，绩效考核方法相应地发生变化。

对于薪酬与福利，新的战略性人力资源规划要求组织要对薪酬与福利方式、策略、标准、水平等进行相应调整。

对于培训与开发，人力资源战略规划对人力资源的调整会提出新的要求，这就需要相应的培训与开发工作迅速跟进，采取相应配套措施。

3. 人力资源规划的运作

（1）核查现有人力资源　此阶段工作是整个人力资源规划的基础。核实现有人力资源的关键在于人力资源的数量、质量、结构及分布状况。需要详细收集的信息资料有：个人基本情况、教育及工作经历、工资信息、工作考核评价信息、职务信息等。

（2）人力资源需求预测 人力资源需求预测应充分考虑相关影响因素。如市场需求、产品和服务要求、员工的稳定性、培训和教育、为提高生产率而进行的技术和组织革新、工作时间等。

为了获得更加真实全面的预测效果，必须广泛收集影响预测目标资料。

人力资源需求预测的方面有：预测未来的生产经营状况，评估工作活动总量，确定各职能之间及职能内部不同层次员工的工作负荷、确定职能间及职能内活动不同层次人员的需求量。

常用的需求预测方法有：德尔菲法（即专家预测法）、岗位分析法、上级评估法等。

（3）人力资源供给预测 人力资源供给预测分为企业内部供给与外部供给两方面。内部供给着眼于内部现有员工状况。在做内部供给预测时需要重点分析：现有人力资源、员工跳槽和人力损耗分析、晋升和岗位变动带来的影响分析、环境变化和旷工的评估及原因分析。

常用的内部供给分析方法有：内部员工核查法、马尔科夫模型法。其中马尔科夫模型法主要是对具有等时间间隔的时点上各类人员的分布状况进行预测的方法。

人力资源外部供给预测主要是对地方以及全国劳动力市场的预测。对于地方劳动力市场需要重点考虑：企业涉及人口密度、现有和未来其他组织人力资源方面的竞争、失业水平、用工模式等。对于全国劳动力市场需要重点考虑：离校学生人数与劳动力规模统计学趋势、不断变化教育模式所带来的影响、教育培训机构的输出人才状况等。

（4）匹配人力资源供需 在人力资源需求、供给预测的基础上，要重点做好相关比较工作，确定人员在质量、数量、结构及分布上不一致的地方，相应制定各种规划与行动方案。主要规划应有：晋升、补充、培训开发、配备、继任等。

人力资源供需匹配的具体步骤有：统一全局规划、人力资源发展计划、招聘计划、保留计划、灵活性计划。

（5）执行规划实施监控 在规划执行过程中，要密切注意监控执行情况，遇有问题应及时修订和调整。由于在预测过程中存在很多不可控因素，因而不可避免会出现各种各样的问题，这就要求对规划的执行及时适当做出相应修订和调整。

（6）评估人力资源规划 为了给组织人力资源规划提供正确可靠决策依据，需要事先对人力资源规划预测结果进行初步评估。评估工作要做到客观、准确。同时要进行成本—效益分析并审核规划的有效性。

在评估阶段应重点考虑的方面有：预测所依据的信息质量、预测所选择的主要因素与人力资源需求的相关度、人力资源规划人员对人事问题的熟悉程度、与有关部门进行信息交流的程度、规划的可行性、实际招聘人数与预测人数比较、劳动生产率实际水平与预测水平比较等。

三、招聘选拔与培训开发

（一）招聘选拔

开展招聘工作首先要制订招聘计划，其次针对不同招聘计划进行人员的选拔。

招聘计划主要内容应包括：招聘人数以及为达到招聘录用人数所需人数、完成招聘工作所需时间、招聘录用标准或条件、招聘对象来源、招聘工作所需成本。

制订招聘计划要注意招聘对象来源和招聘方法的选择。

招聘对象来源相对企业来讲可分为内部和外部来源。企业内部来源指把企业内部员工作为招聘对象，这种招聘实际上是对企业现有人力资源进行再次优化配置，有利于激发员工积极性，减少招聘成本和人力成本。企业外部来源指把企业外部人力资源作为招聘对象，外部招聘主要适用于招聘初级岗位员工、获取内部人力资源不具备的技术、获取具有新思想和不同背景的人力资源。

招聘方法主要有：通过职业介绍所、人才交流中心等专门机构推荐，利用招聘广告招聘、校园招聘、工作招聘会、员工引荐、猎头公司、自荐求职等。

专门机构推荐法优点在于职业介绍所、人才交流中心这样的专门机构具有先进的技术和庞大的信息库，这些机构可以直接获取应聘人员的有关信息资料，同时可以保证雇主排除私人纠葛，根据标准招聘。

利用广告招聘具有传播范围广、涉及人群多，同时能对企业进行宣传的良好作用。

校园招聘方式招聘目标明确，人员素质高、应聘人员背景真实可信度高。

工作招聘会可以在较短时间内为企业招收员工，缩短招聘时间，节省雇用成本。

员工引荐方法可以降低招聘成本，员工稳定性高。

猎头公司这种方法一般定位于为企业招聘职位在中、高层管理和技术员工。

通过自荐求职招聘的员工，一般对企业工作满意度和忠诚度高，离职可能性低。

招聘选拔方法主要有：笔试、面试、心理测试、行为模拟法等。

笔试方法对应聘者考察的知识、技能、能力可信度和效度较高。招聘工作效率高，费用少。应聘者心理压力小，成绩评定客观。

面试比笔试更为直观、灵活、深入。

心理测试客观、标准、有稳定的常规试验模式、测试可信度效度较高。

行为模拟法对应聘者的表现与组织目标是否相符判断更全面。

（二）培训开发

1. 培训开发作用与模式

培训开发主要作用是提高员工技能，以适应不断变化的客户需求与组织发展的需要。同时，通过培训开发能够提高员工的忠诚度，培养员工的客户服务意识，提高员工适应能力和灵活性。

现代企业培训开发是一套较为完善的系统工作，与企业内部的人力资源规划、任职资格管理、绩效考核、薪酬管理有着紧密联系。

现代企业培训开发系统以企业战略与经营为核心，从运营层、资源层、制度层三大层面出发，涉及培训需要分析、培训计划制订、培训实施、培训效果评估四大环节工作。

2. 培训开发程序与方法

培训开发首先要确定企业管理层培训开发责任与培训开发部门的职能。企业中无论是哪一级管理层，都应接受对下属员工培训开发的责任。培训开发职能部门主要工作涉及制定培训开发战略、分析培训开发需求、形成培训建议和计划、制定培训开发预算、实施培训计划、对培训效果进行评估。

具体培训开发程序：发布培训开发政策；明确培训开发需求、内容和目标；确定培训开发计划；利用培训开发资源；实施培训开发；评价培训开发。

针对技能培训开发和管理人员培训开发的培训开发方法如下：技能培训开发可分阶段实施，即基础培训开发、一般培训开发、最后培训开发。在基础培训开发阶段，由培训教师按照标准在专门地点给予培训开发。在一般培训开发阶段，接受培训开发的员工在不同的部门或做工作的不同操作过程中积累经验，巩固基础培训开发效果。在最后培训开发阶段，由接受培训开发的员工与其所在部门有经验的操作、技术人员同样工作，从而实现与有经验的操作、技术人员一样的工作质量和水平。

管理人员培训开发可分为在职培训开发与岗外培训开发。

在职培训开发可采用工作轮换、辅导实习、行动学习方法。

工作轮换法可以扩大接受培训员工对企业各个环节工作的了解，使管理人员更好地理解互相之间的问题。这种方法较适合直线管理人员的培训开发。

辅导实习法（即师带徒）有助于管理岗位员工因流动出现空缺时，组织内部有经过培训的人员进行替代，同时有助于培养高层管理人员。

行动学习法是让接受培训开发的员工将全部时间用在分析和解决其他部门问题的一种方法。这种方法可以在一定程度上提高开发管理人员分析解决问题、制订计划的能力。

岗外培训开发有案例研究、管理游戏、行为模拟、企业内部开发中心、企业外部研修班和大学教育计划等方法。

案例研究指向参加培训的员工提供某个企业问题描述，让员工分析案例，诊断问题原因并与其他参加培训员工讨论提出研究结果和处理办法的方法。

管理游戏指参加培训的管理人员利用计算机模拟真实公司经营作出决策来相互竞争的一种方法。

行为模拟指首先向参加培训的员工展示良好的管理技术，然后要求参加培训的员工进行角色扮演，并由其主管进行反馈评价的方法。

企业内部开发中心指企业内部对有发展前途的管理人员做实际练习以进一步开发管理技能的方法。

企业外部研修班和大学教育计划指为参加培训员工提供研究班和大学教育机会的方法。

四、薪酬管理与绩效管理

（一）薪酬管理

1. 概念

薪酬是指因为雇佣关系的存在，企业向员工提供的各种形式的经济收入以及有形服务和福利。

薪酬管理是企业为了吸引、激励和留住人才而就薪酬进行设计、调整等一系列的措施。

2. 薪酬设计

薪酬体系设计可分为两种形式。一种基于职位，另一种基于任职者。

基于职位的薪酬体系设计特点如下。

① 员工对企业的价值和贡献体现在其职位价值上，员工所承担的工作职责和完成的工作内容直接决定了其价值和贡献。因此可根据职位评价来确定员工的工资。

② 员工的工作内容及范围固定，从而更加容易界定职位内涵，并对职位价值进行准确评价。

以职位为基础的薪酬模式表现为金字塔形式，企业中管理者每上升一个级别，员工的薪酬就会有一个较大幅度的提高，不管上一级别管理者在能力和素质上是否真正比下一个级别的员工要高，这样在企业薪酬管理模式上就容易形成一种"官本位"价值倾向。

以职位为基础的薪酬体系设计流程如下。

① 职位分析与评价。通过职位分析与评价企业对每个职位或典型职位价值形成判断。

② 外部市场确定与市场薪酬调查。职位分析与评价主要解决职位在企业内部价值一致性问题。然而实现薪酬设计的外部竞争性，还要将外部市场薪酬调查结果与职位评价相结合。

③ 确定企业竞争性薪酬政策。企业竞争性薪酬政策主要反映企业薪酬水平与外部劳动力市场薪酬水平相比较的结果。企业根据自身制定薪酬政策修正市场薪酬线，得到企业薪酬政策线。

④ 确定薪酬结构。上述步骤主要确定每个职位在企业中的平均价值。企业还要根据员工的绩效差异、能力差异和资历差异形成不同的薪酬，即每个职位等级建立最高最低和中点工资。

⑤ 建立薪酬管理机制。有了薪酬框架，还要考虑现有员工和新员工怎样使用这个薪酬框架以及因业绩、能力等变化调整员工薪酬两方面问题。这就是薪酬管理机制需要确认的问题。

基于任职者的薪酬体系设计特点是：基于任职者的薪酬体系设计完全按照员工具备的与工作相关能力的高低来确定其报酬水平；有利于鼓励员工提升自己的知识、技能，培养员工的核心专长与技能；为员工提供了更为多样化、宽广的职业发展通道；员工通过提高能力增加报酬的同时，往往带来组织成本的大幅度增加；对于能力评价缺乏客观性；主要适用于研发和技术类人员。

以任职者为基础的薪酬体系典型的是技能薪酬，其设计流程：搜集整理企业中从事某项工作所需技能信息；对技能信息进行鉴别分类，一般提倡将技能分为六到八大类；各类别间晋升路径和时间必须明确说明；要设计相应的培训方案，由什么机构或人员负责在哪里培训；根据市场水平，确定本企业技能薪酬最高和最低标准以及两者间的差距；确定薪酬层次间的构成和金额；建立相应的认证和评估体系。

（1）奖金　奖金体现形式有个人奖励、团队奖励、组织奖励。主要用于对个人、团队、组织进行奖励。

（2）福利　福利是不按员工工作时间支付的，为了满足员工多方面需要而付给全体或部分员工的报酬。主要表现形式有：满足员工经济生活需要，如住房补贴；满足员工安全需要，如社会保险、医疗保险；满足员工社交与休闲需要，如带薪休假；满足自我充实自我发展需要，如培训。

（二）绩效管理

绩效管理是为整个企业的战略目标而服务的，是将企业的战略目标分解到每个岗位，并落实到每位员工，是一种提高员工工作绩效，开发员工潜能，使企业不断获得成功的管理方法。

绩效管理过程分为：绩效目标与计划、绩效辅导和监控、绩效考核、绩效反馈和改进。

（1）绩效目标与计划　根据企业战略目标和总体目标进行分解，直至每个岗位、每位员工。绩效目标与计划由管理者与员工共同制定，通过绩效目标与计划，可以明确员工绩效考核周期内的工作安排和目标以及如何达到目标。

（2）绩效辅导和监控　能够在绩效实施过程中，预防和解决各种问题，了解员工绩效低下原因，帮助员工更好地完成计划。

（3）绩效考核　这一过程是企业管理员工的重要职能，可以为人力资源管理其他环节提供重要参考。如晋升、培训、奖励等。

（4）绩效反馈和改进　使员工了解自身绩效水平，找出员工绩效存在问题，并制定合理的绩效改进方案。

第二节　财力资源管理

财力资源管理指企业及时筹集资金、合理使用和正确分配资金，最大限度地发挥资金资源的效用。它主要包括：筹资管理、投资管理、利润分配管理。

一、筹资管理

1. 筹资原则

① 合理确定资金需求量，控制资金投放时间；
② 建立良好的投资条件；
③ 充分全面研究投资方向，提高投资效果；
④ 恰当选择筹资来源及方式；
⑤ 保持企业资金结构的合理性。

2. 筹资方式

筹资方式可分为自有资金筹集和借入资金筹集。

（1）自有资金筹集有三种形式　即吸收直接投资（出资者是企业所有者）、发行股票和留存利润。

直接投资主要吸引国家投资、企业法人投资、外商投资和个人投资。

股票投资资金稳定、风险小、无固定利息负担，股东只负有限责任。但其筹资成本高、易分散企业经营活动控制权。

留存利润筹资是一种重要的权益筹资方式。

（2）借入资金筹集形式　有银行借款、发行债券、商业信用和租赁融资。

银行借款筹资速度快，具有财务杠杆作用。但其限制条件多、风险高、筹集资金数量有限。

发行债券筹资成本低，可用于财务杠杆。不足之处是风险高、条件多、资金筹集数量有限。

商业信用方便、及时，限制条件少。缺点是期限短，筹资成本高。

租赁融资能迅速获得所需资产，限制条件少，属于免税费用，减少了设备陈旧过时风险。缺点是筹资成本高。

二、投资管理

投资是指经济主体为了在未来可预见的时期内获得收益或使资金增值，在一定的时期向一定领域的标的物投放足量数额的资金或实物等货币等价物的经济行为。从企业的角度看，投资就是企业为获得收益而向一定对象投放资金的经济行为。

按照不同的标准，投资有各种不同的分类。投资的分类主要有以下几种类型。

1. 按标准性质分类

按照投资性质分类可以分为权益性投资、债权性投资、混合性投资等。

权益性投资是指为获取另一企业的权益或净资产所作的投资。这种投资的目的是为了获得另一企业的控制权，或实施对另一企业的重大影响，以及其他目的。如对另一企业的普通股股票投资属于权益性投资。

债权性投资是指为取得债权所作的投资。这种投资的目的不是为了获得另一企业的剩余资产，而是为了获取高于银行存款利率的利息，并保证按期收回本息。如购买公司债券属于债权性投资。

混合性投资往往表现为混合性证券投资，是指既有权益性性质，又有债权性性质的投资。如购买另一企业发行的优先股股票、购买可转换公司债券等，均属于混合性投资。

2. 按投资对象的变现能力分类

按照投资对象的变现能力分类可以分为易于变现投资和不易变现投资两类。

易于变现的投资是指能在证券市场上随时变现的投资。这类投资必须是能够上市交易的股票、债券、期货等。

不易于变现的投资是指不能轻易在证券市场上变现的投资。这类投资通常不能上市交易，要将所持投资转换为现金并非轻而易举。

3. 按投资目的分类

按照投资目的分类可以分为短期投资和长期投资两类。

短期投资是指能够随时变现并且持有时间不准备超过一年（含一年）的投资，包括股票、债券、基金等。这种投资在很大程度上是为了暂时存放剩余资金，并通过这种投资取得高于银行存款利率的利息收入或价差收入，待需要使用现金时即可兑换成现金。如企业购买的可上市交易的股票和债券。

长期投资是指短期投资以外的投资。这种投资在很大程度上是为了积累整笔资金，以供特定用途之需，或为了达到控制其他单位或对其他单位实施重大影响，或出于其他长期性质的目的而进行的投资。

4. 按投资的方向分类

根据投资的方向，投资可分为对内投资和对外投资两类。

对内投资是指把资金投在企业内部，购置各种生产经营用资产的投资。对内投资都是直接投资。

对外投资是指企业以现金、实物、无形资产等方式或者以购买股票、债券等有价证券方式向其他单位的投资。对外投资主要是间接投资，也可以是直接投资。随着企业横向经济联合的开展，对外投资越来越重要。

5. 按投资在再生产过程中的作用分类

根据投资在再生产过程中的作用，投资可分为初创投资和后续投资。

初创投资是在建立新企业时所进行的各种投资。它的特点是投入的资金通过建设形成企业的原始资产，为企业的生产、经营创造必备的条件。

后续投资则是指为巩固和发展企业再生产而进行的各种投资，主要包括为维持企业简单再生产所进行的更新性投资，为实现扩大再生产所进行的追加性投资，为调整生产经营方向所进行的转移性投资等。

6. 按投资所投入的领域分类

投资按其投入的领域，可分为生产性投资和非生产性投资。

生产性投资是指投入到生产、建设等物质生产领域中的投资，其最终成果是各种生产性资产。由于企业的生产性资产分为固定资产和流动资产，因此，生产性投资又分为固定资产投资和流动资产投资。在经济建设中，生产性固定资产与流动资产投资必须保持适当的比例，这样，生产和投资才能正常进行。生产性投资通过循环和周转可以回流，并且可以实现增值和积累。

非生产性投资是指投入到非生产领域中的投资，其最终成果是各种非生产性资产，主要用于满足人们的物质文体生活需要。非生产性投资又可以分两部分：一部分是纯消费性投资，没有盈利，投资不能收回，其再投资依靠社会积累，如对学校、国防安全、社会福利设施等的投资；另一部分是可转化为无形商品的投资，有盈利，可以收回投资，甚至可以实现增值和积累，如对影剧院、电视台、信息中心和咨询公司的投资。

投资的决策往往对公司的整体发展起到相当大的影响，属于企业财务管理的范畴，它包括项目投资决策、证券投资决策和其他投资决策。投资的管理方法也多种多样，针对不同的实体采取不同的方式。比如对货币资金的管理、对往来款项的管理、对投资对象的研究管理等。

三、利润分配管理

1. 利润分配原则

① 遵守国家有关法律法规，履行社会责任。

② 处理好积累与分配关系，增强企业发展实力。

③ 制定恰当分配政策，保持稳定分红比例。

④ 保护债权人权益。

⑤ 实行"公开、公平、公正"原则，正确处理所有者、企业、员工三者利益关系。

2. 利润分配顺序

① 计算可供分配利润。

② 支付因违反规定被没收财产损失及滞纳金和罚款。

③ 弥补延续 5 年用税前利润都不能弥补的经营性损失。

④ 提取法定公积金。企业应按 10% 比例计提法定盈余公积金。当企业盈余公积金累计额达到注册资本 50% 时，可不再计提。

⑤ 提取公益金。

⑥ 向投资者分配利润。

对于股份有限公司在向投资者分配利润环节应首先支付优先股股利，然后提取任意盈余公积金，最后支付普通股股利。

第三节　物力资源管理

一、物质资源管理

1. 概念

物质资源主要指企业生产经营过程中所消耗的原料、材料、燃料、辅助材料和工具等。物质资源按在生产过程中作用可分为主要原材料、辅助材料、燃料、动力、工具、修理用备件。按使用范围可分为生产产品用料、经营维修用料、工艺装备用料、技术措施用料、基本建设用料、非标准用料。按自然属性分为金属材料和非金属材料。

2. 物质资源管理的内容

物质资源管理的主要内容包括物资采购管理、物资消耗定额管理、物资储备定额管理、物资仓储管理。

物资采购管理指为了满足企业生产经营活动，制订物资采购计划获取生产经营所需物资的过程。

物资采购管理活动过程需要明确：采购物资规格、品种、数量和质量方面的要求；采购物资的合理价格；采购时间；物资供应商；物资采购方式。

物资消耗定额管理指完成单位产品或工作量所规定的消耗物资数量。物资消耗由构成产品净重的原材料消耗、工艺性损耗和非工艺性损耗构成。由于物资消耗构成不同，物资消耗定额可分为工艺消耗定额和物资供应定额。工艺消耗定额指单位产品净重加上各种工艺性损耗重量。物资供应定额指工艺消耗定额加上合理的非工艺性损耗。

制定物资消耗定额方法有经验估计法、统计分析法和技术测定法。在实际生产经营过程中，需要将几种方法加以结合并灵活运用。

物资储备定额管理指为保证企业生产经营活动正常进行，而必须储备的物资数量。主要有经常储备定额、保险储备定额和季节性储备定额。

经常储备定额＝（供应间隔时间＋检验入库时间＋使用准备时间）×平均日需要量

或

$$经常储备定额＝\sqrt{\frac{2×每次订货费用×物资全年需用量}{单位物资保管费用}}$$

保险储备定额＝保险储备时间×平均日需要量

季节性储备定额＝季节性储备时间×平均日需要量

物资仓库管理指对物资在仓库存放阶段的管理。主要包括物资验收入库、保管库存物资、降低库存保管费用提高仓库利用率。

二、设备管理

1. 概念

设备指日常生产经营活动过程中各种机械设备的总称。包括生产设备、动力设备、运输设备、科研设备、仪器、仪表及各种工具等。

2. 设备管理内容

设备管理内容包括设备采购、设备使用、设备维护与检修、设备改造与更新。

（1）设备采购　设备采购需要综合考虑设备的生产性、可靠性、安全性、节能性、维修性、环保性、维修性、成套性、灵活性和经济性。

（2）设备使用　设备的合理使用能够减轻磨损，延长设备使用寿命，提高设备利用率，充分发挥设备效能。设备的合理使用应着眼于以下几点。

① 满足生产经营活动需要合理配备设备，恰当地安排工作负荷。

② 合理配备操作人员。生产过程中应配备合格的操作人员。

③ 为设备创造良好的工作环境及条件。要保持场地整洁、通风、宽敞明亮、防潮、防尘。

④ 建立相应的设备使用规章制度。

⑤ 为设备操作人员提供技术、经验交流机会。

（3）设备维护与检修　设备维护要依据预防为主原则；设备检修要依据专业维修为主

原则。

设备保养分为日常保养、操作人员保养和专业检修人员保养。

设备维修分为日常维修、事后维修、预防维修、生产维修、改善维修、预知维修等。

（4）设备改造与更新　设备改造主要适用于提高设备利用效率；扩大改善设备工艺性能；降低设备原材料和能源消耗；提高设备可靠性；提高设备自动化程度等。

设备更新主要是用更加经济先进的设备来代替经济性与先进性落后的设备。设备更新方式分为原型更新与设备的技术更新。原型更新指用结构相同的新设备更新磨损严重的旧设备。技术更新指用技术先进的新设备代替技术陈旧的设备。

第四节　信息与技术资源管理

一、信息资源概述

信息一词在不同历史时期定义有所不同。早在 1928 年，哈特莱在《贝尔系统电话杂志》发表的"信息传输"论文中从通信技术角度指出信息是选择通讯符号的方式。1948 年申农在《贝尔系统电话杂志》发表的"通讯的数字理论"提出信息是随机不确定性的减少，也就是信息是用来减少不确定性的东西。1950 年维纳在《控制论与社会》一文中将信息定义为我们在适应外部世界，并把这种适应反作用于外部世界的过程中，同外部世界进行交换的内容名称。

本书的信息指为了特定目的产生、传递、交流并应用于人类社会实践活动的一切人类创造的语言、符号和其他物质载体表达和记录的数据、消息、经验和知识。

信息具有社会性、时效性、可传递性、系统性、保密性、共享性、可处理性、价值性、载体不可分离性。

信息资源是人们通过认识和创造，以符号的形式存储在载体上的可供利用的信息。信息资源由信息、人、符号和载体四个要素构成。

信息资源可分为：文献信息资源、语言信息资源、实物信息资源。

文献信息资源是以数据、图像、文字、语言等方式记录在特定载体上的信息资源。语言信息资源是以口头语言、手势、表情、姿态等方式表达出来的信息资源。实物信息资源指以实物形式表达出来的信息资源。

二、信息资源管理

1. 信息资源管理的主要内容

（1）信息源管理　信息来源可分为内部信息和外部信息。相对企业活动而言，内部信息主要来自企业的生产、技术、经营和管理系统。外部信息来源于各类宣传工具、信息中心、大专院校、科研机构、行业协会、市场等。管理信息源并分析信息源规律对信息应用效果起着决定性作用。

（2）信息处理与管理　包含两个方面，一是对文献信息资源的处理与管理；二是对语言与实物内含信息的处理与管理。具体处理与管理工作包含分类、编制、整理等一系列工作。

（3）信息存储与检索　主要是为信息使用提供服务。好的信息存储与检索方法能够提高信息使用效率和效果。

（4）信息分析与研究　对信息有针对性的分析与研究是信息利用必经的一个过程。

（5）信息利用 信息作为一种资源贯穿于企业的生产经营活动，全面充分掌握各类信息，是企业生产经营活动获得成功的关键。

2. 信息资源管理工作开展过程

① 建立信息资源管理机构与体制。
② 制订并实施信息资源管理计划。
③ 培养和使用信息工作人员。
④ 制定并实施信息资源管理工作制度。
⑤ 组织协调企业信息资源管理系统相关工作。

三、管理信息系统的开发与使用

1. 概念

信息系统是由计算机硬件、网络和通信设备、计算机软件、信息资源、信息用户和规章制度组成的以处理信息流为目的的人机一体化系统。信息系统由信息源、信息处理器、信息存储器、信息用户和信息管理者五部分组成。

管理信息系统是对企业进行全面管理的人机结合系统。管理信息系统利用计算机技术、信息技术、决策技术，与现代化管理思想、方法和手段结合起来，辅助管理人员进行管理和决策。

2. 管理信息系统的开发

管理信息系统开发要遵循以下原则。

① 领导参与原则。
② 优化与创新原则。
③ 充分利用信息资源原则。
④ 实用和时效原则。
⑤ 规范化原则。
⑥ 应用与战略匹配原则。

系统开发需要做好充分准备工作。包括：基础准备工作、人员组织准备工作、分析现有信息系统、信息流分析。

基础准备工作需要做到管理科学化，具体方法程序化、规范化。基础数据、报表、文件的统一。

人员组织准备，要求领导参与并建立组织机构，明确界定各类人员职责。

对现有信息系统进行分析。

信息流分析能够保障顺畅传递信息和信息安全。

管理信息系统开发方法为：原型法和结构化法。

原型法是通过一个原型化设计环境和设计工具，快速建立一个原型系统后，对该原型系统进行反复、扩充和完善的方法。原型法是为了动态地确定用户需求，逐步弄清不确定因素而提出的一种试验保证方法。

结构化法是将整个系统开发过程划分成阶段，即系统规划、系统分析、系统设计、系统实施、系统运维五个阶段，并规定各阶段工作内容、目标步骤等的方法。

3. 管理信息系统的使用

管理信息系统开发完成进行运维使用阶段，需要对管理信息系统进行日志记录、运维评价、用户培训。

系统日志记录主要就从系统安全的角度着手做好相关工作。

运维评价主要目的是检查系统是否达到预期目标，满足需求程度、各种资源是否得到充分利用、经济和社会效益是否理想。

用户培训目的是为了提高用户对系统的应用效果。

四、技术资源管理

1. 概念

科学技术是影响企业生存与发展的一种资源，是第一生产力，能够增加企业竞争力。企业对技术资源管理是为了建立科学的工作程序，有计划、合理地利用企业的技术资源，把最新的技术成果转化为生产力，提高劳动生产率和经济效益。

2. 技术资源管理的主要内容

① 确定企业技术发展规划；

② 创造技术研究条件；

③ 管理技术成果，推广新工艺、新技术，促进技术成果产业化；

④ 制定执行技术标准、建立技术操作规程；

⑤ 制定技术革新方案并组织实施；

⑥ 技术改造、引进和设备更新；

⑦ 改进产品设计，试制新产品；

⑧ 做好生产技术准备和日常生产技术管理工作等。

3. 技术资源管理方式

技术资源管理方式主要包括技术引进、技术改造和技术创新。

① 技术引进要遵循平等互利、系统配套和创新性的原则。一般可采用许可贸易、技术咨询、工程承包、合作生产等方式进行。技术引进主要适用于引进技术企业，引进的技术能够充分发挥现有的生产要素和自然资源的作用，使之得到最佳配置和最有效利用，以满足生产需要。

② 技术改造指将技术研究成果应用到企业生产各领域，用先进技术改造落后技术，用先进工艺和装备代替落后工艺和装备，使企业产品在技术、质量和成本方面保持先进水平。主要方式有改进产品设计、改进现有生产工具设备、改进生产工艺过程、创造和采用新的原材料。

③ 技术创新指企业生产材料创新、产品创新、工艺创新、工具和设备创新、生产环境和劳动保护改善等方面的创新。

本章小结

本章讲述了人力资源管理相关概念、人力资源规划的制定、人员招聘与选拔、人员培训与开发、薪酬管理与绩效管理；企业资金筹集、投资、利润分配管理、利润成果评价与分析；物资管理与设备管理概念和方法；信息与管理信息系统开发和使用以及技术资源管理。

复习思考题

1. 人力资源规划的运作步骤有哪些？

2. 人力资源招聘方法有哪些？

3. 薪酬设计的两种形式是什么？

4. 绩效管理过程关键步骤是什么？

5. 企业筹集资金方式有哪些？

6. 企业利润分配顺序是什么？

7. 物质资源管理主要内容是什么？

8. 什么是管理信息系统？

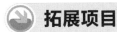 **拓展项目**

我们要招聘

参与方式：全体成员分组推荐。

时间：20 分钟。

目的：让参与的每一位同学深刻体会到如何使用企业资源，以及资源增加与减少的重要性。

方法与要求：

（1）在同学中选出一位总经理、一位总经理秘书、一位部门经理、一位部门经理秘书、四位操作工人。

（2）教师单独给总经理和总经理秘书布置任务：总经理要让秘书给部门经理传达一项任务。该任务就是由四名操作工人在蒙上眼睛的前提下，将一条 20 米长的绳子做成一个正方形，绳子要用完。全过程不得直接接触式指挥。一定通过秘书将该指令传给部门经理，由部门经理指挥操作人员完成任务。部门经理有不明白的地方也可以通过自己的秘书请示总经理。部门经理在指挥过程中要与操作人员保持 5 米以上的距离。

（3）了解角色扮演后的感受，以及各资源使用情况。

 实训题

1. 可口可乐管理

可口可乐是世界上销售面最广、也最著名的产品之一。生命已经横跨了 2 个世纪。这种冒着气泡跟糖浆差不多的黑色产品几乎获得了商业界的每一项桂冠。

可口可乐的成功管理经验既非常简单又显而易见。下面是从可口可乐的自身发展历史中挑选出来的成功的管理经验。

保证产品的优质性：产品不必有特殊功能或与众不同，或不能理解的稀奇。但必须具备某种能被人广泛接受的某种有用的功能。只要是习惯了可口可乐的味道，就会觉得它非常好喝，甚至会使人们养成一种嗜好。可口可乐可使鼻孔有发痒的感觉，当然能够解渴，特别是夏天来临，大汗淋漓之下来一杯冰镇的可口可乐，是多么惬意的事情。当然可乐中的成分原因，还让可乐有一点咖啡因的效果。有些人认为它能治疗头痛、恶心和胃痛等。

告诉员工要相信自己的产品，相信自己的公司，相信自己在做最伟大的事情：要让产品树立起崇高的形象，并使与之相联系的职业成为一种神圣的职业。要让工作人员认为产品是世界一流的，他们正在为最优秀的公司而工作。特别强调的是，可口可乐的推销员应具有传教士的本领，而不应是我们理解的只拿工资的推销员。20 世纪 20 年代，罗伯特·伍德鲁夫召集所有的推销人员，并出人意料地宣布他们全被解雇。第二天他又在新的服务部门重新雇用了他们，但告诫说他们不再是推销员，因为不必再宣传可乐的优点。他们是工作人员，其任务是保证使苏打水成为混合极好的加冰可乐。

制造出来的神秘感：创造神秘的气氛虽有悖道德，但有助于销售。最近可口可乐公司的一位管理者承认，秘密配方对他们来说没有多大意义，成功的真正秘诀在于这个产品的商标在一个多世纪里所产生的影响。但配方的秘密，那出名的七种味道确实曾经是吸引顾客的重要原因。同时也要追求神奇的效果。20世纪70年代初期，可口可乐公司总裁沃斯丁试图为可口可乐创造一种他称之为"神奇效果"的影响。他认为公司应带头保护环境，改善民族关系，建立模范移民计划，生产营养丰富的饮料。虽然他提倡的事业收效甚微，但公司目前仍在追求"神奇的效果"，仍在做一些有意义的事情。在南非，公司为提高黑人生活条件设立了一千万美元的"平等机会基金"，同时，在美国的可口可乐基金会正在资助有创新意义的教育和环境保护等项目。

产品的成本要低：每瓶可乐的成本极低，还不到1美分。就像矿物质水饮品的成本那样，低成本就意味着提价空间的客观性。可口可乐不是资本密集型产品，生产起来也不困难，更不费劳力，虽然它的生产过程高度保密。在产品到消费者手里之前，让从事流通的人先赚大钱。道理很简单，如果成本低，零售时就可大幅度加价。可口可乐具有能使人赚大钱的特点，多年来，凡同可口可乐打过交道的人都变得非常富有，比如那些瓶子制造商、股东、批发商，以及提供卡车托盘和自动售货机的人等。这种效果使各大公司和个人都非常感激公司，而且也乐于对可口可乐事业做出奉献。当然还要注意一个问题就是要让人人都买得起：从1886年到20世纪50年代，每瓶可乐的价格只有5美分，今天它在世界上也不是很贵。因此，第三世界国家的人们也能买得起。就是在困难时期，可口可乐仍可以做到畅销不衰。在20世纪30年代经济大萧条和最近的不景气时期，可口可乐的制造商们仍能够做到的是财源滚滚。

产品会出现在各种销售环节，要做到能够无处不在：要使产品伸手可及，使它无处不在，要使它在酒店、酒吧、报刊亭、理发店、办公室、写字楼、火车飞机上等地方可随时取用。早期的可乐推销员哈瑞逊·仲斯在1923年曾说过，"要让人们无法回避可口可乐。"同时提到推销产品要精明，这一条听起来很简单，但怎样、何时、何地推销和宣传产品是决定成败的关键。到1911年，阿瑟·卡迪拉花了一百多万美元来刺激人们的欲望，使可口可乐成为世界广告做得最好的产品。他还雇请画师在美国各地的白墙上宣传它那红底白字的产品标志，其覆盖面积达五百多万平方英尺。到1913年，公司散发了一亿多件带有可口可乐标志的小礼物，使人们在经常使用的温度计、日历、赛事本、记事本、棒球卡、日本扇和画片等物品上都能随时看到可口可乐的标志，从而给人们留下极深的印象。今天，公司每年花费40多亿美元在全球范围内推销可口可乐。要宣传产品的形象而不是产品。一位可口可乐广告商曾经告诫他那些具有丰富想象力和创造力的雇员：我们卖的是一种根本不存在的东西，他们喝的也只是一种形象而不是产品。开始时，可口可乐广告大肆宣传其药物作用，声称它能振奋脑力劳动者的精神，能减轻过度饮酒人的头痛和痛苦，能给人带来快感。但为饮料命名和题词的福兰克·罗宾逊很快意识到，把可口可乐当成提神饮料而非专利药物来宣传能吸引更多的顾客，而且还可避免不必要的法律纠纷和麻烦。

欢迎别人加入竞争：人们喜欢看可口可乐公司和百事可乐公司之间的"可乐之战"。两个公司精明的销售人员也都意识到，无论哪一个公司赢得了某一回合，通过激烈竞争建立起来的知名度有助于商品的销售。宣传过程中能够合理利用名人效应。可口可乐公司一开始就聘请名人做广告，希望消费者会效仿棒球巨星泰·科博或女明星希尔达·克拉克。到20世纪30年代，从克拉克·拜伯、凯端·格兰特到简·哈罗和琼·克劳夫德等影星都为可口可乐公司做过广告。60 年代后期，从尼尔·迪芒德、莱斯利·高尔、瑞·查理斯到艾瑞沙·富兰克林等歌星都认为，喝了可口可乐会使一切变得更好。然而，过分依赖名人效应也有危险。一方面风险是观众记住的多是明星而不是产品。可口可乐在商业广告上一直保持真正的明星地位，百事可乐公司对要价过高的明星感到头痛，从而显示出过分依赖名人中的另一种危险。虽然麦当娜和杰克逊在提高百事可乐知名度方面出了不少的力，但并不像公司希望的那样。可口可乐公司则通过重新启用已故明星路易斯·阿姆斯特朗、格罗乔·麦克斯和哈姆弗利·伯兴特等人的形象做小品广告，来解决这种棘手问题。

利用有影响的人物：不犯法并不意味着可以像天使一样安逸地坐在椅子上。罗伯特·伍德鲁夫是位国内有影响的人物，事实上他控制着佐治亚州参议员沃尔特·乔法和亚特兰大市市长威廉姆·B. 哈斯费益德等人。他与总统交往甚密。他和他的伙伴们一起创造了怀特·德·艾森豪威尔总统，甚至帮助他决定是以共和党还是以民主党人的身份来管理政府。帕·沃斯丁也同样把吉米·卡特推入白宫。尽管如此，不要要求政治家们滥用影响，只要他们能表明推销产品符合国家利益即可，不需要特殊照顾。例如，可口可乐公司与卡特的密切关系所产生的影响，足以为推销产品敲开大门。同时也要注意，不要用保护性和消极的广告。对百事可乐来说，比较广告有一定的效果，但它在无意中可能会宣传了竞争对手。每当可口可乐采取这种方法时都显得非常愚蠢，其中包括为可口可乐中含有咖啡因进行的正面解释。

吸引更多普通人的购买欲望：从 20 世纪 50 年代开始，可口可乐公司就制作出一种只需修改一点或无需修改就能在各种文化背景中适用的模型广告。怎样才能做到这一点呢？可口可乐广告词具有普遍的魅力，喝了可口可乐你会变得更有信心、更快乐、更受人欢迎、更性感和更年轻。为了加强宣传效果，可口可乐公司在全球范围内赞助各种各样的体育比赛，从相扑到足球，也赞助音乐会等。还有个更大的特点就是吸引住年轻人。在体育和音乐会上的广告宣传主要是吸引青少年。如果在年轻人中树立了信誉，那就相当于获得了长期的消费市场。为了宣传，可口可乐公司曾经在可口可乐的明信片上印着三个身穿海军制服的五岁男孩，口里叫着："我们要喝可口可乐。"1911 年可口可乐公司遭到政府的起诉，其部分原因是可口可乐中含有使儿童成瘾的咖啡因。从那以后，公司撤销了所有对 12 岁以下儿童所做的广告。但这既未能使分销商停止发送带有可口可乐标志的便笺簿和直尺等学习用具，也未能阻止公司在 30 年代用圣诞老人来推销它的产品。

同时也要做到入乡随俗：如果想在全球范围内推销产品，千万不要把自己打扮成"丑陋的美国人"。20 世纪 20 年代，当罗伯特·伍德鲁夫主管全球发展战略时，他努力使可口可乐在德国成为德国人喜爱的饮料，在法国成为法国人喜爱的饮料。可口可乐公司与当地主要企业签订分装合同，并通过由当地公司制造卡车、瓶子、托盘、提供商标等办法来鼓励他们从事饮料的配套生产。公司出口的东西以及当地公司进口的唯一的东西是可口可乐浓缩液。可口可乐公司据此可自豪而准确地指出它对当地的经济发展做出了多么大的贡献。几十年来，可口可乐公司在全球各地培养了一大批有头脑、了解当地文化习俗的经理，并传出信息，公司在世界各地雇请了许多当地律师。虽然可口可乐的高级管理人员或分销商在过去有行贿和回扣之嫌，但总的来说，公司的形象是清白的。一般的违法行为不仅不能使公司获利，反而有损这个庞大的跨国公司声誉，得不偿失。可口可乐的决策者们深知，要有耐心但要果断。总有一天他们要在世界各地销售其产品。目前所销售的国家达 195 个之多，因此实现其夙愿只是时间问题。战争、饥荒和政治事件都会带来暂时的困难，但前途是光明的，他们将始终坚持努力，时刻准备利用各种可能的机会。

信守戒律，灵活善变：罗伯特·伍德鲁夫的指导思想一点也不复杂。他的聪明才智在于运筹帷幄，在于坚持一些最基本的真理。在传统与变革之间要做出选择的时候，可口可乐所暴露的弱点就是不愿意改变现状。阿瑟·卡迪拉直到 1903 年才去掉饮料中的可卡因成分。伍德鲁夫 20 世纪 50 年代强烈反对大瓶装可口可乐，不愿推出新口味，反对用摇滚乐做广告以及提高零售价格等所有势在必行的改革。必要时扩大经营。罗伯特·高祖特 1981 年任公司总裁后，立即扩大经营范围，买下了当时看来很有影响的哥伦比亚电影公司。然而不到十年，他把电影公司卖给了索尼公司，并获得了可观的利益，然后又一心扑在饮料事业上。可口可乐公司的股票在 20 世纪 80 年代增值 735%，并在 90 年代初分割了两次。同时注意最低利润。这一观点看起来非常简单，但在高祖特上任之前没有人重视过这个问题。在同百事可乐的竞争中，人们只注意市场份额，而不是市场利润。高祖特发现，这种广泛为人们所赞扬的饮料公司事实上正在做赔钱的买卖，因为他们把资金花在容积为五加仑的金属桶上了。

对员工采用压力管理：这句话听起来有点过分，但可口可乐的历任总裁都赞成相互尊敬和敬畏的气氛。沃斯丁说，"焦虑和紧张的气氛会使人最大限度地发挥其潜力。"伍德鲁夫的"老板"一词含有敬畏和尊崇之意。今天的高祖特是个追求十全十美的人，因此，在他面前谁都会提心吊胆。对管理人员的任用，一般可口可乐公司会从公司内部提拔管理人员。可口可乐公司中最好的管理人员无一例外都是一步步提升上来的，其中包括公司委员会的成员。他们都接受过众所周知的可口可乐信念的灌输。为了培养职员的管理才能，公司建立了一个特殊训练车间，参加训练的人员在装配线上每天都累得腰酸背痛。每个广告都要达到一定的目的。由于可口可乐是非常著名的商标，虽然 1985 年改变配料的做法使公司浪费了 400 万美元，但着实帮了公司的大忙。当公司在广大消费者的压力下再次推出古典可乐时，重新上市的可乐使销售额大大超过了百事可乐。

合理使用现金资源，以及适时举办合资企业：1923 年当罗伯特·伍德鲁夫接管公司时，公司的负债额使他大吃一惊，后来他很自豪地攒下了一大笔现金。结果，保守经营使公司再也没有出现过举债经营的危机，即使在里根当政时期也是如此。在高祖特当权期间，公司承担了合理的债务。高祖特和财务奇才督·爱维斯特认为，如果再投资能获得较大利润的话，适当借债是有意义的。一种简单的办法是"重新购进自己发行的股票，促进股价进一步上升。"合理使用资金的另一种方法就是破除不要拥有灌装厂的陈规旧律。自阿瑟·卡迪拉 1899 年放弃灌装权利后，公司确认其主要任务是生产糖浆。利润较低的灌装业却发展起来了。公司虽拥有一些工厂，但主要作为轮流培训管理人员的训练基地，而不是摇钱树。传统的观念认为独立的灌装商更能发挥其职能。1981 年高祖特被迫在菲律宾破此陈规，因为拥有特许经销权的索利安诺家族把 70%的可乐市场让给了百事可乐。通过购买 30%的经销权，可口可乐公司就灌装厂问题进行了谈判。放眼全球，始于足下。虽然可口可乐的总裁们都争着把这一短语据为己有，但它可能出自高祖特之口。不论出自何处，可口可乐公司显示了其中的智慧，并用它指导经营，例如在中国和印尼。

可口可乐公司的成功之处我们都可以看到，你觉得如果你是公司管理者，哪些环节、哪些资源，可以做得更加出色？

（摘自管理视界．2008．）

2. 知名企业人才培养

在国内外优秀企业人才培养经验的基础上，可以得出一些人才培养的具体做法。

（1）树立正确的人才理念和培养理念

管理讲究"明道、优术"，道不明，则术不优。人才培养工作要做好，首先要有正确的人才理念和策略。

百事的人才培养工作做得非常优秀，被《财富》杂志评为美国两家最优秀的公司学院之一。它的人才理念很先进，"员工是人力资本，是公司成功所必备资源的第一资源。""有所成就也就意味着我们要拥有卓越的领导人和一个坚实的团队，能够确保百事公司的未来发展。""领导人培养领导人。"

万科的理念也是很先进的，例如："学习是一种生活方式。""给员工一个有挑战性的工作是最好的培训方式。"

正是有了对人才的充分重视，有了对人才培养重要性的充分认识，企业的人才培养和培训工作才有了基础。

（2）确定明确的人才培养标准和目标

人才培养或培训工作要做好，前提条件是要有明确的标准，只有这样才能事半功倍。培养才有明确的目标。

百事领导人培养工作做得非常优秀，连韦尔奇都承认他培养 GE 领导力的做法就是直接借鉴百事的做法。百事领导人的标准是非常明确的，主要有：

① 干练的业务能力；

② 能够确定业务方向；

③ 善于带动下属和员工；

④ 为人正派，言行一致。

华为的人才培养标准问题是通过任职资格标准来解决的。华为为了解决人才的职业化问题，花了几年的时间建设了一个完整的任职资格体系。包括十二个职位族类的详细的行为标准和知识、技能标准。华为把管理者分成三级，初级是基层管理者，中级是部门负责人，高级是副总裁以上人员。每一级的行为标准非常具体，这样就为人才培养工作提供了明确的标准和依据。

例如，管理初级的第一个行为模块是制定工作计划，具体标准如下。

制定工作计划：依据上级目标及本部门工作现状制定本团队工作计划，体现对上级目标的分解与对本团队工作的牵引；工作计划符合 smart 原则并设有监控点。

关键行为：

① 根据上级部门的规划或部署，与相关人员共同制定团队工作计划，明确各项工作任务要求和改进方向；

② 根据工作的优先顺序有效利用资源（包括人、财、物、信息等），充分考虑资源成本；

③ 与相关人员商讨，面向目标，在公司规定范围内确定执行计划的具体工作方法和活动；

④ 根据工作任务的具体要求和特点，深入分析工作中易出现失误或问题的环节，并设计相应的监控点及防范措施。

（3）建立人才培养的有效组织、流程和制度

人才培养工作是企业所有成员的共同责任，当然，首先是最高领导的责任。德鲁克就讲过，管理者的三大职责，一是出业绩，二是培养人，三是宣传企业文化。

优秀企业通常把人才培养看成"一把手工程"，第一负责人亲自带头培养他人，参加培训，言传身教。通用电气的韦尔奇、百事可乐的董事长都是经常亲自担任高层管理者培训的教员，甚至亲自拟定教学大纲。

在一个管理完善的企业中，培养工作的参与角色很多，通常包括：企业最高领导、人力资源副总裁、其他副总裁、各级管理者、人力资源部门、内部讲师、员工。他们各自的培养角色是非常清楚的。某优秀企业就将各部门经理的培养责任定位为：

① 批准部门的年度培训计划；

② 培养重要的管理和技术人才；

③ 为本单位的人才培养和培训工作提供各种必需的资源支持；

④ 担任内部讲师。

为了将培养工作落到实处，很多优秀企业将人才培养作为上司的重要职责和重要考核指标。宝洁每年的经理人员考核中都包括人才培养一项指标，如果这项评价不合格，那整个年度考核必将是不合格的。华为和 IBM 则干脆规定，没有培养出接班人的经理人员不能晋升。

（4）只培养那些具备特定潜质的可以培养的人

国内很多企业培养人才的效率和效果很不好，他们很感纳闷，企业投入的资源不少，但是大家就是不满意。分析后，我们发现，一个重要的原因是企业选拔的培养对象不对，或者根本没有选拔。许多高级人才特别是高级管理人才是需要具备一些重要的潜在素质的，不是所有的员工都适合当成管理者或者高级专家来培养。优秀企业一般在培养管理人才之前，都要作一些评估筛选工作。

（5）采用科学有效的具体办法来培养人

凡是管理优秀的企业，在人才培养方面都形成了一定的文化氛围，管理者和骨干员工把培养人才看做自己的当然职责，是一项自觉的行为，而不是强制规定的。

（摘自人力资源管理 . 2013.）

对于企业有哪些培养人力资源的好的方法？

第九章

现代企业文化管理

 **学习目标**

　　了解企业文化的由来、含义和结构；熟悉并掌握企业文化的基本特征和主要内容；了解企业文化的功能以及正确认识企业文化的作用；掌握企业文化建设的一般步骤和主要手段；了解各国不同企业文化的特点。

案例导读

从文化看世界 500 强的成功之道

　　企业文化是他们入列 500 强而闻名于世的根本原因。

　　1. 文化是经济发展的核心因素

　　经济发展的过程可以说是一个文化发展过程。就像不同的自然资源会形成不同的市场一样，不同的文化资源也会形成不同的市场。如在美国、日本等海外华人圈，资本的积累方式有很大的差别，原因在于它们的文化差异很大。

　　美国历史学家戴维·兰德斯在《国家的穷与富》一书中断言："如果经济发展给了我们什么启示，那就是文化乃举足轻重的因素。"同样，企业的生存和发展也离不开企业文化的哺育。诺贝尔经济学奖得主诺思说过："自由市场经济制度本身并不能保证效率，一个有效率的自由市场制度，除了需要有效的产权和法律制度相配合之外，还需要在诚实、正直、公正、正义等方面有良好道德的人去操作这个市场。"市场经济是信用经济，必须建立信用文化。

　　2. 以人为本、服务社会是世界 500 强企业文化的共识

　　优秀的企业文化，应该以人为本，以顾客为中心，努力服务社会，同时，平等对待员工，平衡相关者的利益，提倡团队精神，并鼓励创新。世界 500 强企业管理演变的历史也证明，那些能够持续成长的公司，尽管它们的经营战略和实践活动总是不断地适应着变化的外部世界，却始终保持着稳定不变的核心价值观和基本目标。这种在不断发展的过程中又能保持其核心价值观不变，正是世界 500 强企业成功的深层原因。（改编自管理视界．2009．）

第一节　企业文化概述

一、企业文化含义

企业文化是现代管理理论新发展的产物，它产生于 20 世纪 70、80 年代的西方企业界。那个时候的西方企业面临的内外环境较之以往有了显著的变化，体现在科学技术飞速发展，市场竞争更为激烈，企业员工素质不断提高。在这种形势下，企业旧的管理模式已不能适应新的形势需要，客观上对企业管理提出了新的要求。到了 20 世纪 70 年代，美国企业界日益受到来自日本的挑战，人们惊异于二战后日本经济的崛起和迅速发展，通过反省和研究，发现了企业文化在日本企业发展中的重要作用，于是企业文化成了企业界和学术界的热门话题以及研究焦点。20 世纪 80 年代，美国哈佛大学教育研究院的教授泰伦斯·迪尔和麦肯锡咨询公司顾问艾伦·肯尼迪在长期的企业管理研究中积累了丰富的资料。他们在 6 个月的时间里，集中对 80 家企业进行了详尽的调查，写成了《企业文化——企业生存的习俗和礼仪》一书。它用丰富的例证指出：杰出而成功的企业都有强有力的企业文化，即为全体员工共同遵守，但往往是自然约定俗成的而非书面的行为规范；有各种各样用来宣传、强化这些价值观念的仪式和习俗。该书的出版，标志了企业文化理论的正式诞生。

关于企业文化的概念，美国学者约翰·P. 科特和詹姆斯·L. 赫斯克特认为，企业文化"是指一个企业中各个部门，至少是企业高层管理者们所共同拥有的那些企业价值观念和经营实践……是指企业中一个分部的各个职能部门或地处不同地理环境的部门所拥有的那种共同的文化现象"。加利福尼亚大学管理学教授威廉·大内认为，企业文化是"进取、守势、灵活性，即确定活动、意见和行为模式的价值观"。泰伦斯·迪尔和艾伦·肯尼迪认为，企业文化是价值观、英雄人物、习俗仪式、文化网络、企业环境。中国社会科学院研究员韩岫岚认为，"企业文化有广义和狭义两种理解。广义的企业文化是指企业所创造的具有自身特点的物质文化和精神文化；狭义的企业文化是企业所形成的具有自身个性的经营宗旨、价值观念和道德行为准则的综合。"

根据国内外学者的研究结果，结合企业实践，企业文化的定义可以归纳为：企业文化是企业在一定的历史条件下，在生产经营实践中逐步形成的，为全体员工所认同并遵守的、带有本组织特点的使命、愿景、宗旨、精神、价值观和经营理念，以及这些理念在生产经营实践、管理制度、员工行为方式与企业对外形象的体现的总和。它包括价值观念、行为规范、伦理道德、风俗习性、规章制度、精神风貌等主要内容。企业文化是企业的灵魂，是推动企业发展的不竭动力。它包含着非常丰富的内容，其核心是企业的精神和价值观。

二、企业文化结构

企业文化是一个有层次结构的体系，通常是由以下三个不同层次组成。

1. 物质文化

物质文化是指企业人在生产经营活动中创造出来的适应社会物质需要的那部分产品，包括生产经营场地、机器设备、原材料和运输工具、产品以及企业文化娱乐设施等。它是企业文化的最表层，是企业行为文化和企业精神文化的显现和外化结晶，体现在以下几方面。

（1）企业标识　如企业名称、企业象征物等。

（2）产品　如生产制造出质量可靠、性价比高的商品。

（3）工作环境或厂容 如整洁、明亮、舒适的办公环境。

（4）技术装备 如配置先进的机器设备。

（5）后援服务 如为服务对象提供无微不至、主动便利的服务。

（6）人才资源 如通过全程、终身培训使员工均达到行业社会优秀水平，人尽其才。

（7）福利待遇 如公司员工通过辛勤劳动获得行业和当地领先的工资、福利待遇。

2. 制度文化

制度文化是指企业处理个体与群体、群体与组织、个体与个体之间关系所形成的一套规章制度，以及实行这些制度的各种具有物质载体的机构设施等，包括厂歌、厂徽、厂服、组织制度、规章条例、奖惩措施、管理方式、人际关系形式等。它是企业文化的中间层，称之为中层文化。

3. 精神文化

精神文化是指企业人的文化心态及其在观念形态上的对象化，即企业职工各种意识形态的总和，包括

图 9-1 企业文化结构

企业的生产经营哲学、企业的价值观、企业道德、企业精神等，它是企业文化的最深层，是企业文化的源泉，又称为核心文化。

企业的物质文化、制度文化和精神文化，既相互有差别又紧密相连，它们相互影响，相互作用，共同构成企业文化的完整体系（图 9-1）。

三、企业文化的基本特征

为了进一步揭示企业文化的内涵，有必要弄清企业文化的基本特征，总的来说，企业文化通常具备以下特征。

1. 人本性

企业文化的人本性，即以人为中心或者说以人为本。因为文化产生于人类社会，没有人就没有文化，文化从本质上是来源于人并且服务于人的，企业文化也是如此。一个健康的企业文化应非常重视员工的感受，要让员工意识到自己是企业的主人，而非单纯的"经济人"。当衣、食等最基本的生存需求得到满足时，人们需要满足交流的需要、给予的需要、被尊重的需要、个人价值实现的需要等。一个人一生中最宝贵、历时最长的时间与空间都是用于职业生涯的，所以，企业的成长与发展需求与个人的成长与发展需求在企业文化这个层面达到了完美的契合。因此，企业文化的人本性强调人的理想、道德、价值观、行为规范等在企业管理中要起到核心作用，在生产经营管理过程中，关心人、尊重人、信任人，使全体员工无论岗位级别，互相尊重，团结奋进，积极参与企业管理，推动企业发展。

2. 发展性

一个企业的企业文化一旦形成，就具有在一定时期之内的相对稳定性。但随着企业的发展以及企业生存环境的变化，企业文化也随之发生改变。企业文化不是一成不变的，而是企业精神在不同时期、不同环境下的具体体现。因为企业总是处于一定的社会条件下，受文化传统、社会制度、社会习俗、时代风貌等方面的影响，此外企业的员工随着企业的发展也会产生人员更迭，不同的人也带来了不同的文化与理念。随着企业内外部环境的变化，企业文化必然也要发生一定的改变。例如，在我国传统的计划经济条件下，必然造就高度集中统一

的企业文化，而在今天的社会主义市场经济条件下，企业文化必然要发生变化，体现一种开放搞活、生气勃勃的企业精神和企业形象，而当企业走出国门开始跨国发展之路时，又要根据新市场、新顾客、新合作者的特点与要求，建立起一种更为开放、多元，富于弹性的全球企业文化。但企业文化的发展与改变往往不是立竿见影，而是潜移默化的，这也体现了企业文化的稳定，正如《易经》所倡导的"持经达变"，企业文化也需要稳中求变。

3. 多样性

企业是微观经济的主体和利润最大化的追求者，有其必须遵循的共同的客观规律，如必须加强管理提高效率，控制成本支出，争取客户的欢迎和信任等，因此企业文化有共性的一面。但企业文化还要反映一个企业独特的风格和价值观，体现一个企业的特色，所以还应具有不同特征的企业文化。可以说，正如"龙生九子，各不相同"，不同地域有不同地域的企业文化，不同民族也有不同民族的企业文化，而且同一时代、同一地域、同一民族的不同企业也有企业文化的差别。因此才能区别出美国的企业文化、欧洲的企业文化、日本的企业文化、中国的企业文化等。企业文化的多样性说明，成功是不能复制的，企业文化也同样不能拷贝。企业文化的建设不能搞一个模式、一刀切，不能生搬硬套别的企业的经验，而要走自己的路，要不断创新开拓，才能创建出具有自己企业特色的企业文化。实践证明，只有富于个性的企业文化，才能真正成为一个成熟企业独树一帜、无比珍贵的管理财富。

四、企业文化的主要内容

企业文化涉及企业的各个部门，渗透于企业生产经营活动的各项工作之中，其内容丰富多样，构成一个复杂的有机整体。具体来说，主要包括以下几个方面。

1. 企业精神

所谓企业精神，就是企业职工在长期的生产经营实践中所形成的传统、习惯、作风、理想、信念、宗旨、价值观、道德意志和行为准则等意识和观念的总和。它是企业物质生产经营活动的反映，又对企业的生产经营活动发生重要的影响和作用，是一切企业赖以生存和发展的精神支柱。国内外的一切企业，都无一例外地崇尚优秀的企业精神。正如企业的有形资产像企业的躯体，企业精神就是企业的灵魂，没有企业精神，再大的企业也如同行尸走肉，迟早会腐朽、衰亡。

企业精神要通过企业全体职工有意识的行为活动体现出来。因此，它又是企业职工观念意识的外在表现，可想而知，一个行为散漫、不拘小节的员工很难与严谨的企业精神相联系。企业精神是企业文化的核心，在整个企业文化中起着支配作用。企业精神以价值观念为基础，以价值目标为动力，对企业经营哲学、管理制度、道德风尚、团体意识和企业形象起着决定性的作用。

企业精神通常用一些既富于哲理，又简洁明快的语言予以表达，便于职工铭记在心，时刻用于激励自己；也便于对外宣传，容易在人们脑海里形成印象，从而在社会上形成个性鲜明的企业形象。如海尔的"真诚到永远"精神，就是用海尔人的真诚去照亮、温暖每一颗心，体现了为顾客服务的价值观念和真诚守信的经营作风。

2. 企业价值观

所谓企业价值观，就是企业及全体员工一致赞同的关于客观事物对于企业是否具有价值，以及价值大小的共同认识或看法。它体现了一个企业的基本理念和信仰，反映了企业内部衡量事物重要程度及是非优劣的根本标准，因而是企业文化的核心。企业价值观念的确立对企业文化的其他要素具有决定作用，而其他要素，如制度规范、习俗仪式等，都是以一定价值观念为基础建立和形成的。

企业价值观作为群体意识，它规定了企业该干什么，朝什么方向干和怎样干才能效益更好，以及干得好与坏的评价标准，为企业的生存和发展提供了基本方向和行为指南。一个企业的价值目标如果是错误的，那么企业的发展就要受挫。只有在正确价值观的指导下，企业的经营活动才能取得成功。因此，每一个企业，要想在市场竞争中立于不败之地，要想追求卓越的成绩，都应该而且必须确立正确的企业价值观。其中包括人本观念、市场观念、质量观念、信誉观念、时间观念、效益观念、整体观念、民主观念、法制观念等。一个企业的价值观念是由许多价值观要素组成的价值观念体系，这些价值观要素相互联系，共同发挥作用。

电视剧《大宅门》当中有一段白景琦当众烧毁假药的情节，即使倾家荡产，也不能卖出一份假药，这个故事体现了"百草厅"这家百年老店"重信轻利"的企业价值观。正是在这种企业价值观的指导下，"百草厅"才能赢得顾客的信任，从而历经百年风雨而不衰。

3. 企业道德

道德是调整人们之间以及个人与社会之间关系的行为规范，道德在企业中的具体化，就是企业道德。企业道德是指调整本企业与其他企业之间、企业与顾客之间、企业内部职工之间关系的行为规范的总和。

企业道德一旦被职工群众所接受，深入人心，就会内在地发生作用，自觉地调整、规范职工的行为，维护企业的利益，同不利于企业发展的一切言行斗争。职工一旦危害了企业利益，就会受到舆论和自己良心的谴责。职工做了有利企业的好事，就会受到舆论的称赞和自己良心的安慰，从而形成规范职工行为的道德力量，成为推动企业前进的精神动力。

虽然企业道德与法律规范和制度规范不同，不具有那样的强制性和约束力，但具有积极的示范效应和强烈的感染力，当被人们认可和接受后具有自我约束的力量。因此，它具有更广泛的适应性，是约束企业和职工行为的重要手段。中国老字号同仁堂药店之所以三百多年长盛不衰，在于它把中华民族优秀的传统美德融于企业的生产经营过程之中，形成了具有行业特色的职业道德，即"济世养身、精益求精、童叟无欺、一视同仁。"

4. 企业风气

企业风气通常称为"厂风"，在日本叫"社风"或"风土"。风气即风土气息。所谓企业风气，也就是企业的风土气息，是由企业精神、企业价值观、企业道德等企业文化内容所决定的企业精神形象。它包括企业的经营作风、管理风格、领导方式、思想作风、工作作风、生活方式、环境风貌等内容。企业风气综合地体现了企业文化的内容，是企业文化内容的外在表现。

企业风气与企业形象密切相关，是决定企业形象的主要因素。人们往往就是通过企业风气来判断一个企业的形象"好"还是"不好"的。所以，企业风气对企业的生存与发展，有十分重要的意义。因此，每一个企业都应当积极建设一个与众不同的良好企业风气，它包括企业的经营管理风格、思想和工作作风、生活方式和企业风貌等内容。企业风气的主体是企业中包括职工和家属子女在内的全体人员，其素质的好坏决定企业风气乃至整个企业文化的状况，因而建设企业风气，最根本的问题是要提高企业全体人员的素质，包括思想道德素质和科学文化素质，提高其精神文明程度。同时，企业风气是社会风气的一部分，它必然受社会风气大气候的影响，所以，在处理企业风气与社会风气的关系上，既要利用良好的社会风气来促进企业风气的建设，又要防止和阻挡不良社会风气对企业风气的侵袭，使企业的优良风气不受或少受社会不良风气的污染。

5. 企业形象

企业形象是企业通过外部特征和经营实力表现出来的，被消费者和公众所认同的企业总体印象。由外部特征表现出来的企业的形象称表层形象，如招牌、门面、徽标、广告、商标、服饰、营业环境等，这些都给人以直观的感觉，容易形成印象；通过经营实力表现出来的形象称深层形象，它是企业内部要素的集中体现，如人员素质、生产经营能力、管理水平、资本实力、产品质量等。表层形象以深层形象为基础，没有深层形象这个基础，表层形象就是虚假的，也不能长久地保持。北京西单商场以"诚实待人、诚心感人、诚信送人、诚恳让人"来树立全心全意为顾客服务的企业形象，而这种服务是建立在优美的购物环境、可靠的商品质量、实实在在的价格基础上的，即以强大的物质基础和经营实力作为优质服务的保证，达到表层形象和深层形象的结合，赢得了广大顾客的信任。

6. 企业制度

企业制度是在生产经营实践活动中形成的，对人的行为带有强制性，并能保障一定权利的各种规定。从企业文化的层次结构看，企业制度属中间层次，它是精神文化的表现形式，是物质文化实现的保证。企业制度作为职工行为规范的模式，使个人的活动得以合理进行，内外人际关系得以协调，员工的共同利益受到保护，从而使企业有序地组织起来为实现企业目标而努力。

五、企业文化与企业制度的关系

企业作为经济组织，其生产经营活动不仅仅是一种经济活动，也是一种文化活动。企业文化和企业制度都属于企业管理的范畴，其内涵有着清晰的界定，二者的区别在于：制度是以规章、条例、准则、纪律以及责任书等形式存在的；文化则是抽象、无形地存在于人的头脑和周围的氛围里。制度管理侧重于外在的、硬性的调节；文化管理强调心理认同和自主自律。二者相互渗透，相互依存，有形的制度中渗透着文化精神，而无形的文化通过有形的制度载体得以表现和发挥作用。在实践中，当制度内涵尚未被员工认同时，制度只是管理者的文化，至多反映管理规律和管理规范，而不能算作制度文化。当制度的内涵已被员工心理接受并自觉遵守时，制度才变成了真正意义上的共有文化。从这个意义上讲，一个卓越而科学的制度管理可以约束和命令员工出满勤、干满点，但永远也不可能让员工在岗位上尽职尽责、尽心尽力、高效率地自觉工作，只有文化管理能做到这一点。

实现企业文化与企业制度管理的有机结合，才能从根本上确保企业制度在企业管理中发挥最大效用。没有制度，即使员工的价值取向和企业愿景有高度的认同，也难以形成行动上的高度一致，相反再周密的制度也不可能滴水不漏，只有文化才能够时时处处对人的行为起到约束作用。制度管理与文化管理应该相辅相成，双管齐下，企业应当分析在制度管理中存在的不足及原因，强调制度在执行过程中的问责制，并且在发展过程中必须正视自己的不足、进一步加强制度及文化建设。

第二节　企业文化力

企业文化对企业，相当于思想对于人。如果一个人再强壮但没有思想，那他只是一个四肢发达的人而已。所以对企业来讲，为什么设备、资金差不多，有的会发展，有的不发展，甚至有的设备、资金都很雄厚但最后都没有发展起来，企业文化起了很重要的作用。就像老子在《道德经》里说的一句话："天下万物生于有，有生于无"，所有有形的东西都来源于无形的东西，这些无形的东西对企业来讲就是企业文化。索尼公司的创始人盛田昭夫说过这样一段话，他说日本公司的成功之道并无任何的秘诀和不可与外人言传的公式，不是理论，不是计划，也不是政府政策，而是人，只有人才能使企业获得成功。在日本最有成就的公司，就是在全体员工之间建立命运与共的意识，其本质是企业文化。因此，企业文化是企业经营发展的核心推动力。

一、企业文化的主要功能

1. 导向功能

企业文化的导向功能贯穿于企业生活的各个方面，表现在企业经营上，树立以消费者为中心的目标导向，确定企业经营战略和策略，开展一系列经营活动。企业在管理上则树立以人为本的管理观念，注重人的要求、个人价值的实现与相互间的沟通和协调，以形成整体综合力。在企业价值观念指导下，企业以崭新的精神面貌出现在社会公众面前，以其特有的文化成果、良好的公众形象，树立企业自身的高大形象。以"铁人"王进喜为代表的大庆油田工人，把"艰苦创业"作为座右铭，坚持"有条件上，没有条件创造条件也要上"的创业精神。大庆人艰苦创业、三老四严的精神，化作了中国工人阶级自力更生、艰苦创业的强大力量，激励着一代代中国的工人克服万难，努力奋斗。

2. 凝聚功能

企业文化的凝聚功能，是指当一种价值观被该企业员工共同认可后，它就会成为一种"黏合剂"，把全体员工团结起来，从而产生一种巨大的向心力和凝聚力。企业文化实际上是企业全体员工共同创造的群体意识，它以人为本，尊重人的感情，从而在企业中造成了一种团结友爱、相互信任的和睦气氛，使企业职工之间形成强大的凝聚力和向心力。同时，通过企业文化的培养和教育，可以使职工产生认同感和归属感，形成"以企业为家"的"家庭"观念，使每一个人都感到自己是企业大家庭的一员，自觉地将自己的思想和行为同企业整体联系起来。这时，"厂兴我荣，厂衰我耻"成为职工发自内心的真挚感情，"爱厂如家"就会变成他们的实际行动。

3. 激励功能

企业文化的激励功能，是指企业文化具有使企业成员从内心产生一种高昂向上的情绪和奋发进取的精神，它对人的激励不是一种外在的推动，而是一种内在的引导，通过企业文化的塑造，每个企业成员从内心深处自觉地产生为企业走向成功而努力拼搏的献身精神。在以人为本的企业文化氛围中，领导与职工、职工与职工之间互相关心，互相支持。特别是领导对职工的关心，职工会感到受人尊重，自然会振奋精神，努力工作。另外，企业精神和企业形象对企业职工有着极大的鼓舞作用，特别是企业文化建设取得成功，在社会上产生影响时，企业职工会产生强烈的荣誉感和自豪感，他们会加倍努力，用自己的实际行动去维护企业的荣誉和形象。例如一个丰田的普通员工会在雨天后，自觉无偿地把街道上污迹斑斑的丰田汽车擦洗干净，原因就是不希望看到自己企业的产品因为泥泞而有损企业形象。

4. 约束功能

企业文化的约束功能，是指企业文化对每个企业员工的思想、心理和行为具有约束和规范的作用。企业文化的约束，不仅是强制性的硬约束，而且是一种软约束。如果人们违背了道德规范的要求，就会受到舆论的谴责，心理上会感到内疚。例如同仁堂药店"济世养生、精益求精、童叟无欺、一视同仁"的道德规范约束着全体员工必须严格按工艺规程操作，严格质量管理。

5. 辐射功能

企业文化的辐射功能是指企业文化对社会的影响。由于任何企业都是社会经济的细胞，与外界有着千丝万缕的密切联系，因此企业文化不仅在本企业内发挥着作用，而且还会通过各种渠道对社会发生辐射作用。例如，假如一个企业的优秀文化在社会上引起轰动效应，就可以成为其他企业效仿的榜样，对社会文化产生一种示范导向的积极影响；相反，落后的、陈旧的企业文化也会对社会产生一种消极的负面影响。

二、正确认识企业文化的作用

有些物质资源也许会枯竭，唯有文化生生不息。企业文化是一种无形、潜在的生产力，也是一笔宝贵的资产和财富。企业文化会极大地促进企业的发展，建设出一套优秀的企业文化来，一定会对企业的长远发展起到积极的、不可估量的作用。关于企业文化的地位，联想的领导人柳传志曾有一个"房屋图"的比喻，他认为如果把企业比作一栋房屋，那么地基是企业文化与企业制度，房体是资金流、信息流、物流等，屋顶则是各种技术性的职能管理，由此企业文化的重要意义可见一斑。企业文化的作用体现为以下几方面。

1. 企业文化为企业发展指引方向

一个国家、一个民族都应该有其各具特色的文化，因为文化体现的是国家精神、民族精神，比如国家的国歌、国旗这些简洁却富有哲理的语言或图案，往往会给人一种精神动力，就像一面旗帜，指引着国人，让大家团结在一起。同样，一个企业也应该有其企业文化，因为企业文化体现为企业精神，指导企业行为包括员工行为，使其符合企业的目标和宗旨。沃尔玛公司的创始人萨姆·沃尔顿为公司制定了三条座右铭："顾客是上帝""尊重每一个员工""每天追求卓越"，这三条就是企业的目标，不管是职员还是管理人员都按着这样的方向去行动，去处理公司事务。正因为这样，才使得零售业巨子沃尔玛连锁店的营业收入总额达到了 2000 多亿美元，将埃克森—美孚油公司拉下马，登上了美国乃至世界企业的第一把交椅。

2. 企业文化使企业在竞争中保持优势

竞争是时时存在的，并且是不可以避免的，所以任何企业都不得不面对竞争。企业的竞争一般可以分为三个阶段，第一个阶段拼产品，谁家的产品物美价廉，谁就能在市场上站住脚；第二个阶段拼服务，哪家服务到位，赢得消费者的认可，哪家就取得胜利；到第三个阶段，企业的核心竞争力由产品、服务转移到了文化。企业文化成为企业可持续发展的关键因素。海尔集团一直将企业文化的建设作为重点内容来抓，以创中国的世界名牌、为民族争光为企业的目标，并且随着海尔从小到大、从弱到强，其文化本身也在不断创新、发展。正是因为海尔的文化，将海尔的发展与海尔员工个人的价值追求完美地结合在一起，最大限度地激发了员工的热情、积极性，并且提高了企业的凝聚力和核心竞争力，使海尔近年来一直保持着持续的发展和强大的竞争力，成为在海内外享有较高美誉度的品牌。

3. 企业文化促进企业员工的全面发展

当代企业价值观一个最突出的特征就是以人为本，以关心人、爱护人的人本主义思想为导向，因为只有企业的每一个员工得到了发展，企业才能够获得发展。

而企业文化对于人所产生的作用可以说是多方面的。首先，通过企业的团队活动，可以增强员工的团结协作精神。例如在日本企业界，很多经理几乎每天晚上都要和年轻的职员一起聚餐、聊天直到深夜，这种聚餐已成为日本各公司的普遍做法。其次，企业文化可以增强员工的自律意识，培养个体的自觉性、责任感，充分发挥个人的聪明才智和创造性。最后，企业文化可以提高员工的素质，改善企业文化结构，现代企业都非常重视员工的培训，将其作为管理的一项重要内容。像沃尔玛、惠普、平安人寿等优秀企业都会给员工提供培训的机会，或者通过岗位轮换来提高员工的素质，培育人才，增加企业的人力资源储备。

不过虽然企业文化可以使公司产生凝聚力并且提供竞争优势，但过时的企业文化，包括核心价值观和管理原则及习惯，也可以扼杀一个企业。2001年，美国Enron（安然）公司因做假账，被迫宣布破产，成为美国历史上最大的公司破产丑闻，Enron公司股东和员工成为最大的受害者，企业的高层管理人员被送进监狱。管理学家在企业文化上寻找到了Enron公司破产的原因。20世纪90年代末期，业务上的成功和华尔街的吹捧，使Enron公司开始变得自高自大。公司内部过于强调个人表现导致了空虚和贪婪态度的滋生；内部的互相评估制度导致了唯诺盲从的文化，企业内部不再有反对的声音；由于追求漂亮的财务数字导致了内部的失控，内部交易、腐败和虚夸的营业收入以及隐藏的债务随之产生，最终导致了企业的破产。可以说，成也企业文化，败也企业文化，对文化的影响力认识不足的企业可能会成为他们自己文化的牺牲品。因此，企业文化的力量是惊人的，只有与时俱进、不断完善，企业文化才会产生使企业前进的推力，而不是阻力。

第三节　企业文化建设

建设优秀的企业文化，是当代企业界和理论界探讨的一个热门话题，然而不同的国家，由于具体国情不同，文化形成和发展的过程不同，因此不可能有一个统一的模式。不过其中有一些共性的规律可以遵循，即企业文化建设的原则。

一、企业文化建设的原则

1. 传承性原则

任何一个社会组织都有其固有的文化，企业文化的形成，往往可以追溯到企业创立之初。企业在文化建设中绝不可以无视企业的传统文化，相反，企业文化建设实质上是对传统文化的继承性发展和选择性变革，这就是企业文化建设的传承性原则。

企业文化建设之所以要遵循传承性原则，是基于以下两个理由。首先，企业文化的核心是在企业多年的发展中逐步积淀下来的，企业员工深信这些观念是他们过去成功的原因，因此，让他们放弃这些价值观念是相当困难的，所以企业文化建设必须首先认清传统文化的存在，并在此基础上图新谋变，否则将会遭到顽强的抵抗。其次，在企业的传统文化中，包含着很多积极的因素，必须予以继承和发扬。因为每一个企业的文化，之所以能延续至今，都无疑表明其中蕴涵着某些合理成分。所以，如果无视企业历史，只是一味地推倒重来，即使能够成功，企业管理者也很可能失望地发现，这样的"全新"文化在总体上并不比传统文化优越。

2. 民族性原则

文化是与民族分不开的，企业文化也是如此，它是一个国家的微观组织文化，是这个国家民族文化的组成部分，所以企业文化的特点实际就代表这个国家民族文化的特点。任何企业的经营活动，都是在特定的民族文化背景下开展的。企业文化建设不能脱离民族文化背景，而应与其互相协调，互相融合，这就是企业文化建设的民族性原则。

企业文化建设之所以要坚持民族性原则是因为：首先，企业的员工多来自当地，具有很深的民族文化根基，如果企业试图培植一种与民族文化格格不入的企业文化，势必遭到员工的顽强抵制，这样的文化即便能强行推行，也如水上浮萍一般，难以植根于员工的内心深处。其次，企业的经营活动是在具有特定的民族文化背景的社会环境中开展的，企业的供应商、经销商、消费者无一不受民族文化的巨大影响。如果企业文化与民族文化格格不入，势必在实际操作中与环境发生文化冲突，从而使企业良好的经营战略无法实施。例如零售业巨头沃尔玛在德国的经营并不顺利，原因之一就是沃尔玛要求当地员工必须向顾客提供热情周到的服务，而德国人一般不苟言笑，因此受到较大的抵触。

3. 特点鲜明原则

每个企业都有自己的历史传统和经营特点，企业文化建设要充分利用这一点，建设具有自己特色的文化，而不能简单地模仿和照搬。企业文化有了自己的特色，而且被顾客所公认，才能在激烈竞争中独树一帜，具有长期竞争的优势。例如松下公司在几十年的经营生涯中形成了独特的企业文化，制定了七大精神："产业报国、光明正大、和亲一致、奋斗向上、礼节谦虚、顺应同化、感谢报恩"，充分表现了松下那种谦和、执着、一以贯之的朴实风格。而以"铁人"王进喜为代表的大庆油田工人，把"艰苦创业"作为座右铭，坚持"有条件上，没有条件创造条件也要上"的创业精神。索尼的企业哲学中突出的一点就是十分重视人的因素和民主作风，特别看重中层管理人员的作用，并设法淡化等级观念。该公司领导努力将工厂的车间搞得比工人的家庭更舒服，而把管理人员的办公室尽量布置得朴素些。另外，索尼人始终不满足现状，时时有"饥饿感""紧迫感"伴随，这可谓索尼文化的另一特色。正因如此他们能不断学习世界上比自己先进的东西，经过消化，创造出别人没有的东西，适应了市场，赢得了声誉。

4. 人本性原则

文化以人为载体，来源于人并为人服务。所以，企业文化建设的根本任务是塑造人，这就是企业文化建设的人本原则。一个企业的文化可以体现在价值观念、企业组织机构、规章制度、典礼、仪式、产品乃至厂容厂貌等几乎所有方面。由于规章制度、典礼、仪式、厂容厂貌等相对具体的因素比较容易把握，因而它们就被肤浅地理解为企业文化建设的全部内容，以致使企业文化根本发挥不出应有的作用。如今，企业管理已从"以物为主"的管理转入了"以人为本"的时代。如果人的观念没有改变，一切形式上的努力都将付之东流。

日本企业管理学界有一种说法"企业就是人"，它形象、深刻地诠释出日本企业管理的秘诀。被誉为日本"经营之神"的松下幸之助，其管理信条之一就是强调"有你才有我，有我才有你"。他高度重视人的因素，着力把公司办成"造就人的公司"，对职工的培训不仅包括专业技术，更重视"培养正确判断价值的意识"，防止人格偏差。继日本之后，欧美企业也高度重视人的塑造。波音公司以"我们每一个人都代表公司"为信条，IBM公司以"尊重个人，顾客至上，追求卓越"为基本价值观，从这些著名企业的管理经验中，不难看出在企业文化建设中人的核心地位。

二、企业文化建设的一般步骤

要建设好符合企业自身实际、健康有活力的企业文化，并非一日之功，更不是一两句口号所能代替的，而必须经过一个长期艰巨的培育过程，按部就班地进行。一般来说，企业文化建设的程序需经历分析评估、规划设计、实施建设、调整完善几个主要阶段。

1. 分析评估

在进行企业文化建设时，首先要通过调查了解，对企业的历史与现状及其所面临的内外部环境等做认真的分析研究，得出实事求是的评估结果。具体来说，分析评估的内容主要包括企业的历史状况、企业的现状与特点、企业的外部环境、企业的内部结构等。通过分析评估，能清楚地认识本企业的长处与不足，从而为企业文化建设的总体布局提供可靠的依据，做到心中有数。

2. 规划设计

在对企业进行了分析评估以后，即可着手企业文化建设方案的规划设计。规划设计的内容主要包括企业宗旨、企业精神、企业价值观、企业道德、企业制度等。其内容既可以包括企业文化的方方面面，也可以是其中几项。在方案设计上，要尽量把抽象的原则要求分解为具体的独立要素，这样才更易于操作和进行定性、定量分析。

3. 实施建设

企业文化同其他任何文化一样，不是自发产生和自动起作用的。只有经过有目的地培育塑造，才有可能按照有利于企业前进的方向发展。在企业文化建设的框架方案确定后，最重要的是要在指导与实施上下功夫，使方案尽快付诸实践。在这一阶段，企业要做好以下几个方面的工作。

（1）需要领导者的支持　建设企业文化，离不开企业领导者的强有力的指挥和督促，企业文化首先是企业家文化，真正出色的企业家必定是先进企业文化的旗手，企业领导人要义不容辞地当好企业文化的倡导者和推动者。

（2）需要企业全体成员的参与　只有发动企业全体成员参加，才能成功地形成优秀的企业文化。文化展示的是软实力，强调感情的力量，这是需要长期积淀，在企业员工的内心中潜移默化形成的。而制度反映的是硬性的要求，缺少变通和感情因素，虽然有力，但缺少人文关怀。所以制度建设是自上而下强制执行的，而文化建设则需要员工的积极参与，企业的领导只是促进者的角色，更多的文化内容来源于普通员工的思想和智慧。

（3）需要加强宣传教育　通过广泛、深入的宣传，形成舆论，进行全员培训，才能为群众所掌握。

（4）需要培养骨干　通过企业骨干力量去传播、去影响和带动全体职工。

（5）需要采取强化手段　新的行为总是要经过强化之后才能变成习惯，成为文化积淀，现有的文化因为以往的强化而维持，新的文化则需要新的强化来建立。

4. 调整完善

企业的外部环境是在不断变化的，每个企业在实践中也在不断突破自己，总有新的机遇和新的挑战。因此，任何企业文化建设都不可能是一劳永逸的，这就要求在建设企业文化的实践中，要根据新情况对现有方案进行不断地充实、修正，使之臻于完善，最后经过总结概括，形成简练明快、方便实践的文字内容，正式成为能体现出企业特色的企业文化。

三、企业文化建设的主要手段

建设适合于自身企业的企业文化是一项复杂的系统工程，必须进行全面构思、总体设计和长期艰苦细致的工作。以下是企业在进行文化建设时，可以采用的常用方法与手段。

1. 领导带头，身体力行

企业领导者最重要的作用就是总结和提炼出一种能够为全体员工所接受的经营理念和价值体系，并旗帜鲜明地带头加以贯彻和推广。一般被员工认可的积极向上的企业文化，可以比管理制度和经济利益更能规范和引导员工的行为。例如美国微软的盖茨，工作再忙，每月都不忘亲自为员工讲几次课。他这样做的目的就是要带头倡导文化理念，激发员工对企业的认同，从而形成企业的合力，增强企业的市场竞争力。

2. 树立榜样，典型引导

发挥榜样的作用是建设企业文化的一种重要而有效的方法。把那些最能体现价值观念的个人和集体树为典型，大张旗鼓地进行宣传、表彰，并根据客观形势的发展不断调整激励方法，有利于优秀企业文化的形成和发展。英雄人物，即价值观的人格化。迪尔和肯尼迪在其合著的《公司文化》一书中，把英雄人物作为企业文化五大构成要素之一，英雄人物就自然成为成功行为的象征。

3. 加强培训，提高素质

若一个企业员工的基本素质不高或缺乏良好的职业道德，企业的健康可持续发展是不可能的，企业文化建设也只能是纸上谈兵。加强培训，不断提高企业员工基本素质，是建设企业文化的保证。在日本松下电器公司，每一个走上工作岗位的年轻人，都必须首先接受职业道德、经营思想、集体意识、自我修养的集训，进行语言、待人接物的礼节教育，考试合格后才被录用。同时，中国企业在文化建设方面还必须走出关注精英的模式，只有在关心一般员工的时候，企业文化才具备成形的可能。

4. 积极强化，持之以恒

企业员工的价值观、信条、口号、作风、习俗、礼仪等文化要素，是不断进行积极强化的产物。强化指的是人们的某种行为因受到一定刺激而获得继续或中断的过程。获得行为继续下去的结果的强化，叫做正强化或积极强化；使行为中断或中止的强化，叫做负强化或消极强化。积极强化的刺激使人们获得奖励性情绪体验，而消极强化的刺激使人们获得惩罚性情绪体验。趋利避害是人类行为的基本法则，在建设企业文化时也应遵循这个法则，对员工的正确行为给予积极强化，对不良行为则给予消极强化。

企业文化建设应是企业的长期行为，靠短期突击不仅不能奏效，而且还会因拔苗助长而使企业受到损失。改变企业文化的模式，不仅要长期积累新文化要素，而且要同旧文化中的"惰性"要素作反复较量、长期斗争。学习、引用其他优秀企业文化的要素，不仅要经过鉴别，而且要经过长时间的加工制作、消化领会，才能把它吸收进自己的企业文化里。因此，进行企业文化建设必须长期努力，持之以恒。

第四节　各国和地区企业文化的特点

一个国家或地区的组织文化是建立在传统民族文化基础之上的，并且与其地理环境、社会经济发展水平相联系，所以不同的国度和地区有着不同的组织文化特征。任何一种形式的组织文化包括企业文化，都有它的长短利弊，因此应相互学习，取长补短。在经济发展全球化、企业经营国际化的大趋势下，企业领导人应该"知己知彼"，熟知不同国家和地区的企业文化的主要特征，洞悉不同地域背景下的生产经营观念与组织行为特点，在兼收并蓄、取长补短的基础上建立自己具有强大生命力和辐射力的企业文化。这不仅是企业从事国际化经营的基本要求，也是企业在激烈竞争环境中生存和发展的法宝。下面分别介绍一下美、欧、日、中企业文化的主要特点。

一、美国企业文化

美国作为当今世界唯一的超级大国，生产力和科学技术高度发达，这与它的组织文化的发展是分不开的。与他国显著不同，美国是以欧洲移民为主体的国家，民族文化复杂，历史文化根基较浅，人与人之间的凝聚力与和谐精神不强。但独立人格和科学主义精神下形成的契约社会和法制结构，使美国企业文化具有充分逻辑原则、理性精神、契约规则和高度开放性特质，也使美国人富有开放和创新精神，重法制，重公平竞争，特别是产业革命与科学技术的进步，有力地推动了美国组织管理思想的发展，并且形成了一种具有强大生命力的企业文化，其形成的企业文化特点如下。

1. 追求利润最大化的功利文化

美国企业是独立自主的经济组织，组织的一切活动都可以归结为经济活动，企业的经营活动时刻追求投入与产出之比，只要能带来高额利润、又符合法规，企业主就会去干，因此组织活动的终极目标就是讲求经济效益，追求利润的最大化。企业获利状况不仅决定着企业的前途和命运，也决定着企业及企业家在社会中的形象和地位，但由此的负效应是急功近利，注重短期目标，不断开拓新市场，巩固性不如日本企业。

2. 以自我为中心的个人至上文化

美国文化是世界移民所带来的多种民族文化兼收并蓄的结果，富于冒险与自我奋斗精神的移民们为寻求自身的发展，背井离乡，开拓进取，他们信仰个人至上，提倡个人奋斗，崇尚独立、自由、平等、竞争，这些思想至今仍深刻地影响着美国的企业文化与管理模式。因此美国企业一般能够在尊重个人价值、个人选择的前提下，最大限度地发挥人的潜能和创造力，为促进个人发展和社会进步做出贡献。"个人主义"与"能力主义"紧密相连，它强调在个人自由、机会均等的基础上进行充分竞争，人们相信竞争可以推动社会发展，因此风险创业、机会创业的观念较浓。

3. 崇敬权威的英雄崇拜文化

美国是一个创业英雄辈出的国度，在近代工业革命中，这里先后涌现出了大量的创业英雄与实业巨子。创业者的价值，不仅在于创业者本身对经济发展的贡献，更在于对社会民众的启迪和激励。人们崇拜创业者不屈不挠的奋斗精神，视创业者为英雄。美国企业对英雄人物的崇拜，必然造成权威主义，即企业领导人喜欢运用权力影响而造就职工崇敬、顺从的心理。

4. 重视法律与契约的理性文化

美国是一个尊崇法律、法纪严明的国度，公民有很强的法律意识，这使美国企业的法律意识普遍较为浓厚。对法律的遵从使得美国企业强调按理性主义的信条办事，每作出一个决定，都必须要有坚实的客观依据，讲求程序和秩序，坚持公事公办原则，有时在外国人特别是中国人看来接近刻板和迂腐的程度。此外，美国企业与员工的关系也只是在社会法制化环境下由合同或契约形式确定下来的利益关系。

5. 倾向于硬性管理的制度文化

重视生产经营目标、组织结构和规章制度是美国企业管理的重要特点。企业领导喜欢用权力影响约束部门，虽然领导与部门的凝聚力弱一些，但也较少出现企业雇员共同联手反对所有者的情况。美国企业的硬性管理主要表现在对员工控制和物质激励上，即以严密的组织结构和严格的规章制度对员工行为进行规范。

6. 追求卓越和变革的创新文化

就像美国的社会民众一样，美国企业最难满足于现状，历来崇尚进取与发展，事事追求卓越，具有强烈的创新意识，这是美国企业文化的一个核心特征，也是美国企业具有强大竞争力和旺盛生命力的一项基本保证。美国是一个喜动好变的民族，求变求新的观念深入人心。企业重视组织变革与组织发展，重视科技创新，以开拓和革新来寻求更好的行为方式，开辟新的经营领域。例如 20 世纪末期以来，美国率先进入知识经济社会，美国企业便在全球范围内实施战略重组，广泛开展组织再造与业务流程再造以适应时代的变化。

二、欧洲企业文化

当今欧洲文化是各种文化相互碰撞、融合的产物。从总体上讲，欧洲企业文化与美国企业文化同属一宗，有着共同的文化特征，但更注重人文主义、哲理精神和科学理性与民主传统的结合。欧洲各国企业文化主要有以下特征。

1. 人文精神色彩较浓

欧洲国家的企业普遍强调职工互爱与劳资和谐，实施雇员参与制度与高福利制度，并在企业文化的建设过程中重视培养职工的自豪感与主人翁感。同时，企业普遍重视美化环境和生态环境保护，追求人与自然的和谐。

2. 追求理性与民主管理

欧洲各国的企业管理精神与管理文化深深植根于理性的基础之上，管理思想受希腊哲学精神的影响，抽象思维度高，其管理模型较成熟。企业管理工作力求做到制度化、程序化，以此作为高效率的保证。欧洲人尤其是最富理性的德国人善于逻辑思维，考虑问题严谨周密，办事严肃认真，稳重谨慎。此外，民主观念深入人心，各国强大的工会力量就是这一精神的体现，企业普遍重视职工参加管理。例如在德国的企业管理中，决策机构庞大、决策集体化，保证工人参加管理，一项决策往往要花较多的时间论证，但决策质量高。

3. 继承传统，追求卓越

欧洲国家尤其是英、法等国十分尊重和注重继承传统文化，英国人由于文化背景的原因，世袭观念强，一直把地主贵族视为社会的上层，企业经营者处于较低的社会等级。因此，英国企业家的价值观念比较讲究社会地位和等级差异，不是用优异的管理业绩来证明自己的社会价值，而是千方百计地使自己加入上层社会，因此在企业经营中墨守成规，冒险精神差。法国最突出的特点则是民族主义，傲慢、势利和优越感，因此法国人的企业管理表现出封闭守旧的观念。因此，英、法等国要求企业从自己的民族特点出发，生产经营适销对路的卓越产品以满足市场需求。如英国的消费品比较追求气派、矜持、庄重，讲求等级，其传统习惯不轻易改变，而法国的葡萄酒、时装、化妆品等则被一代又一代企业家培育成世界精品。但过分坚持传统，在某种程度上也影响了创新与发展，例如英国国际地位的下降就与保守的传统文化不无关系。

4. 注重员工培养和自由

欧洲各国企业一般都很注重培养和提升员工的综合素质，强调建立员工的工作责任感和职业道德感，在实践中有一种将企业建立成"学习型组织"的愿望和倾向。由于希腊文化的传统，欧洲国家一般有较强的民主特性，企业管理中上下级较易沟通，决策者注重听取部门意见，民主管理比较盛行。例如意大利崇尚自由，以自我为中心，所以在企业管理上显得组织纪律性差，企业组织的结构化程度低。但由于意大利绝大多数的企业属于中小企业，组织松散对企业影响并不突出。

三、日本企业文化

日本国土狭小，资源贫乏，自然灾害频繁，民众富于忧患意识和危机感，民族凝聚力强。与中国的长期交流及农耕文化的长期发展，使日本接受了儒家学说的等级观念、忠孝思想，第二次世界大战后从西方引进了先进的管理方法。因此日本企业文化将西方科学文化和东方儒家文化进行了适合自身民族特点的改造，这种对东西方文化较好的融合，使得日本不仅创企业文化先河，也使其管理和发展领先亚洲直逼美国，从而形成了独具特色的日本企业文化。

1. 以社为家、国家至上的价值观念

与欧美国家民众相比，日本人具有更强的企业观念与国家观念。日本人的社会价值观的次序是：公司、国家、家庭、个人，这与美国人的社会价值观念的次序刚好相反。日本人的价值观念更强调企业目标与社会目标的协调和统一，企业一般具有追求自身经济利益和报效国家的双重目标，员工将爱国之情体现和落实在对企业的效忠上。特别是当企业利益与民族利益发展冲突时，注重后者而不是前者，群体价值观念鲜明。在对外竞争中，日本人较易取得统一，而发挥一致对外的作用。

2. 强调价值观念的力量和民族精神的作用

日本在建立企业文化的过程中十分注重继承民族优秀的传统文化、价值观念和道德规范。民族精神可以说是日本企业文化的基石，这种企业文化以人为中心，推崇中国儒家"仁义礼智信"的思想观念，武士道的忘我拼搏精神在企业文化中遗风犹存，以至于当今还有一些日本人成为"舍身成仁"的"工作狂"，这表明日本民族的开拓进取精神在企业文化中长期积淀，根深蒂固。

3. 富有集体主义和团队精神

日本企业强调个性发展和个人能力提高，但需以服从集体为前提。正因如此，注重群体精神的日本社会形成了足以和欧美竞争的企业家阶层，而群体精神和武士道精神的结合，使日本企业的发展深受其益。日本企业倡导员工和睦相处、合作共事以实现共同目标，以"和"为本，注重劳资关系和谐，实行终身雇佣制，人们反对彼此倾轧，内耗外损。"一个日本人是一头猪，三个日本人是一条龙"，正是这种民族精神与组织文化的形象写照。

4. 重视感情投资与柔性管理

日本在企业管理中始终强调以人为中心，重视感情投资与道德教化。日本的家文化与中国人明显不同，它注重的是财产"家"文化而不是血缘"家"文化，即重视家产而不是家系。因此，日本人家族主义更具有社会意义，推行家族主义的管理方法容易得到企业员工的认同；而员工在这个"家"中取得自己的地位不是靠血缘关系而是靠忠心和能力，日本企业的凝聚力亦由此而来。美国学者研究认为，美国经济发展速度一度落后于日本，重要原因之一是美国企业的"软管理"不如日本。

四、中国企业文化

中国是一个文明古国，历史悠久，传统的民族文化中蕴涵着许多卓越的组织管理思想，但也有一些封建糟粕观念。前者是当今建设企业文化的宝贵精神财富，后者则妨碍着企业文化的建设与发展。同时，由于工业化水平较低、市场经济实践的历史短暂，相对前述国家和地区而言，中国企业文化还不够成熟，其特点大致可以归纳为如下几点。

1. 政治与经济密切结合

我国是社会主义国家，实行的是以公有制为主体、多种所有制经济共同发展的经济制度，因此政治文化在社会文化生活和企业文化中始终居于主导地位。纵观我国企业文化建设实践，不难发现在各个时期我国企业文化中均含有反映当时政治形势和社会需要的大量的政治内容，这种政治与经济紧密结合的企业文化在特定历史时期无疑具有积极作用。但其问题也较明显，如导致政企难分，企业的生产活动常常受到影响和干预。同时，思想政治工作在企业管理中的地位重要，作用极大。

2. 注重"人治"，轻视理性与"法治"

改革开放以来，中国的企业文化建设，既注重发掘和吸取古代优秀传统组织管理思想，又努力学习现代西方先进的企业管理文化。但是受儒家文化的重义轻利的传统影响，把伦理道德看得高于一切，企业伦理成为企业文化中心内容，并影响到其他方方面面。历史传统文化的深刻影响，使我国的企业文化目前从总体上讲仍表现出很强的"人治"特色，缺乏追求理性和法治的精神。领导与领导之间以关系为上的成分重，在正常的工作程序上也容易加上一些个人情感因素。

3. 追求标准模式和大一统思想

尽管随着市场经济发展我国企业文化建设有了多元化的端倪，但由于传统文化的巨大惯性，寻求某种一般化模式、追求大一统思想仍是当今中国企业文化建设的一个特点。这一点可以从千厂一面的管理模式和千篇一律的企业精神表述上见其一斑，缺乏创新和个性是中国企业文化建设应着力解决的问题。

4. 实用、功利、形式、经验主义影响较深

许多公司的企业文化建设，常持实用主义的态度，功利特征明显，形式主义泛滥，凭经验和感觉行事，缺乏哲学的指导和理性的深刻，因此缺乏对企业发展的引导作用，竞争力不强，生命力不足。

由上可见，企业文化差异与其文化传统、生产力水平、社会人文环境紧密相连。因此，在企业管理中，要改变一种管理模式容易，但要改变一种文化特质却很难，这需要长期塑造、构建和各方面的协调。上述四种类型的企业文化中，欧洲的企业文化是一种富于传统的、人文主义色彩浓厚的企业文化；美国是一种效率优先、倾向于"硬管理"的企业文化；日本是一种东西合璧、倾向于"软管理"的企业文化；中国则是处于社会变革中的尚未充分发育的企业文化。虽然美国和欧洲同属科学文化，但其主要区别在于，美国生产力水平、经济实力强于欧洲，传统阻力小，企业创新精神强。日本和中国属于人文文化，但其文化差异在于，中国文化功效胜于日本，不过其糟粕对其影响较大，尚缺乏市场经济的良性环境，现代管理制度尚未建立。而日本对文化的功利主义胜于中国，注重实际矛盾的解决，这也是日本企业发展明显高于中国企业的原因所在。以上所有这些企业文化都以其卓越的功能为世界经济的发展和人类文明的进步做出了重要贡献。在现代化的进程中，中国的企业文化建设，应注意吸收先进国家企业文化的精华加以消化，并将其植根于自己民族文化的土壤之中。只有这样，才能培育出自己的优势与特色并不断创新发展。

本章小结

企业文化是指在一定的历史条件下，企业员工在生产经营和变革的实践中逐渐形成的共同思想、作风、道德观念和行为准则的总称。

　　企业文化的结构为圈层结构，从外到内分为物质文化、制度文化和精神文化三个层次。

　　企业文化具有人本性、发展性和多样性的特征。

　　制度管理侧重于外在的、硬性的调节；文化管理强调心理认同和自主自律。

　　企业文化在企业管理方面具有导向功能、凝聚功能、激励功能、约束功能、辐射功能等。

　　企业文化由企业精神、企业价值观、企业道德、企业风气、企业形象和企业制度等内容构成一个复杂的系统。

　　企业文化为企业发展指引方向，使企业在竞争中保持优势，促进企业员工的全面发展。虽然企业文化可以使公司产生凝聚力并且提供竞争优势，但过时的企业文化，包括核心价值观和管理原则及习惯，也可以扼杀一个企业。

　　企业文化建设要遵循传承性原则、民族性原则、特点鲜明原则、人本性原则。

　　企业文化建设的程序一般需经历分析评估、规划设计、实施建设、调整完善等几个主要阶段。

　　建设适合于自身企业的企业文化是一项复杂的系统工程，必须进行全面构思，总体设计和长期艰苦细致的工作。

　　欧洲的企业文化是一种富于传统的、人文主义色彩浓厚的企业文化；美国是一种效率优先、倾向于"硬管理"的企业文化；日本是一种东西合璧、倾向于"软管理"的企业文化；中国是处于社会变革中的尚未充分发育的企业文化。

复习思考题

　　1. 企业文化的内部结构由哪几个层次构成？

　　2. 企业文化具有哪些基本特征？

　　3. 试述企业文化的主要内容。

　　4. 如何理解企业文化建设必须坚持以人为本的原则？

　　5. 试述企业文化建设与企业管理之间的关系。

　　6. 结合实际，如何理解不同企业文化的特点？

拓展项目

我们共同的故事

　　参与方式：全体成员。

　　时间：20分钟。

　　目的：让参与的每一位同学深刻体会到共同的意识与文化理解的重要性。

　　方法与要求：

　　(1) 要求所有同学一起讲一个生动好听的故事。

　　故事要求：按照座位的顺序依次开始，每一位同学讲一句完整的话，全班同学本着一个共同目标，讲出一个好听的故事。

　　(2) 故事开头：很久很久以前……（可以由指导老师开头），接下来由同学们依次进行。

（3）最后一名同学给故事结尾。

（4）将整个故事串联，指导老师对整个过程进行点评。

实训题

1. 蒙牛奇迹与企业文化

（1）蒙牛的奇迹

蒙牛创建于 1999 年，全称是内蒙古蒙牛乳业（集团）股份有限公司，创建初期的蒙牛完全称得上是白手起家。因为没有一块地，创业者牛根生跑遍了内蒙古的乡村，最后在一个名叫和林格尔的全国重点贫困县才勉强获得一片不毛之地，他们就在这片荒凉土地上创业。没有厂房，只好租用一间民宅，这就是蒙牛的第一间工厂；没有资金，只有 3 万元启动资金，银行也不给他们贷款；没有设备，只有 2 条从瑞典利乐公司租借来的生产线。

但就是这样一家一穷二白的民营企业，经过 7 年多的努力，创造了举世瞩目的"蒙牛速度"和"蒙牛奇迹"。1999 年蒙牛的奶类产品产量 8368 吨，2006 年达到 389.5 万吨。目前在中国，消费者每喝 3 杯牛奶，就有 1 杯是蒙牛的。蒙牛不仅是中国液态奶、酸奶和冰淇淋市场的"三冠王"，还成长为日收奶量超万吨、日销售量上万吨的收奶冠军和液态奶销量冠军，其总资产超过 76 亿元，乳制品年产能力达 500 万吨。现在蒙牛集团拥有员工 3 万多人，380 多条现代化生产线，在全球有 20 多家合作单位，在全国有 30 多家分公司。蒙牛股票在香港发行 3.15 亿股，当前股价 33.85 元，市盈率高达 19 倍，成为大中华地区海外上市股票的 25 强之一。他们已经建立起联结"亿万消费者，千万投资者，百万农牧民，几十万销售大军，几万名员工"的庞大产业链，被誉为西部大开发以来"最大的造饭碗企业""中国乳业先进生产力的代表""国家标准化示范牧场""最具创造力的中国企业"。

（2）蒙牛的企业文化

企业文化是企业在生产经营活动中所自觉形成的，企业文化是广大员工恪守的经营宗旨、价值观念和道德行为准则的综合反映。企业成功的关键是文化，文化是永远不能替代的竞争因素。蒙牛在短短 7 年多时间里，创造了惊人的"蒙牛速度""蒙牛奇迹"，他们成功的因素是多方面的，但是加强企业文化建设，靠人才和文化取胜，是他们成功的关键所在。

在蒙牛到处可以看到这样的大幅标语："品牌的 98% 是文化，经营的 98% 是人性，资源的 98% 是资金，矛盾的 98% 是误会"。蒙牛还专门开辟了企业文化园地，里面挂满了企业文化建设的奖牌。有"全国企业文化建设示范基地""中国企业文化建设十大先进单位""中国企业诚信经营示范单位"等。走进这个园地，你会感到企业文化建设的春风扑面而来。

① 蒙牛的企业家文化

对民营企业而言，企业家就是企业的领袖人物，他们既是企业生存发展的核心人物，也是企业文化建设的核心人物。蒙牛的领袖人物是牛根生，他的观念品德、思想意识、领导才能和管理能力，直接影响到蒙牛的发展。可以说蒙牛的企业文化就是牛根生的人格化。

牛根生的经营理念是"小胜凭智，大胜靠德，认真做事，诚信做人"。"财聚人散，财散人聚"。他的创业精神是"这世界不是有权人的世界，也不是有钱人的世界，而是有心人的世界"。"想过成功，想过失败，但从来没有想过放弃"。"只为成功找方法，不为失败找理由"。他的处世原则和用人标准是："君子记恩不记仇，小人记仇不记恩。君子和而不同，小人同而不合"。"用事业留人，用感情留人，用适当的待遇留人"。"有德有才，破格重用；有德无才，培养使用；有才无德，限制录用；无德无才，坚决不用"。蒙牛有了这样杰出的企业家，优秀的企业家文化，才使企业文化有了灵魂，企业有了灵魂。

② 蒙牛的物质文化

一个好的企业，一定非常重视自身的形象，总是从建设物质文化起步，开始企业的发展。蒙牛从一开始就十分重视自己产品的质量和售后服务，十分重视工作环境和生活环境的优化，他们甚至把文化广场、文化一条街建到了内蒙古的首府呼和浩特。蒙牛对自己的产品是精益求精的，售后服务也是日臻完善。他们的牛奶从挤奶器套到奶牛身上到最后进入人的口中，全部流程都是真空加工，卫生安全，质量上乘。他们还向全世界承诺，只要发现包装不合格的产品，可以随意到任何蒙牛产品专卖店调换。蒙牛人坚信"技术创新一小步，市场领先一大步"，为了不断开发新产品，他们建成了我国第一个乳业生物技术平台，建设世界一流的乳品研发中心，在那里搞科研的全部是从世界各地招聘来的博士、硕士，光博士就有80多人，研究开发新产品。申请国内外商标330个，申请国家专利350件，平均9天申请1个专利，6天1个新产品问世，四大奶类系列已有200多个品种，他们的目标是让外国人的餐桌上也少不了蒙牛的产品。

③ 蒙牛的行为文化

企业行为文化是企业员工在生产经营、学习娱乐中产生的文化活动，它是企业经营作风、人际关系、精神面貌的动态体现，也是企业精神、企业价值观的折射。在蒙牛到处可以看到这样的标语牌："股东投资求回报，银行注入图利息，员工参与为收入，合作伙伴需赚钱，顾客购买要实惠，父老乡亲盼税收"。"讲奉献，但不追求清贫；讲学习，但不注重形式；讲党性，但不排除个性；讲原则，但不放弃责任；讲公司利益，但不忘记国家和员工的利益"。这就是蒙牛的企业价值观。他们奉行的是顾客至上，他们实行的是人性化管理，他们追求的是企业整体利益和员工利益的最大化。

蒙牛的人性化管理是非常典型的，他们担保贷款给牧民养奶牛，到奶牛投产后，再逐步从牛奶款中扣还贷款。7年多来累计发放奶款180亿元。在农牧民中流传着一句话，蒙牛建到哪里，农牧民就富到哪里，甚至对牛也实行人性化管理，挤奶的时候，播放优美的音乐，让它们在宽松的环境中被挤奶，如果哪头牛今天不想被挤奶，他们可以不给它挤。

④ 蒙牛的制度文化

制度文化是企业为了实现自身的目标，而对员工的行为给予一定限制的文化，没有规矩不成方圆，蒙牛对制度文化建设十分重视。他们用制度规范人性，全面建设"蒙牛法典"，他们推行的 OEC 管理就很有特色。在蒙牛，每个工厂车间、每个部门都挂着"OEC 管理考核栏"，它由目标系统，日清控制系统和有效激励机制组成。日清栏上天天有员工的表现情况，并对员工的行动提出表扬或批评，而且作为奖罚的依据。当月考核不合格，必须变换岗位。两次考核不合格，公司就给予除名。这样在蒙牛的员工中就形成了有智慧的出智慧，没智慧的出力气，不出智慧和力气的卷铺盖走人的氛围。

⑤ 蒙牛的精神文化

企业精神文化是企业在生产经营过程中受一定的社会文化背景、意识形态影响而形成的一种文化观念和精神成果。它是企业文化的灵魂和核心。蒙牛的精神文化是千姿百态，丰富多彩的。首先蒙牛用精炼的文字把企业精神提炼出来，就是："精诚团结，勇于拼搏，学习创新，追求卓越，与时俱进，报效祖国"。充分体现了他们开拓进取、无私奉献的精神境界。其次是蒙牛的标识，这是蒙牛企业的形象。蒙牛标识的主色调是绿色和白色，象征着草原和牛奶。图案非常简洁明快，就是一片绿色中两条白色的弧线，下面的弧线长，象征一望无际的草原，上面的弧线短象征着弯弯的牛角。还有蒙牛的口号，也是蒙牛企业精神的体现。蒙牛的口号就十一个字："蒙牛、草原牛、中国牛、世界牛"。口号虽短，但牛气冲天，气贯长虹，充分反映了蒙牛人领先中国，领先世界的决心和信心。

可想而知，蒙牛人戴着自己的标识，喊着自己的口号，他们的归属感、荣誉感、自豪感、责任感是何等的强烈！

结合本案例谈一下自己对企业文化的认识。

（本案例来自：蒙牛奇迹与企业. 海南农垦报. 2007-11-17.）

2. 方太：文化决定企业命运

当人群沐浴着晨光行色匆匆奔波在上班途中的时候，在浙江宁波杭州湾新区里会传来一阵阵诵读的声音："弟子规、圣人训"，不知情的人会认为这里坐落着一所学校，其实不然，诵读来自方太厂区。

在资本逐利的今天，很少有企业会停下脚步，反思我们的社会和文化，市场的成败成为衡量一个企业成功与否的唯一标准，以前的摩托罗拉风光无限，但当摩托罗拉被诺基亚抢走市场之后，摩托罗拉陷入了长期的沉沦，市场信奉诺基亚如神明；当初鼓吹诺基亚的人们可能未曾想过，诺基亚的王国会这么快被苹果颠覆。紧接着就是华为的崛起与强大。

是的，在市场中永远只有成功者有话语权，在乔布斯的哲学风靡全球的时候，乔布斯也被神化。世界是浮躁的，一波波的变革在历史长河中只是一瞬，很少有企业能够沉下心来反思、沉淀，在世界范围内如此，在国内也是如此。

不过，也有一群存活于浮躁之外的企业，例如方太，他们不仅经常在反思，而且把中国传统文化作为企业文化的基石。方太这么做了，而且做了很多年，并且要很好地延续下去，它不仅在企业内部进行了推广，而且还在社会上发起了方太青竹简国学推广计划大型公益活动。

在使命愿景价值观的驱动之下，通过 15 年的努力，方太不仅成为中国高端厨电市场的领导者，近期还包揽了一系列奖项，其中包括具有中国质量管理"诺贝尔"之称的全国质量奖，我们或许可以从方太倡导的独特企业文化入手，去解读其中的奥妙。

（摘自大为管理. 2013.）

通过对企业文化的学习，请同学们列举企业文化对企业管理的影响。

第十章

现代企业创新管理

 **学习目标**

　　了解创新的内涵及发展历程；了解技术与技术进步的基本特征和主要内容；熟悉并掌握新产品开发的流程及其对企业发展的意义；了解创新意识的内涵及企业家精神的重要意义；熟悉并掌握企业创新管理的内涵、组织结构和主要手段。

案例导读

海尔集团：通过实施全面创新管理增强国际竞争力

　　一、海尔的全面创新管理

　　近年来，海尔实施国际化战略，在信息、认证、工业设计、知识产权、新产品开发等方面积极进行网络化拓展和开发工作，实现了开发全过程的创新。海尔在欧洲、北美、亚太等地区拥有 15 个研究开发网点，6 个设计分部，10 个科技信息点，形成了遍及全球的信息化网络；海尔摒弃原来封闭式、线型的低效率开发方式，创造性实行了整合全球技术、智力资源的并行开发。轰动 2001 年德国科隆家电博览会的网络家电系列，从提出创意、到设计、再到成品，前后不足 3 个月。日本的专家、美国的技术和法国的时装设计师对家电色彩的设计，都被海尔整合在一起，各类设计开发同步进行，大大加快了创新速度。

　　海尔的全员创新：海尔员工的创新活力来自以海尔独创的 OEC 管理法和"市场链"管理机制为核心的行之有效的一整套管理制度。通过内部"市场链"机制使得人人面对市场，从制度上激发了每一员工的创造力，使人人成为创新的 SBU（策略事业单位）。1997～2001 年，海尔共收到员工的合理化建议 13.6 万条，被采纳 7.8 万条，创效益 4.1 亿元。海尔很多部件、工序和产品都是以海尔员工的名字命名的，像保德垫圈、迈克冷柜、杨明分离法等，往往是发明或改进创新这些部件或产品的员工，除了发奖金，还隆重召开大会用其名字命名。

　　海尔的全时创新：海尔和爱立信从 2001 年 4 月 10 日开始接力式开发蓝牙网络家电，6 月 10 日第一阶段成果开发完成。如果按照传统的开发方式，至少需要半年时间。海尔研究人员工作到晚 9 点，正是爱立信研究人员下午 2 点上班时间，一方接上另一方的研究继续工作。瑞典下午下班是 6 点，也就是中国的凌晨 1 点，双方都不工作，但是计算机却可以继续交换数据，实现 24 小时不间断接力式开发。迈克冷柜的例子中，外国客商是下午 5 点提出来的，第二天上午 10 点海尔研发人员就拿给他样品了，17 个小时技术人员一夜没睡，客户非常感动。

海尔的全流程创新：1999年以来，为预防"大企业病"，提高管理效率、灵活性，适应国际竞争和网络化的需要，海尔实施了革命性的以市场链为纽带的业务流程再造，组织结构从最初的层级式直线职能制、事业本部制转变为扁平化的流程网络型结构，使得业务流程与国际一流大公司全面接轨。近几年的实践证明，通过流程创新，海尔大大加快了响应市场速度和研发、创新的速度，同时降低了各种成本，大大提高了国际竞争力。

海尔的全价值链创新：海尔一直非常重视用户参与创新，海尔认为，市场的难题就是创新的课题。近年来，海尔推出"我的冰箱我设计"活动，每年收到100多万台"个性化"订单，还在海尔电子商务平台上推出了B2X定制方案，有冰箱、空调、洗衣机等9200多个基本产品型号可供选择，还有2万多基本模块可供用户自由组装。用户（或潜在用户）参与产品的前期设计或售后使用反馈，使得产品的质量性能更加提高，同时更加符合用户个性化需求。例如哈尔滨一位消费者通过电子邮件提出订购一台右开门、有特殊尺寸要求的冰箱，结果4天内就完成了相关工艺设计和制造，一周之后这台特殊定制的冰箱就送到他家里。此外，海尔还将全球供应商、经销商、股东等价值链资源整合到海尔的创新体系中来，与他们共同创新。例如海尔推出的畅销欧美的迈克冷柜就是源自一位美国经销商迈克的创意并以其名字命名的，目前通过其高新技术参与海尔产品前端设计的供应商已占全部供应商的32.5%。用户、供应商、销售商等参与创新，使得海尔的产品更加符合用户个性化需求，同时大大提高了创新速度和周期，创新成本也由于分担而降低。

二、海尔全面创新管理的特点

（一）技术创新是关键

经过多年的实践，海尔逐渐形成了以技术中心为核心的四个层次的技术创新体系（即技术中心—事业部开发部门—车间技术人员—全体员工）。海尔技术创新模式是渐进创新为主，产品创新与工艺创新相结合，模仿创新与自主创新相结合的组合创新模式。海尔的创新不是盲目追求技术的高精尖和从零开始研究，而是根据自身的实力，按照借梯登高的原则，在引进消化和模仿创新的基础上，整合全球科技资源进行创新。目前海尔与国内外著名企业、大学和科研机构通过各种合作方式建立了数十个研发机构，并与著名跨国企业爱立信、三洋等建立了优势互补的竞合关系，整合全球科技资源进行了卓有成效的合作创新，大大提升了海尔的技术创新能力和国际竞争力。在模仿、借鉴的基础上，海尔根据企业的发展战略和自身实际，有选择、有重点地培育有良好市场潜力的高技术产业领域进行自主研发，以抢占技术制高点，提高自身未来的核心竞争力。在经费的使用上，海尔确立了技术创新优先的原则，确保研发经费在销售额中的比重逐年增加，2001年研发经费达39.8亿元，占销售额比重已达6.6%，在国内居于领先地位。

（二）战略创新是方向

战略创新决定了海尔发展的方向，也决定了创新管理的方向，海尔近20年的发展经过了三次大的战略创新。新经济下，海尔的战略管理可以归纳为"三化"，即业务流程化、结构网络化、竞争全球化。自1998年以来海尔大力实施国际化战略，在创新管理上也相应进行了国际化拓展。例如，在全球建立了 15 个研发设计网络，实行网络化的全球研发管理。

（三）市场创新是途径

市场创新是赢得市场竞争优势的途径，海尔在四川发现，当地的农民用洗衣机来洗红薯，一般的技术人员则认为应该教会农民学会用洗衣机，海尔人认为，这是一个潜在的市场需求，"大地瓜"洗衣机开发出来后不仅可以用来洗红薯，还可以洗土豆、洗蛤蜊，占领了一块独特的市场。所以最重要的是自己能不能做一个蛋糕，这个蛋糕可能不大但是海尔自己来享用。海尔透明酒柜因为创造了自由式酒柜的需求而获得了"独享的市场蛋糕"，目前海尔透明酒柜占美国同类产品市场份额的 55%，被美国营销大师科特勒称为"没有对手的产品"。2001 年海尔全球销售额 602 亿元，其中 37.45% 来自新市场、新领域的开拓。2002 年，海尔创造需求的产品销售收入占整个销售总额的60%以上。

（四）管理创新是基础

从最初的全面质量管理，到后来的 OEC 管理（日事日毕、日清日高管理法），再到后来的内部市场链和 SST（索酬、索赔、跳闸）机制，每次管理创新都为海尔的发展奠定了坚实的基础管理平台。海尔独创的"市场链"管理理念，通过上下工序间的咬合和 SST 机制，使每一员工都直接面向市场，实现与用户和市场的"端对端，零距离"。

（五）组织创新是保障

为适应国际竞争的要求，海尔从传统企业的纵向一体化变成横向网络化，形成企业内部与外部网络相连的结构。传统组织结构强调分工专业化，使得没有人对外向顾客负责。流程再造强调首尾相接、完整连贯的整合性流程取代部门分割的破碎流程，提高响应市场速度，从根本上解决大企业管理效率和适应市场需求的灵活性问题，预防和规避机构臃肿、效率低下、对市场反应迟钝的"大企业病"，实现与用户零距离。仅1998 年以来，海尔先后进行了 38 次组织创新。

（六）观念与文化创新是先导

海尔认为，企业最重要的是能利用多少科技资源，而不仅仅是拥有多少科技资源。整合力就是竞争力，一般来讲从 5 月份到 8、9 月份是洗衣机的销售淡季，但海尔在销售人员当中树立这样一个观念——"只有淡季的思想，没有淡季的市场"。并根据这个思路开发出当时世界上最小的小小神童洗衣机，容量只有 1.5 公斤。其实并不是这个季节不需要洗衣机，而是商场卖的洗衣机都是 5 公斤的，费水费电，夏天没人用。在这过程当中海尔还有一个观念：必须在别人否定你的新产品之前先自己否定自己，到目前，小小神童一共开发了十二代。海尔第一代推出以后不到半年就开始被仿造，当然一面要诉讼于法律，但是最主要的就是抢在模仿者之前推出第二代、第三代，使得自己在市场上一直处于领先的位置。

正如海尔集团首席执行官张瑞敏所说："创新是海尔持续发展的不竭动力。"创新是海尔文化的灵魂。在海尔集团，眼中看到、耳边听到的频率最高的字眼就是两个字："创新"。到处可以看到诸如"创新的目标，就是创造有价值的订单""创新的本质，就是创造性的破坏，破坏所有阻碍创造有价值订单的枷锁""创新是海尔文化的灵魂，创新是新经济的核心"等有关创新的标语、宣传海报甚至员工自己创作的漫画。不断创新的观念已经深入人心，并体现在每位海尔员工的一举一动。

（七）制度创新是动力

海尔通过不断摸索完善制度来激发创新的动力和热情，海尔对科研人员采用"赛马而不相马"的动态激励制度和机制，鼓励科研人员最大限度地发挥自己的特长。 在科研人员内部把外部竞争效应内部化，每个人的收入不是长官说了算而是市场说了算，根据科研人员的成果创造的市场效果决定开发人员的报酬；此外，通过设立用户难题奖、源头创新奖等各种措施，鼓励员工不断创新。通过推行市场链工资，使得员工报酬完全来自市场，每人都与市场零距离，人人都成为创新 SBU。

三、海尔全面创新管理的初步绩效

1999 年以来海尔实施的全面创新管理获得较大的成功。

（一）大大加快了研发和创新的速度

2002 年，海尔技术中心开发新产品 380 项，申报专利 662 项，其中发明专利 82 项。 平均每个工作日开发 1.5 个新产品，申报 2.6 项专利。

（二）大大加快了响应市场速度

冰箱交货时间由原来的 9.5 天降低到 6.5 天，平均降低 32%；集团各部门对客户的反应速度从 36 天降低到 10 天；国内采购周期从 10 天缩短为 3 天；对订单的处理时间从 7 天降低到 1 天。1999 年国有企业的平均流动资金周转天数在 300 天以上，目前海尔的周转速度是 70 天，1 块钱顶 4 块钱用。

（三）增强了核心能力

通过全面创新管理，海尔一方面整合全球科技资源进行"借力"创新，另一方面不失时机地培育自身的自主创新能力，以确保未来的持续竞争能力。 此外，通过全面创新管理，海尔以比竞争对手更快的速度满足用户的个性化需求，从而培育和增强了海尔的核心能力。

（四）显著降低了生产与运营成本

通过全流程创新，业务流程与国际一流大公司全面接轨，大大提高了海尔的国际竞争力；成品仓库由整合前的 29 万平方米降到目前的 21 万平方米左右，按每平方米仓库每天存储费用 0.3 元计算，仅此一项每年节约 2.4 万元。

（五）提高了全体员工的创新意识和主动性

创新已成为每一位员工思维的出发点和工作的有机组成部分，人人都成为创新 SBU。

（六）增加了营业额

据测算，自 1999 年 7 月至 2000 年 6 月，仅流程再造所创造的直接效益为 3.45 亿元。1999 年海尔全球营业额比 1998 年增加 100 亿元，2000 年比 1999 年增加 138 亿元，2001 年则比 2000 年增加近 200 亿元。

［滴自全面创新管理（TIM）：企业创新管理的新趋势，科研管理，2003.］

第一节　创 新 概 述

一、创新的内涵及其发展过程

谈到创新，首先就要提到创新理论之父——美籍奥地利经济学家约瑟夫·熊彼特。熊彼特（Joseph Alois Schumpeter，1883～1950）是 20 世纪最受推崇的经济学家之一，他在经济学史上的卓越地位与亚当·斯密、马歇尔、凯恩斯等宗师同列。熊彼特不但是创新理论的开创者，其思想更是 21 世纪的主流思潮，到今天仍默默地影响着无数人。在萨缪尔森、曼昆等编撰的目前西方经典经济学教科书中，他被尊称为伟大的老师、伟大的经济学家。

早在 1912 年，熊彼特就在其所著的《经济发展概论》中首次提出了创新概念。他在书中指出，创新（innovation）和发明（invention）、创造（creative）是不完全一样的。一种发明只有当它被应用于经济活动时才成为创新，所以创新不是一个技术概念，而是一个经济概念。创新是指把一种新的生产要素和生产条件的新结合引入生产体系，是企业家对生产要素的新组合。它包括以下五种情况。

① 引入一种新产品，即产品创新；

② 引入一种新的生产方法，即工艺创新；

③ 开辟一个新的市场，即市场创新；

④ 获得原材料或半成品的一种新的供应来源，即供应创新；

⑤ 实行一种新的企业组织形式，即组织创新。

到了 20 世纪 60 年代，新技术革命迅猛发展。美国经济学家华尔特·罗斯托提出了起飞六阶段理论，将创新的概念发展为技术创新，把技术创新提高到创新的主导地位。1962 年，由伊诺思在其《石油加工业中的发明与创新》一文中首次直接明确地对技术创新下定义，技术创新是几种行为综合的结果，这些行为包括发明的选择、资本投入保证、组织建立、制订计划、招用工人和开辟市场等。

美国国家科学基金会（National Science Foundation of U. S. A.）也从 20 世纪 60 年代开始兴起并组织对技术的变革和技术创新的研究，迈尔斯和马奎斯作为主要的倡议者和参与者。在其 1969 年的研究报告《成功的工业创新》中将创新定义为技术变革的集合，认为技术创新是一个复杂的活动过程，从新思想、新概念开始，通过不断地解决各种问题，最终使一个有经济价值和社会价值的新项目得到实际的成功应用。到 70 年代下半期，他们对技术创新的界定大大扩展了，在 NSF 报告《1976 年：科学指示器》中，将创新定义为：技术创新是将新的或改进的产品、过程或服务引入市场。从而明确地将模仿和不需要引入新技术知识的改进作为最终层次上的两类创新而划入技术创新定义范围中。

从 20 世纪 70～80 年代开始，有关创新的研究进一步深入，开始形成系统的理论。厄特巴克在 70 年的创新研究中独树一帜，他在 1974 年发表的《产业创新与技术扩散》中认为，与发明或技术样品相区别，创新就是技术的实际采用或首次应用。缪尔赛在 80 年代中期对技术创新概念作了系统的整理分析。在整理分析的基础上，他认为：技术创新是以其构思新颖性和成功实现为特征的有意义的非连续性事件。

著名学者弗里曼把创新对象基本上限定为规范化的重要创新，他从经济学的角度考虑创新。他认为，技术创新在经济学上的意义只是包括新产品、新过程、新系统和新装备等形式在内的技术向商业化实现的首次转化。他在 1973 年发表的《工业创新中的成功与失败研究》中提到，技术创新是技术的、工艺的和商业化的全过程，其导致新产品的市场实现和新技术工艺与装备的商业化应用。其后，他在 1982 年的《工业创新经济学》修订本中明确指出，技术创新就是指新产品、新过程、新系统和新服务的首次商业性转化。

我国自 20 世纪 80 年代以来开展了技术创新方面的研究，傅家骥先生对技术创新的定义是：企业家抓住市场的潜在盈利机会，以获取商业利益为目标，重新组织生产条件和要素，建立起效能更强、效率更高和费用更低的生产经营方法，从而推出新的产品、新的生产（工艺）方法、开辟新的市场，获得新的原材料或半成品供给来源或建立企业新的组织，它包括科技、组织、商业和金融等一系列活动的综合过程。此定义是从企业的角度给出的。彭玉冰、白国红也从企业的角度为技术创新下了定义：企业技术创新是企业家对生产要素、生产条件、生产组织进行重新组合，以建立效能更好、效率更高的新生产体系，获得更大利润的过程。

二、创新的特征

1. 独创性

这是创新最本质的特征，创新是突破原有观念的束缚，力求探索新的思路，运用新的思维方法找出新的发现，实现新的突破，得出不同于以往的结论或成果，从而对客观世界进行改造。

2. 科学性

任何创新活动都必须遵循客观规律，符合客观实际，经得住实践检验，这也是衡量创新是否具有"存在价值"的一条重要依据。创新不能仅凭意气用事或心血来潮，一定是建立在扎实的研究和大量实践基础之上的。

3. 高风险

创新活动是人类对未知领域的创造性和开拓性行为，因为"前无古人"，所以可借鉴的经验很少，这就决定创新活动的失败率较高。因此创新者必须具备坚韧的品格，勇于面对失败和挫折，这样才能取得成功。

4. 高收益

因为创新的成果或产品是现实所没有的，所以一旦投入生产推向市场后，将创造比现有产品更大的效益，并极大地挑战了现有产品的市场地位，很有可能成为新的市场领导者。同时也应该看到，创新的高收益与高风险是紧密相关的，创新者获得的超额利润实际上是一种对承担风险的回报。

三、创新与发现、发明的关系

许多人认为，技术创新与发现、发明创造是一回事，往往把他们混为一谈，其实他们之间是不同的概念。发现往往表现为科学原理上的新探索，也就是通常所说的基础研究，发现所针对的对象是各种自然规律，它们客观存在，不以人的意志为转移。例如牛顿发现了万有引力定律、爱因斯坦发现了相对论。

发明可以理解为通常所说的研究与开发，是第一次提出某种技术的新概念、新思想、新原理，一项发明是一个新的人造装置或一种新工序的诞生。一些经济学家认为，发明是以满足一定欲望为目的的已有知识的新结合；还有人认为，发明是思想的创造及其实践性检验。即使发明取得专利，也不能确保生产它就能带来利润。发明与发现之间具有相互促进的关系：发现常常为发明奠定理论基础，例如如果没有发现电磁波的存在及其规律，人们就无法根据这一发现发明无线电报、无线收音机、无线手机等；而发明进一步为发现提供新的线索进而诱发新的发现，例如电子显微镜的发明为科学家们发现更多微观世界的规律提供了重要的支持。技术创新则是发现、发明成果的具体应用，它是继发明之后改造世界的实用阶段。如果说发现、发明阶段是人类认识世界的阶段，那么改造客观世界就要靠技术创新。

在现实生活中，研究开发与创新关系十分密切，通常它是创新的前期阶段，是创新成功的物质和科学基础。因此，研究开发是创新过程的一个关键组成部分。发现、发明和技术创新活动都能够带来知识的积累和增加，都可以看作知识的创造或生产活动，但技术创新与发现、发明有明显的区别：发现、发明只是一个新观念、新原理、新知识、新技术，只有将发明引进生产体系中，发明才能转化为创新；技术创新往往建立在发现、发明的基础上，但发现、发明不一定都导致技术创新，只有发现、发明实现了商业化应用才是创新；创新是把一种生产要素的新组合首次引入生产过程，是发明的首次商业化应用。由于技术创新能够使发明成果付诸实际应用并产生经济效益，因而技术创新是经济行为；而发现、发明创造如果其成果没有投入运用就不能创造经济效益，所以发现、发明创造只能是科技行为。正如联合国经合组织在《学习型经济中的城市与区域发展报告》中提出的："技术创新的含义比发明创造更为深刻，它必须考虑在经济上的运用，实现其潜在的经济价值。只有当发明创造引入经济领域，它才成为技术创新"。

因为发明创造是科技行为、创新是经济行为，所以要实现科技与经济的有效结合，必须通过技术创新在发明创造与生产实践之间架起通畅的桥梁。熊彼特的重大功绩之一是把发明创造与技术创新相区别。他认为，发明创造只是一种新概念、新设想，或者至多是试验品的产生，哪怕是为人类的知识宝库作了巨大贡献的伟大发明也不例外。而技术创新则是把发明或其他科技成果引入生产体系，利用那些原理制造出市场需要的商品，从而使人类社会享受到发明带来的便利。因此，推动技术创新的是企业家，而不是科学家和发明家。企业家通过各种资源，应用发明的原理，制造出新产品或改进原有产品或引入新工艺，可以获得比生产市场上已有产品更高的利润，并且推动人类社会的进步和发展。

第二节　技术与技术进步

一、技术与技术进步的定义

技术是涵盖了人类生产力发展水平的标志性事物，是生存和生产工具、设施、装备、语言、数学数据、信息记录等的总和。技术进步是指技术在一定目标上所取得的进化与革命。它有狭义和广义之分，狭义上的技术进步主要是指生产工艺、中间投入品以及制造技能等方面的革新和改进。具体表现为对旧设备的改造和采用新设备，改进旧工艺，使用新的原材料和能源对原有产品进行改进，研究开发新产品等。广义的技术进步则不但体现为生产工艺、技能等技术的改进，还表现为组织管理效率的提高、决策沟通机制的完备、融资渠道通畅和生产要素如人力资源质量提高等方面。

二、技术进步的内涵

技术进步是由技术发明、技术创新和技术推广三个相互作用的要素组成。其中，技术创新是技术进步的一个重要组成部分，它是技术进步的核心（图10-1）。

技术进步中的第一个要素是技术发明，其重要来源是科学研究。第二个要素是技术创新，它是指技术发明的首次商业化应用。第三个要素是技术推广，它是指技术创新随后被众多使用者采用。从图10-1中可见，技术进步的内涵比技术创新更广，它包括技术发明、技术创新和技术推广三阶段。技术创新是技术进步的一个阶段，在技

图10-1　技术进步的内涵

术进步过程中，技术创新有着十分突出的地位。因为科学技术要成为推动经济增长的主要力量，必须从知识形态转化为物质形态，从潜在的生产力转化为现实的生产力。而这一转化，正是在技术创新这一环节中实现的。技术创新实现了经济与技术的结合，因此技术创新是技术进步的核心。

技术创新的特点如下。

第一，市场的实现程度和获得经济利润是检验技术创新是否成功的最终标准。企业的技术创新关注的不仅仅是技术水平本身，而要更关注技术在经济活动中的作用如何，在市场成功获得的利润如何。所以，要求企业开展技术创新的一切活动都要紧紧围绕市场目标，并要想方设法为实现这一目标而不懈努力。

第二，从新技术的研究开发到首次商业化应用是一个系统工程。企业要重视创新过程的各个环节，包括从依据市场的需求产生创新构想到新产品的试制试产，从生产工艺的改变及质量控制到开拓市场等全过程，若缺少任何一个环节，技术创新就不能实现。

第三，企业是技术创新的主体。因为技术创新是一种经济行为，是技术发明转化为现实生产力的主要阶段，而这些只有企业才能实现，所以企业要成为技术创新的决策、开发、受益以及承担风险的主体。

三、技术进步的意义

1. 技术进步拉动经济发展

回顾人类科技革命和经济发展的历史，可以发现每次经济和生产力的大发展都是技术革命的结果。例如，以蒸汽机的发明为标志的第一次技术革命导致了欧洲经济从手工作坊迈进机器大工业的时代，劳动生产率大为提高，使工农业生产和交通运输得到空前的发展。以电力技术的利用为标志的第二次科技革命，极大地促进了电机、汽车、飞机等制造业的发展，并促进了石油工业的发展和化学工业的建立。以原子弹、电子计算机和空间技术、生物工程为标志，开始了现代科技史上的第三次科技革命，它正以巨大的力量改变着整个世界的面貌。可以说，当代社会生产力中最活跃的因素就是科学技术，科技进步已成为经济发展的主要动力和源泉。

2. 技术进步推动产业结构升级优化

技术进步对产业结构优化的影响体现在：首先，科技进步促进新兴产业的产生，改变产业结构，因为对新兴技术领域的开拓必然导致新产品的出现，随着新产品生产规模的日益扩大，便会逐步形成新的产业部门。其次，技术进步使产业结构不断向高级化发展。古代的技术水平产生农业社会，近代的技术水平产生工业社会，而现代的技术水平产生信息社会。最后，技术进步还会使某些产业的产品需求减少，使技术落后的产业出现衰落和消亡，从而使产业结构得到优化。

3. 技术进步促进企业优胜劣汰

技术进步将极大地提高企业的生产能力，降低生产成本，从而使企业在激烈的市场竞争中占据有利位置，一个技术水平落后的企业无法在市场中长期立足，最后必然被拥有先进技术的企业淘汰。正如自然界中的"物竞天择，适者生存"，技术水平的高低很大程度上决定了企业的优胜劣汰，因此企业之间竞争的核心是技术水平的竞争，而推动企业技术进步的是人才，所以21世纪最宝贵的资源是人才。

4. 技术进步提高人们的生活水平

技术进步拉动经济发展，推动产业结构升级，这都将极大地解放和发展生产力，同时大幅提高人们的生活水平。我们现在使用的各种现代化产品，小到手机，大到飞机，无一不是技术进步的产物，而且随着技术进步速度的加快，企业将最新发明成果转化为实际产品的周期越来越短，并依靠技术进步不断降低生产成本，从而使消费者能够以最低的花费享受到最新的产品。

第三节 新产品开发

一、新产品的特点

新产品应具备下列一个以上的特点：

① 具有新的原理、构思或设计；

② 采用了新材料，使产品的性能有较大幅度的提高；

③ 产品结构有明显的改进；

④ 扩大了产品的使用范围。

一般而言，新产品按其具备的创新程度，可分为全新产品、改进型新产品、仿制型新产品。全新产品是指应用新原理、新技术、新材料，具有新结构、新功能的产品。该新产品是企业在市场上首先开发，能开创全新的市场。改进型新产品是指在原有老产品的基础上进行改进，使产品在结构、功能、品质、花色、款式及包装上具有新的特点和新的突破，改进后的新产品，其结构更加合理，功能更加齐全，品质更加优质，能更多地满足消费者不断变化的需要。仿制型新产品是企业对国内外市场上已有的产品进行模仿生产，称为本企业的新产品。

不论哪类新产品，除具有一般产品的特征之外，还具有以下特征。

1. 创新性

新产品往往具有新的原理、新的构思和设计、由新的材料和新的元器件构成，具有新的性能、用途等创新或改进内容。

2. 先进性

新产品必须在技术上先进，性能、质量、能耗等技术经济指标要比老产品有明显的提高。

3. 继承性

任何发明创造或新产品，都是在以往知识积累的基础上产生的。

二、新产品开发的策略和方式

新产品开发要以满足市场需求为前提，以企业获利为目标，遵循市场需要，开发适销对路的产品；根据企业的资源、技术等能力确定开发方向；量力而行，选择切实可行的开发方式进行。采用何种策略则要根据企业自身的实力，根据市场情况和竞争对手的情况而定。除此之外，还与企业决策者的个人素质有很大关系，例如开拓型与稳健型的经营者会采用不同的策略。

（一）新产品开发策略

常用的新产品开发策略如下。

1. 领先策略

领先策略是指企业率先推出新产品，利用新产品的独特优点，占据市场上的有利地位。

因为对于广大消费者来说，对企业和产品形象的认知都是先入为主的，他们认为只有第一个上市的产品才是正宗的产品。因此，采取领先策略就能够在市场上捷足先登，利用先入为主的优势，最先建立品牌偏好，从而取得丰厚的利润。但采取领先策略时，新产品开发周期往往较长，而且企业所冒的风险较大，所以采用领先策略的企业必须具备以下条件：企业实力雄厚，研发能力强，具备对市场需求及其变动趋势的超前预判能力。

2. 跟随策略

跟随策略是指别的企业推出新产品后，立即加以仿制和改进，然后推出自己的产品。这种策略体现了后发制人的特点，不抢先研究新产品，而是专门模仿市场上刚刚推出并畅销的新产品，进行追随性竞争，以此分享市场收益。企业采取跟随策略，既可以避免市场风险，又可以节约研究开发费用，还可以借助竞争者领先开发新产品的声誉，顺利进入市场。更重要的是，它通过对市场领先者的创新产品做出许多实用性改进，可能赢得更多消费者的青睐，从而后来居上，但这种新产品开发策略比较被动，成功实现"反超"的可能性不大。

3. 延伸策略

延伸策略是指围绕企业原先的成熟产品延伸产品线，开发出一系列类似但又各不相同的产品，形成不同类型、不同规格、不同档次的产品。采用该策略开发新产品，企业可以尽量利用已有的资源，开发难度较小，如海尔围绕客户需求开发的洗衣机系列产品，适合了城市与农村、高收入与低收入等不同消费者群的需要。

（二）新产品开发方式

在选择不同的开发策略之后，企业应根据具体情况选择相应的新产品开发方式。

1. 独立研发

这种方式是指企业依靠自己的技术力量研究开发新产品。

2. 联合研发

联合研发是指企业与其他单位，包括大专院校、科研机构以及其他企业共同研发新产品。例如目前常用的"产、学、研"联盟。

3. 技术引进

技术引进是指通过与外商进行技术合作，从国外引进先进技术来开发新产品，这种方式也包括企业从本国其他企业、大专院校或科研机构引进技术来开发新产品。

4. 产品改良

这种方式是指企业在引进技术的基础上，根据本地市场和企业技术特点，将引进技术加以消化、吸收、再创新，研发出独具特色的新产品。

三、新产品开发的控制

新产品的开发往往具有较大的不确定性，为了降低风险，减少不必要的浪费，提高新产品开发的成功率，在整个开发过程中，要格外注意对新产品开发的控制，以下是一些需要注意的问题。

1. 鼓励开拓进取的行事风格

作为企业的高层管理者，要愿意分担创新所带来的风险。因为作为创新者来讲，最需要理解、帮助和支持，管理者应该奖励冒险，而不是惩罚和责备创新失败者。

2. 承认个性并发扬团队精神

高层管理者要认识到创新者总是在追求不同和差异，在不违背原则的情况下，容忍他们的一些"反常"举动，为他们自由地进行有兴趣的研究工作创造条件，发挥个性，同时维护好人际关系和团队精神，这对新产品开发项目的完成是十分必要的。

3. 做好新产品开发计划

由于新产品开发工作竞争性很强，将持续几个月甚至很多年，如果计划不够周密严谨，在新产品开发的过程中就会遇到很多阻力，因此做好开发计划是保证开发项目顺利实施和人、财、物力资源合理利用的保障。

4. 偏重短期目标，兼顾长期目标

新产品的开发应追求时效性，如果追求完美，那就会把时间全消耗在无休止的设计修改中，同时又会使许多新内容被竞争对手的产品体现，失去抢占市场和争取回报的大好商机。因此，应特别重视将某一阶段的创新内容集中体现在一种产品上，而存在的局部不足和新的创新内容应考虑在随后的系列化和改型产品中逐步体现和完善。

第四节 创 新 意 识

一、创新意识的定义及内涵

创新意识是指人们根据社会和个体生活发展的需要，引起创造前所未有的事物或观念的动机，并在创造活动中表现出的意向、愿望和设想。创新意识包括创造动机、创造兴趣、创造情感和创造意志。创造动机是创造活动的动力因素，它能推动和激励人们发动和维持创造性活动。创造兴趣能促进创造活动的成功，是促使人们积极探求新奇事物的一种心理倾向。创造情感是引起、推进乃至完成创造的心理因素，只有具有正确的创造情感才能使创造成功。创造意志是在创造中克服困难、冲破阻碍的心理因素，创造意志具有目的性、顽强性和自制性。

二、创新意识的主要特征

1. 新颖性

创新意识或是为了满足新的社会需求，或是用新的方式更好地满足原来的社会需求。

2. 社会性

创新意识是以提高物质生活和精神生活水平需要为出发点的，人们的创新意识激起的创造活动和产生的创造成果，应为人类进步和社会发展服务，创新意识必须考虑社会效果。

3. 个体性

人们的创新意识和他们的社会地位、文化素质、兴趣爱好、情感志趣等相关，它们都对创新起重大推进作用。

三、创新意识的作用

第一，创新意识是决定一个国家、民族创新能力的关键力量。在今天，创新能力实际就是国家、民族可持续发展能力的代名词，是一个国家和民族解决自身生存、发展问题能力大小的重要标志。

第二，创新意识推动社会的全面进步。创新意识源于社会生产方式，它的形成和发展进一步推动社会生产方式的进步，从而带动经济的飞速发展。创新意识推动人的思想解放，有

利于人们形成开拓意识、领先意识等先进观念，这些条件反过来又促进创新意识的扩展，更有利于创新活动的进行。

第三，创新意识促成人才素质的提高，全面提升人的能力。创新实质上确定了一种新的人才标准，它代表着社会需要充满生机和活力的人、有开拓精神的人、有新思想道德素质和现代科学文化素质的人。它客观上引导人们朝这个目标提高自己的素质，激发人的主体性、能动性、创造性的进一步发挥，从而使人自身的能力获得极大丰富和扩展。

四、企业家精神

创新的范围和内容是极为丰富的，包括技术创新、产品创新、制度创新、组织创新、观念创新、机制创新、工具方法创新等，但所有的创新活动都必须具备强烈的创新精神才能完成。可以说，没有创新精神，创新活动就难以产生或坚持下去。有人把创新分为进化式创新与革命性创新。实际上，不管哪一种创新，都是量的积累基础上的质的飞跃，只不过量的积累过程有时是明显的，有时则不那么十分明显罢了。

企业家正是在创新精神支配或作用下，不断开展创新活动，才能开辟新的市场，提供新的产品或服务。创新成为企业家的重要活动和取得成功的关键因素之一，也正因为有了企业家，创新才被赋予更深刻的意义，企业家与创新及其创新精神的有机结合，使得人类经济活动范围空前扩大，经济和社会发展的速度进一步加快。企业家通过引进新产品与新服务，创造新的组织形式或利用新原料，来摧毁原有的经济秩序。著名经济学家熊彼特认为，企业家经常进入市场，利用创新向原有的少数几个控制市场的供应商挑战，从而形成混沌的市场。企业家用少量的个人财产建立企业，他们开发新产品，为了取得成功，而在市场中努力奋斗。如果成功了，顾客们扩大购买量，买进他们提供的新产品或新服务，整个市场也随之扩大。随着总需求的增长，新的财富也产生了，企业家将为自己赢得市场占有率和新的财富。

从世界范围来看，企业家产生的过程本身就是一个创新的过程。自从企业家产生之后，企业家更与创新结下了不解之缘。纵观工业经济发展的历史，我们几乎很难找到不进行创新而真正获得成功的企业家。凡是真正取得成功、卓有成就的企业家，无不极富创新精神并不懈地开展创新活动，这已被无数的事实所证明。正如熊彼特指出的那样，企业家是市场经济的灵魂，企业家的职能是实现资本的组合，实现生产资源的优化配置，因此，创新是其本质特征。创新是由企业家带入市场的。企业家带着比以往能获得更加价廉、优质，且性能更多的产品和服务进入市场，满足顾客的需求。

从我国经济发展的历史看，企业家也是与创新息息相关的。在计划经济体制下，因为没有真正的市场，生产资料和产品都是由国家进行分配的，所以很难产生真正意义上的企业家，经济发展也很缓慢。改革开放后的 20 年，我国经济突飞猛进、日新月异，这是与众多富有创新精神的企业家密切相关的。改革开放的实践说明，真正的企业家必然是勇于改革、勇于探索和创新的人。发扬企业家精神，首先要发扬改革、创新的精神。在现代管理学的著作中，企业家精神与创新几乎是同义语。企业家的本质特征也就是创新型活动，企业家对社会的贡献主要也是通过创新活动实现的。

第五节　创　新　管　理

一、创新管理的内容

企业创新管理的内容主要包括：产品创新、服务创新、工艺创新、管理创新、市场创新等方面。

1. 产品创新

企业界流行"产品常新，企业长青"的格言，这说明只有不断地进行产品创新，才能永葆企业青春活力。产品创新是指将新产品、新工艺、新的服务成功地引入市场，以实现商业价值。如果企业推出的新产品不能为企业带来利润，带来商业价值，那就算不上真正的创新。在国内摩托车制造行业，宗申和隆鑫等摩托车生产企业基于日本摩托车的整体式产品设计架构，进行了模块化结构设计的产品创新。这种模块化结构的产品设计，使得建立专业化的零部件供应商网络成为现实，非常利于零部件成本的降低和质量的改进。借助于这种创新，中国的摩托车出口迅速增加。

2. 服务创新

服务是有形产品的延伸，能够给消费者带来更大的利益和更高的满足程度，因而越来越成为产品的一个重要组成部分。未来竞争的关键，不仅在于企业能生产什么样的产品，而更在于为产品提供什么样的附加价值：包装、服务、用户咨询、购买信贷、及时交货和人们以价值来衡量的一切东西。IBM 公司在广告宣传中强调"IBM 就是服务"，这充分体现了公司十分重视服务的思想。服务创新就是不断地改进和提高服务水平和服务质量，不断地推出新的服务项目和服务措施，让消费者得到最大的满意和实惠。众所周知，再好的品牌，没有服务的保证和支持，其市场的生命也是有限的。

3. 工艺创新

工艺创新指产品生产技术的重大变革，工艺创新和产品创新都是为了提高企业的社会经济效益，但二者途径不同，方式也不一样。产品创新侧重于活动的结果，而工艺创新侧重于活动的过程；产品创新的成果主要体现在物质形态的产品上，而工艺创新的成果既可以渗透于劳动者、劳动资料和劳动对象之中，还可以渗透在各种生产力要素的结合方式上。例如1913 年，亨利·福特创造了大规模生产方式的流水装配线，从此改变了传统落后的汽车生产工艺，使汽车的生产速度大为提升，同时也为整个工业界带来了伟大的变革。

4. 管理创新

管理创新是指基于新的管理思想、管理原则和管理方法，改变企业的管理流程、业务运作流程和组织形式。企业的管理流程主要包括战略规划、资本预算、项目管理、绩效评估、内部沟通、知识管理。企业的业务运作流程有产品开发、生产、后勤、采购和客户服务等。通过管理创新，企业可以解决主要的管理问题，降低成本和费用，提高效率，增加客户满意度和忠诚度。通用电气公司是一家成功的多元化公司，在全世界 100 多个国家开展业务，在全球拥有员工 30 多万人，但过大的规模也使通用电气的管理难度越来越大。杰克·韦尔奇上任后，把原来的五个管理层次压缩到总公司、产业集团和工厂三层，分别成为投资中心、利润中心和成本中心。各个产业集团是利润中心，公司是通用电气的唯一法人。公司的战略决策集中在总公司一级，包括政策、财务、工资、重要外部关系及人力、财力资源利用等方面，而把大量的经营业务划分到各产业集团，直接由产业集团办理。尽管各产业集团并非独立法人，但杰克·韦尔奇明确表示："这是你们的企业，你自己作决定。"做了这种改革之后，大部分决策权都下放给了下属的产业集团，决策过程变得更快、更灵活，增强了通用电气对市场的应变能力。

5. 市场创新

市场创新是指在产品推向市场阶段，基于现有的核心产品，针对市场定位、整体产品、渠道策略、营销传播沟通（品牌、广告、公关和促销等），为取得最佳的销售业绩或突破销售困境所进行的创新活动。市场定位创新就是选择新的市场或者挖掘新的产品利益点。整体产品、渠道策略、营销传播和客户服务的创新必须要在重新调整后的市场定位策略的指导下开展，以取得整体最佳市场效果。很多国内企业都堪称这方面的高手，例如在 2007 年中国营销盛典上，揭晓了最受瞩目的年度十大创新企业，汇源、中国银行、海尔、可口可乐、GE、中国动向、上海家化、仁和等 10 家企业获得殊荣，而汇源果汁更是在国内饮品品牌中独揽创新桂冠。作为中国果汁行业的第一品牌，汇源果汁一直承担着培育未来市场的责任。在传统口味的橙、苹果、葡萄等水果品种之外，汇源果汁将目光瞄准了超级水果市场，开创奇异王果猕猴桃汁饮料，启用《士兵突击》电视剧中成功出演"兵王"许三多的王宝强作为代言人，大胆喊出"做自己的王"的品牌主张，走出一条另类的定位之路。

二、创新管理的原则

第一，树立全方位创新理念，建立创新激励机制。任何工作岗位都需要创新，也存在创新的可能，不管是管理层还是基层员工都需要通过激励机制使这一认识深入人心，为创新管理创造变革的前提条件。

第二，企业具备鼓励创新的开放系统，倡导学习和提升个人工作技能，营造集思广益的企业氛围。中高层以上管理人员需要能够鼓励并善于采纳下属意见，员工则需要能够普遍习惯于采纳同事们的意见。这样才使企业的管理信息、应用技术通过情感沟通渠道得到畅通，并能大大地提高员工工作的积极性。世界 500 强企业大多都建立合理化建议奖励制度，并以这种开放的管理态度赢得员工们的认可，最终能大幅度提高企业的管理效率和经济效益。

第三，公司在资源配置上要倾斜。创新本身需要投入，产品工艺和技术创新更需要大量的财力和人力投入，国外公司的产品研发费用每年动辄数亿，乃至数十亿美金，其中的重视程度可见一斑。同时，建立创新激励机制也需要投入，比如为训练员工创造力所花的各种费用。

第四，加强创新管理能力方面的培训和锻炼，提升创新管理的水平和效率，加快创新的步伐。而当创新资源有限时，企业可以借助外部的资源，例如引进临时的编外人员或专家解决企业在创新过程中的技术瓶颈，也可以借助咨询公司的帮助改善和再造企业运作流程，或者与大专院校和科研院所建立起长期稳固的合作关系，即"产、学、研"联盟，通过优势互补，使企业的创新管理能力获得一个较大的提升。

三、创新管理的组织

古语说："工欲善其事，必先利其器。"企业对创新活动进行有效的管理还需要依赖与企业相适应的组织结构，以下就是一些常见的创新管理组织形式。

1. 内企业家

所谓内企业家（Entrepreneur），最早是由美国学者吉福德·平肖第三在其著作《创新者与企业革命》中提出。内企业家也翻译为内部创业者，指的是那些在现行公司体制内，富有想象力，有胆识，敢冒个人风险来促成新事物出现的管理者。在罗宾斯的《管理学》中，将内企业家定义为那些试图在大型组织中激发企业家精神的管理者。内企业家是现代大公司的产物，处于公司最高管理层与基层的中间结合部，是连接上面与下面的"过渡层"，因而在企业的创新中居于关键部位。

内企业家与企业家的不同在于，内企业家的活动局限于已建立的组织内部，其行动受到企业的规则、政策和制度以及其他因素的限制。首先，内企业家不可能像企业家那样自主决策，选择自己认为有价值的机会。在进行任何创业实践和创新项目之前，内企业家必须要征得企业家的认同和许可。从这个意义上讲，内企业家会失去很多机会。其次，内企业家由于是企业内部的创业者和革新者，他们的行为经常会挑战到现有组织的秩序和稳定性，这很容易在组织内部制造一些摩擦，成为企业内部的不稳定因素，也会因此阻碍内企业家个人能力的施展。再次，企业家成功后得到的回报是新的企业和丰厚的利润，而内企业家在企业内部创业获得成功之后得到的报偿是其职业生涯的提升和很少的报酬，因此，相比企业家而言，内企业家的激励不足。不过，内企业家也不用像企业家一样承担那么大的风险，企业家一旦失败，很可能会倾家荡产，而内企业家进行创业活动的财务风险由企业来承担。在大多数高科技企业中，组织结构比较扁平，大部分创新管理职能由内企业家来完成。

2. 技术创新小组

技术创新小组产生于第二次世界大战期间，当时美国、英国的科学家和技术专家为解决对德军轰炸等复杂的技术问题，相继成立了"作业分析小组"，进行技术攻关，这便是早期的技术创新小组形式。经过了几十年的演化，目前技术创新小组日益成为企业创新活动不可或缺的组织形式，在企业创新活动中扮演着重要的角色，甚至起着核心作用。

所谓创新（项目）小组，是指企业为了完成某一创新项目而设立的临时或常设组织。小组成员可以专职、可以兼职，通常是自愿参加，但也可以由管理人员进行挑选。创新小组的成员来自各个职能部门，形成一种既分工又合作的关系，可以消除由于职能部门分工不同而造成的跨越部门的效率损失，而且体制灵活，是最适合于中小企业的一种创新组织形式。创新（项目）小组是在企业原有的组织结构基本稳定的前提下新设的组织单元，原有的业务活动秩序不会因此而被打乱，但同时此种形式又满足了技术创新所需要的信息开放、分权程度较高、有关职能连接紧密等特点，是一种适合中小企业的灵活开放的创新组织。从组织结构类型上看，技术创新小组比较接近于矩阵式结构，灵活有余但稳定性差，因此不适于开展较大的创新管理工作。

3. 新事业发展部

新事业发展部是大企业为了开创全新事业而单独设立的组织形式，是当企业涉及重大的产品创新或工业创新时，设立的独立于现有企业运行体系之外，带有一定风险的创新组织，中小企业通常无法采用此种创新组织。全新事业可能是重大的产品创新，也可能是全新的工艺创新，由于重大的创新活动伴有很大的风险，建立这种专业的创新组织形式是十分必要的。新事业发展部拥有很大的决策权，只接受企业最高主管的领导，这类组织是一种固定性组织，不同于技术创新小组，稳定性较强，多数由各部门抽调专人组成，是企业进入新的技术领域和产业领域的重要创新组织形式。

4. 企业技术中心

企业技术中心是大企业集团中进行研究开发的专门机构，也称技术研发中心或企业科技中心，通常有大量的高素质研发人员和充足的资金支持，是企业特别是大型企业实施高度集中管理的创新活动组织，中小企业无法采用此种创新组织形式。企业技术中心在大型企业的创新活动中起着主导和牵头作用，具有权威性，处于核心地位。企业技术中心的主要职责如下。

① 开展有市场的新产品、新工艺、新技术、新材料的储备性研究，促进其产生经济效益；

② 开展企业重大产品和关键技术的研究开发，对引进的新技术进行消化吸收，并进行

二次开发；

③ 开展将科技成果转化为生产技术和商品的中间试验；

④ 参与企业重大技术引进项目、技术改造项目的技术审定以及企业技术进步发展规划的制定和执行；

⑤ 积极推进产学研相结合和国内外技术交流与进步。

本章小结

创新是指把一种新的生产要素和生产条件的新结合引入生产体系，是企业家对生产要素的新组合，它包括产品创新、工艺创新、市场创新、供应创新、组织创新五种情况。

创新具有独创性、科学性、高风险、高收益等特征。

发现、发明只是一个新观念、新设想、新原理、新知识、新技术，只有将发明引进生产体系中，发明才能转化为创新。

技术进步是指技术在一定目标上所取得的进化与革命。技术进步有狭义和广义之分，狭义上的技术进步主要是指生产工艺、中间投入品以及制造技能等方面的革新和改进。

新产品是指在一定的地域内，第一次生产和销售的，在原理、用途、性能、结构、材料、技术指标等某一方面或几个方面比老产品有显著改进、提高或独创的产品。

新产品开发采用何种策略则要根据企业自身的实力，根据市场情况和竞争对手的情况而定。主要包括领先策略、跟随策略、延伸策略。

创新意识是指人们根据社会和个体生活发展的需要，引起创造前所未有的事物或观念的动机，并在创造活动中表现出的意向、愿望和设想。

企业家与创新有着必然的联系。企业家正是在创新精神支配或作用下，不断开展创新活动，才能开辟新的市场，提供新的产品或服务。

企业创新管理的内容主要包括：产品创新、服务创新、工艺创新、管理创新和市场创新等方面。

复习思考题

1. "创新之父"熊彼特提出的创新包括哪些情况？
2. 技术进步的内涵是什么？如何理解技术进步的意义？
3. 新产品开发的策略有哪些？一般需要经过哪些主要步骤？
4. 创新意识的内涵是什么？如何理解企业家精神的实质？
5. 创新管理的内容有哪些？企业如何才能做好创新管理工作？

拓展项目

课本还能做什么？

参与方式：全体成员

时间：10 分钟

目的：一本普通的课本，除了学习知识还能做什么？通过训练，锻炼学生的思维拓展能力，打破固有思维，解决问题。

方法与要求：

1. 要求学生独立思考，每位学生至少想出 10 个用途，打破固有思维，以全新的视角分析问题。

2. 将各个方案分别在黑板上列示。注意不能损坏课本。

3. 指导教师对整个思维拓展过程作点评。

▶ 实训题

1. 全球 IT 大鳄的创新方向

以下为微软全球副总裁张亚勤、谷歌全球副总裁兼大中华区总裁李开复是如何看待这场全球经济危机的以及采取什么措施加以应对。

张亚勤：资源受限创新更有效

IT 业相对低迷，真正有竞争力的公司，往往把金融危机看成一次机会，反而在创新方面有更多的专注和投入。比尔·盖茨说，不要浪费任何一次经济危机，因为经济危机对大家来说都是一种变化，它对于强者是机会，对于弱者是危险。如果能抓住机会，就可以跑得更快、更远；如果抓不住机会，就会落在后面。

为应对危机，微软采取了以下措施：削减不必要的花费。利用 IT 技术削减开支，改善整个工作流程，同时运用到客户和整个产业；保持长远发展的心态，积极投入研发费用。2009 年，微软全球研发投入 90 亿美元，比上一年增长 15%。加大投入的地方包括云计算平台、搜索和广告、移动平台，以及医疗、卫生、教育、环保、农村信息化等新领域。

中国和全球过去 20 多年获得高速发展有三个重要因素：高度创新，全球化进程加速，以及过度超前消费。前两个因素是健康、正面的，应该继续鼓励，后一个则是问题所在，里面泡沫很大。

李开复：从移动互联网中找机会

金融危机对 IT 业影响比较大，但对互联网业反而影响比较小。其实，Google 属于互联网业而不是 IT 业。金融危机对 Google 来说是一个很好的机会。

Google 有两个重要的投入项目：一个是移动项目。移动是非常好的商机，尤其 3G 时代来临，网上搜索是非常好做的项目。另一个是地图项目。我们发现越来越多的中国人喜欢看看自己所居住城市的有关信息，比如找玩乐的地方、公交车路线等。

当很多人越来越缩紧腰带省钱时，他们想到的是如何更好地利用互联网。比如做广告，在传统媒体做，成本比较高，而在互联网上做，成本较低，且更直接。广告主发现，当经费削减时，钱要花在有效率的地方。比如搜索广告非但没有削减，反而有些地区在增长。（改编自管理视界．2009．）

2. 海尔的创新无处不在

海尔以创新为核心文化。张瑞敏说过："企业一旦站立到创新的浪尖上，维持的办法只有一个，就是要持续创新"。海尔文化以观念创新为先导、以战略创新为方向、以组织创新为保障、以技术创新为手段、以市场创新为目标，持续的创新伴随着海尔从小到大、从大到强、从中国走向世界。

（1）观念创新

"观念不变原地转，观念一转天地宽"，成功的原因在于观念，海尔坚持着只有淡季思想，没有淡季市场的理念，针对不同的消费需求产生的淡季，海尔以更高品质的产品，满足消费者的需求；改变淡季营销观念，开发新的销售市场，以更积极的心态引导消费，以更贴心的服务创造消费。

（2）战略创新

纵观海尔的发展历程，海尔不断打破传统体制，不断向前，从砸冰箱的名牌战略到"砸仓库"的全球化战略阶段再到如今"砸组织"的网络化战略阶段，海尔始终不断地创新，人单合一双赢模式这一颠覆性的体系更是区别了传统管理模式，很好地适应了互联网时代对企业的要求。

（3）组织创新

战略决定组织结构，组织结构从属于战略。战略转向人单合一，下一步便是组织的创新——倒三角模式。接触用户的员工在第一线，领导在下面，领导从原来的指挥者变成资源提供者。正如康德所说："人不是工具，而是目的。"海尔启动"青年创客计划"，充分适应与利用互联网时代，推行小微企业、创建创客生态圈。推行"人人都是自己的CEO"，取消组织层级制度，让组织变得更加扁平，在海尔孵化的小微企业的负责人中，大多数是外面来的创业者，海尔将自己变成了一个创新和创业的平台，让有能力有想法的创业者在这个平台上自由施展，把CEO变成自己的员工。这种组织转型在全球的大公司中绝无仅有，正是海尔集团的这种创新理念，使其经营多年屹立不倒且生机勃勃。

（4）技术创新

技术创新能力是衡量一个国家发展速度的重要指标之一，也是衡量一个企业竞争实力的重要指标之一。海尔的发展壮大，技术创新发挥了重要的作用。从初期的模仿创新，到中期的合作创新再到自主创新，海尔不断掌握对技术的主动权和控制权，利用技术累进，逐步形成自主的研发能力，打出了自己的技术品牌。

结合海尔的创新，请同学们认真思考，我们经常说到的创新有哪几种？

第十一章

企业诊断与发展

 学习目标

通过本章的学习，要求掌握企业绩效评价的概念、内容、指标和评价方法；掌握企业诊断的含义、类型、内容以及企业诊断的程序；理解企业发展的含义、企业发展的环境和企业经营管理的发展趋势。

案例导读

某集团化企业的诊断

一、项目背景

该集团从 1984 年的 4000 万注册资本起步，将昔日的一片海域荒滩，建设成为拥有 10 多万人口的现代化滨海城区。在发展高峰期，集团总资产达 62 亿元，工业总产值达到 100 多亿元。10 年高速成长之后，逐步进入停滞期，最后陷入严峻的困境。

二、关键问题

（1）原有生存基础消失　因政府特殊政策的支持，原来集团享有开发区内的土地规划、开发等权力及部分市政规划权、管理权等优势，在开发区内许多经济领域处于垄断地位；但由于政策变化，优势全失。

（2）经营管理原始粗放　集团一直没有摆脱土地资源简单开发的利润模式，其他产业也存在低度开发、粗放经营现象，对市场不敏感，反应迟钝。经营战略方面，涉足20 多个行业，核心业务模糊不清。资本运作、资产管理等方面也存在不少问题。

（3）法人治理结构先天不足　集团最初作为开发区，既是企业又是政府。随着市场经济的发展，作为市场竞争主体，产权不明晰，法人治理结构先天不足，董事会形同虚设，监事会名存实亡，经营班子责权不清，导致决策频繁失误。

三、解决方案

实施收缩和调整战略，培养未来发展能力。制定了 3 年期的总体战略。

（1）化解危机，收缩战线　化解债务危机，缓和矛盾，调整内部产权关系，重建法人治理结构。

（2）培植主业，寻求突破　在特色房地产和专业物流产业上寻求突破，激活企业再生能力。

（3）积蓄实力，战略转型　完成产权制度改革，实现企业战略转移，积累实力，为新型投资控股型企业奠定坚实基础。

四、项目成果

（1）通过资产和债务的重组，使该集团能初步摆脱当前的危机，重建输血机制。

（2）通过集中化策略，以事业部制整合该集团资源，以特色内涵的房地产来打造集团的利润源泉，重塑了集团的生命力。

（3）确定了第四方物流在发展战略中的中心地位，积极融入该市西部物流发展大格局，两年内完成集团现有物流企业的战略升级，纳入西部物流业务链，在华南地区物流中，建立了独有的第四方物流优势地位。

（4）通过战略管理，使该集团形成主业突出、业务链条联系紧密、产权多元化的现代企业，实现了集团在重重危机中的突破。

（摘自中国企管网）

第一节　企业绩效评价

一、企业绩效评价概述

1. 企业绩效评价的概念和意义

绩效评价是指对某个单位、某个地区的工作，采用特定的指标体系，对照统一的评价标准，通过运用一定的数理方法，全面、客观、公正、准确地评价它们所取得的业绩和效益。绩效评价是绩效管理的重要组成部分，它是开展绩效管理工作的前提和基础。绩效评价有效与否直接影响到绩效管理工作开展的效果。

企业管理绩效评价是指运用数理统计和运筹学方法，采用特定的指标体系，对照统一的评价标准，按照一定的程序，通过定量定性对比分析，对企业一定经营期间的经营效益和经营者业绩，做出客观、公正和准确的综合评判。企业管理绩效评价是评价理论方法在经济领域的具体应用，它是在会计学和财务管理的基础上，运用计量经济学原理和现代分析技术而建立起来的，剖析企业经营过程，真实反映企业实际状况，预测未来发展前景的一门科学。

实施企业绩效评价，有利于正确引导企业的经营行为，促使企业克服短期利益行为，注重将企业的局部利益和整体利益结合起来。通过对经营者的全面、正确的评价，为组织、人事部门进行经营者的业绩考核、选拔、奖惩和任免提供充分的依据，建立起良好的约束激励机制。同时，也促使企业深化内部管理，按照市场的要求确定发展方向。人们常说"评价什么，就得到什么"。有什么样的绩效评价指标，就有什么样的企业管理行为。绩效评价指标引导、改变企业管理行为。

2. 绩效评价的功能

（1）客观性　通过绩效评价可以对被评价单位有比较全面、客观的认识，有数量上的依据，可以避免人们的主观印象发挥主导作用。

（2）考核管理层　通过绩效评价可以考核被评价单位管理层的业绩和管理水平。企业的绩效评价好坏首先取决于管理层的领导能力和素质，绩效评价有利于管理人员的选拔与淘汰，提高管理层的素质和管理水平。

（3）调动积极性　通过绩效评价可以引导被评价单位的行为，使他们重视评价的结果，调动他们创造良好业绩的积极性，以促进企业各项工作的顺利发展。

（4）发现差距　通过绩效评价可以发现被评价单位之间存在的差距，还有各自的优势和劣势，从而发挥企业优势，克服企业劣势，达到充分发挥潜力、提高绩效的目的。

二、绩效评价的内容和指标

（一）绩效评价的内容

绩效评价的内容一般是指对哪些方面进行评价，具体讲是指对能够反映企业绩效的各个方面进行评价。企业绩效是在企业生产经营等若干因素共同作用下产生的综合结果，因此能够反映企业绩效的方面很多，内容比较广泛。一般主要包括以下几个方面：财务方面包括经营效益、资产营运能力、偿债能力、抵抗风险能力、发展能力等；经营方面包括企业创新能力、市场占有率、企业影响力、人力资源开发和利用等；管理方面包括企业组织结构、企业管理层的综合素质、员工素质、管理策略等；社会影响方面包括社会贡献、环境保护、资源节约与消耗等。具体评价内容一般根据评价的目的来确定，实施企业绩效综合评价，涉及的内容一般是以上几个方面的综合评价，如对企业某个方面进行评价，评价的内容相对要简化一些。

（二）绩效评价的指标

企业管理绩效评价的重要手段就是按照系统论方法构建起能够反映被评价企业各个方面的相关指标组成的评价指标体系。指标体系是各种具体衡量企业管理绩效指标的有机结合。评价指标是用来衡量企业管理绩效的标准，是企业管理绩效评价内容的载体，也是企业管理绩效评价内容的外在表现。不同指标在其中充任不同的角色和发挥不同的作用，指标选择的正确有效与否将影响管理绩效评价的效果和有效性。因此，企业管理绩效评价指标必须充分体现企业绩效的基本内容和对企业管理的综合要求，围绕企业绩效的评价，建立逻辑严密、相互联系、互为补充的体系结构。

1. 评价指标的特点

虽然企业之间以及企业内部管理绩效评价指标、方法选择存在着差异，但是一般来说，所用的指标必须具备一些特定的功效。企业在选择指标时可以考虑以下几个特点。

（1）客观性　指标应该客观、准确、完整地反映企业管理绩效的好坏、优劣。在获取该指标有关数据和信息时，应该通过公开、公正的手段，尽量获取真实可靠的数据。避免通过非正式渠道获得二手信息，以免由于数据可信度的下降导致评价结果的不真实。

（2）可比性　指标反映的信息应该既能够与同行业的其他企业进行比较，又能够与企业的预期和计划进行比较，同时也应该参考企业过去的历史绩效进行评价。通过使用统一的、量化的统计手段评价绩效，并适当参考同行业的评价指标体系用以确定指标的权重，这样可以比较实际发生效果与预期效果，得到计划执行的偏离度，也可以比较与其他企业的绩效，找出差距。

（3）易操作性　设定的指标应是简明的、可测的。指标必须明确清晰，使人容易理解，易于把握，知道怎样去做。若操作复杂，往往会造成评价效率低下以及信息反馈的时滞，同时指标反映出的信息难以理解，也就降低了企业管理绩效的评价效果，不利于企业发现问题，从而给企业采取措施改进经营管理带来阻碍。可以有目的地使用一些现成的数据，比如企业的财务报表数据。

（4）时效性　评价指标很多都是具时效性的。不同指标反映的管理绩效的时间是不一样的。有一些指标反映企业长期目标，有一些指标则反映企业短期目标；有的反映企业当前的状况，而有的则反映企业的预期状况。通过有目的地使用分别反映长期目标和短期目标以及当前和预期未来实现程度的指标，可正确反映企业的经营水平。

（5）全面性　评价企业管理绩效时应该从多个方面、多个角度进行，因而在选择指标信息时，就应多途径、多方面地了解情况。应该从信息最全面的部门获取数据，尽量避免出现由于获取信息的不充分造成管理绩效评价结果的片面性和较大的偏差，降低管理绩效的评价效果。

2. 评价指标的分类

组织目标决定了绩效评价的指标。对于组织来说，其目标并不是单一的，而是多种多样的，甚至有些目标是相互冲突的。如果组织的目标及其重要性是相同的，那么绩效评价的工作就简单多了，只要做些加减、汇总的工作。正因为组织目标具有多重性，而且各种目标具有不同层次的重要性，在评价管理绩效时不能简单地进行加总测量，必须有所侧重地赋予不同指标以不同的权重，从不同的角度进行加权测定。

企业管理绩效评价指标体系中各种指标存在一定的相依性和相关性，但是它们在企业管理绩效评价中却有不同的作用和地位，因此有必要根据不同的标准和用途对这些指标加以区分。

（1）目标与手段不同　有些指标代表的是企业经营活动的结果或目标，例如利润率，它可根据自身的实现程度予以评价，从这个意义上来说，它很接近于企业的正式目标。而另外一些指标之所以具有价值，主要是因为它们是达到该企业主要目标的必不可少的手段或条件，例如企业销售人员的沟通能力、员工的凝聚力等。从系统论角度来讲，两者都是衡量企业管理绩效的有效方法，但手段性指标可归于对子系统状况的描述，不同于评价整个系统的目标性指标。也许目标与手段本身也是不定的，各种指标的重要性也会随着组织目标的变化而作调整，特殊情况下也会转换。

在指标评价体系中，一般来说，目标性指标的权重相对于手段性指标的权重要大。在进行绩效评价时，二者的地位因企业管理目标的不同会发生相应的变化。例如企业的研发费用的增大会使企业的利润率下降，此时若以利润最大化为主要目标，则管理绩效下降，但是若以企业的可持续发展为主要目标，则企业的管理绩效并不一定下降。

（2）时间范围不同　有些指标评价的是企业过去的绩效，另一些指标则反映的是企业现在的绩效，还有一些指标会对企业未来的情况做出预测。例如，企业以前年度财务报表中列报的数据（如利润）是企业过去的绩效，每天的股市中股票的市场价格则反映的是企业现在的状况，预期的销售增长率则是未来的预期。

无论这些指标属于何种时间范围，在对过去、现在或将来的状况以及对发展变化趋势做出预测时都可能要使用到。企业管理绩效的评价是综合、真实地反映企业现实状况，预测未来发展前景的一门科学，因此在评价指标体系中应该有反映不同时间范围的指标，并赋予它们不同的权重，这样才能做到全面和综合。

（3）硬指标与软指标　有些指标可以根据实物和事件的特点、数量或发生的频率来定量确定，可以称之为硬指标，例如利润、负债率、每股收益、市场占有率、生产率、废品率等。硬指标通常以比较权威的数据告诉我们企业的管理绩效，一般都是数量指标，在使用时多适合企业的短期目标。例如利润，它反映了企业在相对较短时期经营财务状况。因此，不能单一利用这些硬指标进行评价，否则会出现企业过分追求短期效益，忽视长远利益。另外，在使用这些指标评价时，不同的会计方法、会计估计会产生不同的结果，例如，固定资产折旧计算方法、坏账准备的计提方法等不同将会使结果产生明显的差异。

有些指标是根据对行为的定性观察或进行的民意测验来衡量的，可以称之为软指标，例如企业员工的满意度、工作态度的好坏、对公司的责任感、员工的凝聚力、企业的信誉等级、顾客对企业产品的认知度等。软指标内容广泛、不拘泥于形式，但它却能将硬指标等数量方面无法反映的状况纳入评价范围，通过分析判断，验证数量指标的评价结果，得出综合评价结论。软指标的信息比较容易在短时间内直接获取，这对企业迅速制定相应措施相当有利。另外，在当今信息时代条件下，企业经营管理更加注重可持续发展，更关心企业的长远发展利益，对企业的长期发展能力等进行评价必须借助于这些软指标，因而，软指标在绩效评价指标体系中的地位也显得越来越重要。

（4）价值判断不同　各种指标的价值判断不同，有些指标呈线性变化趋势，也就是指标越大越好；而另一些指标则呈曲线变化趋势，也就是在期望一个最佳值。例如利润率总是高比低好，在此意义上说，它通常表现为线性走势。相反，负债率过高或过低，都可能被认为会削弱企业的整体经营能力。负债过低，其权益收益率就低；负债过高，则会导致高风险而无法获得贷款。从这一点来说，它表现出一种曲线变化趋势。由此，判断这些变量指标优劣时，就应该与其各自变化的规律和特性相适应。在不能使所有目标同时达到最优的情况下，如何在各个评价指标或变量之间进行权衡、取舍，在相当大的程度上取决于上述曲线的走向和形状。

三、绩效评价的程序和方法

（一）绩效评价的程序

第一，确定评价的对象，下达评价通知书，组织成立评价工作组及专家咨询组。

第二，拟定评价工作方案，搜集相关资料。

第三，评价工作组实施评价，征求专家意见并反馈给组织，撰写评价报告。

第四，评价工作组将评价报告送专家咨询组复核，向评价组织机构（委托人）送达评价报告和公布评价结果，建立评价项目档案。

（二）绩效评价的方法

1. 组织目标法

组织目标法就是以组织的目标来衡量组织管理的效果，而不是以实现目标的手段来衡量。组织目标具有层次性和多样性的特点。企业组织具有层次性，企业组织的运作、员工的分工合作都必须紧紧围绕企业组织目标的实现进行。企业组织目标需要逐步分解成一个与企业组织层次、组织分工相适应的目标层次体系，通过目标的具体化形成企业组织每一个成员的目标，这就形成了一个企业组织目标层次体系。通常企业组织的目标包括利润最大化、融资和偿债能力好、成本降低、价格具有竞争力、企业长期稳定的获利能力等。但是在某一特定时期企业的目标可能是单一的，而在较长时期从总体上看企业的目标又是多样性的。在假定企业是认真地争取实现一个或多个目标的前提下，组织目标法就是一种非常有意义的绩效评价方法。在实践中，根据目标数目的多少，又可将此评价方法细分为两种。

（1）单一目标评价法　企业是一个以盈利为目的的组织，其出发点和归宿点是盈利。但是很多经济学家认为，不应该以利润作为企业经营管理的最终目标，因为利润最大化没有考虑时间价值因素，也没有考虑企业的投资规模和风险等问题。企业虽然常用利润最大化作为衡量企业管理绩效的标准，但实际上，并不是在任何一种情况下企业均以利润最大化为唯一目标，企业追求的，可能是多元目标的实现。不过如果没有利润存在，任何企业都不可能维持生存，更谈不上发展。

（2）多元目标评价法　企业管理目标具有多样性，实际上就是可以将企业管理总目标在许多方面具体化。将总目标具体化后，企业的每一个层次或单位部门就有了具体目标，但此具体目标可能并非是单一的，即便是最基层部门其目标也可能是多样性的。例如，企业要求销售人员除了把产品销售出去以外，还必须收集相关信息，如顾客对本企业产品的认可程度及意见、其他企业同类产品的销售状况和顾客对他们的认知度，否则该销售人员就不算完成企业给他确定的目标。在进行评价时，可从不同侧面或用不同指标来全面地反映企业管理绩效，同时要注意各目标之间的协调性，彼此之间不能有矛盾，否则企业管理目标就变得不可理解。但是由于企业管理目标本身及企业设定目标权重的不确定，即使采用同样的指标体系，也不一定能得出相同的结论，因而评价工作变得比较困难和复杂。

2. 环境评价法

企业环境是指影响企业行为的一切要素，包括内部环境和外部环境，如经济、社会文化、法律、企业文化等。环境的变化有时会引起企业管理目标的变化，在充满竞争的市场里，企业竞争制胜的关键不再仅仅取决于先进的设备等有形资产，更多的是依靠如专利权、商誉等无形资产。企业需要在公众面前树立良好的形象，此时外部环境对企业组织的评价应成为企业组织评价的一个重要方面。一方面由于环境是企业无法控制、无能为力的，而且企业也往往没有充足的时间和精力对这一方面进行评价；另一方面经营管理决策中对这方面的信息又不能不了解，于是只能采取抽取样本和选取某一阶段的经营管理效果来评价。

具体的评价事务可以由中介机构组织完成。中介机构参与企业绩效评价工作，可以使企业经营管理者把主要精力放在评价结果的应用和决策上，而且因为社会中介机构有丰富的专业经验，在坚持独立、客观、公正的原则下，其操作规范可以提高评价工作效率、质量和公正性，能确保评价结果的真实、合理。在许多发达国家，聘请民间审计执行对企业经营绩效的评价是一种普遍的做法。企业在进行这一方面的评价时，可委托专门的咨询公司搞调查，或委派专人收集媒体有关的言论以及利用会计师事务所等权威性机构来获得所需信息。例如，委托专门的咨询公司在报纸、互联网上刊登一些企业需要了解的信息方面的问答，通过对样本的分析以期获得关于公众对产品的态度、市场份额、产品竞争力、消费者层次、公众对企业的评价等信息。

3. 财务报告分析法

财务报告分析法就是根据企业对外公布的财务报告，使用财务指标间的比率和差异，分析评价偿债能力状况、资本结构、资产营运能力、获利能力、发展状况和管理水平。其重点是评价企业本期及长期的财务风险、经营风险和投资报酬，通过分析可以帮助企业管理人员作出正确的决策，使企业的资源配置最优。

财务报告中有大量的数据，可以根据需要由它们计算出很多有意义的财务比率，这些比率涉及企业经营管理的各个方面。财务比率可以分为偿债能力比率、资产营运能力比率、变现能力比率和盈利能力比率等。从评价企业管理绩效的角度，可将这些财务指标分为两类：衡量财务风险的指标及评价经营报酬的指标。财务风险的指标主要衡量企业的财务安全程度，如企业的短期偿债能力、长期偿债能力、资本结构等。经营报酬的指标主要衡量企业经营在财务上的成功率，如盈利能力、企业的成长性等。

企业的财务状况是一个完整的系统，内部各种因素都是相互依存、相互作用的，任何一个因素的变动都会引起企业整体财务状况的改变。因此，在进行财务状况综合分析时，必须深入了解企业财务状况内部的各项因素及其相互之间的关系，这样才能比较全面地揭示企业的财务状况。要想对企业财务状况和经营成果有一个综合的评价和绩效考核，就必须采用综合性的分析方法。常用的综合分析方法是杜邦分析法，它利用各个主要财务比率之间的内在联系，对企业财务状况进行综合分析。这种方法是由美国杜邦公司最先发明和使用，故称之为杜邦分析法。利用这种分析方法把各种财务指标间的关系制成杜邦分析图（图11-1）。

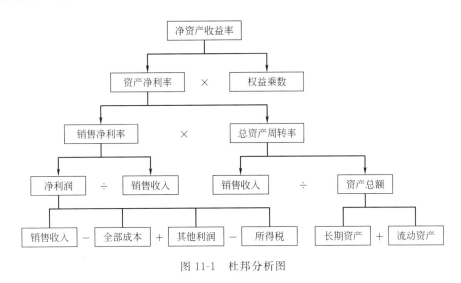

图 11-1　杜邦分析图

杜邦分析系统中主要反映了净资产收益率、总资产周转率、销售净利率和权益乘数这四个指标以及它们之间的关系。杜邦分析法的分析要点如下。

① 净资产收益率反映公司所有者权益的投资报酬率，是一个综合性极强、最有代表性的财务比率，它是杜邦分析系统的核心。由图11-1可以看出，影响净资产收益率的因素有3个方面：权益乘数、销售净利率和总资产周转率。权益乘数、销售净利率和总资产周转率3个比率分别反映了企业的偿债能力、盈利能力和运用资产的效率，涉及资产管理、融资、财务成本控制等诸多方面。净资产收益率分解之后，可以把净资产收益率这样一项综合性指标发生升降的原因具体化，定量地说明企业经营管理中存在的问题，同时可以解释各指标变动趋势，比一项指标能提供更明确的、更有价值的信息，为企业经营管理者采取措施指明方向。

② 资产净利率是反映企业获利能力的一个重要财务比率。它揭示企业生产经营活动的效率。要提高获利能力，可以从企业的销售活动和资产管理两个方面来进行分析。合理地安排好企业资产结构，加速企业的资产周转速度，提高资产的利用效率。

③ 销售净利率反映企业销售活动创造利润的能力。从企业销售方面看，企业应该开拓市场，增加收入；加强成本费用控制，降低耗费，增加利润。

总之，杜邦分析方法是一种分解财务比率的方法，可用于各种财务比率的分解，其关键不在于指标的计算而在于对指标的理解与运用。企业经营者可以通过资产净利率的分解来说明问题，也可以通过分解利润总额和全部资产的比率分析问题；为了显示正常的盈利能力，还可以使用非经常项目前的净利和总资产的比率的分解说明问题，或者使用营业利润和营业资产的比率的分解说明问题。这些比率与同行业平均水平对比，可以了解企业的获利能力、财务状况和管理水平；将同一企业不同时期的比率对比，还可以了解企业的变化趋势，预测企业的发展前景。

企业在使用财务报告分析法时还要注意这种方法本身存在的局限性。如财务报告反映的是历史数据、会计政策、会计估计的变化、财务信息的准确性等。因此，在进行企业绩效评价时必须将财务报告指标与其他非财务报告指标结合起来使用。

4. 个人绩效的评价方法

员工工作绩效评价是企业管理绩效评价中的一项重要工作内容。首先，绩效评价是晋升和培训工作的依据。绩效评价所提供的信息有助于企业判断应当作出何种晋升或工资方面的决策。通过考评，调整主管职位上的各级主管人员，淘汰那些不称职的员工，选拔和聘用那些真正具有才能的员工。同时，通过定期考评，也可了解受训者在哪些方面已有提高，在哪些方面还有不足。在此基础上，上级主管人员便可根据具体情况制订新的培训计划，或对原计划进行修改，或是针对受训者的不足之处加强培训，或是改换另一种培训方法。其次，考评为企业的各类人员提供了一个机会，使员工能够对各自的工作行为进行一番评价，有机会揭示出工作中的那些低效率行为，同时还可以帮助员工强化已有的正确行为。绩效考核是奖励的合理依据。要使绩效考核工作切实有效，就应该把它与奖励制度紧密结合起来，对有成就的员工进行及时奖励。这样才能激励大家为企业管理目标做出更大的贡献。以下介绍一些较为常用的评价方法。

（1）关键事件法　考核人在平时注意收集被考核人的"关键事件"，这里的"关键事件"是指被考核人的优秀表现和不良表现，对这些表现要形成书面记录。对普通的工作行为则不必进行记录。根据这些书面记录进行整理和分析，最终形成考核结果。关键事件法的好处是，评估结果有事实作依据，从时间上来讲依据的事实是全过程的，而不是员工离评价时间最近的一段时间的表现。该考核方法一般不单独使用。

（2）图评价尺度法　图评价尺度法是绩效评价中最简单和运用最广泛的一种方法。它是以表格的形式列举出了一些绩效构成要素，如工作质量、生产效率等。此外，还需列举出跨越范围很宽的工作绩效等级，如优秀（在所有各方面的绩效都十分突出）、很好（工作绩效的大多数方面明显超出职位的要求）、好（绩效水平达到了工作标准）、需要改进（在绩效的某一方面有缺陷）、不满意（工作绩效水平无法让人接受）。在进行工作绩效评价时，首先针对每一位下属员工从每一项评价要素找出最能符合其绩效状况的分数，然后将每一位员工所得到的所有分值相加，即得到其最终的工作绩效评价结果。许多企业在实际应用中，不仅仅停留在一般性绩效要素的评价上，而是依照工作职责进行进一步分解。如将营销人员工作分制订计划、客户沟通、产品销售、销售款项管理等内容，而每一项内容又是十分具体的，如每月销售量是多少。然后，对每一项职责的工作情况等级分或打分。

（3）对偶比较法　此方法是将员工的工作绩效与其他人进行比较。具体步骤是：事先选定评价的具体项目；将同一级人员编成一组；然后，按事先规定的评价项目，人与人一项一项地进行对比，胜者得一分，负者得零分；计算每个人的得分数；按优劣排出名次。如果选定的评价要素是若干个，那就需要通过逐项的对比，得出相应的分数，然后再把每一个参加评价人员的若干项得分加在一起，得出他们的总分数，最后排出总的名次。

（4）目标管理考评法　目标管理（Management By Objectives，MBO）是一种有效的管理方式。目标管理方法是由美国管理专家彼得·德鲁克（Peter Drucker）博士于 1954 年在《管理的实践》一书中提出来的。这种方法包括两项内容：一是必须与每一位员工共同制定一套便于衡量的工作目标，二是定期与员工讨论其工作目标的完成情况。在具体操作中，这种目标的制定往往要与整个组织的目标相协调。首先确定组织的目标、部门的目标，然后要求员工按照部门的目标制订自己的个人工作计划，即本人要为部门目标的实现做出多少贡献。评价期过后，部门主管要就每一名员工的实际工作成绩与目标进行比较，并把结果进行反馈。

（5）自我考评法　美国的丹尼逊提出自我评价的 8 个要素：工作质量、工作数量、创造性、独立性、工作态度、业务知识、交际能力、表达技巧，每个要素又按优劣程度分为 8 等。通过一些具体标准，每个自评者可以为自己在这 8 个等级中选择一个合适的等级。这种办法也可以用来评价别人。在具体等级的评价上，既可以根据调查结果，也可以由群众来直接评价。

在具体应用这些方法时，为了使评价标准更具客观性和操作性，确定关键绩效指标可利用 SMART 原则。S 代表的是 Specific，意思是指"具体的"，指绩效考核要切中特定的工作指标，不能笼统含糊；M 代表的是 Measurable，意思是指"可度量的"，指绩效指标是数量化或者行为化的，验证这些绩效指标的数据或者信息是可以获得的；A 代表的是 Attainable，意思是指"可实现的"，指绩效指标在付出努力的情况下可以实现，避免设立过高或过低的目标；R 代表的是 Realistic，意思是指"现实的"，指绩效指标是实实在在的，可以证明和观察的；T 代表的是 Time-bound，意思是指"有时限的"，注重完成绩效指标的特定期限，注重效率。

在实际操作中，大多数企业是将几种工作绩效评价方法结合起来使用的。比如关键事件法，可以作为图表尺度评价法的补充。

第二节 企业诊断

一、企业诊断的概念

大家都知道"诊断"一词是医学上常用的术语，其含义是以观察、把脉的方法判断病人的病情和病因，并开出治疗处方。那么如果把诊断的过程和方法借用到企业经营管理上，就形成了对企业的诊断。

企业诊断是由企业经营管理专家，与企业有关人员密切配合，应用科学的方法对企业全方位的检查和询问，找出企业经营战略和管理上存在的问题，分析产生问题的原因，提出建设性的解决方案供企业参考和改进，使企业步入良性发展的轨道。

企业诊断起源于美国，美国称之为管理咨询。美国早在 19 世纪 30 年代就开始了管理咨询服务。当时的欧美企业，往往资产的所有者就是企业的经营者，由于这些人中有些不善于经营，致使企业萧条，甚至濒临倒闭。为了摆脱困难的处境，往往求助于社会上的技术咨询机构，请这些机构派专家或经营顾问到企业进行诊断。还有另一种情况，就是中小企业为了同大企业竞争，但它们又缺乏人才，只好求助于社会上的技术咨询机构，对企业进行诊断。在这种需求形势下，企业诊断就在欧美国家逐步地发展起来。日本的企业诊断是学习欧美的做法，日本称之为"能率指导"，近十几年发展很快。日本企业诊断发展快的原因，与美国中小企业与大企业开展竞争的原因相同。

我国企业由于长期受计划经济影响，生产活动在政府统一指导下进行，因此感受不到来自市场竞争的压力。随着我国市场经济体制的建立和完善，企业需要自主经营，自己去寻找市场，改变经营机制，因此暴露出了很多问题，不能够适应变化了的经济环境。我国的企业诊断是随着全面质量管理（Total Quality Management）引进的。原机械工业部是我国开展企业诊断最早的部门，早在 1981 年，机械部就曾对成都量刃具厂、南京第二机床厂、上海变压器厂和第二汽车制造厂等企业的质量管理进行过诊断。

近几年我国出现了一些帮助企业搞好经营管理的技术咨询机构。虽然我国的企业诊断与发达国家相比还有差距，但是随着市场经济的不断完善，尤其是加入 WTO 后，形成了国内企业与国外企业同台竞争的局面，势必推动越来越多的企业逐步认识企业诊断的重要性。

二、企业诊断的类型

企业诊断按照诊断的人员、范围、时间和内容等可分为以下几种类型。企业可根据具体情况来选择适当的诊断类型。

1. 根据诊断人员不同可分为企业内部诊断和外部诊断

所谓诊断人员就是指企业由谁诊断。企业内部诊断是由企业内部人员进行诊断，企业内部人员诊断具有费用低、自主安排诊断时间、了解情况花费的时间短等优点；其最大的缺点是对企业生产经营上的问题往往习以为常，视而不见，不易发现问题。外部诊断是由外来专家进行诊断。企业外部人员诊断，其优点是客观公正，冷眼观察，易于发现问题，其缺点是费用昂贵，诊断时间需要协商，介绍情况的时间长。

2. 根据诊断范围不同分为综合诊断、部门诊断和专题诊断

综合诊断指对企业的所有部门及经营管理活动的全部环节进行诊断；部门诊断指针对企业内部某一部门的诊断，如专门针对人力资源部、销售部的诊断；专题诊断指对企业某一特定的问题进行诊断，如专门针对企业新产品开发活动的诊断。

3. 根据诊断时间不同分为长期诊断、中期诊断和短期诊断

长期诊断是指时间为一年或超过一年的诊断；中期诊断一般指几个月时间的诊断；短期诊断指一个月之内的诊断，也称一次性诊断。

4. 根据诊断的内容不同分为生产诊断、经营环境诊断、经营战略诊断、营销管理诊断、经营成果诊断和组织结构诊断等

这部分内容将在后文专门讲述。

三、企业诊断的作用

企业诊断从保障企业生存和发展，维护企业利益的立场出发，对影响企业经营效率和效果诸方面的问题进行诊断分析，并对存在问题提出改进方案，予以治理，以帮助企业不断改善经营管理，提高经济效益。企业诊断可使企业知己知彼，针对存在问题及时调整经营战略和采取对策措施。因而企业诊断是一项关系到企业生存和发展的重要活动。特别是对于中国正处于深化改革、转变市场观念的企业具有重大的意义。

1. 提高经营管理水平，促进企业改善管理

开展企业诊断，特别是企业最高领导者亲自主持的企业诊断，就可掌握企业生产经营运作的现状，对企业经营管理的强项、弱点和问题点都可掌握得一清二楚；企业领导就可使企业经营扬长补短，就可针对问题点及时调整经营战略，采取相应的对策措施，改善管理，提高企业经营运作的水平。

2. 促进企业实施年度经营目标的实现

企业领导主持对年度方针目标实施进行诊断，就可掌握年度方针目标进展情况，发现实施中存在的重大问题，通过印发诊断报告，可以对实现年度经营方针和目标起到重大的促进作用，提高目标的实现率。

3. 为企业发展策划提供必要的依据

企业制定或调整经营战略和编制企业发展规划时，很大程度上要依据企业的经营现状和自身具备的条件。因此通过企业诊断和编写诊断报告，可以为企业发展策划提供重要的依据，满足企业发展策划的需要。

4. 弥补企业领导知识和能力的不足，改善干群关系

企业领导为了主持诊断就必须学习拟诊断领域的专业管理知识，从而促进企业领导提高自身的素质。企业领导亲自诊断，深入企业各个领域进行调查，可掌握企业内部的实际情况，特别是那些有问题而平日下属不愿汇报的实际管理情况。通过企业领导亲自诊断，深入基层交谈，使领导与员工的关系得到改善，密切了干群关系。由于企业领导平日工作忙，基层领导和员工很难与企业领导有机会接触。企业领导深入各部门进行调查，与基层领导和员工研究改进管理工作的途径和方法，对员工是一个很大的鼓舞和激励。

四、企业诊断的内容

1. 生产诊断

对于生产企业而言，生产活动贯穿于企业整体的运作之中，无论是经营决策还是各种职能管理，都围绕着企业的生产活动而进行。因此，企业的诊断首先应该对生产进行诊断。企业进行生产诊断可以考虑以下几个方面。

（1）考察企业整体的生产能力　包括生产中是否有空挡的现象；企业的各种生产资源是否充分利用等。

（2）考察企业生产工序能力　主要考察生产工序前后的匹配情况。员工劳动组织是否合理；生产车间、班组配备是否均衡等。

（3）考察企业生产作业环境　生产作业环境的检查是生产诊断中的重要环节。现在各个国家和企业都非常重视员工的工作环境问题，良好的工作环境能够使员工身心愉悦，可以调动其工作的积极性，提高工作效率。生产作业环境的检查主要包括生产部门的各种设备、工具安排是否合理；工作环境是否安全、干净卫生等。

2. 经营环境诊断

企业的经营环境有宏观环境和微观环境，它们是制约企业生存发展的外部因素的总和，是企业不可控的。但企业可通过环境诊断，分析环境变化给企业带来的机会与威胁，调整自己的战略和策略，求得与环境因素的动态平衡。

宏观环境因素与企业经营成果之间的关系，很难准确定量，只能靠诊断专家的知识、经验进行主观判断。常用的方法是环境风险和机会扫描法。该方法主要是确定间接环境因素的重要程度。对企业有利的因素，尤其是潜在的有利因素称为机会，属于正的影响；对企业不利的因素，尤其是企业经营中潜在的不利因素，称为风险，属于负的影响。通过对每个环境因素的影响程度和重要性打分，将定性问题量化。

企业与微观环境各因素关系的状况，集中体现在市场上的占有情况。通过对企业市场占有情况的诊断可分析、了解企业微观环境状况。市场占有情况诊断分析，包括市场占有率、市场覆盖率和市场扩大率分析。

3. 经营战略诊断

企业应该制定长期发展的经营战略，重视企业长远利益。有些企业只重视眼前利益，忽视长远发展规划，没有制定企业经营发展战略；或者有些企业声称有自己的经营战略，实际上，它真正执行的战略往往与其声称的不同。在这种情况下，诊断人员应首先帮助企业制定经营发展战略，然后主要是考察企业是否有真正的战略、是什么样的战略、该战略是否有利于本企业的长远发展。

诊断经营战略的内容主要有诊断各种经营战略措施、措施的可行性、措施的实施情况、可能遇到的风险以及措施实施的成果、存在问题和改进等。

4. 营销管理诊断

营销活动是企业创造利润的重要环节，企业的营销管理策略实施是否得当，决定了企业获得利润的高低。因此营销管理诊断是企业诊断的关键内容。企业进行营销管理诊断主要考虑以下几个方面的问题。

（1）企业产品的市场定位　企业的产品首先要满足市场上消费者的需求，得到消费者的认同；其次要树立企业产品独特的形象，在消费者心目中具有独特的地位。企业在考察产品定位时，要与市场上同类产品进行比较，分析出各自的优势和劣势，从而确定产品定位是否准确合理，是否有发展前景。

（2）企业的产品价格　价格是营销活动中最敏感的因素，企业产品的定价策略是否合理，很大程度上决定企业产品在市场上的竞争力，不同类型的产品应该采用不同的价格策略。

（3）企业的销售策略　销售是企业营销管理的核心，企业在激烈的市场竞争中求得生存和发展，很大程度上取决于销售业绩的好坏。销售诊断主要是对企业销售额及其增长情况、产销比例、销售获利情况等进行诊断分析。

（4）企业的广告效果　广告作为一种信息传播与促销的手段，已越来越为企业重视与应用。广告宣传对树立企业形象，提高市场占有率起着重要的作用。因此，广告效果的诊断就成为企业诊断的重要内容，包括广告宣传的时机是否合适；广告媒体的选择和宣传活动的地点是否合适；广告创意是否吸引人；广告宣传的费用是否合理等。广告效果诊断的目的是为了及时调整、修正广告策略与广告创意表现，使广告发布后更有效。

（5）营销人员的素质　企业的营销人员与客户进行直接的接触，可以说企业的营销人员代表企业的形象。营销人员素质的高低直接影响企业在消费者心目中的地位。对营销人员素质的诊断主要包括营销人员是否能够很好地掌握企业产品的特点、性能；是否了解竞争对手产品的特点；是否具备良好的沟通能力；对待客户是否热情、周到等。

5. 经营成果诊断

任何企业对经营成果都是非常重视的，企业是以盈利为目的的组织，获得理想的经营成果是企业从事经营活动的根本目的。经营成果诊断就是对企业经营活动及其成果进行综合分析与评判，是否达到企业预定的经营目标；对企业的经营状况做出客观而准确的估价，找出经营中存在的问题，提出改进措施，促进企业经营水平的进一步提高。

6. 组织结构诊断

企业的组织结构模式有很多种，企业组织结构的设计是否合理，对企业经营管理活动的顺利进行产生很大的影响。设计合理、科学的组织结构可以提高企业经营管理的效率。目前我国很多企业没有合理、科学地设计组织结构，没有进行职位分解，也没有编制职位说明书，导致企业在实施管理活动的时候，常常会出现各部门的职能和职位出现重叠或者空缺的现象。这样一旦企业发生了问题，就会出现各部门或各人员之间互相推诿，难以找出责任人的情况。因此，在进行企业组织结构诊断时首先要帮助企业建立合理、科学的组织结构模式，并将组织与职位管理落实在书面上。这样才能使员工准确地知道自己在企业中的职位和职能，做到人尽其责。组织结构诊断应该重点考察现行组织结构是否合理、职位设置和部门划分是否适当、是否适应企业规模的扩张以及应作如何改革等。

五、企业诊断的程序

企业诊断应遵循科学的程序和方法。一般来讲，企业诊断的程序主要有五个阶段，企业也可根据实际情况对诊断程序做相应的调整。

1. 确定诊断课题阶段

在这一阶段主要包括提出诊断申请、诊断机构预备调查、确定诊断课题、制订诊断计划、签订诊断协议等环节。

2. 调查研究阶段

这一阶段主要包括两类调查，预先调查和实地调查。

预先调查相当于医生的预诊，为了解企业的基本概况，应先将企业名称、法人姓名、地址、组织、资本、企业之目的、产品及其特长、员工人数、创立年月、经理关系、产销状况、劳资关系等记入调查询问书内，借此即可大概地诊断出其问题所在。

实地调查就是深入企业进行调查。主要包括以下几个方面。

（1）视察　对企业的概况了解后，要进入企业内部进行实地的视察，以证实预先调查是否确实，有若干情况仅凭书表无法明其实际，必须作实地视察。

（2）询问　根据实地视察的结果，对于调查询问书予以询问，预先调查详尽的问题，对于领导的询问可以简化，询问时必须集中在有缺陷的地方。

（3）听取请求者意见　医生必须听取患者之言，作为诊断的参考，诊断过程听取企业内部人员本身自己有所察觉的症状，也是非常重要的。

（4）细节调查　对于企业的一些管理活动中的细节问题进行调查，目的在于彻底地了解事实。

3. 诊断方案的成立阶段

这一阶段包括两方面的工作：①检讨缺点。根据调查阶段的统计数字可以了解企业存在的一些缺点，根据缺点所在推测可能存在的问题。②诊断方案的论证和成立。根据目前所调查的事实，加以检讨分析，即可发现其缺点及改进的对策，并提出改进方案，同时对改进方案进行评价论证，最终确定改进方案。

4. 改进方案的实施阶段

诊断的目的在于实施改进措施，就像医生对病人的诊断不管如何精确，若不予以治疗，病人都无法得到救治。另外不管医生如何的积极，若病人不想治疗或不想恢复健康，也是徒劳的。因此，在这一阶段最重要的是诊断方案如何有效地实施，要求被诊断者要能从自身发出对企业的改进抱有热诚。这一阶段的实施要点有以下几点。

（1）经营者的态度　首先要看经营者的思想是否与科学管理的原理一致，若其思想相反，即无法实行改进；若相差不远，那么应让其充分了解和认识科学管理的思想，促使其自身能对改进具有积极的态度和兴趣。

（2）解说会议　将企业的有关人员聚集到一起，以会议的形式将改进方案加以详细地说明，并引用其他企业改进的实例，同时应将改进方案分配给各与会人员。

（3）诊断方案实施　实施时，若被诊断企业的变动很大，不要马上就做重大的调整，可分为几个阶段逐次地实施，随之逐渐扩大实施范围，必要时须开会研讨。在试验期间，若有宝贵意见，也应随时采纳。

（4）监察　改进方案虽然已经实行，但如果放松注意，则很容易恢复原来的状态，因此必须时刻对方案的实施过程进行监督，以确保改进工作的成功实施。

5. 信息反馈与回访阶段

这一阶段主要是收集反馈信息与回访诊断等。

六、企业诊断的组织与实施

开展企业诊断组织工作时，可由科研单位，大专院校，同企业联系紧密的科技、产品、市场信息量大的技术市场中介服务机构牵头。开展企业诊断时，根据不同行业、不同规模、不同条件的企业委托，利用自己的力量，按照诊断课题的特点，有目的、有针对性地组织有关科研单位、高等院校、大型企业中有较高理论水平和丰富实践经验的技术、管理、经营、财会等有关方面的专家，会同企业主管、业务负责人、企业领导人等联合组成企业临时诊断小组。必要时还可邀请银行、工商、税务等部门人员参加，进行联合诊断。牵头者要做好组织、协调、服务等工作。参加诊断的人数，一般应控制在 10 人以内。

诊断对策不能代替决策，更不能代替行动方案。诊断报告完成后，企业领导人要从诸方案中选择其中一个方案，拍板时要请企业主管一起定案，对较复杂难以定案的，还要请科委、国家发改委、经委及有关专家一起研究、分析、论证。必要时还要对诊断的方案重新修改、补充、完善。对已选定的方案，诊断者可根据企业的要求参与诊查实施情况，对在实施中发现的新问题及时采取有效措施，以免企业遭受损失，必要时还可派人同企业一起工作，共同完成实施计划。实施时可采取试验、试点的方式进行，以保证企业获得最佳效益。

第三节　企业发展

一、企业发展的内涵、方式及过程

1. 企业发展的内涵

关于企业的概念在前面已经介绍过。虽然每个企业的规模、经营管理方式、经营战略等方面有所不同，但每个企业的根本出发点是相同的，那就是立足于市场，长期、持续地发展下去。关于企业发展的基本内涵，在理论上有很多种概括和理解。随着理论研究的深化，人们逐渐认识到，所谓发展并不单纯是指增长。增长只是表象，发展的根本是完善，达到质的变化。从这一观点理解企业发展的基本内涵应该包括质和量两方面：一是指企业量的增长；二是指企业质的提高。

所谓企业量的增长，是指有关反映企业发展各项经济指标的量方面的增长，如企业规模的扩大、利润的增加、市场占有率的提高、竞争力或市场控制能力的增强等。

所谓企业质的提高，是指企业物质技术基础的根本变化以及由此决定的企业经济实力和经营成果乃至企业形象的根本性提高。如企业资源利用率不断提高、产品结构的调整、企业组织趋于协调和有效以及企业在市场中的作用、地位和信誉的根本性改变等。

企业发展不仅取决于量的增长，更主要依靠质的提高。量的增长带动质的提高，质的增进为量的进一步增长提供可能性，企业在二者的相互促进中得以发展壮大。适时准确地把握企业所处的发展阶段并相应地采取有效对策是促进企业发展的必要条件。

2. 企业发展的方式

企业发展无论是表现为量的增长，还是表现为质的提高，都是通过一系列企业行为来实现的。企业的这种行为表现为线的延伸和面的扩张。

所谓线的延伸，是指企业发展过程呈现线形的轨迹。这里形象地把这种企业发展状态称为线的延伸。每个企业的发展轨迹各不相同，有的呈直线发展，有的呈波浪形曲线发展。对于同一企业，由于环境变化和发展阶段不同，发展轨迹也会不同。而这种发展既可能是连续性的发展，也可能是间断性的发展。但无论如何，企业在线上延伸的结果是企业朝纵向发展。企业如何根据其自身的特点和情况，选择自己的发展途径，关键是看企业自身如何把握。

所谓面的扩张，是企业发展过程的面的表现形式。与线的延伸所带来的企业发展不同，面的扩张表现为企业发展的面的推进。企业开拓新的业务领域或开拓新的市场都属于面的扩张。如四川长虹在生产电视机基础上开拓到生产空调，这是一种面的扩张；青岛海尔在开拓国内市场的同时开拓国外市场，这也是一种面的扩张。

显然，线的延伸和面的扩张是紧密结合无法截然分开的。因此，正确处理好线的延伸和面的扩张的关系，企业才能高速发展。线的延伸的同时可以有面的扩张。反之亦然。但是这里需要注意一点，企业发展线和企业发展面可能存在不同的角度，我们需要从三维空间去理解和体会线和面的这种关系。同理，线与线之间，面与面之间亦有角度的问题。同一企业有不同的发展线和不同的发展面。在每一企业的发展过程中，有的可能延伸不够，有的可能扩张不足，或二者兼而有之。无论出现什么情况，结果都是企业发展时机的延误。在这方面的经验教训，每个企业都会有。只要善于总结，相信每个企业都会有许多经验教训可以吸取。线的延伸和面的扩张可以相互促进，并且互为条件，不同的发展线可能构成一个新的发展面，而不同的发展面又可能形成新的发展线。在这方面，每个企业都有广阔的发展前景。作为企业家，企业命运的主宰者，应该对此有一个十分明确的认识。

3. 企业发展的过程

首先，是战略性的发展。企业迈向市场第一步的时候，面临的首要问题是市场的前景、环境以及机会。这三方面都是企业所要面临的最关键问题。市场的环境是复杂的，是变化无穷的，而市场的前景是怎样的对于企业来说是一个考验。越是一个复杂的市场环境就越是充满着无数的商机。战略性地把握市场的每一个商机，再用发展的概念去运用经营模式，使市场的商机都转化为企业的利益，拥有战略性的发展眼光将促使企业迈向成功。

其次，是全方位的发展。企业在市场上获得了成功并不意味着可以长期、持续地发展下去。如果企业想在市场上长期占据有利的位置，就必须要得到全方位的发展，那怎么样才能做到全方位的发展呢？一般来讲，企业应具备以下三个要素。

(1) 准确地认识和把握市场动态　市场是企业发展的根本，从主观的角度去看待市场的形式和动态，市场里面永远都是充满无数的商机；如果用客观的角度去衡量市场的话，市场里面却埋伏着许多风险，企业应该学会用高端的眼光去识别市场，积极地把握市场动态。

(2) 创造性的经营理念　企业在市场上站立都会遇到竞争对手的出现以及市场的波动，这对企业的初步发展都会产生重大的影响。市场环境的变化对一个企业的经营范围同样会产生无法估计的风险和竞争对手的打击，所以企业自己要创造性地把经营的理念扩大，要适当地提高经营活动意识，借助活动中的人气指数来提高企业的业绩，将经营活动的动力转化成对企业有利益的事业。

(3) 提高服务意识　市场上还存在着一个至关重要的问题，也是对企业的成功影响最大的因素，那就是服务意识。在企业投入市场进行经营时，在每个产品的背后始终都离不开服务。现代企业的竞争焦点主要集中在服务上。为了在市场上避免重大的竞争打击，企业在市场上运营时，要不断提高服务意识。

最后，是巩固性的发展。市场的变化无法让企业做出准确的风险评估，市场越大，风险就越高，而商机就会变得越多，这对于发展中的企业形成的是一种实际考验。所以，企业在竞争和复杂的市场上经营和发展就必须要形成一个巩固性的发展，把企业的实力推动到发展的制高点。

二、企业发展的环境特征

企业发展环境涉及的内容非常广泛，既包含企业发展的外部环境又包含企业发展的内部环境；既包括硬环境，又包括软环境；既有自然环境，又有社会环境、人文环境以及综合环境等。

1. 企业组织管理环境

企业是有组织的生产经营单位。流程有序，规章制度健全，资源配置合理，执行有力是企业组织管理最基本的要求。企业既不能出现组织管理上的阻碍，也不允许出现流程上的阻碍。某个部门或者某部分人所出现的问题不应影响企业组织管理环境。企业的组织管理环境一旦遭遇破坏，企业的生产经营就会出现混乱。

企业的组织管理环境具有服务功能、自我完善功能、监督功能和约束功能。服务功能体现的是尊重、协调、便捷。监督功能是在服务前提下的监督，监督各项指令、计划、管理的完成情况，监督各自职责的落实，以及上下级的监督和部门之间的相互监督。自我完善和约束充分体现在出现阻碍状况下的自我诊断与完善，不能让问题滋生和蔓延，并能在较短的时间内调为正轨。

2. 企业文化环境

企业的最高管理阶段应当是企业文化环境管理。能上升到此阶段管理的企业应该是优秀的企业。但是现在绝大多数企业仍停留在制度管理阶段。其主要表现形式为整体意识、协作意识、沟通方式以及对待风险的态度、上级与下级关系等方面。企业文化是企业的软环境，对企业发展起至关重要的作用。

由于企业文化环境具有独特性、难交易性、难模仿性，因此良好的企业文化环境可以成为企业核心专长与技能的源泉，成为企业持续发展的基本驱动力。现代企业最高层次的竞争是企业文化环境的竞争。每个企业都应该有自己的企业文化环境。从某种意义上讲文化环境是企业的灵魂。

3. 企业和谐环境

和谐环境是在一定范围内的人际关系、部门关系相互容忍、协调、各种矛盾处于最佳和缓状态。管理者和员工之间、部门和部门之间、员工和员工之间、研发和生产之间，目标一致、谦和体谅、相互尊重和支持。共同的价值观和道德观将他们紧紧地联系在一起。企业一旦形成和谐环境，将使各种矛盾在最短时间内，以最协调一致的方式妥善解决。企业各成员能在企业和谐环境中寻找最适合个体发展的空间。这样的企业是最有生命力的企业。

构建企业和谐环境要注意处理好以下几个关系：①正确处理好企业内部上下级单位、职能部门的关系。②正确处理好企业与员工、员工与员工间的关系。③正确处理好与供应商、用户的关系。④正确处理好与社会、主管上级、地方政府之间的关系。⑤正确处理好与竞争对手的关系。⑥正确处理好收入分配关系。⑦处理好在职与离退休人员的关系。

4. 人本环境

人是企业一切活动的核心。人本环境体现以人为本的一贯性。人本环境的关键是公平、公正、民主，体现对人的一贯尊重、尊敬、谅解和关心等。要让员工感到企业可以实现自己的人生价值，使其有归属感。如果一个人打算长期地在一个企业工作，他肯定会考虑这里的人本环境是不是很适合自己，特别是在市场经济状况下，更会如此。企业要完全改变老板与员工的博弈关系，改变人的生活方式，在人与组织、人与人之间形成良好的动态互动关系，靠的就是人本环境的创立。

5. 企业的硬环境、创新环境、安全环境、金融环境

硬环境（厂房、设备、基础设施等）是企业进行生产经营必备的基本环境，没有硬环境企业将无法进行生产经营；创新环境是企业开发新产品、使用新技术、开展新发明、开发创新思维、创新管理，使企业能引领市场、满足需求的非常重要的环境，创新是企业发展的根本动力，决定企业各类员工的思维方式和工作热情；企业的安全环境是企业生产经营最基本的保障；金融环境对企业资金的筹集、资金的投放等企业的财务活动方面产生很大的影响，无疑也是企业发展的重要环境。

三、企业经营管理的发展趋势

管理决定企业的生存和发展，企业管理贯穿于企业生产经营的整个过程。随着市场经济的发展，特别是网络技术的广泛应用，世界经济已步入全球化、知识化时代。企业将会面临竞争更加激烈、消费者需求不断增长、企业环境急剧变化等问题。如何在这种环境中保持和创造竞争优势，对所有企业管理者来说既是一种挑战，也是一种机遇。企业管理的理念与方式的创新，体现出一种全新的、更好的现代企业制度下的管理模式，是企业经营管理的发展趋势。

（一）科学化

管理科学化是现代企业管理制度的核心，是贯彻在企业组织中的一条主线。管理的科学化在一些发达国家已经实施得较好，我国的企业管理者在这项工作过程中有以下几项工作需要完成。

1. 企业的经营权和所有权分离

对于国企的改革，应该实施"政企分开、产权明晰、责任明确、管理科学"。这个举措其实就是国有企业管理科学化的过程。资本所有者从企业经营管理领域逐步退出，逐渐形成一种职业化的经理市场，职业经理人作为企业的经营管理者，具有其独立性的一面，经营管理是他的职业。为此他不得不追求企业的长期目标。

2. 工作的程序化与标准化

工作的程序化和标准化是科学化管理的重要内容。不论是在生产车间还是在职能管理部门，员工的工作将是程序化和标准化的，并且有科学的指标依据进行考核。这样做虽然会影响到创造性的发挥，但是对于激励员工的勤勉是有帮助的。同时，程序化和标准化的工作也能够保证产品、服务和管理的质量。

3. 科学管理思想的贯彻实施

科学管理的思想要贯彻到管理职能的所有方面，包括计划过程和由此而产生的制度、程序、政策、战略和目标、组织过程和组织结构以及激励和领导。尤其是自律的思想，它是一种很高的自我管理境界，是一种能够持久地激发人的自我意识的制度环境。我们不反对"企业人道主义"或"人本化管理"，但是我们应该认识到"人本化管理"是在科学管理基础上进行的，是在员工和管理者能自觉地贯彻科学思想之后才能有效地进行的。

（二）分权化

分权化伴随着整个工业现代化过程，因为企业规模和企业的业务范围在不断扩大，同时

技术和顾客需求的变化速度也在加速递增，企业外部和内部信息量都在成倍增长。这些都使企业的高层管理者不可能最快捷和最准确地进行相关方面的决策，这就导致了分权的产生。与此同时，企业中层管理者的素质有了大幅度的提高，他们完全有能力处理好自己职权范围内的一切事情。在企业管理分权化过程中有以下方面的管理工作需要注意。

1. 全方位授权

全方位授权是建立在对员工的充分信任基础上的。全方位授权包括事、权、责三位一体的同时授予。也就是说，赋予相应的权利和责任以实现目标。但充分授权不等于放任自流。它应有所为而有所不为。对于企业经营者来说，哪些权力下放，哪些权力应该控制在自己的掌握之中，这些都是一个需要慎重对待的问题。

2. 合理的组织结构

分权化的结果就是产生与之相应的组织结构。无论是事业制的初期分权，还是战略事业单位制以及扁平化的组织结构的产生，都是随着分权的管理潮流而产生的。这就需要企业的经营者根据企业的发展战略和现状合理地进行企业组织结构的变革。新的组织结构不仅能够使决策的重心下移到适当的层次，而且还能增强对组织目标的实现，使高层管理者对战略的实施有所控制和把握。

3. 以合作促进竞争

分权化不仅体现在企业内部，还体现在企业外部。通过在组织内部建立企业所需要的职能服务和零配件供应，把这些部门置于完全的命令和控制范围内的思想观念是产生"大而全""小而全"现象的主要原因。而分权化思想则要求采用其他方法来掌控这些服务和供应。他们可以用参股、控股或提高自己知名度等方法，而不再简单地使用完全并购的方法，要逐步建立通过与别人的合作来提高自己竞争力的思想和方法。

（三）制度化

制度化是与科学化紧密相连的，它是在企业规模不断扩大和企业所有权与经营权的分离，以及面临着越来越多的经营风险的前提下逐渐被认识和强化的。要适应复杂的市场和残酷的市场竞争，企业必须运用科学的管理制度，确立互相协调的目标，而不是通过管理者的随意性或妥协来达到目标。在制度化过程中将有以下几个方面需要加强。

1. 制度要有权威性

具有权威性是制度化的基础。在企业中，制度一旦制定，组织内所有成员无论是制度制定者本人，还是普通员工，都必须严格地贯彻执行，而不允许任何特权和例外的存在。否则，必然造成制度形同虚设，而且也会降低企业管理者本身的权威性。

2. 制度的制定要科学合理

制度得以贯彻执行的重要前提是制度本身是科学合理的。制度的制定首先要考虑所制定的制度是否能够贯彻执行。制度应从企业的实际情况出发，真实准确地反映某一方面的问题，具体地提供解决这些问题的途径或方法，制度既不能脱离现实，也不能抽象空洞。而且在制度的制定中，应该与各层次员工充分沟通，征求他们的意见和建议，以确保制度得以贯彻执行。

3. 制度的完善性

由于企业的管理制度是一个复杂的体系，各方面的制度是相互关联的，任何一个制度的不完善，都有可能对相关方面制度造成负面的影响。因此，管理制度本身应该是完善的，涵盖企业管理系统的方方面面，并且随着企业内外环境的变化，不断地加以补充、修订和加强。

（四）民主化

民主化是激励员工的一种重要手段，当物质激励越来越不能满足员工的需求时，以让员工有充分的参与权力为本质的民主化管理成为一种新的激励方法。

1. 决策民主

决策的民主化体现在影响决策制定的人员范围扩大了，而且企业内部允许员工对决策发表自己的意见，并且尊重和认真对待员工的决策建议。决策的民主化也保证了决策的完全执行，而员工真正的参与则有赖于建立民主的企业文化氛围。如果没有这样的文化基础，决策的民主化也不会得到员工的响应。

2. 全员参与

全员参与在民主化管理的实施过程中特别重要。企业内部各个层次的员工都参与设定自己的目标，参与对组织目标的决策，有利于充分调动每个员工的积极性、创造性和责任感。在企业管理中，能否发现问题是关键。通过全员参与，动员企业内部所有力量去发现问题，分析问题，解决问题。这样有利于企业竞争力的提高，也有利于形成企业内部的凝聚力。通过共同的事业，对共同目标的追求和实现，员工对企业的归属感也可以大幅度得到增强。

3. 扩大职务

职务扩大化是指在实际工作中促进员工学习并且提高他们工作愿望的方法。在职务扩大化中，可以减少员工之间在沟通上的障碍，加快信息的流通，进而保证各项决策的顺利实施。也可以提高人力资源的使用效率。

本章小结

本章主要根据我国现代企业管理理论和实践，阐述了企业绩效评价的概念、内容和指标；企业绩效评价的程序和方法；企业诊断的概念、类型、内容和程序，以及诊断活动的组织和执行；企业发展的概念、企业发展环境的特征和企业经营管理发展趋势等。

企业绩效评价是指对某个单位、某个地区的工作，采用特定的指标体系，对照统一的评价标准，通过运用一定的数理方法，全面、客观、公正、准确地评价它们所取得的业绩和效益。绩效评价的内容包括财务、经营、管理和社会影响等方面。企业绩效评价的方法主要有组织目标法、环境评价法、财务报告分析法和个人绩效评价的方法。

企业诊断是由企业经营管理专家，与企业有关人员密切配合，应用科学的方法对企业全方位的检查和询问，找出企业经营战略和管理上存在的问题，分析产生问题的原因，提出建设性的解决方案供企业参考和改进，使企业步入良性发展的轨道。企业诊断按照诊断的人员、范围、内容和时间等可以分为不同的类型。企业诊断的内容主要有生产诊断、经营环境诊断、经营战略诊断、营销管理诊断、经营成果诊断和组织结构诊断。

企业发展的基本内涵包括企业量的增长和质的提高两方面。企业发展环境涉及的内容包括外部环境和内部环境，硬环境和软环境，自然环境、社会环境、人文环境和综合环境等。企业经营管理的发展趋势主要包括企业管理科学化、企业管理制度化、企业管理分权化、企业管理民主化。

复习思考题

1. 什么是企业绩效评价？评价指标有哪些类型？
2. 企业绩效评价的方法有哪些？
3. 什么是企业诊断？企业诊断的内容包括哪些？
4. 简述企业诊断的程序。
5. 简述企业发展的内涵。

实训题

根据所学习的企业诊断理论，对你所熟悉的一个企业的管理、财务、经营等方面进行全方位的诊断。

参 考 文 献

[1] 邱彦彪. 现代企业管理理论与应用. 北京：北京大学出版社，2008.
[2] 苗长川，杨爱花. 现代企业管理. 北京：清华大学出版社，2007.
[3] 田建军. 现代企业管理与发展. 北京：清华大学出版社，2008.
[4] 肖祥伟. 企业管理理论与实务. 广州：中山大学出版社，2007.
[5] 郭国庆. 市场营销学通论. 第 2 版. 北京：中国人民大学出版社，2006.
[6] 曹小春. 市场营销学. 北京：北京大学出版社，2006.
[7] 李农勤. 市场营销学. 北京：清华大学出版社，2006.
[8] 何永祺，傅汉章. 市场学原理. 第 3 版. 广州：中山大学出版社，2006.
[9] 任桂芳. 管理学. 沈阳：辽宁大学出版社，2007.
[10] 覃学强，等. 企业管理实务. 成都：电子科技大学出版社，2007.
[11] 季辉. 现代企业经营与管理. 大连：东北财经大学出版社，2007.
[12] 徐国华. 管理学. 北京：清华大学出版社，2005.
[13] 卓敏. 财务管理. 北京：中国市场出版社，2009.
[14] 彭剑锋. 人力资源管理. 上海：复旦大学出版社，2006.
[15] 汪永太. 企业经营与管理. 北京：电子工业出版社，2007.
[16] 李笑天. 文化制胜. 北京：中央编译出版社，2005.
[17] 彭江. 论企业文化建设. 重庆工贸职业技术学院学报，2007.
[18] 钟向东. 企业的新产品开发策略. 企业改革与管理，2006.
[19] 梁士伦，姚泽有. 管理学. 北京：机械工业出版社，2007.
[20] 胥悦红. 企业管理学. 北京：经济管理出版社，2013.
[21] 陈文汉. 现代企业管理学. 北京：电子工业出版社，2014.
[22] 杨善林，胡祥培. 企业管理学. 北京：高等教育出版社，2015.
[23] 张建华，冯瑞. 现代企业管理学. 北京：中国经济出版社，2012.
[24] 陈龙海，韩庭卫. 企业管理培训游戏全书. 深圳：海天出版社，2004.